La memoria de Roma

La memoria de Roma:

oralidad, escritura e historia en la República romana

Ana Rodríguez Mayorgas

BAR International Series 1641
2007

Published in 2019 by
BAR Publishing, Oxford

BAR International Series 1641

La memoria de Roma

ISBN 9781407300641 paperback
ISBN 9781407331119 e-book

DOI https://doi.org/10.30861/9781407300641

A catalogue record for this book is available from the British Library

This book is available at www.barpublishing.com

BAR Publishing is the trading name of British Archaeological Reports (Oxford) Ltd. British Archaeological Reports was first incorporated in 1974 to publish the BAR Series, International and British. In 1992 Hadrian Books Ltd became part of the BAR group. This volume was originally published by John and Erica Hedges Ltd. in conjunction with British Archaeological Reports (Oxford) Ltd / Hadrian Books Ltd, the Series principal publisher, in 2007. This present volume is published by BAR Publishing, 2019.

BAR titles are available from:

BAR Publishing
122 Banbury Rd, Oxford, OX2 7BP, UK
EMAIL info@barpublishing.com
PHONE +44 (0)1865 310431
FAX +44 (0)1865 316916
www.barpublishing.com

ÍNDICE

ÍNDICE DE ILUSTRACIONES

PRÓLOGO

El presente libro es en esencia la tesis doctoral que defendí en junio de 2005 en el departamento de Historia Antigua de la Universidad Complutense de Madrid y que mereció la calificación de sobresaliente *cum laude*. La tesis, a su vez, fue el resultado de cinco años de investigación en los cuales tuve la suerte de conocer y conversar con distintos investigadores que me ayudaron de forma significativa en su elaboración. En primer lugar querría agradecer a Estela García Fernández y a Rosa Sanz Serrano el haber aceptado la dirección de la tesis y el haber confiado en mi capacidad para terminarla. La profesora Claudia Moatti me mostró igualmente todo su apoyo y me dedicó su atención desde la primera vez que fui a París. Querría agradecerle de forma especial su disposición para ayudarme, su tiempo, las reflexiones sobre el enfoque que un trabajo como este debía tener, y la lectura y comentario de parte de la tesis. Sólo lamento el hecho de no haber podido reunirnos en más ocasiones, lo que, sin duda, habría redundado en beneficio de esta investigación. El profesor Salvador Mas Torres leyó también parte de la tesis e igualmente le agradezco sus comentarios de carácter teórico, que siempre hacen pensar. En Santiago también estoy en deuda con el profesor Pedro López Barja, al que quiero agradezer muy especialmente la atención que ha puesto en la lectura y el comentario de los capítulos que le entregué, y sobre todo el ánimo y las ganas de trabajar que contagia. Estos tres investigadores, junto con los profesores Julio Mangas Manjarrés y Santiago Montero Herrero, formaron el jurado que evaluó la tesis doctoral. A todos ellos quiero agradecerles los comentarios que en aquel momento hicieron a mi trabajo porque han resultado muy valiosos a la hora de revisar este libro para su publicación.

Además estoy en deuda con otros investigadores. Al profesor Antonio Gómez Ramos quiero agradecer que me presentara la reciente publicación de la traducción que él mismo ha llevado a cabo de un trabajo de Koselleck, la entrada de *Historia* en el diccionario de conceptos históricos. Además, cuando la tesis estaba ya prácticamente acabada, un curso de doctorado en la Complutense me puso en contacto con Jorge Martínez-Pinna y le quiero agradecer muy sinceramente el haberme dejado leer sus artículos en prensa, todos ellos de enorme interés para el tema que se aborda en la primera parte del trabajo. Sin Yolanda Montes y Fernando Echeverría los diez años de estudio en la universidad no habrían sido lo mismo, de modo que no tengo palabras para agradecerles el haber sido mis compañeros de carrera todo este tiempo, y sobre todo el ánimo y el cariño con el que me han ayudado a llevar este trabajo. A Fernando, además, le he hecho perder el tiempo con mis traducciones del griego que ha revisado. Muchas gracias por ello. A Diana Esteban le debo bastante colaboración en cuestión de bibliotecas y muchísimo ánimo. Estoy en deuda con Milagrosa Ruibal por haber sido mi bibliotecaria de textos clásicos particular cuando los centros universitarios me lo han puesto difícil, de modo que le agradezco eternamente el préstamo más que generoso de todos los bilingües. Gracias a Rocío Orsi tuve conocimiento de la obra de B. Williams *On Truth and Truthfulnes* y le agradezco la traducción al castellano que ella misma estaba elaborando. A Alfredo le debo muchísima paciencia y muchísimo tiempo, imposibles de restituir, y el empuje necesario para hacer esta tesis. Y, por supuesto, deseo agradecerles muy especialmente su ánimo y comprensión a mis padres a los que quiero dedicar este trabajo.

Por último, quiero tener unas palabras de agradecimiento para las instituciones que han hecho posible esta investigación gracias a su financiación: el Ministerio de Cultura que me concedió una beca predoctoral de formación de profesorado universitario (2000-2003) y la Fundación Caja Madrid que me otorgó igualmente una beca doctoral con la que he podido acabar esta tesis (2004-2005).

INTRODUCCIÓN

La presente obra tiene por finalidad analizar la historiografía republicana como un fenómeno cultural. Nuestro objeto de estudio será, por tanto, el conjunto de obras de historia escritas en Roma desde finales del siglo III a.C. hasta el principado de Augusto, la mayor parte de las cuales, a excepción de las monografías de Salustio, los comentarios de César y algunas biografías de Cornelio Nepote, nos han llegado desgraciadamente en estado muy fragmentario. Esto significa que hemos pretendido hacer un trabajo de síntesis y de comprensión global de la escritura de la historia a lo largo de dos centurias. De este modo, no hemos prestado especial atención a ningún autor, ni a ninguna obra en concreto, no porque pensemos que esto no tenga sentido, pues algunos trabajos más o menos recientes han demostrado que todavía se pueden aportar planteamientos interesantes a través de la edición y comentario de los fragmentos que nos han llegado de los historiadores republicanos[1]. Sin embargo, nuestro interés no ha sido estudiar las características de una obra o autor en particular, sino el fenómeno de la escritura de la historia en la República y para ello obligatoriamente teníamos que desistir de cualquier análisis detenido y particular de los fragmentos, análisis que, por otra parte, son ya abundantes gracias a las dos reediciones nuevas que han actualizado la obra de Peter: la primera de ellas con traducción al francés por M. Chassignet y la más reciente al alemán por H. Beck y U. Walter[2]. Hemos de admitir que sin estos trabajos de recopilación de enorme envergadura nuestra investigación habría sido, si no imposible, sí al menos muchísimo más difícil y laboriosa. En este mismo sentido, tampoco hemos detenido nuestro análisis en las obras historiográficas que se conservan más o menos completas y que son, como era de esperar, las que más atención han recibido[3]. Puede que el único que ha sido más abandonado por la investigación haya sido Cornelio Nepote y posiblemente de forma injustificada. Las quejas continuas sobre su deficiente estilo literario, su incapacidad como historiador y su recurrente preocupación por los vicios y comportamientos inmorales de su sociedad -que se perdona en Salustio por su perspectiva filosófica pero no en un simple biógrafo- han hecho que su obra pierda interés[4]. Por desgracia no se ha reparado en el hecho más que destacable de que fue un pionero en la escritura de la historia al menos por dos razones: elaborar posiblemente el primer trabajo de cronología comparada y dedicarse a un tema no romano como eran las biografías de personajes griegos desde una perspectiva de relativismo cultural que realmente asombra [5]. En cualquier caso, dejaremos aquí la cuestión, ya que no pretendemos hacer apología, como decíamos, de ningún autor.

Por lo tanto, obras completas y fragmentos han sido tomados en consideración de forma conjunta, a pesar de la desproporción entre unas y otros, para

[1] Los trabajos más destacables han tomado como objeto de estudio la obra de Calpurnio Pisón Frugi (Baudou 1993: *passim* y Forsythe 1994: *passim*). La obra de L. Casio Hemina también ha sido reeditada recientemente (Santini 1995: *passim*) al igual que la de Licino Macro (Walt 1997: *passim*).

[2] Este último ha evaluado detalladamente la obra de los llamados analistas romanos en su reciente *Memoria und res publica* (2004), en la que también dedica un importante espacio a analizar la memoria no escrita de las familias aristocráticas de la República.

[3] En cuanto a Salutio cabe destacar, sin duda, los estudios de síntesis de Syme (1964: *passim*) y de La Penna (1968; passim), y los de Rambaud (1966: *passim*) y Collins (1972: 922-966) por lo que respecta a los *Commentarii* de Cesar. Actualmente los historiadores se han preocupado sobre todo por la figura del narrador en estas obras (cfr. Evrard 1997: 13-26 para Salustio y Henderson 1998: 37-69).

[4] Jenkinson 1967: 5-12; McCarty 1974: 386-391; Sage 1979: 210; Geiger 1985a: 269; Horsfall 1987: 233; 1989: xviii. Solo un número minoritario de autores ha apreciado la labor de Cornelio como historiador: Lord 1927: 498-503; Dionisotti 1988: 45 y Tuplin 2000: 158.

[5] Merecerían, por ejemplo, especial atención las siguientes palabras de Cornelio en la introducción de obra: "No dudo, Ático, de que habrá muchos que juzguen este tipo de obra irrelevante e indigna de la imagen pública de los grandes hombres cuando lean quién enseñó música a Epaminondas o que entre las virtudes que se recuerdan de él estaba el bailar y tocar la flauta. Pero habrá siempre quienes, desconocedores de la literatura griega, crean adecuado sólo aquello que se ajuste a sus costumbres. Si estos pudieran aprender que lo honesto y lo vergonzoso no es lo mismo para todos, sino que todo debe ser juzgado según lo establecido por los antepasados, no se asombrarían de que al exponer las virtudes de los griegos sigamos sus costumbres" (*Praef.* 1-3).

investigar el fenómeno de la escritura de la historia y de la memoria en la República. Por otro lado, tenemos que apuntar, además, que en esta tarea hemos mantenido tres enfoques o perspectivas de estudio que están en la base de las preguntas y de los problemas que hemos tratado de abordar en cada capítulo y que, a fin de cuentas, son las responsables de la orientación teórica de esta investigación. Las tres nos parecen igualmente importantes y decisivas a la hora de estudiar la cultura de la Roma republicana y por ello vamos a exponerlas brevemente en esta introducción. En primer lugar, y como ya hemos dicho, hemos tomado la historiografía como una manifestación cultural y no como un problema de fuentes, en segundo lugar, estas obras históricas además de poder ser consideradas como parte de la literatura latina, son también para nosotros ejemplos del fenómeno de la escritura en contacto e interacción con la memoria oral de la ciudad y, por último, estudiar la República romana es siempre enfrentarse al problema de Grecia o más bien de la helenización de la ciudad que en nuestro caso se traduce en la cuestión del origen e influencia de la historiografía helena.

Por lo que respecta a la primera perspectiva, es un hecho fácilmente comprensible que desde el comienzo de la ciencia histórica en el siglo XIX, preocupada ante todo por establecer datos verídicos e incontrovertidos sobre el pasado[6], los investigadores se hayan preguntado de forma recurrente por las fuentes para el estudio del mundo antiguo. En el caso que nos concierne esta pregunta puede traducirse directamente por el problema de las fuentes de Tito Livio, autor de época augustea (siglos I a.C. y I d.C.) que escribió una voluminosa historia de Roma desde los orígenes hasta ese período. En efecto, a pesar de que la historiografía romana tiene su punto de partida en las obras de Fabio Píctor y Cincio Alimento a fines del siglo III a.C. los avatares de la transmisión han hecho que no nos queden más que restos de una importante historiografía republicana, que sabemos fue utilizada por Livio para la elaboración de su *Ab urbe condita*. De este modo, la obra de este autor, y en gran parte también la de Dionisio de Halicarnaso, historiador contemporáneo que escribió igualmente una historia de Roma, aunque en este caso en griego, son las fuentes más importante con las que contamos actualmente para escribir sobre el pasado más remoto de esta ciudad, especialmente lo sucedido con anterioridad al siglo II a.C., momento para el que ya tenemos algunas otras obras de autores contemporáneos como Polibio. Se entiende así que la *Quellenforschung*, o investigación sobre las fuentes de Livio, haya guiado en gran medida el interés de los estudiosos por la historiografía republicana[7].

La cuestión más trascendental y que requería una pronta solución era el origen de toda la información histórica que nos ha llegado a través de Tito Livio, especialmente aquella que hacía referencia a los orígenes de la ciudad y a los primeros siglos de la República. El estudio detallado de las posibilidades de transmisión de esta tradición obtuvo una conclusión bastante negativa, de forma que desde fines del siglo XIX la historiografía sobre la Roma más antigua adoptó una *visión hipercrítica* que negaba toda validez a los relatos más antiguos, debido principalmente a dos razones: la falta de testimonios contemporáneos directos y el carácter literario de las historias de los autores romanos, que se consideraban tendentes a la invención o, cuando menos, a la adaptación de temas griegos[8]. Como Heurgon ha puesto de manifiesto, salvo algunas excepciones como las que representan las obras de Beloch y de De Sanctis, la opinión mayoritaria entre los historiadores en la primera mitad del siglo XX descalificaba la tradición romana de la República como fuente válida para la construcción de una historia de Roma y uno de los más famosos exponentes de esta negación casi total de la credibilidad de la primera historiografía fue Ettore Pais. Su *Storia di Roma* que vio la luz en 1898, consideraba toda la tradición transmitida sobre los orígenes de la República como pura falsificación y leyenda a la que no había que dar crédito. Aunque en sucesivas reediciones de su obra en 1913 y 1927 el historiador italiano fue moderando esta primera interpretación, no obstante, su opinión influyó de forma decisiva en los sucesivos investigadores[9].

Es cierto que a comienzos ya del siglo XXI, las posiciones más extremas de la *hipercrítica* como la de E. Pais son algo del pasado, y que el espíritu crítico que todo historiador debe tener no excluye, a estas alturas, una relativa confianza en los datos de la tradición republicana, como reclama Heurgon. No obstante, el

[6] Iggers 1997: 23-30.

[7] La bibliografía al respecto es enorme, las obras más importantes son Burck 1964: *passim*; Ogilvie 1965: 5-17 y Luce 1977: 139-184. Sobre el uso de estas fuentes por parte de Livio ver Walsh 1961: 138-172, Jumeau 1964: 309-333 y 2000: 45-55. Recientemente Miles ha retomado el estudio de *Ab urbe condita* desde una perspectiva teórica y metodológica diferente que se preocupa por entender cómo Livio reinterpretó la tradición (1986: 1-33; 1988: 185-208 y 1995: 1-76) al igual que Henderson (1990a: 64-85y 1990b: 120-121). No obstante, como ha puesto de manifiesto Saller las diferentes tendencias interpretativas de la Roma arcaica siguen dependiendo de la lectura que se haga de Livio de forma conservadora o innovadora (1991: 157-163).

[8] Según Grandezzi esta tendencia crítica aparece ya a principios del siglo XVIII (1991: 17-32).

[9] Heurgon 1971: 219-230; 1973: 1-15. Con anterioridad Fraccaro ya había llamado la atención sobre los excesos de la hipercrítica (1952: 85-118)

rechazo a la labor de los historiadores, especialmente los del siglo I a.C., sigue latente en gran parte de la investigación. La sospecha de que manipularon las historias tradicionales para favorecer a determinadas familias aristocráticas o una determinada visión de Roma y que adornaron sus relatos con exageraciones y datos inventados no termina de desaparecer. Conforme avanza la República esta incapacidad de los autores romanos de seguir las normas de la investigación histórica que nosotros consideramos *serias* crecen si cabe. A los intereses políticos de los historiadores que en su gran mayoría eran senadores romanos, se suma, a partir de los Graco, las enseñanzas de las escuelas griegas de retórica[10] y las convenciones de la literatura helenística. Por ello, en busca de un público ávido de lecturas históricas, trataron la información con la que contaban con escaso rigor científico y manipularon las historias hasta hacerlas dignas del sensacionalismo y la emotividad de las novelas. Para completar el discurso simple y sintético que se había conservado en los anales pontificios se sirvieron de modelos literarios preexistentes, se recrearon en los detalles más incidentales y compusieron elocuentes discursos en boca de los protagonistas. Sólo con las herramientas que ofrecía la retórica se podía conseguir engrandecer y mejorar la tradición y eso precisamente es lo que hicieron historiadores como Claudio Quadrigario, Licinio Macro o Valerio Anciate. Esta es la base y el origen de lo que Badian ha dado en llamar la *expansión del pasado*, con una afortunada expresión que ha hecho escuela entre los autores anglosajones, y que pone de manifiesto la mala intención y la falsificación de las que esta generación de historiadores se servía[11].

Sólo algunas voces discordantes como la de T. J. Cornell [12] se han alzado en contra de esta interpretación y han demostrado la debilidad de los argumentos esgrimidos por los detractores de la historiografía republicana. En primer lugar, Cornell pone de relieve acertadamente que los autores cuyas obras se han conservado parecen estar absueltos de las acusaciones que, sin embargo, se elevan contra historiadores de los que no tenemos más que algunos fragmentos. Es decir, no contamos con ningún testimonio directo de estos autores que ponga de manifiesto su abierta manipulación y tergiversación de los datos, y no obstante, aún sin pruebas, nadie parecer dudar que estas hayan existido. También es importante tener en cuenta el contexto social en el que escribieron estos autores. Los historiadores republicanos sacaron a la luz sus obras para un público que en gran medida conocía su propio pasado, ya fuera a través de autores anteriores, o bien mediante la transmisión oral de la tradición. No tenían, por tanto, la completa libertad de inventar sin medida. Incluso en el caso de Fabio Píctor es evidente que los romanos de finales del siglo III a.C. estaban familiarizados con los elementos principales de su tradición histórica y que Píctor simplemente sentó el precedente de transmitir este bagaje cultural por escrito. De hecho, si estos autores hubieran desarrollado la historia de Roma de forma divergente, dando rienda suelta a su imaginación e inventando los hechos históricos, en estos momentos debería de existir un número mayor de inconsistencias y desacuerdos sobre la historia de la República. Por el contrario, lo que encontramos es que las narraciones de Cicerón, Diodoro, Dionisio y Livio concuerdan en los puntos fundamentales sobre la evolución histórica del período, incluso a veces en cuestiones de detalle, lo que nos induce a pensar que había una tradición unitaria que siguieron todos.

Basándose en estos argumentos, Cornell considera que los historiadores republicanos tuvieron un margen pequeño para manipular la tradición y que en gran medida no alteraron el esquema básico de los hechos que habían recibido. De ningún modo pudieron inventar libremente a placer para engrandecer su historia de Roma y, como mucho, se les puede hacer responsables de insertar algunos aspectos anecdóticos y triviales. Sin embargo, como muy bien afirma este autor, eso no significa que la autenticidad de la historia tradicional de Roma que tenemos esté completamente garantizada. Pero sí podemos estar seguros de que esa narración representa la verdad sobre su pasado tal y como la concebían los propios romanos. Por lo tanto, la actitud de los investigadores que se aproximan a esta narración debe basarse al menos en una presunción de autenticidad cuando los hechos sean probables y fueran además tenidos por verosímiles por los propios romanos, de modo que la tarea de demostrar su falsedad debe recaer sobre aquellos que aseguren se falsedad. El rechazo a la hipercrítica de Cornell es la postura más decidida y contundente contra la ola de sospecha y la desconfianza que de forma mayoritaria ha invadido la historiografía sobre la República. Su

---

[10] Kennedy 1972: *passim*.

[11] Badian 1966: 1-38. Wiseman ha sido uno de los historiadores que más ha desarrollado esta idea (cfr. 1993: 122-146) y la ha mantenido especialmente a la hora de juzgar la obra de Valerio Anciate (1996: 117-141). No obstante, en general casi todos los autores reconocen la capacidad de invención y manipulación de los historiadores romanos desde los primeros momentos (cfr. por ejemplo, Alföldi 1965: 169-174 para Fabio, Pinsent 1964: 18-29 para Cincio y Poma 1990: 149).

[12] Sus objeciones a la *hipercrítica* aparecen en toda su obra, pero fundamentalmente en los artículos publicados en 1986 y en la introducción de *Los Orígenes de Roma c. 1000 – 264 a.C.*, un resumen de lo cual es la exposición que hacemos aquí. Cfr. también su recensión al *Clio's Cosmetics* de Wiseman (1982: 202-206) y la contestación de éste (1983a: 20-22).

argumentación se beneficia, además, de los positivos resultados que ha dado la investigación arqueológica en el último siglo que hacen compatibles en un alto grado la narración histórica con los datos extraídos de las excavaciones en el Lacio[13]. De ese modo, la dinastía de los Tarquinios coincide con un proceso de cambio en el desarrollo físico del centro de la ciudad que en las fuentes se ve reflejado en la construcción de nuevos edificios entre ellos el templo a Júpiter Optimo Máximo en el Capitolio, mientras que la ausencia de material arqueológico en el siglo V a.C. puede ser una consecuencia de la recesión económica que se deduce de la narración histórica, donde no aparecen a penas fundaciones de templos y, sin embargo, abundan las noticias sobre dificultades militares, hambrunas y pestes[14].

No es nuestra intención dirimir en esta cuestión, ya que para bien o para mal el objetivo de este trabajo no es estudiar la Roma arcaica ni enfrentarnos a las fuentes escritas y arqueológicas necesarias para ello, aunque no podemos dejar de manifestar nuestro mayor acuerdo, en términos generales, con los principios metodológicos y teóricos de Cornell. No obstante, lo que pretendíamos poner de relieve es que la investigación histórica (que no la filológica preocupada por cuestiones literarias) sobre la historia en Roma se ha centrado desde el siglo XIX, de forma más o menos consciente, en buscar el modo de discernir qué se puede aceptar y qué no es creíble de los relatos de los autores romanos con la única finalidad de poder construir con ello su propia narración sobre el pasado de Roma. Coincidimos en este sentido con A. Cameron, quien afirma que los estudios sobre los textos clásicos han tenido siempre la perspectiva, aunque muchas veces de forma tácita y no explícita, de encontrar el dato útil. Esta autora propone, por el contrario, que han de considerarse las obras escritas como documentos históricos en sí mismos y no exclusivamente como un medio para alcanzar conocimiento sobre el mundo antiguo[15]. Es desde esta perspectiva desde la que sostenemos que la historiografía romana debe ser entendida ante todo como un fenómeno cultural y para ello no sólo hay que abandonar el decimonónico enfoque de la *Quellenforchung*, sino además comprender que tanto la figura del historiador como su trabajo intelectual es un constructo cultural, no una realidad universal. Como bien apunta Stadter, no podemos analizar a los historiadores antiguos dividiéndolos en las categorías de creíbles o incompetentes dependiendo de lo que, según nos parece, se pueden asemejar sus métodos a los nuestros[16]. Este tipo de enfoques no nos llevan más que a elaborar una larga lista de aspectos en los que estos historiadores *fracasaron* o no llegaron a cumplir los requisitos que nosotros consideramos necesarios a la hora de estudiar el pasado como se puede apreciar en el último libro de historiografía clásica de M. Grant[17]. Por lo tanto, antes de definir esta literatura antigua de forma negativa (paso necesario pero insuficiente), consideramos que metodológicamente es más correcto comprender su significado dentro de las culturas antiguas[18].

En segundo lugar, hemos adelantado que la historiografía romana además de ser analizada desde el punto de vista de la literatura, es también una manifestación del uso de la escritura. Con ello queremos hacer hincapié en el hecho de que, como sucede con el resto de ejemplos de la literatura antigua, a la hora de buscar su significado cultural es necesario tener en cuenta la existencia anterior y paralela de una transmisión oral del conocimiento y la interacción existente entre ambas. Dicho de otro modo, una investigación como la presente, que se proponga como objeto de estudio el interés de los romanos por conocer el pasado, tiene que tener en cuenta que la escritura no es más que un medio, de gran relevancia, pero no el único y puede que tampoco el más importante en determinados momentos. Por ello para abordar la cuestión de la historiografía romana como manifestación cultural creemos imprescindible partir de, o cuando menos tener en consideración, los trabajos que se han realizado sobre la escritura y la oralidad en el mundo antiguo y que son un reflejo del desarrollo de esta cuestión en la investigación de las últimas décadas.

Resulta significativo observar que en ocasiones la investigación histórica avanza gracias a la constatación de fenómenos culturales que hasta el momento parecían pasar desapercibidos por lo que respecta a su alcance y consecuencias, debido en gran medida a su propia cotidianeidad. El carácter necesario con el que se nos muestran y la inconsciencia con la que nos comportamos ante ellos nos impiden apreciar hasta qué punto el ser humano ha podido existir sin

[13] Cornell 1986b 65-73.

[14] Esta utilización conjunta de fuentes textuales y arqueológicas que hace Cornell ha sido puesta en duda por algunos autores como Raaflaub 1991: 1-51, Poucet 1994a: 95-104 o Wiseman 1996a: 310-315. Para una reflexión teórica sobre las posibilidades de una investigación que tenga en cuenta tanto la arqueología como la crítica textual en Roma ver Storey 1999: 203-248.

[15] Cameron 1989: 1-3.

[16] Stadter 1992: 81.

[17] Grant 1995: *passim*.

[18] En este sentido estamos de acuerdo en gran medida con las declaraciones programáticas de un estudio de la literatura latina post-moderno que se han hecho recientemente y que inciden en la necesidad de abandonar la perspectiva romántica de la literatura clásica (cfr. Habinek 1992: 240-241; Fitzgerald 2000: 208).

esas condiciones o, cuando menos, reaccionar de forma diversa a como lo hacemos en el mundo occidental en el que vivimos. Uno de los ejemplos más claros de este tipo de autoevidencias es el de la escritura. Herederos de una larga tradición de uso de la escritura que cuenta ya con más de dos mil años, nos resulta difícil apreciar que se trata de una tecnología contingente para la vida humana y que ha afectado de forma muy diferente a las distintas culturas que se han servido de ella. De hecho ha sido sólo en la segunda mitad del siglo XX cuando los investigadores han comenzado a reflexionar sobre la tecnología de la escritura y a valorar, en especial, las consecuencias que ha tenido para el desarrollo del pensamiento. Una de las conclusiones más interesantes que se han confirmado es que la escritura y, en especial la alfabética, hace posible, gracias a su carácter semi-permanente, un análisis y reflexión sobre el discurso que parecen ausentes en la comunicación oral y que esta lectura detenida favorece el aumento del distanciamiento entre discurso y autor, de la capacidad crítica, y en definitiva del escepticismo y de la lógica[19]. La clave del proceso está en la posibilidad de transmitir en el tiempo, sin alteración alguna, un discurso que de otra manera se perdería indefectiblemente en el momento puntual de la representación y de la enunciación. Uno de los fenómenos más reveladores a este respecto es la aparición de listas de nombres[20], que tienen una amplia representación en el mundo antiguo. Estas listas se basan en un principio de discontinuidad que se refleja en su manifestación escrita, y favorecen la reorganización por categorías y el manejo de conceptos y entidades abstractas. En nuestro caso precisamente es una lista de acontecimientos, las *Annales Maximi*, la que parece haber dado pie al comienzo de la historia en Roma. Dejaremos de lado, sin embargo, esta cuestión en el presente libro dado que ya la abordamos en otro lugar[21].

Las implicaciones de la escritura como medio de transmisión del conocimiento en todas sus manifestaciones son, por tanto, de vital importancia a la hora de valorar los documentos que nos han llegado del mundo antiguo. Es evidente que el entusiasmo por el descubrimiento, como suele suceder en estos casos, no debe hacernos caer en el reduccionismo. No todo lo que se puede decir de la producción literaria clásica o próximo-oriental tiene que ver de forma directa con la escritura, es decir, que no se puede utilizar como argumento monocausal. Pero, considerado este peligro, hay que admitir que las posibilidades que ofrecen las culturas antiguas para el estudio de este fenómeno son halagüeñas. Y esto no sólo por la invención y desarrollo de las escrituras jeroglífica, cuneiforme o alfabética que tienen lugar en la Antigüedad, sino porque al desenmascarar los cambios que la escritura produce en el pensamiento, se ha comenzado a valorar y a repensar en su justa medida las características de la transmisión del conocimiento en las sociedades orales. Esta *psicodinámica de la oralidad*, como la denomina Ong[22], pone de manifiesto elementos que, sin duda, le son familiares al historiador del mundo antiguo, como el poder de la palabra, el rechazo a lo novedoso, o el papel social de los ancianos, pero que no habían sido percibidos con la trascendencia y significación que podemos reconocer con este nuevo enfoque. Se podría incluso ir más lejos y afirmar que en el mundo antiguo esta pregunta por la relación oralidad/escritura es si cabe más compleja, y, por ello, más interesante que en otros períodos históricos, ya que las sociedades de las que hablamos son ágrafas en un alto porcentaje pero al mismo tiempo utilizan la escritura de forma diversificada e incluso altamente especializada en ocasiones. Este contraste nos advierte de que hay que abordar el problema sin arrastrar los prejuicios de nuestra sociedad occidental en la que la escritura está completamente interiorizada, y sin aplicar las categorías de una comunidad completamente oral, desconocedora de la palabra escrita, que, en gran parte, no tiene equivalente en la Antigüedad.

A pesar de la importancia de estos descubrimientos, pocos fueron los investigadores del mundo greco-romano que en un primer momento se hicieron eco de este tipo de enfoque. La única excepción destacable la representa la obra de E. Havelock, quien no solo ha dedicado todos sus esfuerzos al estudio de la escritura en el mundo griego, sino que, además, ha sido uno de los primeros investigadores en reconocer la importancia de la tecnología de la palabra escrita en el desarrollo del pensamiento. Posiblemente en algo influyó su formación, ya que fue heredero de los estudios sobre la épica griega iniciados por Milman Parry y continuados por A. B. Lord[23]. Su tesis principal gira en torno a la creación del alfabeto griego al que considera único en cuanto a su eficacia y difusión. Su capacidad de abstraer los elementos impronunciables e imperceptibles contenidos en las sílabas, es decir, la creación de las consonantes, le coloca, según Havelock, en una posición de superioridad con respecto al resto de escrituras[24]. Pero lo realmente excepcional que advierte en el alfabeto griego es que los primeros textos en los

[19] Goody 1985:48.
[20] Goody 1985: 95-127.
[21] A. Rodríguez-Mayorgas 2007 (en prensa).
[22] Ong 1996; 38-80.
[23] Havelock 1996: 15-20.
[24] Havelock 1992: 45.

que es utilizado manifiestan una estructura y unas características típicas del mundo oral para el que fueron creados y en el que funcionaron hasta su codificación por escrito[25]. Y esos rasgos que son los que observamos en la poesía, tanto en Homero como en los trágicos áticos, se explican, no por su consideración como formas típicos de las obras literarias según habían pretendido los críticos hasta el momento, sino por su funcionalidad como elementos que colaboraban activamente en la repetición y perpetuación del conocimiento y de las costumbres de la sociedad griega. La poesía en un principio no era un divertimento únicamente, sino el medio por que el que se educaba a las nuevas generaciones. Sólo muy lentamente, los textos griegos fueron perdiendo su carácter de creaciones orales para pasar a ser concebidos y diseñados exclusivamente para la escritura y con ello cambió el contenido y la forma. Se fue perdiendo el carácter formular y repetitivo y se abrió paso la abstracción.

Las teorías de Havelock han chocado abiertamente con los críticos de la literatura griega, poco dispuestos a manejar otros conceptos analíticos que los creados por nuestra percepción actual de literatura[26]. En otras ocasiones las críticas han venido del campo de los filólogos no clásicos que, con bastante razón, han rechazado su visión elitista del alfabeto griego como el único dotado de las herramientas necesarias para transmitir la riqueza de la poesía oral.[27] Pero lo que no cabe duda es que gracias a su aportación se ha abierto una línea de investigación fructífera que nos ayuda a comprender mejor la complejidad de la cultura griega y, sobre todo, se han roto los lazos simplificadores de las visiones tradicionalistas del mundo clásico que se concentran en la crítica literaria.

Sin embargo, parece que sólo de forma muy lenta el resto de historiadores del mundo clásico han comenzado a tomar interés por las cuestiones de la oralidad y la escritura. Parece que el trabajo que ha marcado un punto de partida significativo es el de *Ancient Literacy* de W. H. Harris, que vio la luz por primera vez en 1989. Su principal aportación fue poner en duda la tradicional creencia en un alto índice de alfabetización en Grecia y Roma. El estudio de los testimonios antiguos le llevó a presentar una valoración claramente negativa de la repercusión social que tuvo la tecnología de la palabra escrita en estas sociedades. Con ello el autor trataba de llamar la atención sobre un tema que parecía no plantear muchas dificultades y cuyas principales conclusiones se daban por asumidas. El libro trajo consigo un amplio debate, y, gracias a ello, ha logrado dinamizar la investigación sobre la escritura en la Antigüedad. Posteriores trabajos han venido a matizar sus conclusiones, recurriendo a las aportaciones que ha hecho la arqueología en los últimos años, como el descubrimiento de las tablillas de Vindolanda en Inglaterra[28]. Pero lo importante, más allá del consenso sobre el número real de personas alfabetizadas en Grecia y Roma, es que los historiadores han comenzado a reflexionar sobre un tema que tiene especial relevancia en su campo, como es el uso de la escritura y su significado cultural en las sociedades antiguas. Dado que es precisamente en estas sociedades donde se inventan y desarrollan algunos de los códigos de signos para transcribir el lenguaje más importantes, y que algunos de ellos han llegado incluso hasta la actualidad, es lógico pensar que el fenómeno de la escritura debió de ser especialmente rico y multiforme en ese momento y, por tanto, tener un significado cultural más destacado de lo que hasta ahora podíamos pensar.

Las líneas de investigación se han diversificado en la actualidad y han comenzado a tocar los aspectos más variados. Pero en su mayoría los estudios tienen por objetivo la escritura en Grecia, mientras que los historiadores de Roma parecen no estar tan interesados por el tema, hasta tal punto que apenas si existe bibliografía al uso, como se ha puesto de manifiesto en alguna ocasión[29]. No se trata simplemente de una cuestión de casualidad. Posiblemente este hecho no haga más que reflejar el tradicional conservadurismo de la investigación sobre la *Roma Aeterna* frente al dinamismo de los estudiosos del mundo heleno, más predispuestos desde hace tiempo a experimentar con teorías novedosas traídas de otros campos. No hay que olvidar que fue Milman Parry, quien hace más de medio siglo ya, fijó su atención en la transmisión oral de los bardos yugoslavos para comprender mejor el pasado oral y la formación del texto de la Ilíada, una de las obras consideradas como referente ineludible de la literatura universal. No menos interesante ha sido la introducción de conceptos y reflexiones de tipo

[25] Las conclusiones de toda su investigación están recopiladas de forma sintética en Havelock 1996: *passim*.

[26] Havelock ha resumido y respondido a estas críticas en la introducción de *The literate Revolution in Greece and its cultural consequences* del 1982. Por lo que respecta al fenómeno de la historiografía griega los investigadores más críticos han argumentado que la escritura no puede entenderse en Grecia como la clave del pensamiento racional (cfr. Porciani 1994: 377-397).

[27] Assmann 1997: 216-220.

[28] Sobre las excavaciones en este asentamiento de la muralla de Adriano en Gran Bretaña ver Birley 1977: *passim*. Bowman ha editado y estudiado las tablillas (2003: *passim*) y ha puesto de manifiesto hasta qué punto la escritura era utilizada por un grupo de militares y sus familiares en una zona periférica del Imperio (1994: 109-125).

[29] Thomas 1992: 158-9.

antropológico para clarificar las estructuras sociales y políticas que estaban vigentes en la Grecia arcaica. Sin embargo, en la investigación sobre Roma no hay nada semejante. Las publicaciones se han mantenido en las líneas de interés ya establecidas en el siglo XIX y el desarrollo de otras áreas de conocimiento que tengan por objetivo el ser humano no ha afectado a las preguntas y preocupaciones de los historiadores.

A este hecho hay que sumarle otro fenómeno no menos importante que afecta de forma directa a nuestra comprensión de la Roma clásica. Cuando en el siglo XIX se afianzaron los estudios sobre la Antigüedad, se abrió claramente una brecha entre la investigación sobre Grecia, que incluía el interés sobre la formación y desarrollo del espíritu heleno, al que se concedía una fuerza y, sobre todo, una originalidad de las que la Europa contemporánea era heredera, y la investigación sobre Roma que destacaba los aspectos político-militares prácticamente desde su creación[30]. En la valoración sobre los logros intelectuales de cada cultura, Grecia ha sido siempre a los ojos de los europeos la triunfadora con ventaja, y esta preferencia por lo que se ha considerado la *creatividad helena* hizo que Roma fuera vista como una mera transmisora de los descubrimientos ajenos, carente de todo nervio y espíritu propios del pensamiento en estado puro. Este reparto de capacidades ha afectado negativamente, y parece que en parte sigue haciéndolo, a la historiografía de Roma, que se mantiene en gran parte al margen de la investigación sobre la historia intelectual, como la denominan los ingleses, o de las mentalidades, en terminología francesa. Incluso aspectos tan interesantes y trascendentales para la comprensión de la Roma antigua como el fenómeno de la helenización han quedado desatendidos o infravalorados por los historiadores. En el caso del contacto con Grecia el discurso no ha avanzado más allá de un enfoque reduccionista que convierte a los romanos en meros imitadores, dentro de sus posibilidades, de los inventos y descubrimientos griegos. Solo algunos trabajos puntuales han roto este silencio sobre el mundo intelectual romano, con bastante éxito, por otra parte[31]. Pero, en general, estos avances no parecen haber llegado a la mayoría de los historiadores dedicados a la Roma republicana.

No es de extrañar, por tanto, que todo el debate generado en torno a la cuestión de la escritura, y de los temas relacionados como la lectura, no haya encontrado mucho eco entre los historiadores dedicados a Roma, a pesar de que los testimonios son abundantes y podrían sustentar una investigación profunda. No obstante, habría que destacar nuevamente algunos trabajos que, aunque minoritarios, son de indudable interés incluso más allá de los limites de la historiografía romana y que nos han servido de inspiración en algunos casos, como se verá más adelante. En su mayoría están relacionados con el fenómeno de la epigrafía, como son el de Williamson [32] sobre la función de las inscripciones monumentales romanas en bronce, y los de G. Woolf[33] sobre el uso del alfabeto griego entre las poblaciones galas y sobre la significación de los epígrafes en la sociedad provincial romana. No menos importantes son los estudios de M. Beard sobre la epigrafía religiosa, tanto el dedicado al uso simbólico de las inscripciones de los hermanos Arvales en Roma, como el de la relación del individuo con la divinidad a través de los pequeños epígrafes privados[34]. Parece evidente que este campo de la escritura en soporte duro que florece de forma extraordinaria en el Imperio romano ofrece muchas posibilidades para la investigación[35], ya que la documentación con la que contamos es abundante y de naturaleza muy variada.

Los cuatros primeros capítulos de este trabajo están claramente influenciados por estos estudios, como el lector podrá apreciar, y en ellos hemos tratado de acercarnos al fenómeno de la memoria oral en la Roma pre-literaria, entendiendo por este término el período anterior a la segunda mitad del siglo III a.C., momento en el que la escritura comienza a ser utilizada para elaborar textos completos que no tienen fines religiosos ni administrativos. De este modo, consideramos que la sociedad romana anterior a esta época recordaba su pasado de forma oral, no nos atrevemos a decir que exclusivamente pero sí de forma mayoritaria, aunque somos conscientes de que la escritura era utilizada en Roma desde el siglo VII a.C., bien sea por influencia griega o etrusca[36]. Sin embargo, ninguno de los usos del alfabeto de los que tenemos testimonio mostraba como finalidad prioritaria la de ser el medio de conservación de la memoria del pasado, como lo hacían las obras históricas que aparecen a fines del siglo III

[30] Habinek 1992: 227.

[31] Rawson 1985a: *passim*, Wallace-Hadrill 1997: *passim* y, especialmente, Moatti 1988: 385-440; 1991: 31-46 y sobre todo 1997: *passim*. Cabe destacar además la reciente obra de S. Mas-Torres en la que se analiza el pensamiento romano desde una postura igualmente novedosa. La tesis principal de la obra hace hincapié no solo en la libertad de adaptación que mostraron los romanos con respecto a Grecia, sino en el hecho de que fueron los romanos los que mediante sus elecciones crearon *su* tradición griega, que encontramos reflejada en las obras latinas (2006: 11-19).

[32] Williamson 1987: 160-183.

[33] Woof 1994: 84-98 y 1996: 22-39 respectivamente.

[34] Beard 1985: 114-162; 1991: 35-58 respectivamente.

[35] Un resumen actualizado de lo más relevante está en Bodel 2001: *passim*.

[36] Cristofani 1978: 15-30.

a.C. con Fabio Píctor y Cincio Alimento, sino más bien del presente[37]. Queremos decir con esto que textos como las XII Tablas o la legislación de carácter religioso, aunque *a posteriori* sirvieran como *monumentum* del pasado de Roma, en el momento de su fijación por escrito estaban destinadas a fosilizar el presente, no a dar una imagen de la historia de la ciudad ni en conjunto ni en algún aspecto particular. El único elemento que podría ser considerado en esta dirección son los *Annales Maximi*, las tablas que anualmente redactaba el pontífice máximo y exponía en su residencia. Pero un análisis detenido de la información que conservamos sobre dichos documentos claramente pone de manifiesto que en ningún momento pretendían elaborar una crónica de lo que acontecía en Roma como base de una futura historia de la ciudad. Por el contrario, su existencia tenía sentido dentro de una visión sacralizada del devenir histórico en la que la escritura desempeñaba un papel ritual destacado en la relación del pueblo romano con los dioses.[38]

El primer capítulo, por lo tanto, lo dedicaremos a reflexionar sobre el concepto de memoria cultural y a considerar el contenido que esa memoria tendría en el siglo III a.C. en Roma, lo que nos hará detenernos especialmente en el mito de los orígenes de la ciudad y en las figuras de Rómulo y de Eneas. El segundo capítulo pretende ser un análisis de los elementos culturales que pueden relacionarse directamente con esa memoria cultural y su transmisión, pero especialmente trataremos de sintetizar los elementos comunes que podemos detectar en todos ellos para poder así hacer un compendio de las características de la memoria oral en la República. En el tercer capítulo, finalmente, revisaremos de forma crítica los planteamientos más utilizados para explicar el comienzo de la historiografía en Roma y daremos nuestra propia interpretación de este fenómeno como un elemento de ruptura en ciertos aspectos y de continuidad en otros dentro de la memoria de la ciudad.

Por último, y de forma breve vamos a hacer referencia al tercer enfoque que, como hemos dicho, ha guiado este trabajo y que está relacionado con la cuestión de la helenización de Roma. No vamos a detenernos aquí a hacer un estado de la cuestión, dada su complejidad y los múltiples aspectos que abarca desde la cultura material hasta la religión, o la concepción del ocio en la sociedad romana, aunque, sin duda, estamos convencidos de que una tarea semejante sería necesaria dado el estado actual de la investigación. Sin embargo, lo que nos interesa es poner de manifiesto nuestra posición respecto a cómo entendemos que debe plantearse el estudio de las relaciones culturales entre la Grecia helenística y la Roma republicana en términos de historiografía. Como veremos en el tercer capítulo y a lo largo de los capítulos siguientes, la tendencia de la investigación ha sido detectar las influencias de la historia griega en los autores romanos en el más amplio término de la palabra. De este modo, dejando a un lado los intereses políticos o propagandísticos que podía tenía cada autor particular, los aspectos formales o de contenido de sus obras se han entendido como un reflejo de lo que ya anteriormente habían hecho los historiadores griegos. No es nuestra intención ni rebatir ni sostener con más argumentos este enfoque, pues creemos que de igual modo que es posible buscar un precedente en Grecia para prácticamente cualquier aspecto de la cultura romana que deseemos estudiar, al mismo tiempo es evidente que no se puede nunca tener la total certeza de que el historiador romano esté tomando como modelo a imitar la obra griega. Pero en cualquier caso, y aunque así fuera, la razón de no aceptar este tipo de interpretaciones es que reducen el significado de la historiografía romana a su capacidad de reflejar y seguir las tendencias que crearon los griegos. En este sentido, se considera tácitamente que el valor de aquello que nos proponemos estudiar debe buscarse en su origen, que siempre está en Grecia. Feeney ha criticado muy acertadamente esta tendencia que él detecta en la investigación sobre la religión romana republica, y en especial en el estudio de la mitología, que se comprende como algo dinámico y vivo para la Grecia clásica y, sin embargo, en la Roma republicana se convierte en una moda poco sentida y superflua por su carácter secundario[39].

Por ello, nuestra intención será intentar comprender la historiografía romana dentro de la propia cultura romana en la que ya existían formas de recuerdo del pasado mucho antes de que se iniciara el fenómeno de escritura de la historia. Y esto no significa negar, por ejemplo, que la idea de elaborar obras históricas no surgiera a fines del siglo III a.C. como consecuencia del conocimiento de la historiografía griega que tenían los romanos o no aceptar que Cicerón estaba pensando en ésta a la hora de criticar a sus predecesores republicanos que habían escrito historia como veremos en el capítulo sexto. Ambas cosas parecen evidentes, pero constar esto simplemente no es más que comprender a medias ambos hechos pues en cualquier caso lo que es verdaderamente significativo es valorar qué sentido podemos otorgarles dentro de la evolución de la propia cultura romana.

[37] Colonna 1976: 187-195; Poucet 1989a:285-311.
[38] Rodríguez-Mayorgas 2007 (en prensa).
[39] Feeney 1999: 47-67.

Es bajo esta perspectiva que hemos tratado de comprender el fenómeno de la escritura de la historia en la Roma republicana. Sin duda, hemos dejado fuera muchas cuestiones que merecerían nuestra atención, casi siempre de forma consciente, de modo no se puede considerar la presente obra como una interpretación global, completa y definitiva de la historia en Roma, algo que está por hacer todavía. No obstante, nos hemos centrado en aquellos aspectos que nos parecían de mayor relevancia en la situación actual de la investigación. De este modo, en el capítulo cuarto hemos abordado la cuestión de los conceptos de *historia* y *memoria* y hemos revisado de forma crítica el uso extendido entre los investigadores de la idea de los subgéneros historiográficos, especialmente por lo que respecta a la analística. Y el siguiente capítulo, quinto y último, está dedicado a analizar tres aspectos de la escritura de la historia en la República; la preocupación por la datación, la crítica del pasado y la necesidad de la retórica. En todos ellos hemos destacado los cambios y la evolución que se pueden advertir a fines de la República.

I. TRADICIÓN ORAL Y MEMORIA CULTURAL EN LA REPÚBLICA

La primera certeza que se impone en el inicio de este camino que nos hemos trazado es que, para comprender el fenómeno de la escritura de la historia, resulta imprescindible tener en cuenta todos los elementos que en la Roma republicana participaban en esa actividad colectiva que es el recuerdo del pasado y favorecían su continuidad. Es necesario valorar de forma global la comprensión que, de las generaciones pretéritas, tenían los romanos, reconociendo que la utilización del alfabeto puede no ser, en algunos aspectos, más que un accidente secundario de este fenómeno. Es cierto que la aparición de la historiografía introduce una serie de elementos de gran relevancia en el proceso de configuración del pasado, que, por decirlo de algún modo, transforman la manera en la que se perciben los hechos pretéritos. En el tercer capítulo veremos qué consecuencias tuvo esta novedad para el recuerdo histórico de los romanos de la República. Pero sería igualmente injusto no reconocer que, sin necesidad de codificar esa información en un conjunto de signos escritos, los pueblos son capaces de guardar la memoria de los antepasados y de sus orígenes de formas diversas. En estos casos, la riqueza y significación de los relatos sobre el pasado tienen la misma trascendencia para la vida de la comunidad que la que podemos conceder a las historias escritas en nuestra sociedad, aunque el prejuicio del mundo occidental hacia las sociedades sin escritura haya minusvalorado hasta ahora este tipo de narraciones como si se tratara de algo carente de verdadera relevancia por su supuesto carácter efímero[40]. La investigación ha demostrado, por el contrario, que la vitalidad del recuerdo oral del pasado es un elemento imprescindible para comprender las sociedades tradicionales, primitivas actuales o como quiera denominarse a aquellos pueblos que dentro del clásico esquema de la evolución humana no han entrado todavía en el período denominado histórico. Aunque a veces nos resulte difícil de concebir, durante un importante trayecto de su devenir histórico, la ciudad de Roma compartió más características culturales con este tipo de sociedades orales que con la imagen de estado imperialista, "civilizado" e intelectualmente "superior" que la misma Roma ofrecía en el siglo I d.C., imagen que, por razones obvias que vuelven a estar, en parte, relacionadas con el uso de la escritura, ha tenido tanto éxito en los períodos posteriores. De este modo, no es necesario esperar hasta finales del siglo III a.C., momento en el que nace la historiografía romana, para determinar la existencia de una preocupación por el pasado en Roma. Este fenómeno, como decimos, no depende de la utilización de la escritura, sino que es una constante que ha acompañado siempre a la humanidad.

Durante cierto tiempo, sin embargo, las posiciones hipercríticas de algunos historiadores de Roma eran totalmente contrarias, como vimos, a considerar la posibilidad de una transmisión oral de la tradición que pudiera asegurar la información que las fuentes nos dan para los primeros siglos de la ciudad. Sin documentos directos, pensaban estos autores, todos esos datos no podían ser otra cosa que una invención tardía. Superada esta fase de la investigación, los historiadores posteriores reconocieron que el recuerdo sobre el pasado lejano podía haber sobrevivido de formas diversas entre los romanos. De hecho, no fue difícil detectar en la cultura romana lo que Grandazzi ha denominado *vias de la memoria*, que permitían, de algún modo, dar una nueva oportunidad al relato de los historiadores romanos [41] . Existía, por tanto, la posibilidad de que cierta información sobre el origen de Roma tuviera una base real. Por ello, hoy en día nadie pondría en duda una transmisión oral de la historia en Roma anterior a la obra de Fabio Píctor, y el ejemplo más repetido es el del recuerdo que se transmitía dentro de las familias aristocráticas cuyos miembros habían obtenido importantes magistraturas y, por tanto, habían tenido un papel preeminente en el gobierno de la ciudad. Posiblemente fue este tipo de transmisión de gestas familiares la que permitió a autores posteriores conservar una información más o menos fidedigna de acontecimientos del pasado remoto de Roma como la fallida expedición de los Fabios[42], las andanzas de una

[40] Goody 1985: 29-44.

[41] Grandazzi 1991: 237-279.

[42] Richard 1989a: 75-84; 1989b: 312-325; 1990: 174-199.

figura como la del conquistador de Veyes y héroe de la defensa de Roma frente al asedio galo, M. Furio Camilo[43], o en un momento más reciente, las hazañas de los Escipiones[44] o de Claudio Marcelo[45]. No obstante, constatar la existencia de este tipo de memoria histórica, algo que ya han hecho los historiadores, aunque de forma poco sistemática, no es suficiente para el objetivo de este trabajo. Tampoco nos interesa en este momento la cuestión de la veracidad de esta tradición, sobre la que pesa constantemente la sombra de la duda, especialmente por lo que respecta al recuerdo familiar[46]. Más allá del estudio concreto del contenido del recuerdo oral en Roma en todas sus manifestaciones o de su posible manipulación hasta que finalmente llegó a fosilizarse en una versión escrita, lo que ahora nos concierne es comprender de qué forma funcionan y cuáles eran sus características esenciales. Dado que pretendemos analizar el cambio que supuso la aparición de la historia escrita en Roma, tendremos que establecer como punto de referencia previo el mecanismo cultural cuya finalidad era crear y mantener una idea del pasado en la República romana. Por ello, en primer lugar habrá que considerar qué presupone y qué conlleva el recuerdo histórico en la vida de los grupos humanos, con el fin de pasar después a ver de qué modo se materializaban estos principios en el caso de Roma.

Una teoría de la memoria en la Antigüedad

Solemos hablar de historia únicamente cuando nos encontramos ante una sociedad alfabetizada que utiliza la escritura para dejar constancia de su pasado. De ese modo, influidos por nuestra propia periodización del devenir de la humanidad que comienza con una etapa *pre-histórica* -algo ciertamente paradójico-, también nos abstenemos de utilizar dicho concepto cuando se trata de sociedades ágrafas, como si, de algún modo, éstas vivieran ajenas a los tiempos pretéritos y fueran incapaces de observar y valorar lo acontecido con la perspicacia y profundidad con la que lo hacen los pueblos alfabetizados y, en especial, el mundo occidental en el que vivimos, que es el que realmente ha accedido al verdadero conocimiento del pasado; el conocimiento histórico. Sin embargo, la reflexión de los últimos años sobre nuestro actual concepto de historia ha puesto de manifiesto la debilidad de esta perspectiva y la necesidad de reformular con mayor precisión las distintas formas con las que el ser humano se ha aproximado a su pasado. De este modo, nos será de suma utilidad repasar brevemente los elementos clave de este concepto de *historia* que ha caracterizado la investigación moderna y que nos han impedido hasta el momento comprender mejor otras formas de concebir el pasado diferente a la nuestra.

El punto de partida para buscar el origen de nuestro actual concepto de *historia* no se encuentra realmente en el mundo antiguo como podríamos pensar en un primer momento, sino en los siglos XVII y XVIII, cuando se produce una ruptura significativa con la noción de historia anterior y surge el actual concepto que, seamos conscientes o no, seguimos utilizando en la actualidad en gran medida. El estudio más profundo realizado sobre este cambio es, sin lugar a dudas, la entrada en el diccionario monumental llamado *Geschichtliche Grundbegriffe*, *Conceptos Históricos Fundamentales*, y dirigido por R. Koselleck[47]. Uno de estos conceptos clave de la Modernidad que pretende recoger dicha obra colectiva es precisamente el de *historia*. A pesar de que dicho sustantivo deriva de forma clara del término griego *istoriè*, su cambio de significado ha sido tan importante que Koselleck lo considera prácticamente un neologismo y esta transformación ha estado marcada por dos novedades en su uso.

En primer lugar, hay que destacar el surgimiento del sustantivo colectivo singular. En su empleo tradicional era muy usual que se hiciera referencia a "las historias" en plural, en alemán *die Geschichte*[48]. Dicho sustantivo venía del verbo *schehen* (suceder, acontecer) y significaba en principio lo sucedido, los acontecimientos, pero en el alto alemán moderno pasó a denominar también la narración de lo acontecido, es decir, se igualó con el término *historia* de las lenguas romances y terminó por desbancar a la palabra *Historie*. Lo interesante que sucedió en la segunda mitad de ese siglo XVIII es que a partir de ese plural que denotaba la existencia de una diversidad de historias, de relatos individuales, surgió el uso de la

---

[43] Bruun 2000: 41-68.
[44] Torregaray 2002: 295-311.
[45] Flower 2003 39-52.
[46] Ridley 1983: 372-382.

[47] Koselleck 1993: 41-66; 2004 *passim*. Esta gran obra colectiva tenía como premisa inicial la suposición de que desde mediados del siglo XVIII tuvo lugar un profundo cambio semántico en los *topoi* clásicos de tal modo que palabras muy antiguas del vocabulario político y social adquirieron nuevos significados que dejaron de precisar una traducción conforme se acercaban al presente. Estos términos conservaban su etimología antigua pero el cambio semántico que sufrieron fue tan profundo que los alejó enormemente de sus orígenes (cfr. Gómez Ramos 2004: 14-15).
[48] Koselleck analiza el cambio conceptual en la lengua alemana que cuenta con un término de origen germano *Geschichte* y otro de origen latino *Historie*, pero este fenómeno tiene correspondencia en el resto de lenguas europeas.

palabra en singular, *die Geschichte*, la Historia. Este colectivo singular significaba la suma de las historias individuales como un conjunto de todo lo sucedido. Este desarrollo, no se produjo sin una importante reflexión teórica. Lo que significaba este singular era que, lo que aparentemente parecían ser hechos pasados sin conexión y aislados, en realidad se comprendía ahora como un todo relacionado. El término Historia perdió así su connotación de relato, que siempre lo era de hechos concretos, y se vinculó más bien a esta conexión de acciones y a su conocimiento. Se trataba de un proceso de abstracción por el que el nuevo significado adquirido, que había pasado a ser un meta-concepto, trascendía los hallazgos o los hechos individuales. Estos dejaron de tener sentido en solitario. Únicamente todo el acontecer de la humanidad desde los orígenes hasta el presente tenía un sentido, y se convertía a su vez en algo singular e irrepetible. Lo que realmente importaba era esta conexión entre los hechos, la urdimbre de causas y efectos que se alzaba por encima de lo concreto y al mismo tiempo, era la condición de posibilidad de las historias individuales. La Historia se concebía, por tanto, como una entidad autónoma, una instancia última que actuaba sobre el destino humano, por encima de los pueblos y de las personas. En este sentido, la nueva tarea de los historiadores ilustrados era captar esa historia en sí misma.

Uno de los elementos más trascendentales en esta nueva concepción de la historia era la idea de proceso que llevaba implícita[49], que no solo implicaba la separación entre los hechos puntuales y los cambios de largo alcance, sino que confería significado a lo particular a través del conjunto. No es extraño que sea precisamente en el XIX cuando, a la par que el nuevo concepto de historia, surgiera la filosofía de la historia, que se preocupaba especialmente por el sentido que podía hallarse en el devenir del ser humano. Sin duda el mayor exponente fue Hegel, para el que existía un claro progreso histórico del espíritu[50]. Pero la idea de que la verdad de la historia residía y se revelaba en el proceso temporal, es algo que ha perdurado más allá del ámbito de la filosofía y es característico de toda la conciencia histórica moderna[51]. Ningún historiador valora ya los hechos en su individualidad sino en su relación con los hechos precedentes y con los posteriores. Una de las consecuencias más interesantes de este proceso temporal en el que se ha convertido la historia, y en el que, hasta hace poco, se ha visto una clara posibilidad de progreso, es que los seres humanos se han hecho conscientes de la posible trascendencia de su capacidad de acción. Si los hechos causados por los hombres tienen un sentido más allá de su acontecer puntual, se entiende que en última instancia ellos pueden ser responsables de todo proceso y influir en él. La Historia se ha convertido así en un producto humano y, por tanto, depende de la voluntad y la decisión de actuar de éste. La Revolución francesa fue considerada un ejemplo elocuente a este respecto. Por eso, como apunta H. Arendt, este nuevo concepto de historia encontró una afinidad alentadora con la acción y se convirtió en un requisito imprescindible para el pensamiento político[52]. El ejemplo más destacado es el proyecto de Marx en el que los fines elevados que los filósofos habían reconocido en el devenir histórico gracias a una mirada retrospectiva se transformaron directamente en objetivos intencionales de la acción política. En este sentido, se consideraba que la Historia ofrecía las claves para planificar el futuro. Independientemente del fracaso que han arrojado los resultados de la experiencia marxista y que demuestran hasta qué punto son incalculables las consecuencias de las acciones humanas, no por ello hemos dejado de entender el pasado como un proceso inexorable que marca las pautas de lo que tiene que suceder en cada momento. Por ello pensamos que los seres humanos pueden intervenir en ese curso de la Historia, pueden acelerarlo o retrasarlo.

Por último, habría que destacar otra característica estrechamente relacionada con la idea de proceso: el reconocimiento de un tiempo específicamente histórico que nada tiene que ver con el cronológico. Además del paso del tiempo que el historiador mide en años, en siglos, en décadas, la propia comprensión que éste ha llegado a alcanzar del devenir de la Historia le ha permitido compartimentar ésta en una serie de épocas. Desde la convicción de haber llegado a la Modernidad, a un período nuevo marcado por la reflexión crítica hacia el pasado y por el progreso, el historiador ha detectado la existencia de edades por las que ha pasado el ser humano y que se caracterizan por representar un estadio concreto de civilización. De este modo, la simple cronología, el curso de los astros y el orden de sucesión de soberanos, no eran ya por sí mismos relevantes ni daba la clave para la comprensión de los acontecimientos, sino que

[49] Arendt 1995: 60-73; 1996: 62-72. Según esta autora un requisito importante fue la existencia de una cronología lineal que partía de un punto fijo que venía del mundo cristano pero que no había cambiado en la Edad Media la forma de concebir el pasado que seguía siendo la del mundo clásico. Sobre el desarrollo de la cronología en el cristianismo ver Johnson 1962: 124-145 y Whitrow 1990: 84-92.

[50] Bermejo 1987: 155-157.

[51] Arendt 1996: 52.

[52] Arendt 1996: 85-95.

era necesario atender a la posición que cada hecho tenía en el proceso que era la Historia.

Estos cuatro rasgos que brevemente hemos tratado son las características más importantes, según R. Koselleck, de esta nueva concepción de la historia que se aprecia claramente desde el siglo XVIII: la singularización de la Historia (palabra que pasa ahora a escribirse con mayúscula), la conversión en un proceso inevitable, la consideración de producto humano y la temporalización[53]. Aunque algunos de los mayores representantes fueran de esta nueva concepción del pasado fueran filósofos, no puede considerarse que la labor de los historiadores no se viera afectada. De hecho Koselleck recurrió a las obras tanto de historiadores como de filósofos para rescatar este cambio en el pensamiento europeo. Así pues, existe realmente una conciencia histórica contemporánea cuyos planteamientos generales vienen directamente de los siglos XVIII y XIX, y son los mismos que puede tener incluso un turista imaginario que se plantee acercarse al pasado[54]. Los historiadores en la mayoría de los casos comparten esta misma conciencia. Es cierto igualmente que en estos dos siglos largos la reflexión sobre la historia no solo ha avanzado, sino que ha puesto en tela de juicio alguno de los principios fundamentales de esta conciencia histórica. Como apunta Iggers, von Ranke, el padre de la ciencia histórica, heredó de la filosofía de su época la idea de que la historia poseía una coherencia y desarrollo propio, y asignó una posición privilegiada en ella a la civilización occidental. También los historiadores sociales del siglo XX concebían que al menos la historia de la modernidad avanzaba en una clara dirección, pero especialmente en el último cuarto de siglo el pensamiento europeo ha reconsiderado esta suposición y ha puesto en tela de juicio su validez como categoría eficiente a la hora de comprender el pasado[55].

De este modo, una gran mayoría de los investigadores han descartado en la actualidad, no sólo la posibilidad, sino la conveniencia de elaborar *meta-relatos*, como querían los sabios decimonónicos, que daban sentido a la historia de la humanidad de forma unitaria. Con ello, ha sido necesario admitir la existencia de una multiplicidad de historias paralelas. Pero, además, se ha puesto de manifiesto que la *historicidad*, es decir, la condición histórica que nace del reconocimiento de la contingencia de los asuntos humanos, es una característica propia de toda conciencia humana sometida al tiempo y no un privilegio de los habitantes del mundo occidental contemporáneo, aunque posiblemente seamos nosotros los únicos que percibimos una ruptura y un alejamiento insalvables con nuestro pasado. Esta historicidad, además, no es una categoría atemporal y eterna, sino que está sujeta al propio devenir histórico[56]. La conclusión que podemos extraer para lo que aquí nos concierne es que no existe, por tanto, una única conciencia histórica (la nuestra) a partir de la cual medir el despertar de los pueblos al conocimiento de su pasado sino que este reconocimiento de la contingencia y de la impredecibilidad de los asuntos humanos puede llevar a cada sociedad a percibirse en una relación distinta con el pasado y con el futuro.

Por otro lado, cabe destacar el desarrollo de los estudios de antropología en la segunda mitad del siglo XX, que han venido a evidenciar igualmente de qué forma toda comunidad humana tiene alguna noción del tiempo que le ha precedido, algún relato sobre sus orígenes y sobre las generaciones anteriores y que, por carecer de escritura, no es menos consciente de los hechos pasados que el resto de sociedades alfabetizadas como la nuestra. Desde esta perspectiva, se ha utilizado el término "historia" en un sentido antropológico universal para identificar esta conciencia histórica que está presente en el ser humano y que muestra una dinámica prácticamente idéntica en todas las sociedades. Ésta se caracteriza por la necesidad inapelable de no olvidar el pasado y de interpretarlo con la finalidad de comprender el presente que se vive, y por un impulso de utilizarlo para desarrollar perspectivas de futuro[57]. El conocimiento de los hechos pretéritos no es algo secundario para ninguna sociedad, una manera de entretenerse en los momentos de esparcimiento del grupo o una actividad especializada de algunos miembros de las clases acomodadas a los que les sobra el tiempo libre, sino que para la comunidad es, ante todo, una exigencia inapelable que le permite orientarse en la toma de decisiones del presente, porque sin una clara perspectiva de lo que se ha sido hasta ese momento, no existe medio alguno de plantear la continuidad del grupo ni de establecer las líneas de comportamiento que éste debe seguir.

La conciencia histórica es, en este sentido que apuntamos, un fenómeno antropológico generalizado que se repite en todas las sociedades. Un estudio comparado entre distintas culturas, incluso las más dispares, pone de manifiesto que, a pesar de la diversidad, la conciencia histórica tiene como base siempre los mismos elementos constitutivos, que según

[53] Koselleck 1993: 63.
[54] Gómez-Ramos 1999: 234-236.
[55] Iggers 1997: 4-5 y 141-147.
[56] Gómez-Ramos 2003: 71-81.
[57] Rüsen 1996: 8.

Rüsen[58] se reducen al sentimiento de contingencia y a la noción del paso del tiempo. El primero es un fenómeno fácil de comprender, porque está en la raíz misma de nuestra experiencia como seres vivos. La frustración y la ruptura de nuestras expectativas existenciales es un fenómeno cotidiano con el que hemos aprendido a convivir y que se manifiesta esencialmente en la desaparición de los ser humanos que nos rodean, pero también en las catástrofes, accidentes y demás acontecimientos inesperados de los que está jalonada nuestra existencia. La respuesta que, ante esta situación, ofrece el ser humano no es otra que el desarrollo de un concepto de devenir cronológico, de cambio temporal en el que puedan encontrar algún sentido los sucesos que perturban el quehacer de la vida cotidiana, y la evolución y continuidad estable del grupo.

Esta experiencia de un cambio amenazador está intrínsecamente relacionada con la noción de orden temporal. De hecho, esta capacidad de adaptación y de asimilación de lo inesperado tiene cabida gracias a un esfuerzo de interpretación por parte del ser humano, que consigue dar sentido y, de este modo, asumir el constante reto que supone la actuación de la contingencia. De este modo, la conciencia histórica se define como el proceso mediante el que, a través de una lógica del cambio temporal, se logra encontrar un sentido al pasado, que es empleado en la comprensión del presente y que permite anticiparse, al mismo tiempo, a los sucesos futuros. Esta es, en términos teóricos, la dinámica más básica de la conciencia histórica que caracteriza el conocimiento humano. En la base de cualquier preocupación por el pasado residen, por tanto, dos nociones que se manifiestan de forma inmediata: el sentimiento de la contingencia, representado sobre todo por la muerte, y la idea de un orden temporal, que no es de forma directa sinónimo de cronología sino que se refiere, como categoría más abstracta, al sentido de cambio. Incluso la historiografía más desarrollada y compleja, como podemos considerar la nuestra, funciona igualmente sobre estos principios, pero es evidente que cada grupo humano, dependiendo de sus recursos culturales y de su estructura social, canalizara de forma diferente esa conciencia de contingencia e inseguridad.

La manifestación que parece más evidente de ese fenómeno de la conciencia histórica en todas las culturas es la creación y transmisión de narraciones en las que se recuerda el pasado de la comunidad. De hecho, a pesar de todo el desarrollo teórico del que ha sido testigo la historiografía contemporánea desde el siglo XIX, la tarea del historiador en la actualidad no deja de ser en esencia la de narrar los acontecimientos pasados[59], por mucho que se quiera hacer hincapié en la importancia de la explicación. Por ello, hacer historia es sinónimo prácticamente directo de contar acontecimientos. El hecho no deja lugar a dudas por lo que respecta al recuerdo del pasado que está codificado mediante la escritura. Para el mundo occidental la historia se encierra en los libros y su conocimiento no tiene otra vía de transmisión que ésta. Cuando los historiadores y antropólogos se han propuesto como objetivo comprender qué idea de su pasado tienen las sociedades ágrafas, la primera reacción ha sido asumir que el salto cualitativo que separaba a unas y otras era la escritura. Dicho de otro modo, se partía de la base de que la diferencia sustancial era que, mientras que las sociedades alfabetizadas conservaban complejas narraciones históricas gracias a la revolucionaria tecnología de la palabra, aquellas que desconocían su existencia, se veían obligadas a confiar exclusivamente en la memoria, lo que, en parte, empobrecía sus narraciones sobre el pasado y las hacía más inestables. Por ello, el término que más éxito ha cosechado entre los investigadores es el de "historia oral", especialmente para referirse a los hechos más recientes, o incluso a veces se ha hablado de "historiografía oral"[60], aunque con esta última denominación se quería hacer hincapié especialmente en el tipo de actividad que antropólogos e historiadores del mundo contemporáneo realizan con los pueblos que conservan una tradición oral. De ese modo, este término responde más a las necesidades y preocupaciones del investigador actual, que a través de los relatos y las entrevistas debe elaborar una narración coherente sobre el pasado de un grupo, que al propio fenómeno del recuerdo en sociedades ágrafas. No hace referencia realmente a la transmisión del pasado en estas sociedades sino al estudio que desde una perspectiva historiográfica podemos hacer de él.

Es evidente, además, que no podemos utilizar los términos de "historia oral" o "historiografía oral" para referirnos a la forma que tenía la transmisión de los acontecimientos pasados en las sociedades carentes de escritura. Si hiciéramos eso estaríamos reconociendo que estas comunidades tenían un tipo de recuerdo muy semejante al nuestro en esencia, con la única desventaja de que debía apoyarse exclusivamente en la transmisión oral. Sin embargo, utilizar estos términos en ese contexto supondría una contradicción similar a la que W. Ong denuncia en la denominación usual de "literatura oral", con la que de forma sutil se convierte

[58] Rüsen 1996: 11-13.

[59] Danto 1989: 53-98; Veyne 1972: 211-216; Ricoeur 1987: 246-370; 1999: 83-106; White 2003: 107-139.

[60] Vansina 1985: 12-13: Henige 1982: 1-2.

a la tradición y representación orales en una especie de variante secundaria de la escritura [61]. La historia entendida como historiografía, es decir, como un producto intelectual que se crea a partir de la interpretación de unos hechos acontecidos en el pasado, es, al igual que la literatura, un fenómeno que sólo puede concebirse en un mundo alfabetizado; y precisamente debe considerarse, en gran medida, el resultado de la utilización de la escritura, de modo que no debería emplearse cuando hablamos de pueblos ágrafos. No parece, por tanto, muy adecuado hablar de historia oral, en parte porque implica un prejuicio hacia las sociedades que no han desarrollado la capacidad de escribir y de leer al definir su concepto del pasado de forma negativa, pero especialmente porque dicho término, por el significado habitual con el que lo empleamos, no refleja fidedignamente el fenómeno del recuerdo del pasado tal y como se produce en las culturas ágrafas. En este tipo de sociedades la narración no es el único elemento en el que se codifica la información sobre los antepasados y, cuando existe, su dinámica difiere de forma considerable de la que muestra el discurso escrito al que estamos acostumbrados.

Los investigadores del mundo antiguo muy raramente han dedicado tiempo a esta cuestión. Su especialidad ha sido siempre la de estudiar los discursos escritos y cuando de forma circunstancial han tenido que hacer referencia a alguna información de la cual se tiene conocimiento, pero que no ha llegado hasta nosotros en forma de libro, recurren a una denominación más general y vaga en su contenido como es la de "tradición oral". Este hecho no deja de ser paradójico, ya que, a pesar de que es la escritura la que en buena parte marca el comienzo del mundo antiguo, los pueblos que vivieron en el litoral del Mediterráneo durante este período no la practicaron desde sus orígenes y posteriormente hicieron un uso muy restringido de ella. En esta tendencia de la investigación sobre el mundo antiguo hay que destacar, no obstante, una excepción, la que representa la obra del egiptólogo Jan Assmann, quien ha dedicado sus esfuerzos a crear una teoría de lo que él denomina "memoria cultural" y que nos va a servir de marco conceptual para acercarnos a la imagen que de su pasado tenían los romanos de la época republicana, momento en el que Fabio Píctor comenzó a escribir sus *Anales*. La investigación de Assmann es, además, especialmente sugerente porque se centra en el mundo antiguo y tiene muy en cuenta las características particulares que le acompañan y el momento histórico que representa. Pero habría que recordar igualmente que su estudio no parte de cero, sino que tiene como base los estudios sociológicos que se han llevado a cabo en este siglo en torno a la cuestión de la memoria como producto social.

La idea de que existe una memoria colectiva de la que participa cada grupo humano tiene ya más de medio siglo de vida y fue propuesta por primera vez de forma convincente por el sociólogo Maurice Halbwachs[62]. Su obra ha sido en gran medida un punto de partida no tan lejano, de toda una línea de investigación que llega hasta nuestros días, que se ha centrado especialmente en el ámbito de la psicología y de la antropología de mundo contemporáneo y ha tenido por desgracia poca repercusión en los estudios de la Antigüedad [63]. En su concepto de memoria colectiva Halbwachs parte del presupuesto de que el *homo sapiens sapiens* posee una memoria biológica, una capacidad mesurable de almacenar información en el cerebro que está determinada por factores físicos. Todos los seres humanos compartimos esta característica. Pero, si bien todos somos capaces por igual de guardar datos, el uso efectivo que hacemos de nuestra memoria, qué recordamos y qué olvidamos, es algo determinado cultural y socialmente. No existe, por tanto, una memoria exclusivamente individual, sino que ésta está moldeada e influenciada por la colectividad en la que la persona haya sido educada. De este modo, Halbwachs cree que existe una memoria colectiva, no porque el grupo como sujeto único sea realmente portador de recuerdos, sino en el sentido de que la idea que cada individuo puede tener de su pasado surge obligatoriamente mediante la comunicación y la interacción dentro del grupo social, de ahí que él hable de los marcos sociales de la memoria[64] (*cadres sociaux de la mémoire*) para referirse a esos condicionantes presentes que van a determinar el recuerdo tanto en su forma como en su contenido, y, por tanto, ser causa también del olvido. El papel que la memoria colectiva representa en la vida de una comunidad va más allá del simple hecho de que se trate de un recuerdo socialmente condicionado. Realmente su trascendencia reside en la relación con la autocomprensión del grupo como entidad diferenciada, es decir, que es ese recuerdo común el que ofrece la posibilidad de definir y

[61] Ong 1996: 19-24.

[62] Halbwachs 1997: 51-96.

[63] La preocupación por el estudio de los aspectos sociales de la memoria es evidente, sobre todo, en el ámbito de la psicología: Neisser 1982: *passim*; Neisser-Winogard 1988: *passim*; Middlenton-Edwards 1990: *passim*. Cabe destacar especialmente la obra teórica de Casey (1987: *passim*). En antropología cabe destacar la obra de Connerton (1989: *passim*). Para un resumen de las diferentes tendencias y estudios sobre la memoria social ver, Wachtel 1986: 207-224; Olick y Robbins 1998: 105-140 y Connerton 2006: 315-324.

[64] Halbwachs 1994: 274-296.

justificar a un mismo tiempo la identidad de la comunidad que participa de esa memoria colectiva[65]. Para ello, el grupo que comparte el mismo recuerdo de su pasado lo hace siempre poniendo de relieve dos aspectos estrechamente relacionados; la especificidad del grupo frente al otro, y la continuidad de los elementos constitutivos por encima de cualquier ruptura o diferencia interna. De este modo, la memoria colectiva actúa de acuerdo a estos dos principios, seleccionando e interpretando la información sobre el pasado del grupo. Con esta afirmación Halbwachs pone de manifiesto dos aspectos de la memoria colectiva de enorme importancia. En primer lugar, reconoce que se trata de una actividad de carácter reconstructivo. No existe una imagen objetiva e inalterada del pasado que el grupo humano pueda conservar, sino que es él mismo el que recrea, por decirlo de algún modo, su propio pasado a partir de los datos que ha podido recoger, pero dentro en todo momento de los marcos de referencia significativos en los que se mueve en el presente. En segundo lugar, denuncia que memoria e historia, lejos de ser dos conceptos intercambiables, representan, por su funcionamiento, dos tendencias opuestas: mientras que la memoria colectiva mantiene la semejanza y continuidad en el pasado como base de la identidad del grupo, la historia percibe y destaca el cambio y la ruptura en su discurso, le interesa ante todo observar y explicar la diferencia y la transformación de la sociedad. Es más, según el sociólogo francés, memoria e historia difícilmente pueden convivir en el tiempo. La primera cede su puesto a la segunda cuando el pasado deja de ser algo vivido y sentido.

Assmann parte de las líneas generales sobre la memoria colectiva desarrolladas por Halbwachs para intentar profundizar más aún en el análisis de este tipo de recuerdo, pero atendiendo, de forma especial, a las condiciones características de las sociedades antiguas que estaban fuera del objetivo principal del autor francés[66]. El principio inapelable sigue siendo el de la construcción social del recuerdo, que se formula desde la necesidad de buscar el sentido al pasado dentro de los marcos de referencia de la comunidad en el presente. Sin embargo, en esta ocasión Assmann trata de entender, desde esta perspectiva, fenómenos típicos de la Antigüedad como el mito y valora la trascendencia de una variable de especial significación como es el uso o la ausencia de la escritura. Es por ello que la obra del egiptólogo alemán nos parece sumamente útil para el estudio en general de las sociedades antiguas y más específicamente para el caso que nos ocupa de la escritura de la historia en la República romana.

Assmann considera que, cuando tratamos culturas ágrafas o que, a pesar de tener cierto conocimiento de la escritura, no han tomado la determinación de servirse de ella para conservar el recuerdo de su pasado, el concepto de memoria colectiva puede resultar muy general. En estos casos es posible afinar con la terminología y diferenciar claramente dos tipos distintos de memoria: la comunicativa y la cultural[67]. La primera de ellas comprende los recuerdos que hacen referencia al pasado reciente del grupo. Se trata, por tanto, de los acontecimientos que el individuo vive y comparte con sus contemporáneos y que están destinados en la mayoría de los casos a desaparecer una vez que han muerto sus protagonistas. Su existencia no se extiende más allá de la cuarta generación, lo que los romanos consideraban un *saeculum*[68], es decir, el límite temporal dentro del cual se produce la muerte del último miembro superviviente de una generación. Así pues, el recuerdo de lo sucedido en esos últimos cien años, más o menos, es lo que forma la memoria comunicativa y suele caracterizarse por el elemento de la cotidianeidad. Frente a ésta, la memoria cultural puede definirse como el recuerdo fundador, que recoge los orígenes de la comunidad. Aunque una y otra puedan tender en algún momento a juntarse o solaparse, y en cada sociedad su punto de unión puede adoptar formas muy diversas, son fácilmente distinguibles y realmente corresponden a dos necesidades muy distintas. Mientras que la memoria comunicativa es espontánea e informal, bastante inestable, anónima y desligada de las ataduras institucionales, la segunda muestra los rasgos completamente opuestos. En efecto, la memoria cultural gira en torno al pasado mítico, cuya finalidad es dar sentido a la situación presente a través de un discurso sobre el origen. Este tipo de recuerdo se aleja de lo cotidiano para poner de relieve los acontecimientos extraordinarios que dan cuenta de la existencia del grupo. El carácter sagrado y el sentido religioso están siempre presentes, ya que es mediante la fiesta y el ritual que se actualiza y perpetúa este recuerdo mítico. Frente a la espontaneidad y el anonimato, la memoria cultural cuenta siempre con unos custodios especializados en esta tarea y su contenido se muestra increíblemente estable, a pesar de la ausencia de la tecnología de la palabra escrita, a consecuencia de que su transmisión está sometida a un estrecho control y adopta el aspecto de un mensaje institucionalizado.

[65] Halbwachs 1994: 289-296.
[66] Assmann 1997: 5-98.
[67] Assmann: 1995: 125-133; 2006: 1-30.
[68] Cornell 1976: 431.

Lo más interesante de esta memoria de los orígenes es que, en las sociedades antiguas, está estrechamente vinculada a las creencias religiosas y su transmisión supera con mucho el simple formato de la narración mítica que en última instancia es lo único que a nosotros nos ha llegado, a través de las obras de autores clásicos como Hesíodo u Ovidio [69]. Pero, cuando la escritura no ha sido utilizada todavía para codificar toda esta información y el saber que garantiza la identidad del grupo debe ser confiado exclusivamente a la memoria humana, se ponen en marcha todos los medios disponibles para que su fuerza normativa y formativa no desaparezca. Por ello, están siempre omnipresentes en estos casos tres elementos que cumplen dicha función: la memorización, en muchos casos mediante la forma poética[70], la repetición y actualización que producen las representaciones rituales, y la comunicación constante y participación de todos los miembros del grupo. De este modo, la memoria cultural puede tener estabilidad, duración y eficacia. El discurso oral que refleja ese pasado lejano está intrínsecamente unido a la modulación de la voz, al movimiento del cuerpo, al espacio de la representación, a la mímica, a la gestualidad, al ritmo, a la música y a la danza, al vestido, a la comida y bebida que forman parte de la acción ritual. Es mediante las actividades rituales guiadas por personajes vinculados con el ámbito de lo religioso como el pasado es recordado y tiene un significado para la población. Discurso y representación son inseparables. De estas actividades, además, todos son partícipes, aunque su orquestación y vigilancia esté en manos de éstos especialistas, de tal modo que es la presencia física y la reunión del grupo en eventos especiales, que se presentan como una ruptura de la cotidianeidad, lo que hace que el pasado sea algo vivido y festejado y que se sienta la coherencia cultural del grupo. Las fiestas y ritos, que prácticamente son una misma cosa en el mundo antiguo, deben ser entendidos, por tanto, no sólo como los momentos de descanso del ciclo agrícola anual y las ocasiones de reunión y socialización, sino esencialmente como el escenario principal en el que se representa la dimensión cósmica, el tiempo de la creación y de los orígenes de la comunidad, y las grandes transformaciones que dan sentido y hacen comprensible la propia existencia a la vez que ponen de manifiesto los elementos que sustentan y representan la identidad cultural.

Resulta especialmente relevante que la memoria cultural encuentre su espacio natural en las celebraciones de la comunidad y que sea la representación repetitiva y sistemática la que garantice su perduración en el tiempo. Se comprende ahora fácilmente el abrumador ritualismo y formalismo que están presentes de forma frecuente en las ceremonias religiosas en el mundo antiguo, y que, en el caso romano, se ha convertido en un paradigma. La invariabilidad de las fórmulas, de los movimientos y de la representación en general que supone todo rito eran los garantes de su eficacia y de su permanencia en el tiempo, lo que Assmann ha denominado coherencia ritual. Sin otro medio de transmisión, la acción ritual aseguraba la circulación del saber ancestral que unía a toda la comunidad. La memoria cultural sería, de este modo, capaz de reproducirse hasta el infinito, pero en la evolución histórica del mundo antiguo vino a encontrarse con un fenómeno de incalculables consecuencias como fue la invención de la escritura. Cuando se hizo posible servirse de un código de signos para acumular y conservar información de todo tipo que se mantenía intacta, a pesar del paso del tiempo, inevitablemente la memoria cultural se vio afectada en su estructura básica. Para ello fue necesario no solamente que se conociera la escritura, sino que su uso alcanzara el ámbito del recuerdo de los acontecimientos del pasado más lejano, no de los que podemos considerar contemporáneos que, como vimos, forman parte de la memoria comunicativa.

El hecho más destacable, según Assmann, es que el sentido del pasado que antes surgía por la constante actualización que suponía la repetición ritual, que era autoevidente y captado de forma inmediata por todos aquellos que participaban en la celebración va a disponer de otro medio de perpetuación. En esta ocasión el sentido del pasado, la interpretación de los acontecimientos más significativos va a salir del espacio de la constante circulación que supone el ritual para encerrarse en el inmovilismo de la escritura. Los textos no son elementos que de por sí se muestren tan accesibles a cualquier individuo, es necesario que exista una voluntad de ponerlos en circulación. Por ello, se convierten en una tumba de su propio significado, que sólo es revivido mediante la interpretación y el comentario del especialista capacitado para ello, es decir, mediante el arte de la hermenéutica. Con el paso del tiempo ciertos textos reciben un puesto preferente, se convierten en punto de referencia, son copiados y citados en multitud de ocasiones y terminan por consagrarse como "clásicos" al encarnar los valores normativos y formativos de la sociedad. La aparición

[69] En su teoría de la memoria cultural Assmann aborda en su conjunto todas las sociedades antiguas, tanto las clásicas como las proximo-orientales. Para U, Walter, sin embargo, existiría una diferencia radical entre las primeras y las segundas, especialmente por lo que respecta a las creencias religiosas. Por ello dicho término no sería aplicable al mundo greco-latino (2004: 24-25).

[70] El caso griego ha sido bien estudiado por Havelock (2002: 101-115).

de estos textos clásicos crea una nueva dimensión temporal desconocida hasta ese momento. Si en la anterior situación en la que reinaba la coherencia ritual sólo se percibía la distinción festiva entre la edad de los orígenes y la cotidianeidad del presente, ahora surge además la dicotomía pasado-presente, antigüedad-modernidad. El período al que pertenecen los textos se convierte en un "clasicismo" que cada vez se aleja más de la actualidad. Por último, cabría destacar otro aspecto sumamente interesante de ese paso de la coherencia ritual a la coherencia textual que se completa con la aparición de un canon de obras literarias. La memoria cultural que con anterioridad se festejaba, ahora se presenta como un objeto independiente sobre el que se puede reflexionar[71]. El escritor y comentarista de textos adquiere la capacidad y la libertad, en parte, de actuar sobre esa tradición, de poner de relieve su propia contribución, pero nunca se ve investido de la autoridad que, por el hecho de su propia antigüedad, manifiesta la palabra ya escrita que se ha convertido en clásico. Assmann resume de este modo el cambio que sufre la memoria cultural cuando en su transmisión participa la escritura. De forma muy acertada, además, destaca el hecho de que, frente a la idea ampliamente aceptada de que la utilización de un código de signos es siempre una tecnología que favorece la continuidad del pensamiento y preserva con mayor efectividad cualquier saber, lo que realmente sucede cuando el sentido de la tradición se sirve de este nuevo soporte es precisamente todo lo contrario. La memoria cultural que queda almacenada en un libro corre el riesgo de caer en el olvido y desaparecer, algo impensable en el contexto de la oralidad donde precisamente ésta misma es objeto de repetición y de actualización continuas. Por ello, frecuentemente, la escritura supone una fractura más que una continuidad. Ésta se supera únicamente mediante la producción de un horizonte de referencia en el que los textos clásicos permanecen presentes, eficaces y mantienen su significado activo. Este horizonte, que se puede interpretar como una relación intertextual, se produce a través de los comentarios, la imitación y la crítica de los textos fundadores que son el punto de referencia constante.

El egiptólogo Assmann continúa su exposición con el análisis de lo que él llama "el canon" y de las consecuencias que su aparición supone para la configuración de la memoria. Pero lo que nos interesa de su teoría en este momento no es la cuestión de la tradición escrita a la que nos dedicaremos más adelante, sino preferentemente su comprensión de la memoria cultural en sociedades ágrafas. Dos son las ventajas que, según nos parece, ofrece su trabajo. En primer lugar, es de gran interés que haya adoptado una perspectiva general en su estudio del recuerdo, entendiendo éste como un fenómeno mucho más básico y extendido entre las sociedades que la práctica de la historiografía, cuya naturaleza es, en última instancia, dependiente de esa memoria cultural sin la cual difícilmente podríamos comprender su verdadero significado. Pero además resulta de inestimable valía que no se haya limitado a las estrictas dicotomías que los antropólogos y etnólogos a veces suelen establecer entre mundo occidental desarrollado y pueblos "primitivos", entre escritura y oralidad, porque en infinidad de ocasiones las sociedades antiguas no encajan en ninguna de las dos categorías. Por ello, su teoría de la memoria cultural es más compleja y ofrece más flexibilidad que otras aproximaciones, de forma que puede explicar y dar cabida a fenómenos tan diversos como los que se detectan en las distintas civilizaciones antiguas, de Mesopotamia a Grecia y de Egipto a Roma. En definitiva, lo que nos parece de extrema utilidad es el marco conceptual que J. Assmann ha elaborado para estudiar el fenómeno de la memoria y del recuerdo en las sociedades antiguas, aunque se pueda poner en duda la interpretación que el propio autor hace, en base a su teoría, de algunos fenómenos concretos en los que se detiene, entre los que, todo hay que decir, rara vez aparece el ejemplo de Roma.

La memoria cultural de Roma: entre Rómulo y Eneas

Nuestro siguiente paso será ahora tratar de delinear la imagen de la memoria cultural de la Roma republicana del siglo III a.C., en la que Fabio Píctor vivió y desarrollo su trabajo. Muy posiblemente la idea de escribir una historia de su pueblo naciera del conocimiento que poseía de los autores griegos como Timeo o Diocles, o incluso de otros historiadores como Tucídides quien, de forma muy semejante a como lo iba a hacer el romano, había dedicado su obra a narrar el desarrollo de un conflicto bélico entre dos ciudades enemigas. Pero, al mismo tiempo, no se puede prescindir de un hecho a todas luces evidente y es que tanto Fabio como sus contemporáneos tenían una idea muy clara, y para ellos fuera de todo debate o discusión, de sus orígenes, del pasado de su ciudad y de los acontecimientos relevantes que explicaban la sociedad en la que vivían y de la que participaban. No necesitaban leer historias hechas por extranjeros para

[71] En línea con las teorías de Havelock (2002: 187-198), Goody (1985: 45-63) y Ong (1987: 104-108).

comprender su ciudad, a pesar de que, sin duda, lo hicieron y estas narraciones les causaron la suficiente curiosidad como para proponerse ellos mismos una tarea semejante. Como más adelante explicaremos en detalle, lo que nos resulta relevante de este proyecto inicial, de estos comienzos de la historiografía en Roma, no es comprobar su efectiva adecuación a un modelo ajeno y su posible papel dentro de la evolución de un género literario, sino que nos parece más significativo llegar a comprender de qué modo pudo afectar a su forma de ver el pasado su propia decisión de escribir narraciones sobre él, algo que, sin duda, fue más cercano a los romanos. Desde esta perspectiva, la escritura, aunque de enormes consecuencias dignas de ser tenidas muy en cuenta, no deja de ser un accidente dentro de un fenómeno cultural de mayores dimensiones. Por ello, es necesario ampliar la perspectiva de estudio y preguntarse por el modo en que cualquier ciudadano de Roma veía su pasado.

Si seguimos las pautas teóricas expuestas anteriormente sobre el recuerdo en las sociedades antiguas, podríamos partir de la hipótesis de que en la Roma republicana existía una memoria cultural y una memoria comunicativa diferenciadas y que la primera giraba en torno a los mitos de fundación que narraban los orígenes de la ciudad y que su forma de transmisión eran las fiestas y rituales que, con carácter periódico, celebraban y conmemoraban estos acontecimientos. En este apartado nos vamos a centrar exclusivamente en este aspecto, ya que, aunque aparentemente puede parecer sencillo determinar el contenido de la memoria cultural de un pueblo, pues se trata simplemente de los relatos sobre sus orígenes, en el caso concreto de Roma su mito de fundación es particularmente complejo y requiere un tratamiento especial.

A pesar de los innumerables testimonios que la Antigüedad nos ha legado sobre los orígenes de Roma y del interés que los escritores sintieron por los inicios del pueblo que se convirtió en dueño de todo el Mediterráneo, resulta verdaderamente difícil establecer con claridad qué características exactas tenía el mito de fundación en el que creían los romanos del siglo III a.C., ya que todos los documentos relevantes son posteriores. El relato que terminó por convertirse en canónico y que aparece en los autores imperiales ha planteado más de un problema a los investigadores. Su principal dificultad reside en el hecho de que en ella se mezclan elementos que parecen ser autóctonos con personajes y acontecimientos que, sin embargo, formaron parte en su origen de la tradición griega sobre el fin de la guerra de Troya y el regreso de los combatientes. Estos elementos, que se resumen en la llegada de Eneas a Italia, la fundación de Lavinio y de Alba Longa, el nacimiento de los gemelos Rómulo y Remo de la unión del dios Marte y Rhea Silvia, la fundación de la ciudad por Rómulo y el desarrollo de la monarquía por sus herederos políticos, son los hechos más destacados de esa tradición. Sin embargo, no todos forman parte del tipo de recuerdo que hemos denominado antes mito de fundación, ni todos pueden considerarse la memoria cultural de la Roma del siglo III a.C.

En este apartado vamos a defender la tesis de que sólo la historia de los gemelos y de los reyes de la ciudad pueden entrar dentro de esta categoría, ya que sólo ellos comparten una serie de características que ponen de manifiesto la esencia de las narraciones de fundación: son el recuerdo del pasado más lejano de la ciudad, suponen un punto de referencia para toda la comunidad (no exclusivamente para ciertos individuos) y muestran el inicio y la causa de la organización social, política y religiosa de Roma, es decir, hacían comprensible el presente en el que vivían los romanos de la República y daban sentido a su comportamiento. Desde la existencia de la propia ciudad hasta el funcionamiento de sus instituciones todo era comprendido de forma inmediata con el recuerdo de esos acontecimientos. La figura más relevante era, sin duda, Rómulo al que se le concedía el origen mismo de la ciudad y del pomerio, el límite religioso de Roma (Dion. *A.R.* 1, 88, 2), la organización de la primitiva población en tres tribus, Tities, Ramnes y Lúceres, y en treinta curias (Liv. 1, 13, 6-8), que formaban una de las asambleas más antiguas de Roma (comicios curiados); y la elección entre la población de los cien individuos más sobresalientes que pasarían a formar parte del senado con el nombre de *patres* (Liv. 1, 8, 7). Otros reyes también tienen en su haber importantes innovaciones. Numa Pompilio, rey pacífico, consagró un lugar al dios Jano donde más tarde se elevaría el templo cuyas puertas debían permanecer cerradas en tiempo de paz (Liv. 1, 19, 2), creó el calendario de base lunar que funcionó hasta la reforma de Julio César (Liv. 1, 19, 6). Por su parte, Servio Tulio fue el encargado de crear el censo y la centurias que componen la asamblea ciudadana (comicios centuriados), además de organizar los nuevos distritos administrativos o tribus en base a una distribución territorial (Liv. 1, 42, 4-43, 9).

En la actualidad, es una opinión aceptada por todos los investigadores que los sucesos del pasado mítico de Roma, incluida la milagrosa infancia de los gemelos, pertenecen al fondo de creencias más antiguo que conservaban los romanos. No obstante, en ocasiones este fabuloso capítulo del surgimiento de la ciudad ha sido puesto en duda, y se ha considerado una creación literaria en base a otros episodios míticos de otros pueblos de la Antigüedad que comparten bastantes elementos destacados con la historia de los gemelos[72]. Así, por ejemplo, la ciudad de Mileto se suponía había sido fundada por Pelias y Neleo, hijos de Poseidón y de Tiro, y los niños habían sido criados por una yegua; Tebas hacía remontar su origen a los hermanos Zeto y Anfione, hijos de Antiope y Zeus, que habían sido criados por pastores; y Metaponto se creía vinculada a los hermanos Eolo y Beoto, nacidos de la unión entre Menalipe y Neptuno y protegidos por una vaca que evitó que fueran devorados por las fieras. En todos estos casos como en el de Roma, se repite la idea de unos hermanos de origen divino que son criados por animales. Sin embargo, hay argumentos más que suficientes para afirmar que la historia de la loba no es una invención tardía, creada en un ambiente erudito y basada en modelos griegos por el hecho de que en estos casos aparezcan personajes o hechos parecidos, como algunos autores partidarios de una interpretación hipercrítica de la tradición romana han invocado. Así, por ejemplo, se ha supuesto que ciertas tragedias griegas como la de *Tyro*, escrita por Sófocles, habrían sido el modelo de la narración romana y habrían llegado a la historiografía gracias al griego Diocles de Pepareto [73]. La postura más radical, sostenida por Strasburger, llegaba incluso a suponer que la historia de los gemelos fue una invención deliberada y malintencionada de historiadores griegos de fines del siglo IV a.C. o principios del III a.C., que pretendían hacer una propaganda hostil a Roma. Sin embargo, parece difícil aceptar, como sus críticos han puesto de manifiesto, que una historia creada en su contra fuera adoptada por los romanos con tanta rapidez. En realidad, no es necesario recurrir a la mitología griega para encontrar historias de exposición de niños recién nacidos con un origen noble a los que cuida un animal. Este mitema es de sobra conocido y representa un ritual de iniciación en el que el héroe se enfrenta a un mundo salvaje, fuera del orden, que debe superar para cumplir su misión civilizadora[74]. Rómulo sería un ejemplo más de esta expresión mítica. Existen, a su vez, muchos argumentos a favor de una cronología alta para la leyenda de los gemelos. En primer lugar, los elementos fundamentales de la leyenda, como la existencia de dos hermanos gemelos, pertenecen claramente a la herencia indoeuropea que los romanos adaptaron para dar cuerpo a la fundación de su ciudad[75]. Pero, además, es un hecho probado que los nombres de Rómulo (que significa simplemente "romano") y Remo son de origen itálico y algunas de sus peripecias como la exposición en su infancia o su crianza entre pastores se asemejan a otros mitos atestiguados entre los pueblos itálicos como el de Céculo, fundador de Preneste (CATO *Orig.* 2, frag. 29), por lo que su leyenda debe ser considerada como un verdadero mito de fundación -no una creación literaria. En efecto, Rómulo comparte una serie de rasgos con otros personajes de la mitología latina a los que se consideraba reyes míticos del Lacio como Pico, Fauno, Latino o Céculo [76]. Todos ellos están relacionados con los dioses del fuego muchas veces en su nacimiento, especialmente con Vulcano, tienen una educación en un medio salvaje, fuera de la ciudad que representa la civilización, o aparecen como seres agrestes, lideran un grupo de pastores/ladrones y llevan a cabo la fundación de una ciudad o la creación de cultos y leyes. Estas similitudes no dejan lugar a duda. La figura de Rómulo pertenecía claramente al conjunto de creencias míticas indígenas que compartían los habitantes del Lacio. No pudo ser en ningún momento una invención literaria.

Más complejo resulta, claro está, situar cronológicamente el momento de creación de este personaje. Para algunos no hay duda alguna de que éste debe localizarse en un momento anterior al inicio del período republicano[77]. Carandini sostiene, incluso, que debió de existir la figura de un fundador de la ciudad de Roma y que la leyenda de su nacimiento y de su infancia milagrosa, construida con mitemas latinos muy antiguos, tuvo una primera fase de creación a mediados de ese siglo VIII a.C., aunque posteriormente fue modificada, posiblemente en época de los Tarquinios[78]. No obstante, la posición menos arriesgada sitúa la formalización de la leyenda a comienzos de la República, de tal modo que hacia el 300 a.C. ya estaría establecida en la memoria de Roma[79]. Es cierto que no podemos saber con exactitud qué características pudo tener el mito de Rómulo y Remo en sus primeros momentos de elaboración. Martínez-Pinna ha sugerido así que, aunque estos personajes ya existían con anterioridad, fue en el siglo IV a.C. cuando el primero de ellos pasó a tener un puesto de preeminencia para los romanos como fundador de su ciudad[80]. Según este autor, fueron los griegos los que exportaron a Italia la idea de que toda ciudad nace gracias a la acción de un héroe, de tal modo que el papel de Rómulo como

[72] Kretschmer 1909: 288-303; Pais 1926: 306-320; Strasburger 1968; 1-23; Gjerstad 1973: 202-203.
[73] Trieber 1888: 569-582.
[74] Binder 1964: 29-57.
[75] Puhvel 1975: 148-149; Meurant 2000: 34.

[76] Martínez-Pinna 1997: 112-133. Según este mismo autor, la dinastía mítica latina en su versión final en la que nos ha llegado posiblemente no sea anterior al siglo I a.C., sin embargo, algunos miembros, especialmente Pico, Fauno y Latino pertenecen al fondo mitológico latino más antiguo (en prensa c: *passim*).
[77] Cornell 1975: 9-32; Bremmer 1987a: 47-48.
[78] Carandini 2000b: 96-97; 2006 (*passim*).
[79] Mastrocinque 1993: 195.
[80] Martínez-Pinna 1997: 95-98.

fundador repetiría claramente el modelo del *oikistés* griego y este fenómeno no puede remontarse más allá de la segunda mitad del siglo IV a.C. Ciertamente no es posible comprobar si esta hipótesis es cierta o no, pero en su planteamiento arranca de un principio que puede ser rebatido y es el de que solamente el pueblo griego concebía el origen de una ciudad como fundación de un personaje. Los estudios antropológicos han demostrado la enorme difusión que tiene la figura del héroe cultural del que se cree descendiente un pueblo[81]. Por lo tanto, no es necesario recurrir a la influencia griega para que los romanos pensaran en la fundación de su ciudad. Además esta interpretación obligaría a pensar que hasta ese momento los habitantes de Roma, o bien no habían pensado en cómo se creó su ciudad, o bien tenían un mito de origen que no hacía hincapié en el origen del lugar que habitaban, algo difícil de aceptar teniendo en cuenta que Roma era una ciudad-estado. En definitiva, lo más sencillo es pensar que el único mito de fundación que tuvieron los romanos era el protagonizado por este personaje y, por tanto, su cronología debe de ser alta, salvo que consideremos que existió una leyenda alternativa a ésta, de la cual no nos ha llegado noticia alguna en las fuentes, una propuesta del todo hipotética.

Los testimonios más antiguos, y aceptados de forma unánime, que prueban la existencia del mito de Rómulo y Remo son, sin embargo, más tardíos. Así, según Livio, en el 296 a.C. los ediles Gneo y Quinto Ogulnio mandaron erigir un conjunto escultórico en bronce en el que aparecían los gemelos bajo una loba y fue colocado cerca de la *ficus Ruminalis* en el Palatino, nombre con el que se conocía la higuera bajo la cual fue depositada por las aguas la cesta con los recién nacidos. Poco después, en el 269 o 268 a.C., una de las primeras monedas emitidas en plata tenía como motivo en el reverso este mismo conjunto escultórico (Liv. 10. 32. 12)[82]. No resulta creíble que estos cónsules inventaran o promovieran por su cuenta el mito de los gemelos, sino que el hecho de que elevaran un monumento público nos hace suponer que, desde hacía tiempo, Roma consideraba que la leyenda de Rómulo y Remo estaba en el origen de la ciudad. T. P. Wiseman considera, no obstante, que, en un principio, solamente el primero sería recordado como fundador, y que la figura del gemelo fue introducida en el siglo IV a.C. como consecuencia del fin de la lucha patricio-plebeya[83]. De este modo, el reparto final de poder en el gobierno de la ciudad tenía un reflejo ideológico en la disputa de los gemelos por la interpretación de los augurios. La renuncia al poder de Remo, asociado a la facción plebeya, era el antecedente de actos similares de autosacrificio en favor del bien público llevados a cabo por plebeyos como los Genucios y los Aelios, y su muerte el rito sacrificial necesario para consagrar las murallas de la futura ciudad. Con tal finalidad habría sido creada la figura de Remo.

Sin embargo, resulta difícil creer que los romanos hubieran inventado de la nada un gemelo para su fundador, con el fin exclusivamente de que los plebeyos tuvieran participación en el origen de la ciudad –no del todo satisfactoria porque al fin y al cabo Remo el plebeyo es asesinado por su hermano el patricio-, pero más difícil resulta aún que toda la población aceptara esta invención sin reservas y que se mantuviera para siempre una vez que la lucha patricio-plebeya hubo desaparecido. Incluso si se acepta la relación que Wiseman ve clara en algunos textos entre Remo y el movimiento de secesión de algunas familias al monte Aventino, lo que se podría colegir es que el mito de los gemelos fue reinterpretado en ese momento en clave de lucha entre facciones de la población, sin necesidad de concluir que el hermano gemelo de Rómulo fue inventado *ad hoc*. Remo podría ser concebido en ese momento como un ejemplo[84]. En cualquier caso, esta última aportación no consigue rechazar la antigüedad del mito de fundación de la ciudad. Como dijimos, el tema de los gemelos puede entenderse perfectamente como una característica de la herencia indoeuropea. Pero además, hay otros dos argumentos que indican claramente la antigüedad del mito[85]. Por una parte, el hecho de que los propios romanos de época republicana se sintieran incómodos con su mito de fundación debido a la muerte de uno de los gemelos a manos de su hermano indica de forma clara que se trataba de un elemento tradicional muy antiguo de su mitología, al que ya no sabían dar una explicación coherente. Por otro lado, es lógico pensar que desde que Roma comenzó a funcionar como una comunidad política debía de contar con un pasado común, con un mito de origen como lo tienen todas las ciudades en la Antigüedad. Todos los datos indican que éste era el mito de Rómulo y Remo. Si no fuera así, habría que considerar, como ya hemos dicho, la existencia de otra leyenda de fundación a la que ésta vino a sustituir.

Existen, por otra parte, algunos testimonios importantes sobre la antigüedad de la leyenda de los gemelos, aunque en alguna ocasión su interpretación ha sido puesta en tela de juicio. En primer lugar destaca la

[81] Helms 1998: *passim*.
[82] Crawford 1974: no.20.
[83] Wiseman 1999: 103-128. Coarelli (2003b) ha secundado esta teoría de la tardía creación de la figura de Remo.
[84] Mastrocinque 1993: 133-134.
[85] Cornell 2000: 48-49.

Figura 1. Loba capitolina (s. VI a.C.).

famosa escultura en bronce de una loba que se encuentra en el Palazzo dei Conservatori de Roma fechada en el siglo VI a.C. y de procedencia desconocida (figura 1), que algunos consideran una prueba concluyente de la aceptación de la leyenda de los gemelos por los romanos en una fecha temprana[86], mientras que para otros autores no hay argumentos suficientes como para considerar que dicha escultura no pueda tener otra interpretación al margen de la narración de la infancia de Rómulo y Remo, y por el aspecto fiero del animal apuntan, más bien, al símbolo de alguna ciudad itálica[87]. También se han destacado como posibles testimonios de esta historia la estela de Bolonia, obra etrusca del siglo V o IV a.C. en la que aparece un animal amamantando a un niño o el llamado espejo prenestino de bronce, de fines del siglo IV a.C., procedente de Bolsena, en cuya superficie se observa una compleja e inusual escena en la que varios personajes rodean a una loba que alimenta a dos niños (figura 2). La lectura más común, en especial la del espejo, apunta claramente a una representación del mito de Rómulo y Remo, aunque es evidente que la iconografía en este caso muestra algunas divergencias con respecto a la que puede observarse en relieves de fines de la República y del Imperio[88]. Estas diferencias han llevado a algunos historiadores a negar que se trate de la leyenda de los gemelos, de tal modo que, aunque ciertamente hay bastantes posibilidades de que lo que allí vemos reflejado sea dicho mito, es igualmente cierto que no pueden considerarse una prueba por completo concluyente[89].

[86] Cornell 1999: 85.

[87] Bickerman 1967: 394-395; 1985: 526-527; Crawford 1974: 403-404.

[88] Adam-Briquel 1982: 48-57.

[89] Wiseman 1991: 117; 1999: 63-71. Según este autor la escena del espejo prenestino sería una representación de los Lares Praestites junto a un animal salvaje, rodeados por sus padres, Hermes y Tacita, y por Pan y Quirino.

Figura 2. Espejo de Bolsena o Praenestino (según Adam y Briquel 1982, fig. 1).

Por el contrario, lo que estas representaciones sí parecen estar indicando claramente es la existencia en Italia de ciertos mitos que tenían como protagonistas a animales salvajes y a niños, como la historia de Rómulo y Remo, lo que, por otra parte, viene a reforzar la idea de que la narración sobre los orígenes de Roma no es una invención *ex novo* de algún historiador, ya fuera griego o romano, sino que, más bien, refleja una creencia antigua y arraigada del pueblo romano sobre su pasado. Así, el resto de testimonios ofrece los elementos suficientes como para suponer que efectivamente pertenece al fondo de creencias más antiguo de Roma como mito de fundación. Otra cuestión diferente es saber si la leyenda de los gemelos tuvo en un principio los mismos elementos que se hallan presentes en la narración que nos han legado los historiadores romanos, que, en términos generales, remonta como mínimo a Fabio Píctor. Lo más probable es que con el tiempo ciertos aspectos fueran olvidados o, al menos, relegados frente a otros que tendrían cada vez más importancia o serían directamente extraídos de otros mitos. Puede que este fenómeno sea la razón por la que no es posible interpretar correctamente todos los personajes que aparecen en el espejo prenestino. No hay duda alguna, por lo tanto, de que los habitantes de la Roma medio-republicana creían en el mito de los gemelos y lo consideraban el origen de su ciudad. Rómulo y Remo pertenecen, así, a la memoria cultural de la República. Los romanos conocían mejor que nadie su leyenda y ya veremos en el próximo capítulo de qué forma la celebraban y la recordaban.

Frente al carácter indígena de la leyenda de los gemelos, la figura de Eneas, por el contrario, es claramente una importación del mundo griego. La rotundidad y profusión de las fuentes romanas posteriores, en especial la relevancia de la *Eneida* de Virgilio, el poema épico que en época de Augusto consagró al héroe troyano como antepasado del pueblo de Roma, han hecho pensar a los investigadores que su aceptación como parte de la historia de los orígenes que los romanos aceptaban en la República debía de remontarse en el tiempo y estar ya consolidado a finales del siglo III a.C., cuando aparecen las primeras obras escritas. De este modo, la figura de Eneas estaría plenamente aceptada cuando los historiadores romanos comenzaron a incluirla en sus narraciones históricas. Sin embargo, los testimonios que han sustentado esta idea son muy controvertidos y no demuestran de forma contundente, como veremos, la antigüedad de la leyenda de Eneas en el Lacio. Nuestra intención es comprobar si es posible reconocer en este personaje un elemento determinante de lo que nosotros hemos considerado la memoria cultural de la República como lo era Rómulo.

Para empezar, habría que partir en un principio del hecho, ya destacado, de que su origen y procedencia son claramente alóctonos en la sociedad romana y que sólo por contacto con el mundo griego fue aceptado como antepasado. Efectivamente fueron los griegos los que se interesaron en primer lugar por la suerte que había corrido el hijo del mortal Anquises y de la diosa Venus tras la destrucción de Troya, y los que de forma unilateral decidieron hacer llegar a Eneas, después de un periplo por el Mediterráneo, a las costas del Lacio. La evolución de la leyenda en las fuentes clásicas ha sido ya estudiada en repetidas ocasiones [90], aún así todavía no existe unanimidad entre los investigadores a la hora de interpretar todos los fragmentos de los historiadores helenísticos. En cualquier caso, a nosotros no nos va a interesar en este momento la historiografía griega por sí misma, sino que nos centraremos en buscar los testimonios que nos permitan seguir la pista de la llegada de la creencia en Eneas como antepasado de los romanos a Roma.

Los primeros relatos griegos en los que aparece Eneas no hacían alusión alguna a la posibilidad de un viaje de dicho héroe a Occidente. Muy al contrario, en ellos el hijo de Anquises permanecía vinculado a las tierras minorasiáticas. Así deja entreverlo la propia *Ilíada* en la que Poseidón predecía que Eneas y sus descendientes reinarían entre los troyanos para siempre (20, 306-308). También en el himno homérico de Afrodita se hace referencia al futuro de Eneas como soberano en Troya (196-7). Sin embargo, los escritores griegos posteriores, por razones no bien aclaradas del todo, comenzaron a especular sobre el peregrinaje del héroe por el Mediterráneo como superviviente de la guerra. La tradición que lo vinculaba a la Troade y que, sin duda, tenía como depositarios a determinados soberanos greco-asiáticos que se decían descendientes de Eneas[91], terminó por desaparecer o por quedar relegada a una posición muy minoritaria y en ocasiones defendida desde posiciones anti-romanas como la de Demetrio de Scepsis en el siglo II a.C. (Strabo 13, 52, 607). Por el contrario, a partir del siglo VII a.C. las fuentes comienzan a situar al héroe troyano fuera de su lugar de origen. Así, por ejemplo, en la *Pequeña Ilíada*, fechada en la primera mitad del siglo VII a.C., su autor Lesques narraba cómo

[90] Boas 1938: *passim*; Perret 1942: *passim*; Vellay 1957: 363-376; Dury-Moyaers 1981: 33-94; Basto 1980: *passim*.
[91] Hild: 1882: 50.

Eneas había sido capturado por Neoptolemo, hijo de Aquiles, y conducido a Tesalia.

Los primeros testimonios sobre la llegada de Eneas al Occidente mediterráneo, y más concretamente a Italia son, sin embargo, controvertidos[92]. Llama la atención, además, que en este periplo la figura de Odiseo precedió a Eneas como navegante hacia el oeste[93]. Ambos personajes aparecen en el primer fragmento seguro y con una datación cierta sobre la llegada de Eneas al Lacio con el que podemos contar. Se trata de un pasaje de una obra de Helánico de Lesbos del siglo V a.C. de suma importancia para nosotros, pues en él aparece por vez primera un héroe griego en relación con la fundación de Roma.

Hell. (*F.G.H.* 1a, frag. 84) Dionisio 1, 72, 2.
En cambio, el recopilador de Las sacerdotisas de Argos y de los sucesos ocurridos en la época de cada una afirma que Eneas, cuando vino a Italia desde la tierra de los molosos en compañía de Ulises, fundó una ciudad y la llamó Roma por una mujer troyana. Dice que ésta, cansada de vagar, exhortó a las demás troyanas a quemar todas juntas las naves. Damastes de Sigeo y algunos otros están de acuerdo con él. (trad. E. Jiménez y E. Sánchez)

Según Dionisio de Halicarnaso, algunos autores del siglo V a.C., centuria en la que hay que situar a Damastes, quién muy posiblemente fue discípulo de Helánico[94], pensaban que Roma había sido fundada por Eneas. El fragmento presenta, no obstante, dificultades de interpretación, lo que ha llevado a pensar a algunos autores que no se puede considerar una citación fiable de Dionisio y que dicha información no puede atribuirse en su conjunto a un autor griego del siglo V a.C.[95] Perret sugiere, incluso que se trata de un escritor tardío, del siglo III a.C. Sin embargo, las objeciones presentadas son fácilmente rebatibles y han sido resueltas de forma solvente[96].

Las más importantes hacían referencia a una posible contradicción con otro fragmento de Helánico de su obra *Troiká* en el que sí se le nombra (*F.G.H.* Ia 4 frag. 31 Dionisio 1, 45, 4-48) y en el que Eneas llega a Palene en Calcidia. Pero en ningún momento podemos afirmar que Helánico situara allí la muerte del héroe. Por lo tanto, no existe ninguna incongruencia. Tampoco la ambientación en el Epiro presenta problemas. No es inverosímil pensar que Eneas llegara allí como prisionero de guerra, como recogía la *Pequeña Ilíada* o para consultar el oráculo de Dodona (Ser. *Aen.* 3, 256). Por último, llama la atención la asociación, sin precedentes ni apenas paralelos, de dos personajes que son enemigos de guerra. Ciertamente no existen argumentos sólidos para explicarla. Perret y Martínez-Pinna han adelantado una hipótesis que explicaría también el interés de Atenas por una ciudad poco significativa como lo sería Roma en el contexto mediterráneo del momento[97]. Según estos autores, durante la guerra del Peloponeso existía por parte de los atenienses la determinación de incluir dentro de su pasado mítico a aquellos pueblos posibles enemigos de Siracusa y en general de las ciudades dóricas occidentales, para ganarse de ese modo apoyos. Roma sería así un ejemplo más como lo fue también Etruria. La inclusión de Odiseo junto a Eneas, por lo tanto, respondería igualmente a esta tendencia.

Lo que nos interesa especialmente de este testimonio es que desde el siglo V a.C. los autores griegos comenzaron a especular sobre el origen de Roma, aunque, sin duda, de forma muy tangencial y puntual dentro de sus obras. En un principio, además, no reflejaron ninguna tradición indígena, sino que pusieron como protagonistas a personajes helenos, ya tuvieran una historia anterior como Eneas, o fueran creados *ex professo* con una clara intención eponímica como sucede con la figura femenina de Rhome o la masculina de Rhomos, que más tarde sería identificada con el Remo de la tradición latina[98]. Y asociaron a la fundación de Roma episodios localizados en otros lugares del Mediterráneo como el incendio intencional de las naves por parte de una mujer, que vemos en el pasaje de Helánico y que repite Aristóteles con ciertas variantes para referirse igualmente al origen de Roma[99].

---

92 Nos referimos a la *Iliou Persis* de Estesícoro (s. VI a.C.), que narraba, como su nombre indica, la caída de Troya, y de la cual no conservamos ningún testimonio salvo, posiblemente, su reflejo en la *Tabula Iliaca Capitolina*, bajorrelieves de época augustea que exaltaban la familia Julia y los orígenes gloriosos de Roma (Sadurska 1964: *passim*; Guarducci 1974: 425-433). Algunos autores creen que la referencia a la obra del autor griego que aparece en la *Tabula* como origen de la información sobre la llegada de Eneas con su familia a Occidente es una falsificación (Horsfall 1979c: 26-48; Perret 1942: 306-309; Momigliano 1984d: 444). Otro, por el contrario, argumenta en favor de la veracidad de la referencia (Boyancé 1943: 281- 282; Heurgon 1969b: 24; Galisky 1969a: 106-113; Dury-Moyaers 1981: 48-53).

93 Basto 1980: 80-94. Para un estudio detallado de la figura de Odiseo en las regiones occidentales de Grecia ver Malkin 1998: *passim*.

94 Boyancé 1943: 283. Mazzarino sostiene lo contrario y que Helánico en este pasaje sigue a su maestro Damastes (1966: 203-207)

95 Perret 1942: 367-378; Horsfall 1979b: 376-383; Gruen 1992: 16-19

96 Ampolo 1992: 321-342.

97 Perret 1976: 791-803; Martínez-Pinna 1995: 671-678.

98 Cornell 1975: 27-29.

99 Basto 1980: 24-76; Solmsen 1986: 105-110; Martínez-Pinna 1996: 21-53.

El carácter especulativo de estos relatos es evidente si atendemos a la afirmación de Dionisio de Halicarnaso (1, 72) sobre la falta de acuerdo entre los historiadores antiguos a la hora de determinar quién fundó la ciudad y si consideramos la cantidad de versiones discordantes que se han transmitido, muchas de ellas anónimas y difíciles de datar. Así, por ejemplo, un tal Clinias pensaba que esta Rhome, que había dado su nombre a la ciudad, era hija de Telémaco y esposa de Eneas (*F.G.H.* IIIc 819 frag. 1) y Jenágoras hablaba de tres hijos nacidos de Odiseo y Circe; Rhomos, Anteias y Ardeias, fundadores respectivamente de Roma, Antium y Ardea (*F.G.H.* IIb 240 frag. 29)

La cuestión se complicó aún más en el siglo IV a.C. cuando aparecieron en el relato de los historiadores helenísticos de procedencia occidental los personajes que, como vimos, formaban parte de la tradición latina sobre la fundación de Roma, Rómulo y Remo, pero también figuras nuevas como la de Rhomos, concebido como epónimo y fundador que se van a adaptar a las anteriores tradiciones griegas[100]. Así la referencia más antigua al hijo de Marte y de Rhea Silvia en las narraciones griegas pertenece a un fragmento de Alcimo, historiador siciliano de la segunda mitad del siglo IV a.C.

Alc. (*F.G.H.* IIIb, frag. 4) Festo p. 266
Alcimo dice que Rómulo era hijo de Tirrenia y de Eneas, y que de él nació una nieta de Eneas llamada Alba, cuyo hijo, de nombre Rhomos, fundó la ciudad de Roma.

La aparición de tradiciones romanas en la historiografía griega se entiende fácilmente por el contexto geográfico de estos historiadores helenísticos, provenientes de Sicilia, y, por tanto, con posibilidades de tener información más directa de Roma. Aún así, para Alcimo el fundador de Roma sigue siendo Rhomos y no Rómulo, quien simplemente es un eslabón entre el héroe troyano y el creador de la ciudad. Tampoco Calias de Siracusa, historiador del tirano Agatocles y contemporáneo de Alcimo reproducía la versión indígena.

Cal. (*F.G.H.* IIIb 564 frag. 5a) Dionisio 1, 72, 5.
Calias, que escribió sobre los hechos públicos del tirano Agatoles , dice que Roma, una mujer troyana de las que vinieron a Italia junto con los demás troyanos se casó con Latino, el rey de los aborígenes y tuvo tres hijos, Rhomos, Rómulo y Telégono, y habiendo construido una ciudad, le dieron el nombre de su madre. (trad. E. Jiménez y E. Sánchez)

[100] Martínez-Pinna 2004b: 20-37.

En esta versión desaparece el personaje de Eneas para dar protagonismo a la figura femenina que daba nombre a la ciudad. Existen otros fragmentos en los que nuevamente aparece Rómulo pero en una posición secundaria. Así un tal Galitas, cuyo nombre podría ser una corrupción de Calias (y tratarse, por tanto, del mismo personaje)[101], consideraba que Latino había sido el sucesor de Eneas y que era hijo de Telémaco y Circe. De su matrimonio con Rhome habrían nacido Rhomos y Rómulo y la ciudad fundada en el Palatino recibió tal nombre por su mujer (*F.G.H.* IIIc 818 frag. 1).

La recurrencia de personajes como Rhome y Rhomos en las narraciones griegas y su función de figura epónima de Roma hizo que Rómulo no llegara a alcanzar el papel de fundador que le otorgaban los romanos. Es cierto que no conservamos la obra de Timeo de Taormina, autor helenístico de la primera mitad del siglo III a.C. que, como veremos, dedicó mayor atención que sus predecesores a Roma, sobre todo por su conflicto bélico con el rey epirota Pirro. Sin embargo, no sabemos si hablaba de la fundación de la ciudad ni en qué términos lo hacía. En ocasiones se ha considerado que la información que sobre Eneas aparece en la *Alejandra* de Licofrón, poeta contemporáneo de Timeo[102] que trabajó en la biblioteca de Alejandría, provenía probablemente de la obra de este autor. Esta afirmación no deja de ser una hipótesis y ha sido rebatida por Amiotti quien considera que la verdadera fuente de Licofrón fue la obra de su padre adoptivo Lico de Regio[103]. En cualquier caso este poema, sin duda, refleja el conocimiento que los habitantes de la Magna Grecia tenían de Roma en ese momento. En este relato se profetiza el glorioso futuro del linaje de Príamo y se afirma que Eneas fundará en tierras de los aborígenes treinta ciudades después de contar las crías de la puerca prodigiosa que llevará en su nave desde las cimas del monte Ida y que en una de ellas erigirá un templo a Mindia Palénida en el que colocará las imágenes de los dioses patrios (Penates) (1250-1265).

La interpretación más plausible apunta claramente a una referencia a la fundación de Lavinio por parte de Eneas[104], elemento que aparece posteriormente en la tradición romana. La fuente de Licofrón demuestra así una mayor atención a la realidad del Lacio, pues se molesta en hacer referencia a determinados puntos geográficos y a las poblaciones

[101] Manni 1963: 266-267.
[102] Algunos autores rebajan la cronología de la Alejandra a principios del siglo II a.C. Cfr. Perret 1942: 346-349.
[103] Amiotti 1982: 452-460.
[104] Dury-Moyaers 1981: 71.

indígenas de la región, en especial a los aborígenes, un pueblo autóctono localizado muy posiblemente por los propios lavinates en su tierra y que expresaba la singularidad de los latinos [105]. Sin embargo, la *Alejandra* demuestra una vez más la visión griega del Lacio. La centralidad del relato está en Eneas, pues el poema es el relato que el guardián encargado de custodiar a Alejandra hace al rey Príamo sobre la caída de Troya y el futuro de los troyanos. No hace referencia al papel de Rómulo –menciona simplemente a la esposa e hijos de Eneas y sólo de forma muy tangencial se refiere posiblemente a Roma al hablar de que *fundará una patria rica, celebérrima en las guerras por obra de sus descendientes*. Tampoco conocemos lo que sobre el origen de Roma pudo decir el historiador helenístico Diocles de Pepareto, más allá de la siguiente afirmación de Plutarco en su biografía de Rómulo (*Rom.* 3, 1): *pero el relato más verosímil y que tiene más partidarios apareció primero entre los griegos, el de Diocles de Pepareto, al que sigue Fabio Píctor en casi todo*. La dependencia de un autor del otro, ambos prácticamente contemporáneos, no parece tan clara como la expone Plutarco, y es imposible de acreditar, pues hemos perdido las obras de los dos autores. No obstante, resulta difícil pensar que un historiador romano necesitara seguir las indicaciones de un griego a la hora de contar el origen de su propia ciudad[106]. En cualquier caso, lo que sí podemos afirmar es que seguramente en la historia de Diocles apareciera ya la leyenda de los gemelos en un estadio muy similar a como aparece en la tradición latina.

No obstante, en términos generales y excluyendo a este último autor, el resto de obras griegas que hemos citado, a pesar de la inclusión en el relato de personajes o elementos que podríamos considerar latinos, no nos transmiten en ningún momento la visión que los romanos podían tener de su propio pasado. Ni siquiera en el siglo III a.C. tenemos testimonios elocuentes que demuestren por parte de los griegos un conocimiento detallado de los mitos indígenas. Por lo tanto, parece posible admitir que ningún relato contaba la historia de los gemelos como hijos de Marte y de la vestal Rea Silvia, ni la fundación de Roma por parte de Rómulo, y que en última instancia, incluso cuando la información que los griegos occidentales manejaban sobre el Lacio fuera superior, su preocupación esencial seguía siendo desentrañar la historia de los regresos de los héroes aqueos y troyanos, de ahí que el papel central fuera para personajes como Odiseo o Eneas. Si, antes del comienzo de la historiografía romana, conocieron las versiones indígenas, no debieron de sentirse obligados a considerar éstas como las más autorizadas y se acogieron a la libertad de presentar versiones alternativas[107].

Ya hemos visto de qué forma se vinculó por parte de los griegos la figura del troyano Eneas con el Occidente mediterráneo desde un momento bastante antiguo. Para los griegos, por tanto, no había duda de que Eneas era el antepasado del pueblo romano. Pero ¿podemos afirmar que los habitantes de Roma tenían esta misma percepción? La visión tradicional ha sostenido que esta recepción de la figura del héroe troyano en Italia era también antigua, de modo que los testimonios más que evidentes que se contabilizan en época imperial, incluida por supuesto la *Eneida*, no eran otra cosa que la manifestación de una arraigada tradición de la sociedad romana que era en esos momento instrumentalizada por Augusto de forma efectiva para su propios intereses políticos. Sin embargo, con anterioridad al siglo I a.C. los documentos que pueden atestiguar esta creencia son más bien escasos. En la historiografía republicana desde Fabio Píctor en adelante a Eneas tiene un papel destacado en las narraciones como veremos, pero no existen documentos literarios anteriores que puedan avalar mayor antigüedad. Han sido la arqueología y la epigrafía las que han ofrecido algunos datos relevantes que han servido como argumento para hablar de una recepción del personaje anterior a los testimonios escritos. En este sentido se han propuesto dos lugares desde los cuales Eneas habría alcanzado Roma: Etruria y Lavinio.

La vía etrusca fue la primera en plantearse y ha sido defendida sobre todo por A. Alföldi[108]. Según este historiador la dominación o influencia de Etruria sobre el Lacio durante el siglo VI a.C. tuvo como consecuencia la exportación de este héroe fundador que ya era venerado entre los etruscos y un conjunto de variados objetos remitirían todos ellos a este fenómeno: en primer lugar el oinocoe de Tragliatella, hallado en los alrededores de Caere y fechado a fines del siglo VI a.C. En esta cerámica están representados dos jinetes con escudos redondos al lado de un laberinto en el que está inscrita la palabra *Truia* en etrusco. La lectura más sencilla apunta al nombre de Troya y de este modo se

[105] Martínez-Pinna: 2002: 17-27.

[106] La mayoría de los investigadores, sin embargo, no ponen en duda esta dependencia: Schwartz 1903: 797; Momigliano 1960b: 315; Gabba 1967: 141; Timpe 1970-71: 15-16. La solución más sencilla y razonable, según nos parece, es la que ofrece Martínez-Pinna, para quién ambas narraciones derivarían de una misma tradición, la romana (en prensa a, p. 22).

[107] Bickerman 1952b: 67; Basto 1980: 180-199.

[108] Bömer 1951, 14-39; Alföldi 1979: 14-19; 1965: 278-287; Pugliese-Carratelli 1962: 12; Galinsky 1969a: 122-140; Heurgon 1969a: 224-225.

supone que esta escena sería una representación de lo que los romanos llamaban *lusus Troiae* o juego de Troya y del que tenemos testimonios en época de Augusto. Así Virgilio cuenta de él que era un juego de origen troyano en el que los jóvenes jinetes iban trazando recorridos inextricables como un laberinto, que Ascanio lo recuperó en Alba Longa y que más tarde lo heredaron los latinos (*Aen.* 5, 588-603). Para Alföldi el *lusus Troiae*, pues, sería una serie de ejercicios de exhibición llevados a cabo por jóvenes de la nobleza introducidos por los etruscos en Roma. Otro elemento de relevancia destacada sería la pintura vascular ática con representaciones de Eneas hallada en el sur de Etruria[109]. Se han contabilizado varias decenas en las que el héroe troyano aparece abandonando su patria con sus familiares y casi todas se fechan en el siglo VI a.C. Alföldi ha reconocido también en una pintura vascular de Vulci (V a.C.) los *sacra Troiana* sobre la cabeza de Creusa, objetos que la tradición reconoce como los Penates. Igualmente existe un escarabeo etrusco fechado a fines del VI a.C. nuevamente con la imagen de Eneas y su padre. Pero indudablemente el testimonio más importante proviene de Veyes, donde se han encontrado fragmentos de estatuas de una mujer (Creusa) llevando a un niño en su hombro y de Eneas portando a Anquises que posiblemente fueran la decoración del tejado de un santuario. De la misma ciudad son las numerosas estatuillas de terracota de Eneas con su padre a cuestas, que podrían ser exvotos, y que Alföldi considera del siglo VI o V a.C. como muy tarde. De este modo, el historiador alemán cree que estos documentos demuestran que Eneas era venerado en determinadas ciudades etruscas del sur como fundador y que dicho culto pasó en época arcaica a Roma.

Es evidente que existe una debilidad principal en esta argumentación por lo que respecta a Roma y es que la supuesta influencia no deja de ser una hipótesis imposible de demostrar por falta de pruebas. No tenemos testimonio arqueológico alguno equiparable al de las ciudades etruscas del sur en Roma, por lo tanto las conclusiones que podamos extraen sólo deben aplicarse a Etruria. Pero incluso en ese caso algunos autores han destacado, con mucho acierto, que la documentación no permite ir tan lejos en las afirmaciones. La decoración del oinocoe de Tragliatella con la palabra *truia* dentro del laberinto es realmente una cuestión difícil de resolver. Dejando de lado la posibilidad de que sea una influencia troyana que llegó al Lacio de la mano de Ascanio, es evidente que existía entre los latinos un ejercicio ecuestre que más tarde se asoció con los troyanos que llegaron a Italia con Eneas. Dicha asociación es clara en época augustea pero no es tan seguro que podamos inferir lo mismo del oinocoe. Nada hay en la decoración de la jarra que haga referencia a Troya ni a sus héroes huidos, salvo el nombre. Sin embargo, esta palabra no tiene por qué entenderse como el precedente del latin *Troia*, es más, en el oinocoe seguramente esté indicando el nombre del laberinto en el que está inscrito o de los ejercicios ecuestres que realizan los jinetes. Por lo tanto, resulta más fácil pensar que en época tardorrepublicana o augustea se asoció este ejercicio con los orígenes troyanos de Roma debido a la homonimia entre el juego y la ciudad[110]. No está claro qué podía significar exactamente la palabra indígena. Giglioli la pone en relación con el verbo latino *truare* y así con la danza ritual de los salios en Roma. Para Dury-Moyaers se trataría de un topónimo latino. En cualquier caso, no sería el único ejemplo de que disponemos en el que una palabra latina ha dado pié a la asociación con elementos de la tradición griega gracias a la semejanza de las palabras. Así sucede, por ejemplo, con el monte *Palatinum* en Roma y el *Pallantion* arcadio. En cualquier caso la jarra de Tragliatella nada nos indica sobre la aceptación de Eneas como antepasado.

Tampoco lo hacen la cerámica vascular ática, el escarabeo, ni las estatuillas de Veyes (figura 3)[111]. En efecto, la cerámica vascular se concentra en un período muy concreto, del 525 al 470 a.C. y no representa más que una pequeña parte de todos los motivos iconográficos griegos referentes a Troya que estaban llegando en ese momento a Etruria (figura 4). Eneas aparece, además, en otras escenas vasculares luchando. Por lo tanto, no parece que la huida de Eneas tuviera una consideración particular e incluso nos podríamos preguntar si su presencia en estas ciudades no respondía más a los gustos griegos que a los etruscos. El resto de representaciones tampoco tienen por qué reflejar un culto a Eneas entre los etruscos. Las estatuillas de Veyes tienen además otro problema, el de su datación. Esta se basa exclusivamente en su estilo. M. Torelli apunta así que podrían ser posteriores, del siglo IV a.C. como muy pronto, y estar en relación más bien con la conquista y posterior dominación de la ciudad por parte de Roma[112]. De este modo, es evidente que las pruebas no son, en absoluto, convincentes como ha reconocido en los últimos años la mayor parte de los investigadores. Lo único que se puede afirmar en el caso de Etruria es que esta iconografía demuestra la existencia de un conocimiento del héroe troyano y que

[109] Schauenburg 1960: 176-191.

[110] Giglioli 1941: 111-116; Dury-Moyaers 1981: 150-153.

[111] Perret 1971: 41-43; Cornell 1977: 78; Poucet 1979: 178-181; 1989b: 228-231; Gruen 1992: 22.

[112] Torelli 1977: 335-336.

sus hazañas durante la guerra de Troya eran familiares a los etruscos. Sin embargo, no hay argumentos suficientes como para suponer que fuera venerado como héroe fundador de ninguna ciudad y mucho menos que los romanos recibieran este culto de ellos.

Figura 3. Terracota de Veyes en la que se representa a Eneas llevando a su padre Anquises (según Galinsky 1969, fig. 111).

Frente a la vía etrusca en la actualidad recibe un mayor reconocimiento la vía lavinate[113]. La ciudad de Lavinio, sin duda, parece ser el lugar más adecuado para generar un culto a Eneas que más tarde sería importado a Roma. Esta ciudad tiene una especial preeminencia en la tradición sobre héroe troyano en tierras latinas. En sus cercanías los recién llegados habrían establecido su campamento. Después de entablar relaciones con los indígenas y de contraer matrimonio con la hija del rey Latino, Lavinia, fundó una ciudad que llevaría el nombre de Lavinio. El lugar del asentamiento le fue señalado por una puerca que iba a sacrificar y que le guió hasta el sitio indicado donde dio a luz a treinta crías, cuyo nombre significaba el tiempo que habría de pasar hasta que su hijo Ascanio fundara Alba Longa. La ciudad de Lavinio, por tanto, estaba estrechamente vinculada a la figura de Eneas. En otro orden de cosas, contamos con testimonios de época imperial que nos hablan de un culto establecido en dicha ciudad al héroe troyano. El testimonio más importante es el de Dionisio de Halicarnaso quien nos informa de que una vez desaparecido durante una batalla contra Mecencio, los latinos decidieron inmortalizar su persona.

Dion. *A.R.* 1, 64, 5.
Los latinos le construyeron un templo con la siguiente inscripción: "Al padre y dios de esta tierra, que dirige la corriente del río Numicio". Pero hay quienes dicen que el templo fue construido por Eneas
en honor a Anquises, que había muerto el año anterior a esta guerra. Es un pequeño montículo alrededor del cual han crecido en hilera árboles dignos de contemplarse. (trad. E. Jiménez y E. Sánchez)

Este cita de Dionisio parece hacer referencia literal a un epígrafe que debió de existir realmente en Lavinio y que posiblemente él mismo tuvo la oportunidad de verlo, como puede colegirse de su descripción del túmulo. Esto indicaría además que la figura de Eneas se habría asimilado a un dios venerado con anterioridad que estaría en relación con el río Númico junto al cual tuvo lugar la batalla entre troyanos y latinos. Esta identificación de Eneas con una divinidad indígena la encontramos en otros autores que vuelven a mencionar al héroe troyano en su faceta divina. El testimonio más antiguo que conservamos pertenece a las *Antiguedades Divinas* de Varrón, obra en la que aparece una mención al *Pater Indiges Aeneas* (frag. 214)[114]. Tito Livio afirma que el hijo de Anquises está sepultado a orillas del río Númico y recibe el nombre de *Iuppiter Indiges* (1, 2, 5). Virgilio, por su parte, refiere que *Indiges Aeneas* estaba destinado por los hados a ser elevado a los cielos (*A.* 12, 794-5) y el comentarista de su obra, Servio, consideraba que, una vez desaparecido, Eneas recibió el nombre de *Iuppiter Indiges* (1, 259, 4).

[113] Galisnky 1969a: 141-190; Dury-Moyaers 1981: 173-179 y 240-246; Torelli 1984: 189-195.

[114] Existe un fragmento de Casio Hemina (II a.C.) transmitido por Solino (2, 14) y recogido por los *corpora* (*H.R.R.* frag. 7 y *A.R.* frag. 8) en el que se dice que, una vez muerto, Eneas fue llamado *pater Indiges* pero como advierten Chassignet y Beck-Walter sólo las primeras líneas pertenecen con seguridad al historiador republicano.

Figura 4. Eneas huyendo de Troya. Ánfora etrusca (según Galinsky 1969: fig. 45a).

Podemos deducir, por tanto, que al menos desde fines de la República existía una asimilación entre un dios o ancestro local denominado *Indiges*, al que Plinio denomina también *Sol Indiges* (*N.H.* 3, 5, 56) y el héroe troyano.

Otro elemento de trascendencia en esta identificación de Lavinio con el lugar de creación de la tradición de Eneas como ancestro de los romanos eran las obligaciones cultuales de los cónsules. Varios textos nos informan de esta presencia anual de magistrados romanos en Lavinio.

Macrob. (3, 4, 11).
El (Virgilio) denominó con dicho apelativo (la poderosa) a Vesta, quien, es evidente, pertenece al grupo de los Penates de modo que los cónsules, pretores y dictadores, cuando entraban en el cargo, hacían sacrificios en Lavinio a los Penates y la Vesta por igual.

Scho. Veron. *ad Aen.* (1, 259).
Le llamó (Ascanio) templo de Eneas Indiges y a él suelen ir todos los años los pontífices junto con los cónsules para realizar sacrificios.

Ascon. *Pro Scauro* (18-19).
Gneo Domicio, que fue consul junto con C. Casio, cuando fue tribuno de la plebe, irritado con Escauro porque no le había admitido en el colegio de los augures, le citó un día ante el pueblo y le impuso una multa, pues decía que los objetos sagrados del pueblo romano se habían degradado por obra suya. Le acusaba de que los objetos sagrados públicos de los dioses Penates del pueblo romano que se hallaban en Lavinio se encontraban por su actividad en una situación incorrecta e impura.

VAL. MAX. *Facta et dicta memorabilia* (1, 6, 7).
Siendo cónsul con destino a Hispania le sucedió a Gayo Hostilio Mancino los siguientes prodigios: en cierta ocasión, al querer ofrecer un sacrificio en Lavinio, los pollos sagrados tan pronto como salieron de su jaula huyeron hacia un bosque cercano y, a pesar

de grandes y diligentes pesquisas, no pudieron ser hallados.

Del conjunto de estos testimonios se ha inferido que ciertos magistrados y en especial los cónsules debían cumplir determinados ritos en Lavinio antes de comenzar su cargo y que estos estaban relacionados con el culto de Eneas, de los Penates y de Vesta que existía en esta ciudad. Los autores que nos hablan de una obligación cultual por parte de los magistrados, relacionada con Eneas o los Penates son fuentes tardías. El llamado Escolio Veronense es una obra tardía al igual que las *Saturnalia* de Macrobio, que son de época de Teodosio II (V d.C.). Las fuentes más recientes, Asconio Pedanio y Valerio Máximo, son del siglo I d. C., pero hablan de acontecimientos que ocurrieron varios siglos antes. C. Hostilio Mancino que aparece en *Hechos y dichos memorables* fue cónsul en el 137 a.C. y el juicio contra Emilio Escauro tuvo lugar en el 104 a.C. En el primer caso no se especifica la divinidad a la que se ofrecen los sacrificios, sólo en el segundo se menciona a los Penates. Hemos de suponer que en ambos casos la figura de Eneas divinizado era el receptor principal de esta actividad cultual de los magistrados romanos. Pero estos fragmentos demostrarían también que los romanos terminaron por apropiarse este culto.

Los defensores de un culto a Eneas en Lavinio como precedente del romano han encontrado mayores pruebas de este fenómeno tras las excavaciones del actual sitio de Pratica di Mare lugar de la antigua Lavinio. A cierta distancia de la ciudad pero no lejos del monumento de los Trece Altares, en un lugar conocido como Tor Tignosa, se ha descubierto una tumba de túmulo[115]. La fase más antigua pertenece a fines del siglo VII a.C. Sommella destaca la aparición de un oinocoe de *bucchero* del siglo VI a.C., que, según su interpretación, habría sido utilizado en los ritos inaugurales llevados a cabo en la tumba. De esto modo, dicho autor ha supuesto la existencia, a partir de ese siglo, de un culto sobre un sepultura anterior, que tendría como titular un antepasado divinizado identificable, según él, con el *Pater Deus Indiges* de las fuentes. En los últimos decenios del siglo IV a.C. el túmulo sufrió una reestructuración. Se construyó una pequeña *cella* cuadrangular que afectó parcialmente a la anterior sepultura, y un corredor que terminaba en una falsa puerta de tufo. La estructura es claramente la de un *heroon*. Los investigadores, incluidos los arqueólogos encargados de la publicación del hallazgo, han identificado este túmulo con el monumento

[115] Sommella 1971-2: 47-74; 1977: 366-368.

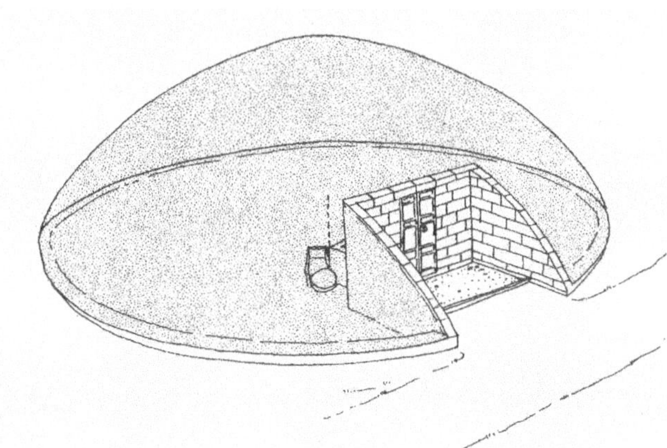

Figura 5. Heroon de Eneas en Lavinium (según Sommella 1977, fig. 8).

referido por Dionisio de Halicarnaso[116]. Se trataría, por tanto, del *heroon* de Eneas identificado como tal por los lavinates (figura 5). La reestructuración del siglo IV a.C. se ha puesto en relación con el fin de la guerra latina en el 338 a.C. de modo que manifestaría el reconocimiento de un ancestro común para todos los latinos, unidos ahora bajo la supremacía y dirección de la nueva potencia romana. La alta cronología del túmulo ha dado argumentos a algunos autores como Torelli para defender la antigüedad de la leyenda de Eneas en el Lacio.

Por último, hay que destacar un controvertido hallazgo epigráfico que tuvo lugar en esa misma zona de Tor Tignosa a medio camino entre Lavinio y Alba Longa. Se encontraron en dicho lugar cuatro cipos: tres de ellos dedicados a las Fatas y uno a Eneas. La dificultad de interpretación está en esta última inscripción sobre una pirámide truncada de peperino. La lectura inicial de la profesora Guarducci fue la de *Lare Aineia d(ono)* y unos años después rectificó parcialmente, después de un nuevo examen, con el siguiente resultado: *Lare Aenia d(ono)*[117]. En ambos casos el epígrafe se interpretaba como una dedicación al Lar Eneas, es decir, a Eneas en su faceta de antepasado o ancestro común del pueblo latino y reafirmaría la idea de la existencia en Lavinio de un lugar consagrado al culto al héroe troyano. La lectura de la inscripción fue aceptada también por Degrassi en su *corpus* de *Inscriptiones Latinae Liberae Respublicae Romanae* (n. 1271), aunque se mostraba reticente sobre la lectura de la "d" y por el *Année Epigraphique* (*Larii Aineia d(ono)*)(1960 n.138).

Con todos estos documentos literarios, arqueológicos y epigráficos ha crecido considerable-

[116] Torelli 1973: 400; Galinsky 1974: 2-11; Steniut 1977: 375-376; Holloway 1994: 135-138.

[117] Guarducci 1956-8: 3-7; 1971: 73- 83.

mente la creencia en la primacía de Lavinio como lugar de culto a un fundador denominado *Indiges* que habría sido identificado más tarde con el héroe troyano Eneas. La vocación marítima de la ciudad en contacto con el mundo griego habría propiciado la llegada de la leyenda del hijo de Anquises y Venus, y su consiguiente adopción directa. El fenómeno de Eneas en Etruria, por tanto, no tendría nada que ver en este caso. Sería a través de Lavinio como Roma conocería y asimilaría este personaje y el contexto más propicio para ello suele considerarse que fue finales del siglo IV a.C., momento en el que, tras ganar la guerra latina, Roma rompe las relaciones federales de paridad con el resto de ciudades del Lacio y se convierte en el poder hegemónico. Esto nos llevaría a aceptar que desde esta centuria, si no con anterioridad, los romanos reconocían su ascendencia griega. Más allá de la fundación de su ciudad, creían en la existencia de un antepasado troyano del cual descendía Rómulo y que les convertía en privilegiados dentro del contexto itálico. Eneas sería, así pues, parte de la memoria cultural de la Roma republicana y cuando los primeros historiadores comenzaron a poner por escrito el pasado de la ciudad e incluyeron la figura del héroe huido de Troya, no estaban haciendo otra cosa que reflejar una realidad de la que eran partícipes como romanos.

Esta temprana adopción de la figura de Eneas, sin embargo, no tiene unos argumentos tan sólidos como se supone y, en gran medida, responde más bien a las expectativas que tienen del comportamiento de Roma como ambiciosa potencia que pone a su servicio cualquier cosa para reclamar su papel hegemónico en el Lacio y más tarde en toda Italia. De todos los testimonios esgrimidos es evidente que los más sólidos son los de época augustea. La identificación de Eneas con *Pater Indiges* es algo repetido en las fuentes y de lo que no hay por qué dudar. Es de suma importancia también la vinculación de los cónsules de Roma con Lavinio. A fines de la República su actividad cultual en relación con el comienzo de su magistratura es un dato seguro como lo demuestra Asconio y el Escolio Veronense. Para este momento podemos asegurar que su presencia en Lavinio estaba relacionada posiblemente con la existencia de un culto a un personaje que fue identificado luego con Eneas y que asumía también Roma. Aunque no se puede descartar la idea de que esta identificación no tuviera repercusión más allá de los círculos cultos y literarios, y que, por tanto, no tuviera un reflejo real en las actividades rituales llevadas a cabo en Lavinio. En cualquier caso, aunque aceptásemos la idea contraria, es decir, la existencia de un culto ciudadano a Eneas seguido por los cónsules, no sabemos realmente cuándo comenzó esta actividad religiosa. Es posible pensar que la presencia de los magistrados romanos fuera antigua, vinculada quizás con la Liga Latina. Pero esto no significa que desde un comienzo estuviera obligatoriamente ligada a un culto a Eneas. Sin duda, los latinos podían compartir otras divinidades. Que muy posiblemente fuera así, lo demuestra el hecho de que las pruebas arqueológicas y epigráficas no son en absoluto concluyentes acerca de un culto a Eneas desde el siglo IV a.C.

En efecto, los testimonios más sólidos para una cronología alta de la leyenda de Eneas en el Lacio son el *heroon* y la inscripción de Tor Tignosa, pero ambos presentan serias dificultades de interpretación[118]. Como acertadamente apunta Cornell, el túmulo del siglo VII a.C., en principio, no responde ni a las medidas ni a la localización que de él nos da Dionisio de Halicarnaso. El historiador habla de un monumento grande, mientras que las dimensiones que le dan los excavadores es de unos veinte metros de diámetro. Por otro lado, los autores imperiales hablan de un monumento a orillas del río Númico, pero la corriente de agua más cercana, el Fosso di Practica, que según Castagnoli debe identificarse con el río referido en las fuentes, está a un kilómetro del túmulo[119], algo bastante incompatible con la afirmación de Dionisio de que el monumento fue erigido allí donde desapareció Eneas mientras luchaba junto al río. A esto hay que sumarle que la inscripción que parece transmitirnos este autor y que seguramente fuera anterior a su época, no hace referencia alguna al héroe troyano. Cornell considera que las palabras *Patrós Theou Ctoníou* posiblemente estén traduciendo la expresión latina *Patris dei Indigetis*. Lo que demuestra, en cualquier caso, es que la identificación con Eneas debió de ser posterior o al menos no del todo oficial y ampliamente aceptada como para aparecer en un epígrafe. Por lo que respecta al cipo, el resultado no es más halagüeño. La inscripción se encuentra en muy mal estado y el reconocimiento de las letras presenta serias dificultades. La lectura de Guarducci ha sido rebatida desde el primer momento, a pesar de tener seguidores. La crítica más detenida fue la llevada a cabo por Kolbe quien da una lectura completamente diferente en la que *Aenia d(ono)* pasa a ser *Vesuia Q(uinti) f(ilia)*[120]. Esta nueva versión tampoco es definitiva, ya que en lo que parecen coincidir todos aquellos que han examinado la piedra en persona es en que más allá de la palabra "Lare" la lectura es imposible. Incluso los defensores de un culto a Eneas en Lavinio para esta época se ven obligados a reconocer que no es posible utilizar esta inscripción

[118] Cornell 1977: 78-80; Poucet 1979: 181-183; 1989b 234-238.
[119] Castagnoli 1967: 237-243.
[120] Kolbe 1970: 1-9; Palmer 1974: 251, n.143.

como un argumento seguro[121]. Teniendo en cuenta esto y el hecho de que no hay paralelo alguno para una dedicación a un Lar en singular seguido del nombre de un héroe, Cornell propone la lectura *Lare(bos)=Laribus* seguido de un epíteto y supone así que se trataría de una inscripción erigida a los Lares en plural [122]. Probablemente ésta sea la interpretación más adecuada y sensata teniendo en cuenta el estado de la cuestión.

Por lo tanto, la documentación de Lavinio no es realmente apoyo alguno para defender un culto a Eneas en esta ciudad por lo menos desde el siglo IV a.C. y más hipotético aún si se pretende retrotraer a una época más antigua. Nuestro apoyo más firme sigue siendo la documentación de época tardorrepublicana y augustea pero con ella no se podría sostener un reconocimiento por parte de Roma de la figura de Eneas como antepasado con anterioridad al testimonio de los historiadores republicanos, es decir del siglo II a.C. Aún así, ciertos autores, que no aceptan la documentación de Lavinio como válida para hablar de un culto a Eneas, defienden, no obstante, que entre los siglos IV y III a.C. la historia del héroe troyano ya debía de estar implantada entre los romanos, y que éstos no dudaron en aceptar gustosamente esta ascendencia, ya que les ofrecía la posibilidad de presentarse ante el resto de pueblos del Mediterráneo con una genealogía prestigiosa a tener muy en cuenta[123]. El testimonio en el que se basan principalmente son dos fragmentos del historiador siciliano Timeo que no hablan directamente de Eneas pero que por su contenido pueden relacionarse con la leyenda de este personaje.

Timeo *F.G.H.* IIIb frag. 59.
Por lo que respecta a la forma y apariencia de los Penates, el historiador Timeo revela que los objetos sagrados depositados en el adyton del santuario de Lavinio son caduceos de hierro y bronce y vasijas troyanas y que él mismo se enteró de ello por los indígenas.

Timeo *F.G.H.* IIIb frag. 36.
Y de nuevo en su obra sobre Pirro, dice (Timeo) que los romanos todavía entonces, para conservar el recuerdo de la destrucción de Troya, mataban en un día determinado un caballo de guerra delante de la ciudad en un sitio llamado el Campo, porque la caída de Troya había sucedido a causa del denominado caballo de madera, una consideración ésta de todo punto pueril. Ciertamente, según esto, será necesario afirmar que todos los bárbaros son descendientes de los troyanos, pues, si no casi todos, al menos la mayoría de ellos, cuando determina desde un primer momento entrar en guerra o arriesgarse totalmente por algo, sacrifica un caballo para averiguar el futuro a partir de la forma en que se desploma el animal. Pienso que, en esta manifestación de sinrazón, Timeo ha demostrado no ya inexperiencia, sino más bien pedantería, al suponer que, por el hecho de que los romanos sacrifiquen un caballo, lo hacían debido a que pensaban que Troya había sido destruida a causa de un caballo.

Como decíamos, estos dos fragmentos, los dos pertenecientes según Jacoby a la obra dedicada a Pirro por Timeo de Taornima, se han considerado una prueba de la creencia en la figura de Eneas tanto en Lavinio como en Roma en el siglo III a.C. A ello ha contribuido notablemente el hecho de que se acepta normalmente que el historiador siciliano visitó Italia e interrogó en persona a los habitantes de los sitios por los que pasaba, como deja ver el primer testimonio sobre Lavinio[124]. Su información, por tanto, es considerablemente más valiosa que la de los anteriores historiadores griegos en lo que concierne a las creencias locales. Partiendo de esta base, la interpretación que generalmente se hace del primer testimonio es que en la época en que Timeo estuvo en el Lacio, los habitantes de Lavinio ya conocían y aceptaban la historia de Eneas, de tal forma que consideraban que ciertos objetos sagrados que poseían habían sido traídos por él [125]. Dionisio de Halicarnaso, autor que nos transmite el fragmento (1, 67, 4), introduce la cita en un párrafo en el que esta narrando los avatares de las imágenes de los dioses que Eneas trajo de Troya y depositó en Lavinio, conocidas con el nombre de Penates por los romanos, como indica Varrón *(L.L.* 5, 144). Se entiende, por tanto, que Dionisio consideraba que lo que describió Timeo en su obra eran esos Penates. En cuanto a la cerámica troyana, algunos autores han querido ver en ella los famosos recipientes cerámicos llamados *doliola* por la tradición romana en los que fueron escondidos los objetos sagrados que se adoraban en el templo de Vesta durante el saqueo de los galos (Liv. 5, 40, 7)[126]. Sin embargo, este testimonio presenta una clara contradicción con la literatura posterior respecto a la fisonomía de esos

[121] Pena 1974: 9-12; Dury-Moyaers 1981: 241.
[122] Cornell 1975: 14 n.5; 1977: 78-79.
[123] Poucet 1989b: 240-242; Gruen 1992: 27-28. También Brown en su estudio de la obra de Timeo considera que este autor está recogiendo información local bien fundada (1958: 34). Por el contrario, Vattuone (1991: 283) y Walbank (1957: 327) se muestran más reticentes en considerar como válida la explicación del historiador siciliota.

[124] Momigliano 1966: 40.
[125] Dubourdieu 1989: 171-172.
[126] Galinsky 1969a: 155-156; Crawford 1971: 154.

Penates[127]. En efecto, los Penates eran para los romanos efigies, representaciones antropomorfas de divinidades que Eneas había traído al Lacio en su huida de Troya. La descripción reiterada de estos Penates como imágenes de jóvenes que sostienen armas que encontramos en las fuentes literarias e iconográficas ha llevado incluso a algunos investigadores modernos, entre otros argumentos, a considerar que podría tratarse de los Dióscuros[128]. En definitiva, lo que parece evidente es que el testimonio de Timeo presenta serias dificultades de interpretación si se mantiene la lectura tradicional y los defensores de ésta no han dado ninguna explicación al respecto.

La única respuesta a esta incongruencia la ha ofrecido D´Anna, quien apunta la posibilidad de que los caduceos de hierro y bronce y la vajilla troyana que Timeo describió no eran realmente la representación de los dioses Penates a los que se ofrecía culto, pues estos estarían ocultos por completo al público, sino los objetos sagrados utilizados en las actividades cultuales[129]. No obstante, este autor sigue manteniendo que, a pesar de ello, el testimonio de este historiador siciliano demuestra la llegada del mito de Eneas al Lacio. Ciertamente la explicación que ofrece D´Anna resulta más verosímil que considerar la posibilidad de un cambio en la fisonomía de los Penates de Lavinio con el paso del tiempo. Pero, si aceptamos esta interpretación, tenemos que reconocer que entonces el fragmento no dice nada directamente sobre los Penates. En realidad sólo dice que en un templo de Lavinio había una serie de objetos sagrados, entre los cuales se encontraban vasijas troyanas *según decían los lugareños*. Timeo, por lo tanto, no los vio en persona. Lo verdaderamente decisivo en este caso es establecer hasta dónde llegaba la información transmitida por los indígenas y hasta dónde lo hacía la interpretación del autor. Lo más probable es que esos recipientes de los que oyó hablar el historiador siciliano fueran una antigua vajilla de estilo orientalizante y él solo contó con una somera descripción de los recipientes que él pasó a identificar más tarde como troyanos. En cualquier lugar, es muy probable que la cerámica troyana a que hace referencia sea una denominación de Timeo y no de los latinos. Se trataría así de un descubrimiento por su parte en línea con su interpretación de la historia de los pueblos itálicos. No hay que perder de vista que Timeo creía, sin duda, en el viaje de Eneas a Occidente y en su paso por el Lacio. Los objetos sagrados de Lavinio, que él identificó como troyanos, no venían más que a reforzar sus creencias. Por lo tanto, no puede decirnos nada fiable sobre la religión lavinate ni sobre la llegada de la leyenda de Eneas al Lacio. Nos reenvía nuevamente a la mentalidad helena.

Esta interpretación de la metodología que Timeo empleaba con respecto a la información que recibía de los itálicos se ve reforzada por el segundo fragmento referido, cuya lectura tradicional es, si cabe, más difícil de sostener. En este caso el historiador siciliano aseguraba que en su época los romanos recordaban todavía la caída de Troya una vez al año en el Campo de Marte, en una fiesta en la que arrojaban lanzas contra un caballo de guerra. No hay duda alguna de que la celebración de la que habla es el famoso *October equus* que tenía lugar cada 15 de octubre en Roma (FEST. pp. 190-191 L). Esta fiesta comenzaba con una carrera de carros en el Campo de Marte. Una vez finalizada, el caballo derecho de la biga ganadora era sacrificado al dios de la guerra, posiblemente en el Ara Máxima y por su cabeza había una lucha entre los habitantes de la Subura y los de la Vía Sacra. La cola del animal era transportada rápidamente a la Regia para que la sangre cayera sobre el fuego del altar. De forma unánime se considera que este ritual tenía un carácter agrario y guerrero al mismo tiempo, al ser el punto de clausura de la campaña militar anual[130]. Pero además, por su localización y sus elementos más destacados, ha de considerarse de época arcaica y fuertemente enraizado con la monarquía romana[131].

Sin embargo, ningún elemento conocido del ritual, ni ninguna otra referencia literaria establecen vinculación alguna entre esta fiesta y la guerra de Troya. Al propio Polibio, que nos transmite esta cita en sus *Historias* (12, 14b-c), conocedor de las costumbres

[127] En la *Alexandra* de Licofrón, un contemporáneo del historiador siciliano, se hacía mención, como vimos, a la llegada de Eneas al Lacio, y se especifica que el héroe construirá un templo a Mindia Palénida (Atenea) en el que depositará las *imágenes* de los dioses patrios, haciendo referencia claramente a estatuas antropomorfas (v. 1258). La tradición de fines de la República coincide en este punto. Sabemos que, según Varrón, Eneas salió de Troya con su padre a la espalda y con las estatuillas de madera, piedra y terracota de los dioses Penates (Scho. Vero. *Ad Aen.* 2, 717). También el interpolador conocido como Servio-Daniel recoge el testimonio de Varrón sobre los Penates y, nuevamente, describe los Penates como estatuillas, en esta ocasión, de madera y mármol (*Ad. Aen.* 1, 378). Igualmente Dionisio de Halicarnaso, que ya localiza las representaciones de estas divinidades en la Velia, en Roma, las denomina estatuas de los dioses de Troya (1, 68, 1-2).

[128] Dubourdieu 1989: 430-439.

[129] D´Anna 1976: 68-71.

[130] Coarelli 1997: 61-73; López-Barja 2004: 350.

[131] Dumézil 1975: 145-156. No obstante, resulta interesante comprobar que el propio Festo en el siglo II d.C. en su resumen de la obra de Verrio Flaco *De verborum significatu* recoge esta idea de que la fiesta del equus october recuerda la toma de Troya por un caballo y afirma que está extendida entre el vulgo: *quem hostiae loco quidam Marti bellico deo sacrari dicunt, non ut vulgus putat, quia velut supplicium de eo sumatur, quod Romani Ilio sunt oriundi, et Troiani ita effigie in equi sint capti.*

romanas por experiencia personal, ya le parecía del todo infundado este comentario de Timeo y no le daba crédito. Creía, con toda razón, que se trataba simplemente de una deducción del historiador. Es evidente que hasta sus oídos nuevamente llegaron noticias sobre una celebración militar que tenía lugar en Roma –en este caso no sabemos si también visitó la ciudad-, pero la vinculación de este rito con la historia griega fue obra exclusivamente suya, toda vez que estaba convencido, como decíamos, al igual que el resto de autores griegos, de la llegada de Eneas al Lacio. Por lo tanto, es evidente que la información que nos transmiten estos fragmentos de Timeo no es tan valiosa como se ha supuesto normalmente para conocer las creencias del pueblo latino, sino más bien para comprobar cómo funcionaba la metodología de los historiadores helenísticos cuando se trataba de escribir sobre el pasado de otros pueblos mediterráneos[132].

De este modo, no podemos establecer con seguridad, como quiere la mayoría de los autores, que la Roma del siglo III a.C. que venció a Pirro y se enfrentó a Cartago en dos ocasiones lo hacía reconociendo públicamente su pasado griego y utilizándolo como arma propagandística. Algunos acontecimientos referentes a estas guerras han querido interpretarse en este sentido. Pero nuevamente destacamos que es el supuesto interés político de Roma en favorecer la imagen de Eneas como antepasado el elemento más decisivo para estos autores a la hora de considerar que en el momento en que la ciudad se enfrentó por primera vez a importantes pueblos de tradición griega o influidos por la cultura helenística, ésta debía ya de haber aceptado sin recelos su relación con la saga troyana. En este sentido ha de comprenderse la teoría central sobre la que gira la voluminosa obra de Perret, *Les origines de la légende troyenne de Rome*[133]. Según este autor, el momento decisivo para comprender esta aceptación de un pasado griego por parte de los romanos fue la guerra contra el rey de Epiro, Pirro. Y el origen de ello está en que este monarca helenístico manifestó publicamente su ascendencia mirmidona al considerarse descendiente de Aquiles, mientras que veía a su oponente como una nueva Troya. Por ello, comprende Perret que Pirro fue el responsable último de la popularización de los antecedentes troyanos de Roma, ya que concebía la guerra a favor de Tarento y contra la ciudad itálica como el resurgir de la lucha entre los aqueos y una nueva colonia de troyanos. Esto parece, al menos, desprenderse de la embajada que los tarentinos enviaron al rey epirota en el 281 a.C. y que nos relata Pausanias (1, 11, 7). Desde ese momento Roma habría sopesado positivamente las ventajas propagandísticas que ofrecía esta genealogía que la enraizaba con el mundo griego, y habría comprobado su eficacia en el primer enfrentamiento que tuvo con Cartago en el que apoyó la secesión de la ciudad siciliana de Segesta con la que compartía un pasado mítico (Zon. 8, 9, 12)[134].

Por lo que respecta a la Segunda Guerra Púnica, otros acontecimientos se han destacado como ejemplos de la aceptación del héroe troyano entre los romanos y se ha hecho especialmente hincapié en el papel que jugó la veneración a la diosa Venus. En este sentido, se considera un hecho clave la introducción, en plena guerra anibálica, del culto a Afrodita Erycina. Tras la derrota de Trasimeno en el 217 a.C., los Libros Sibilinos recomendaron la construcción de un templo a dicha diosa, cuyo lugar de veneración estaba en Eryx, Sicilia. En este lugar, como aparece en la obra de Virgilio (*A.* 5, 759-760), Eneas habría consagrado un lugar de culto a su madre en su periplo hacia Occidente. Sin embargo, no es necesario deducir de ello que el mito de Eneas ya fuera plenamente aceptado por Roma hasta el punto de contar, en esta ocasión, con el respaldo público del estado, como concluye Gruen[135]. Ni siquiera supone un posible momento de introducción del mito en Roma. El culto a Venus pudo tener, y de hecho tuvo, sin duda, un significado en sí mismo, como fenómeno diferenciado e independiente sin vinculación alguna con la guerra de Troya[136]. Venus tiene muchos más significados aparte del de amante de Anquises y madre de Eneas.

La conclusión que se desprende de estos datos es que, teniendo en cuenta este ambiente diplomático del Mediterráneo occidental, Roma asumió fácilmente su ascendencia troyana y terminó por considerar a Eneas un antepasado lejano. Sin embargo, los textos no nos permiten ir tan lejos en la interpretación como se ha querido. Tanto en el caso de Pirro como en el de los segetanos, lo que puede inducirse es que uno y otros sí consideraban a Roma una colonia troyana fundada posiblemente por Eneas y trataban de utilizar este dato en su beneficio para justificar su actitud. Pero no se puede extraer conclusión alguna sobre la respuesta de los romanos ante tal afirmación. Puede suponerse que conocían la historia de Eneas y la vinculación que los griegos creían establecer entre este héroe y su ciudad. Sin embargo, es del todo hipotético pensar que ellos también creían firmemente en tal relación, que lo

[132] Perret 1942: 346.
[133] Perret 1942: 412-434.

[134] Gruen 1992: 44-45.
[135] Gruen 1992: 46-47. Zevi (1980: 271-272) considera incluso que ya el culto pan-latino a Afrodita que existía en los templos de Lavinio y Ardea demuestra la aceptación de un primer núcleo mitográfico de la leyenda de Eneas en Italia.
[136] De Sanctis 1956: 199.

consideraban su antepasado y lo utilizaban como carta de presentación. El argumento que parece tener realmente fuerza a la hora de afirmar la aceptación de la herencia troyana por parte de los romanos se basa más en la idoneidad del momento para la política en el Mediterráneo que en dados fehacientes, y permanecen sin resolver las cuestiones más importantes sobre esta aculturación como qué tipo de conocimiento real existía sobre la historia de Troya y su relación con Roma, si difería en algo de la visión griega, quiénes eran los depositarios y cómo había alcanzado Italia –sigue sin estar clara la dirección, si llegó a Roma desde Lavinio como argumentan los defensores de esta línea o si, por el contrario, fue de Roma a Lavinio como defienden Perret y Gruen. Ciertamente, por lo que respecta a la ciudad de Roma, la primera prueba que demuestra de forma contundente la recepción de Eneas entre los romanos son las historias escritas a partir de Fabio Píctor. Como veremos más adelante, en los fragmentos que de ellas nos han llegado la figura del héroe troyano tiene un papel destacado. Por lo tanto, lo único que podríamos suponer, aunque dentro siempre del ámbito de lo hipotético, es que, durante el siglo III a.C. la historia de Eneas era conocida por los romanos debido al estrecho contacto que tuvo en esta centuria con la cultura griega. Sin embargo, lo más probable es que, en ese primer momento, la narración de los avatares del hijo de Anquises y de Venus, de su llegada a Italia y su vinculación con la ciudad que presentaban los autores griegos captara únicamente la atención de aquellos nobles romanos que se entretuvieron con la lectura de sus obras. En un principio serían ellos los que comenzaron a aceptar esta vinculación con el pasado de Grecia conservando a un mismo tiempo la tradición sobre sus orígenes que sus antepasados les habían trasmitido[137].

El análisis detenido de los testimonios literarios, arqueológicos y epigráficos nos ha llevado, así pues, a desestimar la posibilidad de que los romanos creyeran en Eneas como en un antepasado, aunque evidentemente podían tener constancia de lo que pensaban los griegos al respecto. Tenemos que considerar, por lo tanto, que no formaba parte de la memoria cultural de la Roma republicana, que establecía su punto de origen en el mito de Rómulo y Remo. Para afirmar esto contamos no solamente con los argumentos críticos anteriormente desarrollados, sino que, además, si consideramos la idea misma de memoria cultural tal y como vimos que Assmann la ha elaborado, encontramos en ella elementos determinantes para rechazar una aceptación pre-historiográfica de Eneas. La clave del recuerdo de los orígenes que manejaban las sociedades sin escritura en la Antigüedad, o más concretamente, que no se servían del alfabeto para transmitir su pasado era el ritual y la topografía. Estos eran los elementos en los que se basaba la transmisión del recuerdo. En el próximo apartado veremos con mayor detenimiento de qué forma se llevaba a cabo esto en Roma. Pero, por ahora, podemos señalar algo que resulta extremadamente significativo y es que no existe el menor indicio de que Eneas recibiera culto en la ciudad, de que tuviera un papel protagonista en alguna celebración ciudadana, ni de que estuviera vinculado a algún *mnemotopos* urbano, algo sobre lo que ya hizo hincapié Cornell en su momento[138], pero que no parece haber tenido ninguna repercusión en el resto de investigadores. Podemos afirmar, en este sentido, que la figura de Eneas estaba por completo ausente de las actividades que fundamentan la memoria cultural, porque el ritual no sólo ejerce el papel de mero vehículo transmisor, sino que, sobre todo y muy especialmente, da sentido al presente que vive la comunidad y refuerza la identidad de grupo a través de unos orígenes comunes que ponen de manifiesto la razón de existir de la ciudad. La figura de Eneas, sin embargo, no toma parte en modo alguno en este fenómeno en la Roma medio-república. Se puede comprender ahora mejor la falta de sentido que tenía el fragmento de Timeo sobre el *October equus* analizado anteriormente desde el punto de vista de la realidad cultural romana. Este sería el único ejemplo que podría avalar la existencia de un rito que celebrara y recreara los orígenes de Roma. Sin embargo, según Timeo a lo que hacía referencia esta fiesta celebrada en el Campo de Marte era al engaño urdido por Ulises para entrar en la ciudad de Troya. Es evidente que existe alguna relación con el viaje de Eneas, pero no se refiere a los hechos que más podrían interesar a los romanos. En efecto, no tiene sentido alguno que, si Roma quisiera recordar su pasado troyano, fijara su atención en pasajes de la guerra y no eligiera la huida del héroe y su llegada e instalación en suelo itálico como motivo fundamental de celebración, dado que es realmente el hecho clave para la historia de la ciudad. Se aprecia claramente una vez más que resulta totalmente arbitrario pensar que los fragmentos de Timeo son una muestra evidente de la llegada a Roma del mito de Eneas.

Otra cuestión es también significativa por lo que respecta al contenido de la memoria cultural

[137] Cornell 1977: 82-83. Este autor ha suavizado su opinión posteriormente aceptando la posible antigüedad de la leyenda de Eneas en Roma, ya sea a través de la influencia de Lavinio o de forma directa (1999: 89-93; 2000: 45-46). Sin embargo, reconoce que no hay todavía datos sólidos que apoyen esta hipótesis.

[138] Cornell 1977: 82.

republicana. Es algo común hablar de ciertas divinidades veneradas en el Lacio que, en un momento determinado, fueron adoptadas a su vez por Roma. Un caso relevante en el de Cástor y Pólux. Se trata de un culto griego para el cual tenemos un testimonio privilegiado en una inscripción de Lavinio del siglo VI a.C. que demuestra una temprana adopción del culto a los Dióscuros[139]. En el 484 a.C. Roma va a sumarse a esta devoción, como ya veremos, y va a erigir un templo dedicado a estas divinidades en el Foro. También el culto a la diosa Ceres parece tener precedentes lavinates y tuvo un lugar de veneración igualmente en Roma desde el 493 a.C., momento en el que fue dedicado un templo en el Aventino a Liber, Libera y Ceres. Su aniversario tenía lugar cada 19 de abril, el último día de los *Cerialia*, y una de las actividades que se realizaban en esa ocasión era soltar un grupo de zorros con antorchas encendidas atadas a la espalda como nos informa Ovidio (*Fast.* 4, 679-682). Muy posiblemente haya que entender este rito en relación con uno de los prodigios de fundación de Lavinio que consistió en un fuego espontáneo surgido en un bosque cercano y que era avivado por un águila que batía sus alas y por un lobo que traía leña mientas que un zorro intentaba sofocar el fuego con su cola humedecida en agua (Dion. *A.R.* 1, 59, 4-5). De este modo, esa celebración estaría evidenciando la apropiación por parte de Roma, del mito fundacional lavinate posiblemente tras la victoria del Lago Regilo sobre los latinos, momento en que se dedicó el templo a Ceres[140]. En el relato de Dionisio el fundador de la ciudad es Eneas, pero con toda probabilidad su figura habría usurpado la posición de otro personaje anterior (posiblemente Latino), de igual modo que, como vimos, fue asimilado a un divinidad local previa, llamada *Indiges*.

Lo interesante, tanto en el caso de los Dióscuros como en el de Ceres, es que son un claro ejemplo de cómo determinados cultos latinos llegaron a Roma posiblemente a través de Lavinio, uno de los centros religiosos más importantes del Lacio. De este modo, llama extraordinariamente la atención que, si existía en dicha ciudad un culto a Eneas, como se ha supuesto, el proceso de adaptación por parte de Roma no implicase ninguna innovación en la topografía y actividades religiosas de la ciudad. Resulta poco convincente argumentar que un culto de la envergadura del que tendría que haber sido el de Eneas como antepasado de los romanos tuviera como único reflejo en la vida ciudadana el viaje anual de determinados magistrados a Lavinio, mientras que Cástor y Pólux disfrutaban de un templo en el corazón mismo del Foro. En Roma la tradición escrita sólo rememora dos elementos que podían recordar la figura de Eneas; la estatua de Atenea traída por el héroe troyano y conocida como Paladion y las imágenes de los Penates[141]. De este modo, la estrecha relación religiosa entre Lavinio y Roma que se ha puesto de manifiesto en ocasiones[142], lejos de contribuir a reforzar la teoría de una antigua recepción de la figura de Eneas entre los romanos a través de esta ciudad, denota claramente la evidente diferencia que existía entre el resto de cultos adaptados y la recepción del héroe troyano. Que no sepamos que Eneas tuviera una fecha en el calendario ni un lugar de culto en Roma es un argumento *ex silentio*, a nuestro entender, muy poderoso para rechazar una creencia popular en el héroe troyano y, por tanto, su inclusión en la memoria cultural republicana. Es significativo a este respecto que en los calendarios encontremos atestiguadas ciertas fechas en las que se veneraba al dios *Indiges*[143] y que en ninguna de ellas se haga referencia a Eneas, teniendo en cuenta que, como parecen indicar los autores de época augustea, el héroe troyano fue asimilado a una divinidad anterior con el nombre de *Aeneas Indiges*. Este hecho vuelve a incidir en una asimilación reciente o, cuando menos, en una asimilación que no tenía un pleno respaldo oficial o que no estaba tan extendida como podría pensarse en un primer momento.

Por lo tanto, teniendo en cuenta el concepto de memoria cultural en sociedades ágrafas llegamos nuevamente a la misma conclusión: la figura de Eneas, que tanta importancia tendrá para la imagen pública de César o Augusto y que aparece magistralmente reflejada en la *Eneida* de Virgilio, no formaba parte del recuerdo del pasado lejano que celebraba la Roma medio-republicana. La figura del héroe troyano no tenía relevancia cultural alguna. No se le atribuye la creación o el origen de ninguna institución o tradición, en general, que rigiera la vida romana como sucede con el resto de reyes de la ciudad comenzando por Rómulo. Sus acciones, que se encuadran dentro de un contexto griego, no aportan contenido alguno a la comprensión que del origen y evolución de la ciudad podían tener los romanos en época medio-republicana. Si se elimina su figura, el presente de la sociedad romana seguía teniendo sentido, porque éste era ya iluminado por los mitos de fundación autóctonos con los que contaba

139 Dury-Moyaers 1981: 198-205.

140 López-Barja 2003: 75-85.

141 Sordi 1982: 65-78.

142 Dury-Moyaers 1981: 181-246; Torelli 1984: 195-203.

143 Así los *Fasti Ostienses* recogen unos *[ag]on(alia) Ind(igeti)* que tenían lugar el 11 diciembre mientras que los *Fasti Vallenses*, también de época imperial, indican la existencia de una fiesta al *Sol Indiges in colle Quirinali* que tenía lugar el 9 de agosto (cfr. Degrassi, *I.I.*, vol. 13. p. 106 y p. 148 respectivamente).

Roma. La llegada a Italia del héroe troyano, la fundación de Lavinium y más tarde la de Alba Longa por su hijo Ascanio implicaron claramente una reelaboración y reorganización de narraciones que ya existían sobre estas ciudades [144]; Eneas pasó a ser identificado con la figura preexistente de Latino[145] y en Alba Ascanio usurpó el puesto de Silvio como fundador de la ciudad (CATO *Orig.* 1, 11). Su aceptación, por tanto, introduce una novedad por lo que respecta a la identidad romana únicamente en el sentido de que la existencia de un lejano vínculo con el mundo heleno a través del parentesco con el pueblo enemigo de los aqueos, los troyanos, convertía a los romanos en semi-griegos. Sin duda, se trata de un fenómeno de gran relevancia, pero no tiene sentido en una Roma ciudad-estado que se mueve en ámbito itálico, sino más bien en el contexto de la toma de conciencia de la creación de un imperio, es decir, en los últimos dos siglos de la República.

Es posible que, como apunta Gruen [146], la aceptación de Eneas como antepasado de los romanos responda más a un deseo de identificación cultural con los griegos pero no de asimilación total, de ahí la elección de un pueblo enemigo como el de Troya, antes que a un maquiavélico interés político y propagandístico de cara a obtener el dominio de todo el Mediterráneo. Pero lo cierto es que tal deseo sólo está atestiguado en los historiadores romanos, lo cual abre un nuevo interrogante sobre la difusión y la trascendencia del mito de Eneas en la sociedad de la tardía República. La situación, en este caso, se hace más compleja si cabe, porque no nos enfrentamos ya a una comunidad que utiliza de forma reducida la escritura y que, en ningún caso, lo hace para dejar constancia de su pasado, sino que tenemos que contar con una historiografía bastante desarrollada y, por lo tanto, con una compleja relación de oralidad y escritura que afectó, sin duda, a la difusión de la historia de Eneas. Sería sumamente interesante descubrir de qué forma un personaje que aparentemente solo encontró eco en un primer momento en las historiadores de los escritores romanos llegó a convertirse en una pieza clave del pasado remoto de los romanos como antepasado, hasta el punto de que César y después Augusto se declaran públicamente descendientes de Eneas o de que la *Eneida* de Virgilio se convirtiera en el poema épico romano por excelencia. Pero seguir esta línea de investigación nos llevaría muy lejos del propósito que nos planteamos al comienzo de este apartado: establecer el contenido de la memoria cultural pre-historiográfica en Roma. En el siguiente capítulo analizaremos con detalle las vías de transmisión de esa memoria republicana en la cual tenía un papel destacado Rómulo y comprenderemos más claramente la clara diferencia existente entre el fundador de la ciudad y el héroe troyano.

---

[144] Galinsky 1969a: 162-165. Carandini (1997: *passim*) ha realizado el mayor esfuerzo de reconstrucción de esa mitología latina desde sus orígenes más remotos. Sobre la figura de Latino como antepasado común de los latinos y su evolución ver Grandazzi 1988: 481-497 y Martínez-Pinna en prensa b.

[145] Partiendo de este hecho y de las semejanzas en determinados aspectos de su vida que ponen de manifiesto las fuentes, se ha sugerido incluso que el *heroon* de Lavinio estaría reflejando un culto heroico a Latino desde el siglo VI a.C. (Cogrossi 1982: 89-97).

[146] Gruen 1992: 44-51.

II. LA ESTRUCTURA DEL RECUERDO ORAL EN LA REPÚBLICA

Hemos visto en el anterior capítulo que la memoria cultural de Roma giraba principalmente en torno a la monarquía y especialmente a la figura de Rómulo. Frente a este tipo de recuerdo existía otro denominado por Assmann memoria comunicativa o reciente y que coincidía exactamente con el lapso temporal que los romanos denominaban *saeculum* [147] . La propia existencia de este término en latín, que terminaría por significar "cien años" y daría en castellano la palabra "siglo", pone de manifiesto la existencia de un cómputo temporal en Roma que remite claramente a una sociedad oral que establece el paso del tiempo tomando como punto cardinal las generaciones. Así pues, este tipo de memoria comunicativa puede alcanzar como máximo un siglo de antigüedad y muestra un claro distanciamiento del mito de fundación por su contenido y por sus vías de transmisión. Si tomamos como punto de referencia los últimos años del siglo III a.C., momento en el que debió redactar Fabio Píctor sus *Anales*, la memoria comunicativa que podían tener sus conciudadanos en ese momento final de la Segunda Guerra Púnica se remontaría a los sucesos que habían inaugurado esa centuria, como la ya mencionada guerra contra Pirro (280-272 a.C.). En el próximo capítulo analizaremos con mayor detalle esta estructura de la memoria en sociedades orales que Assmann tomó de los trabajos antropológicos de J. Vansina[148], veremos qué forma adopta en el caso romano y cómo afectó a las primeras narraciones de la historia de Roma.

Lo que nos interesa destacar ahora es que entre la memoria cultural y la comunicativa no existía un completo vacío. Los acontecimientos más significativos o determinantes para la comunidad conseguían sobrevivir a este período de memoria reciente de diversas formas. Resulta complejo establecer de qué modo se combinaban ambos recuerdo en cada sociedad, sobre todo teniendo en cuenta que, en el momento en que tenemos una mayor información, lo que manejamos son ya relatos lineales que tratan por todos los medios de unir de forma ininterrumpida el tiempo del origen con el momento actual.

Para estudiar la estructura de la memoria en Roma no nos va a preocupar tanto por hacer constantemente una distinción entre aquellos acontecimientos que forman parte de los orígenes de la ciudad estrictamente hablando y aquellos que son cronológicamente posteriores. Lo que nos proponemos en este capítulo es bosquejar la forma en que dicha memoria tomaba cuerpo en la República. Por lo tanto, nos interesa más comprender de modo global el funcionamiento de la memoria oral en la ciudad antes que describir pormenorizadamente todos los elementos concretos que formaban parte de ella, es decir, que no nos detendremos en enumerar sistemáticamente los ejemplos particulares de cada caso, en gran medida porque ya existen obras de referencia que han procesado esa información y en las que nos hemos basado para la elaboración de este capítulo[149]. Por el contrario, lo que se requiere en esta ocasión es conseguir una imagen general de los elementos principales que caracterizaban esta memoria para, de ese modo, poder comprender en toda su profundidad la visión del pasado de la que participaban los primeros historiadores romanos. El primer paso en este recorrido será comprobar hasta qué punto los principios teóricos analizados con anterioridad pueden aplicarse en el caso romano. Por lo tanto, los dos primeros apartados están dedicados a considerar los dos elementos principales que destacaba Assmann: el calendario republicano con las fiestas cívicas más significativas y la topografía urbana. Veremos que su contenido va más allá del recuerdo de los orígenes y que comprende acontecimientos sucedidos posteriormente.

---

[147] Sobre el concepto de *saeculum* en el mundo etrusco ver Martínez-Pinna 2001: 83-102.

[148] Vansina 1985: 23-24 y 168-173.

[149] Las inscripciones con los calendarios republicanos están editadas por Degrassi (1963: *passim*), Vessberg ha recopilado las noticias sobre estatuas honoríficas y otro monumentos de la República (1941: *passim*), mientras que Vollmer publicó las *laudationes* funebres (1892: *passim*). Por otra parte, el calendario romano con las noticias de cada una de sus fiestas ha sido estudiado por Scullard (1981: *passim*), Lahusen ha reunido todas las noticias existentes en la literatura acerca de las *imagines* (1984: *passim*) y, por último, Ribbeck ha publicado los fragmentos y noticias sobre las tragedias romanas que nos han llegado (1968: *passim*).

Hay que tener en cuenta, además, que la propuesta del egiptólogo alemán es un planteamiento teórico que no agota todos los recursos que puede tener una sociedad para recordar su pasado y que, por tanto, requiere una adaptación a los casos concretos. Así sucede con Roma, de modo que en el tercer apartado prestaremos atención a aquellos elementos que tradicionalmente la investigación ha puesto en relación con el recuerdo del pasado y que tienen un claro carácter gentilicio como son los discursos fúnebres o *laudationes funebres* y los cantos de banquete o *carmina convivalia*. También nos detendremos a considerar el fenómeno del teatro que recientemente ha sido reclamando como una pieza clave en el recuerdo histórico para los romanos republicanos. En los tres casos lo que más nos interesa es comprobar hasta qué punto estas manifestaciones culturales desempeñaban un papel destacado en la memoria colectiva del pasado y en qué modo lo hacían. Pero habrá que tener en cuenta además que en ellas intervino en un momento determinado un factor de suma importancia como fue el de la escritura que, en parte, pudo modificar su funcionamiento y, con ello, su participación en la memoria colectiva. En definitiva, esta visión general que perseguimos es la que nos dará las pautas de interpretación de la obra de los primeros historiadores y nos ayudará a comprender el verdadero significado de su proyecto de narración del pasado de Roma.

Fiestas y rituales: reviviendo el pasado

Es mérito indiscutible de la historiadora M. Beard el haber puesto de relieve que el recuerdo histórico de Roma estaba unido de forma indefectible a las fiestas que venían marcadas en el calendario romano [150]. Aunque en su argumentación ella no tiene en cuenta ninguna teoría de la memoria, ni las consecuencias que pudo tener el uso de la escritura, sin embargo, ha demostrado con efectividad que las celebraciones que tenían lugar en la ciudad, además de ser susceptibles de la interpretación tradicional que ha destacado siempre, y ante todo, los elementos agrarios y reproductivos de una comunidad de campesinos, como debió de ser la romana en sus inicios, pueden tener otros significados en relación, esta vez, con el recuerdo del pasado. De hecho, esta autora no cree que ambas interpretaciones tengan que ser obligatoriamente excluyentes. Por el contrario, Beard parte de la idea de que la religión romana opera con un concepto de celebración paradigmático y no sintagmático, es decir, que las festividades y rituales tenían en Roma un significado en sí mismo y no por su posición ordenada en una sucesión relativa de elementos como ocurre en la religión cristiana, y que, por tanto, tenían una mayor capacidad de modificar, ampliar o disminuir su significado, sin alterar en modo alguno los principios básicos en los que se sustentaban.

El ejemplo en el que ella basa su argumentación es el de los *Parilia*, fiesta celebrada cada 21 de abril. Según las fuentes que nos trasmiten la información (Ov. *Fast.* 4, 721-806 y Plut. *Rom.* 12, 1-2), en esta ocasión se llevaba a cabo la purificación del ganado, se elevaba una plegaria a Pales, divinidad de origen etrusco que protegía el ganado[151], y después de lavarse con rocío y beber leche, los participantes tenían que saltar por encima del fuego. Ovidio presenta varias interpretaciones de este rito y en especial destaca la última, según la cual el paso por encima de las llamas recuerda el traslado de los campesinos a sus nuevos hogares cuando Rómulo fundó la ciudad. Éstos, no sólo abandonaron sus casas, sino que las incendiaron y realizaron el mismo ritual antes de marcharse. Podría dudarse en un principio de que verdaderamente los romanos vincularan este rito al proceso de fundación de su ciudad y, sin duda alguna, parece evidente que en un primer momento existía exclusivamente una celebración dedicada a Pales que más tarde fue asimilada al nacimiento de Roma. Pero esta relación no es el resultado de la especulación de autores como Ovidio o Plutarco, sino que debió de ser mucho más temprana, ya que en el primer calendario romano que conservamos, los llamados Fastos Anciatos, datado en el siglo I a.C., el día 21 de abril ya aparece marcado con las palabras "fundación de Roma" (*Roma condita*)[152]. Degrassi consideraba que fiestas como ésta, que estaban marcadas de forma repetida en los diversos calendarios que conservamos y que lo hacían en caracteres grandes, debían de pertenecer a un primitivo calendario de diez meses anterior al que se atribuye a Tarquinio Prisco, compuesto ya por doce meses. Esta afirmación ha hecho pensar a Carandini [153] que los *Parilia*, que conmemoraban el origen de Roma, se celebraban el 21 de abril porque ese fecha debía de marcar el inicio del año en ese primitivo calendario, inicio que con la reorganización del tiempo anual en doce meses pasaría a estar el 15 de marzo. En cualquier caso, parece evidente que los *Fasti Antiates* son el reflejo del calendario republicano y que, por tanto, el aniversario de Roma y el recuerdo de cómo fue fundada la ciudad se celebraban ya durante la República, con

[150] Beard 1987: 1-15; 1988: 15-29.

[151] Dumézil 1969: 274-287.

[152] Cfr. Degrassi, *I.L.L.R.P.* p. 443.

[153] Carandini 2000a: 9.

bastante anterioridad al momento en que escribieron estos autores.

El calendario romano nos ofrece otros ejemplos en los que se puede apreciar cómo la memoria cultural de Roma era celebrada y recordada a un mismo tiempo por toda la comunidad[154]. En ellos se revivían los episodios del pasado más significativos que hacían evidentes las señas de identidad del grupo y que fijaban en el recuerdo aquellos acontecimientos a los cuales se debía la situación presente en la que se encontraban los romanos. Así en los *Lupercalia*, que tenían lugar cada 15 de febrero, un número escogido de jóvenes romanos, llamados lupercos, sacrificaba cabras en el Lupercal, cueva situada en la zona suroeste del Palatino, tocaban con el cuchillo ensangrentado la frente de dos de esos jóvenes y rápidamente la limpiaban con un paño de lana mojado en leche. A continuación corrían desnudos por las calles de la ciudad azotando a todo el que encontraban a su paso con correas hechas con la piel de las cabras que había sacrificado (Ov. *Fast.* 2, 431-4; Plut. *Rom.* 21, 3). Aunque no se sabe con exactitud por dónde discurría este periplo es muy posible que al comienzo los lupercos corrieran alrededor del Palatino y que terminaran el trayecto en el Foro[155]. La interpretación más común de esta fiesta pone de manifiesto que en su origen se trataría claramente de un rito de purificación de la ciudad en el que los jóvenes, identificados con machos cabríos, ahuyentaban las fuerzas que amenazaban la supervivencia del rebaño, en especial a los lobos[156]. De hecho, no es casualidad que su recorrido se centre en el Palatino, colina que albergó el asentamiento más antiguo de Roma, y posiblemente esté en estrecha relación con la muralla de la segunda mitad del siglo VIII a.C. que halló Carandini en sus excavaciones al pie de este monte y a la que otorga un valor sacro e ideológico como pomerio[157]. De este modo, la fiesta parece estar localizada en el lugar identificado con los orígenes de la ciudad. Sin embargo, se puede constatar también que, con el paso del tiempo, se fueron introduciendo algunos elementos novedosos que pudieron, si no cambiar por completo el significado de los *Lupercalia*, sí ampliarlo. De este modo, posiblemente en el 304 a.C. y por iniciativa de Fabio Ruliano, se crearon dos colegios o *sodalitates* cuyos miembros tenían la prerrogativa exclusiva de participar en este ritual, los Fabios y los Quintos, y ya en el siglo III a.C. tomaron especial relevancia las mujeres casadas, que se dejaban azotar en la espalda por los lupercos para de ese modo favorecer su fertilidad[158].

Pero lo que más nos interesa es que, en algún momento anterior, esta fiesta se vinculó también con la historia de Rómulo y Remo. El propio nombre que recibía esta fecha del calendario, *Lupercalia*, estaba cargado de significado. Lupercal era el término con que se conocía la gruta cerca de la cual recaló la cesta con los gemelos, que habían sido arrojados al Tíber por orden de su tío Númitor y que serían amamantados por una loba (*lupa*) hasta ser encontrados por el pastor Faustulo. Es evidente que el nombre de la fiesta, el de los lupercos y el del Lupercal están en estrecha relación semántica (VAR. *L.* 5, 85; 6, 16). Pero, además, ya el historiador Acilio, en la segunda mitad del siglo II a.C., dejó escrito en su obra que los jóvenes que llevaban a cabo el ritual corrían desnudos imitando a Rómulo, a Remo y a sus compañeros pastores cuando tenían que recuperar el ganado que había desaparecido (*H.R.R.* frag. 2; *A.R.* frag. 3). De este modo, esta fiesta rememoraba el ambiente pastoril de los orígenes de Roma, y en cierto modo salvaje, por contraposición con la vida urbana, en el que los hermanos habían crecido y habían vivido hasta que descubrieron su pasado[159]. Ovidio también hace referencia a esta fiesta y establece la misma asociación con la vida pastoril de los gemelos. Así afirma que corren una vez que se han desprendido de su ropa y que aquel acontecimiento de final feliz tiene su recuerdo imperecedero (*Fast.* 2, 379-380)[160]. Otros autores, sin embargo, siguiendo una tradición posterior, que parece remontar a Elio Tuberón, historiador del siglo I a.C., consideraban que los *Lupercalia*, como fiestas al dios Pan, ya estaban instituidas cuando vivieron Rómulo y Remo, de hecho había sido traídas por Evandro de Arcadia, y pensaban que fue durante la celebración de esta fiesta cuando los hombres de Númitor tendieron una celada a los hermanos y lograron capturar a Remo (*H.R.R.* frag. 3; Liv. 1, 5, 1; Dion. Hal. 1, 80). Wiseman deduce de esta segunda versión que la historia de los gemelos debe de ser posterior a la adopción de la historia de Evandro, dado que algunos pasajes están ambientados en relación con el culto al dios Pan[161]. Sin embargo, es muy posible que el orden sea el inverso, pues la versión más antigua de los *Lupercalia* es la de Acilio, autor que, sin duda, está transmitiendo una creencia antigua; y la inclusión de elementos griegos, como son Evandro y el culto arcadio, es una consecuencia de la asimilación de las

[154] Las festividades que se refieren en este apartado están tomadas de la obra de referencia de Scullard (1981).

[155] Wiseman 1999: 81-82.

[156] Harmon 1978: 1445-1446.

[157] Carandini 1997: 496-497; Mastrocinque 2000: 52.

[158] Wiseman 1995: 13-14.

[159] Mastrocinque 1993: 156.

[160] Valerio Máximo (2, 2, 9) ofrece otra versión según la cual ese día se recuerda la fiesta que celebraron los hermanos ante la perspectiva de la fundación de la nueva ciudad de Roma.

[161] Wiseman 1999: 88.

narraciones helenas que vinieron a completar y modificar el anterior mito de los gemelos. En cualquier caso, no hay duda de que esta especie de recreación de la vida de los orígenes que se llevaba a cabo el 15 de febrero era la que convertía los *Lupercalia* en la mejor vía para el recuerdo del pasado lejano de la ciudad.

Las *Nonae Caprotinae* del mes de julio estaban vinculadas también a un acontecimiento histórico o, mejor dicho, a dos (Plut. *Rom.* 29; *Cam.* 33). Por un lado, se conmemoraba en ese día la desaparición de Rómulo, quien abandonó a los romanos durante una tormenta con eclipse de sol, y pasó a ser venerado con el nombre de Quirino. Este acontecimiento habría tenido lugar en el Campo de Marte, donde más tarde se alzará el Panteón. Por otro lado, los ritos llevados a cabo en esa ocasión recordaban un acontecimiento militar de la primera mitad del siglo IV a.C. En guerra contra los latinos bajo la dictadura de Furio Camilo, Roma envió al campamento enemigo a un grupo de esclavas, que se hacían pasar por romanas libres bajo la dirección de una de ellas llamada Filotis, que había urdido y propuesto al senado la celada. La iniciativa había sido de los latinos, quienes habían pedido en matrimonio a mujeres romanas. Una vez en el campamento y llegada la noche, robaron las espadas y Filotis subió a una higuera de gran altura para avisar desde ella, por medio del fuego, a los romanos. De este modo, el ejército logró capturar fácilmente a los latinos. El 15 de julio la ciudad volvía a revivir este episodio de su historia. Las señoras y las esclavas, vestidas estas últimas con la ropa de las primeras y en actitud burlesca hacia los viandantes que se cruzaban en su camino, abandonaban la ciudad en dirección al Campo de Marte. En torno a la zona conocida como Laguna de la Cabra construían cabañas con ramas de higuera y comían todas juntas. Los hombres, por su parte, parece que también participaban en esta fiesta, y salían a la carrera de la ciudad pronunciando nombres propios de conciudadanos como Gayo, Marco o Lucio, en recuerdo de la alarma de guerra que se produjo tras la señal de Filotis. El nombre que recibe este día podría estar en relación con el de *capraficus*, que en latín significa cabrahigo, una higuera salvaje. En el origen de esta fiesta parece hallarse un rito de cambio de identidades sociales en el ámbito femenino como lo eran los *Saturnalia* para los hombres, también en Roma[162]. Sin embargo, esta interpretación no agotaba el significado de éste día, que podía vincularse igualmente con acontecimientos históricos.

En estrecha relación con esa fecha estaba el *Poplifugium* que se celebraba unos días antes, el 5 de julio. La huída del pueblo, como especifica su propio nombre, era, sin duda, una especie de fuga ritual de la población en armas, del ejército, que tenía como meta también la Laguna de la Cabra. Algunos autores como Dionisio de Halicarnaso y Plutarco recogían una tradición según la cual había sido ese día en el que se habría producido la desaparición de Rómulo (2, 56, 5 y *Rom.* 29, 2). Coarelli[163], por su parte, considera que *Poplifugium* y *Nonae Caprotinae* atienden a una misma celebración ritual y que, por tanto, esta huída habría que ponerla en relación con la desaparición del rey fundador y con la crisis del pueblo que le siguió, sancionada por el eclipse de sol y luna. Por ello, posteriormente esta fecha de las Nonas ha sido fácilmente asimilada a los peores desastres militares romanos, de modo que pasó a ser el recuerdo de algunas derrotas importantes como las sufridas contra los de Fidenas, pero especialmente contra los latinos, cuya versión hemos relatado anteriormente (Plut. *Rom.* 29, 4; *Cam.* 33, 3 y VAR. *L.* 6, 18 respectivamente).

En los *Consualia* del 21 de agosto, fiesta dedicada al dios Conso, la celebración tenía lugar en el Circo Máximo ante el altar subterráneo de dicha divinidad, y los encargados de dirigir el ritual eran el flamen del dios Quirino y las vestales. Las celebraciones se completaban con carreras de caballos y de carros. Es evidente que la más antigua adscripción de esta fiesta apunta directamente a la protección de las cosechas, que en esa fecha han sido ya recogidas. Esta misma divinidad era celebrada el 15 de diciembre con ocasión del comienzo de la siembra. Sin embargo, la interpretación de los *Consualia* no termina ahí. La tradición establece que esta festividad fue creada por el propio Rómulo y que está en estrecha relación con la decisión que éste tomó de llevar a cabo el rapto de las mujeres sabinas y que se cumplió en esa misma fecha. La fiesta recordaría de este modo uno de los episodios del origen de la ciudad, y la causa que llevaría más tarde a enfrentarse a romanos y sabinos (Dion. Hal. *A.R.* 2, 30, 2; Plut. *Rom.* 14, 2). En la mayoría de los casos las celebraciones más importantes en las que se transmitía la memoria cultural de Roma giraban en torno a la figura de Rómulo.

Pero, además, existía otro tipo de festividades que también tenían un trasfondo histórico, aunque en esta ocasión lo hacían vinculadas a la fundación de un recinto religioso. El caso más conocido es el del famoso templo de Cástor, dedicado a Cástor y Pólux en un lugar central del Foro y cuyos restos son todavía visibles. Según cuenta la tradición, esta pareja, conocida también con el nombre de Dióscuros, había ayudado de forma decisiva a los romanos en la batalla del lago Regilo del 499 a.C. en la que se habían

[162] Bremmer 1987b: 76-88.

[163] Coarelli 1997: 17-24.

enfrentado a los latinos en el territorio de Túsculo. Las narraciones de Tito Livio y de Dionisio difieren respecto a las circunstancias concretas. Mientras que el primero afirma simplemente que el dictador Postumio prometió un templo a Cástor por la victoria (2, 20, 12), el segundo cuenta con mayor detenimiento lo sucedido. Dos jinetes de barba incipiente y superiores en estatura y belleza al resto se aparecieron al dictador y se pusieron al frente de la caballería romana. Lograda la victoria, por la tarde, aparecieron en el Foro. Lavaron y abrevaron los caballos en el lago de Juturna, junto al templo de Vesta, y comunicaron a los romanos cómo se había desarrollado el combate (*A.R.* 6, 13). Allí donde fueron vistos se erigió poco después un templo que fue dedicado en el 484 a.C. Las excavaciones llevadas a cabo en los años ochenta en el Foro han sacado a la luz los cimientos de un edificio de época arcaica debajo del templo de Cástor, aunque no está del todo claro que se pueda suponer por ello una mayor antigüedad del culto[164]. El propio Dionisio nos cuenta además que en los idus de Julio, día en el que se produjo la victoria, se celebraban fastuosos sacrificios y tenía lugar una procesión en la que participaban los caballeros, portando todos los premios al valor guerrero que les habían concedido los generales. Esta procesión, que recibía en nombre de "desfile de los caballeros" (*transvectio equitum*), partía del templo de Marte fuera de la ciudad y finalizaba en el Foro, en el templo de los Dióscuros, que eran una especie de divinidades tutelares para los caballeros (*A.R.* 6, 13, 4).

Esta relación entre victorias militares y fundaciones de templos era algo frecuente en Roma. Ya comentamos, al hablar de los Anales, que los romanos esperaban contar constantemente con el favor divino y actuaban en consecuencia para conseguirlo y mantenerlo. Con esta finalidad los generales podían prometer durante un enfrentamiento bélico a algún dios la creación de un templo en su honor, cuyo aniversario era recordado de ahí en adelante por un día de fiesta marcado en el calendario. Los ejemplos que tenemos no son escasos: en el 295 a.C. Fabio Ruliano prometió en la batalla de Sentino contra los samnitas un templo a Júpiter Víctor que se construyó en el Palatino cuyo aniversario se celebraba el 13 de abril (Ov. *Fast.* 4, 621; Liv.10, 29, 14); otro tanto había hecho Apio Claudio el Ciego para la diosa Belona un año antes en su enfrentamiento contra etruscos y samnitas. En esta ocasión era el 3 de junio cuando se recordaba la erección del templo ubicado en el Campo de Marte cerca del futuro Circo de Flaminio (Ov. *Fast.* 6, 199; Liv. 10, 19, 17); en el 222 a.C. fue Claudio Marcelo el que prometió un templo a Honor y Virtud y tras la toma de Siracusa restauró el antiguo templo a Honor, divinidad que tenía su fiesta el 17 de julio y construyó uno nuevo a *Virtus* dedicado por su hijo (*I.L.L.R.P.* n. 157); en el 218 a.C. el pretor L. Manlio dedicó un templo a Concordia después de aplastar un motín de sus tropas en la Galia Cisalpina, cuyo recuerdo tenía lugar cada 5 de febrero (Liv. 22, 33, 7 y 23, 21, 7). Los ejemplos se pueden alargar. En todas estas ocasiones la celebración tenía, sin duda, como protagonista a la divinidad, pero no estaba ausente ni el promotor ni la causa por la que Roma debía agradecerle su protección y bienquerencia.

Como vimos con anterioridad, las fiestas y rituales que podemos descubrir a través de lo que hemos conservado del calendario republicano nos han confirmado que la memoria cultural de Roma, el recuerdo de los orígenes y de los mitos de fundación de la ciudad, se manifestaba, como en toda sociedad oral, a través de las celebraciones en las que festejaban esos acontecimientos lejanos. Pero la capacidad del calendario romano como vía de transmisión de la memoria no se agota ahí. En él quedaron consignados también otros hechos más recientes que, sin embargo, debieron de tener tal repercusión y dejar de tal manera huella en la vida de la ciudad que ésta les asignó una fecha en el calendario para que anualmente aquellos acontecimientos estuvieran de nuevo presentes. El caso más relevante es el de la muerte de trescientos seis miembros de la familia Fabia en la batalla de Cremera contra los veyentanos, que tuvo lugar en el 477 a.C. (Liv. 2, 48-51 y Dion. *A. R.* 9, 15-22)[165] Se trató de un enfrentamiento insólito ya que, con el consentimiento del senado, la carga de la guerra fue llevada en solitario por la familia de los Fabios que decidieron enfrentarse ellos solos a la poderosa ciudad-estado etrusca de Veyes. Ellos y sus clientes fueron los que cayeron en una emboscada de los etruscos cerca del río Cremera en la que perecieron todos. En esta ocasión no sabemos exactamente qué tipo de celebración tenía lugar en esta fecha pero no cabe duda de que cada 18 de julio se rememoraba esta derrota que prácticamente eliminó a todos los hombres de la familia de los Fabios. Así lo testimonia Ovidio, quien hace mención de este acontecimiento en sus Fastos y recuerda el mal presagio que suponía salir de la ciudad por un pasaje próximo al templo de Jano, ya que ese había sido el punto de partida de la ciudad de los Fabios (*Fast.* 2, 195-242)[166]. Pero, además, esta fecha del 18 de julio

[164] Holloway 1994: 7-8.

[165] La transmisión de este acontecimiento en la tradición republicana ha sido analizada por Richard (1989b: 312-325 y 1990: 174-199).

[166] Ovidio en contra del resto de fuentes da la fecha del 13 de febrero como día de la batalla.

aparece consignada como tal en un calendario de época de Tiberio con el nombre de "día de los Fabios" (*dies Fabiorum*)[167], lo que corrobora la idea de que este acontecimiento fue rememorado por la ciudad de Roma entera y no únicamente por la familia de los Fabios.

La derrota junto al río Cremera es, sin duda, un hecho único, cuya repercusión en el desarrollo de la vida ciudadana le confirió la dimensión necesaria como para convertirse en parte de la memoria colectiva. Pero lo normal es que sean las victorias, y no los fracasos, del ejército romano las que se celebren. En este caso, la celebración estaba vinculada al templo que el general al frente de la campaña militar había prometido a una divinidad si el resultado de ésta era favorable a Roma. Conseguida la victoria, como ya dijimos, se mandaba construir el edificio, cuyo aniversario era recordado también de forma anual y con él el nombre de su benefactor y el éxito militar que consiguió con ayuda de los dioses. Así, por ejemplo, el templo de Belona del Circo Flaminino había sido prometido por Apio Claudio el Ciego en el 296 a.C. en un enfrentamiento armado contra los etruscos y los samnitas (Liv. 10, 19,17) y el templo de Fortuna por Quinto Lutacio Catulo durante la batalla de Vercelas en el 101 a.C. La lista de templos dedicados en el transcurso de un combate es extensa. En este caso tampoco sabemos con exactitud qué actividades rituales tenían lugar para conmemorar la fundación del templo, pero no cabe duda de que en ellas estaría reflejada la protección que dicha divinidad había proporcionado a la ciudad, y el origen último de ese nuevo espacio a ella consagrado. Las fiestas y ceremonias que congregaban a la comunidad de Roma eran los lugares de reunión más propicios para conmemorar y perpetuar a un mismo tiempo el pasado de la ciudad. Tanto el recuerdo sobre los orígenes más remotos como el de los acontecimientos más recientes eran fijados en el calendario, lo que les proporcionaba un lugar seguro en la memoria colectiva de sus habitantes, gracias a la repetición constante y formalizada que tenía lugar en los rituales.

La importancia de esta memoria asociada a la celebración no desapareció nunca en Roma e incluso cuando la escritura había fomentado otro modo de entender el pasado, el calendario siguió siendo el punto de referencia básico para determinar los acontecimientos que realmente eran recordados y conmemorados por el pueblo de Roma. Encontramos un ejemplo de ello en el deseo que tenía Cicerón de que Décimo Bruto figurara en el calendario. Su decisión de no ceder la provincia Cisalpina a Antonio, que le llevó al enfrentamiento armado con él, debía ser recordada eternamente, tal y como lo expone en una carta de julio del 43 a.C. con las siguientes palabras.

CIC *ad Brut.* 23, 8.
He decidido que, una vez que Bruto esté desocupado, cuando aquel día felicísimo ilumine la ciudad, que casualmente coincide con su cumpleaños, su nombre debe ser inscrito en los Fastos en esa fecha. Con ello sigo el ejemplo de nuestros antepasados, quienes rendían honores a aquella mujer, Larentia, ante cuyo altar en el Velabro vosotros, los pontífices, soléis hacer un sacrificio. Al conceder esto a Bruto, quería que en los Fastos hubiera una mención a la más grata de las victorias.

Este testimonio de Cicerón, que ha pasado hasta ahora desapercibido para los investigadores, es, sin duda, de suma importancia, en primer lugar porque pone de relieve de forma explícita que las celebraciones que jalonaban los Fastos habían servido en Roma tradicionalmente como forma de memoria y muestra como ejemplo de personaje rememorado a una de las pocas mujeres que recuerda la historia más remota de Roma, Acca Larentia, de la que Catón nos dice que era celebrada con un culto anual por haber donado al pueblo de Roma los terrenos que poseía en Turax, Semurio, Lintirio y Solino (1, frag. 23). La fiesta se conoce con el nombre de *Larentalia* y tenía lugar el 23 de diciembre[168]. Pero además este texto de Cicerón nos permite apreciar cómo en el último siglo de la República, momento en que la historiografía romana alcanza un grado de desarrollo importante después de más de un siglo de escritura de la historia, la memoria oral tradicional sigue funcionando, incluso para aquellos que estaban ya inmersos en un mundo en el que el conocimiento se transmitía básicamente mediante la palabra escrita.

Esto nos permite entender, si cabe más claramente, el hecho de que un personaje empeñado en pasar a la posteridad por sus obras como fue Augusto hiciera que algunas de sus acciones más señaladas entraran a formar parte de las celebraciones del calendario, como el cierre de las puertas del templo de Jano que se celebraba el 11 de febrero o la restauración de la República del 13 del mismo mes, de tal forma que colocaba sus decisiones para recuperar el control del estado al mismo nivel de preeminencia que la fundación de Rómulo[169]. Esta inserción de fechas en su honor en el calendario era la mejor vía que podía tener a su alcance para perpetuar su nombre; las celebraciones del calendario tenían, sin duda, mayor

[167] *I.L.L.R.P.* p. 208.

[168] Scullard 1981: 210-212.

[169] Wallace-Hadril 1987: 225-227 ; Laurence-Smith 1995-96 : 142.

efectividad para transmitir a los habitantes de la ciudad que todas las obras escritas laudatorias que podían hacerse en su honor. La conclusión que podemos obtener de la inclusión de esta amalgama de acontecimientos, que para nosotros son tan dispares en su significado histórico, dentro de la estructura uniformadora del calendario romano es que el pasado que se conmemoraba y celebraba en Roma, a pesar de su diversidad, quedaba igualado y sometido a una misma concepción temporal que M. Beard[170] llama el "tiempo ritual", y que se caracteriza por la ausencia de diacronismo y por la superposición de significados que se acumulan en una misma fecha de celebración.

Por desgracia, de todas estas celebraciones no nos quedan más que algunas referencias textuales, que en pocas líneas intentan dar cuenta de un rito cuya complejidad en el desarrollo y en el significado realmente hemos perdido ya para siempre. La danza, la música, la vestimenta, los gestos y sonidos, la representación en general que tenía lugar en estos eventos, tenía fuerza y sentido en el momento de la puesta en escena y participaba del significado al mismo nivel que la propia historia que en ese momento se recordara. Sin embargo, en su mayor parte toda esta información es imposible de recuperar. Algunas noticias nos quedan como la que nos ofrece Dionisio de Halicarnaso, quien afirma que en los himnos tradicionales romanos se celebraba la infancia de Rómulo y Remo (1, 79, 10). Pero en términos generales, en su lugar sólo tenemos el testimonio de ciertos escritores que incluso pudieron observar y participar en algunas de estas celebraciones como parece haberlo hecho el propio Ovidio (*Fast.* 4, 725-728) pero que únicamente nos han legado una interpretación en pocas palabras de lo que, según ellos, tenía lugar en esas fechas. Esto hace que el estudio de la memoria de la Roma republicana a través del calendario sea una tarea bastante espinosa y compleja. El principal problema con que se topa el investigador es que todas las fuentes que tenemos a nuestra disposición son tardías y a partir de ellas hay que reconstruir una situación anterior. Además, la propia flexibilidad y capacidad de cambio que M. Beard atribuía al calendario romano complica más las cosas al dificultar la detección de cada una de las diferentes fases por las que pudo pasar cada fiesta. A esto hay que sumar la erudición de los escritores de la Antigüedad que, en ocasiones, no permiten dilucidar con claridad si la explicación que ofrecen era realmente algo percibido y comprendido como tal por todos aquellos que tomaban parte en la celebración o si más bien se trataba de un reflexión personal del autor, quien ponía en juego todos sus conocimientos filológicos, anticuarios e históricos para buscar una interpretación satisfactoria desde su punto de vista.

De este modo, por ejemplo, Ovidio cree que las fiestas denominadas *Lemuria* del día 9 de mayo (*Fast.* 5, 419-492), reuniones nocturnas en las que se ofrecía a los difuntos ofrendas y se honraba el recuerdo de los muertos, se llaman así en honor a Remo, el hermano del fundador de Roma, que había fallecido de una muerte violenta. En este caso, el autor ha jugado con la etimología del nombre de la fiesta para conseguir ponerlo en relación con un hecho destacado de la historia de Roma. Pero nada en el desarrollo de esta fiesta, en la que a media noche y una vez purificado, el padre de familia conjura los muertos para que no molesten a los suyos, nos hace pensar que se trata de algo más que de una celebración en honor de los fallecidos como las hay en muchas culturas, aunque ciertamente tampoco puede destacarse del todo su versión. Precisamente uno de los fenómenos que pueden apreciarse cuando la tradición comienza a conservarse en la escritura es esta divergencia de interpretaciones entre los escritores y la comunidad que celebra. Esto es lo que sucede a fines de la República cuando el discurso de anticuarios como Varrón produjo una brecha entre la percepción que el pueblo tenía de los significados que ofrecía su religión y la interpretación que de ella hacía el intelectual y que quedaba recogida en sus obras[171]. Nuestra única fuente son estas obras, por ello hay que tener presente siempre que no nos hallamos frente a una trascripción del todo directa de lo que sucedía en estas fiestas. No obstante, teniendo en cuenta esta cuestión metodológica y todo lo dicho con anterioridad, hay datos suficientes como para confirmar al menos que Roma no es una excepción a la teoría de la memoria cultural en sociedades orales, que no utilizan la escritura para conservar los acontecimientos de su pasado. La sociedad romana del siglo III a.C. en la que vivieron Fabio Píctor y Cincio Alimento no recordaba sus orígenes a través de la lectura, ni pública, ni privada, de historias como lo hacían los griegos. Los romanos no leían su pasado sino que lo celebraban, lo representaban y lo revivían cada año, de forma cíclica, en una reunión de toda la comunidad que participaba directa o indirectamente en el evento.

[170] Beard 1988: 28-29.

[171] Gordon 1990: 190.

Los mnemotopos del paisaje urbano

La celebración del ritual ganaba su significado, como dijimos, gracias a un conjunto de elementos que se daban cita en la fecha señalada y que contribuían a construir una imagen palpable de aquello que era objeto de recuerdo. Danzas, cánticos o vestimenta, a parte de la representación en sí, tenían un valor simbólico decisivo a la hora de rememorar un acontecimiento. Pero, por desgracia, todo ello ha desaparecido con sus protagonistas y en las fuentes no quedan más que escasas noticias de carácter anecdótico. De lo que sí hemos conservado un testimonio más relevante es de uno de los principales apoyos de la memoria en sociedades orales: la topografía. La semantización del paisaje, tanto del natural como del que crea el ser humano en su afán por mejorar sus condiciones materiales de vida, es el medio por excelencia de la mnemotéctica que contribuye a la perpetuación de la memoria colectiva [172]. La capacidad que el paisaje natural y urbano tienen para mantener inalterada su fisonomía con el paso del tiempo les permite hacerse con un puesto de privilegio como referente de un pasado periclitado que no tiene ya otras vías de acceso. Que las ciudades conservaban la memoria de los tiempos pasados es algo que no pasó desapercibido a los propios romanos de fines de la República, como deja ver Cicerón en uno de sus diálogos en el que su hermano Quinto, Ático, Pisón, Lucio Cicerón y el propio autor paseando por Atenas ponen de manifiesto su amor por esta ciudad y, en especial, les fascina el hecho de que *a cualquier parte que vayamos, pisamos siempre lugares con historia* (*Fin.* 5, 5). En un diálogo anterior ya había afirmado Ático que, si Atenas le parecía una ciudad hermosa, era especialmente por el recuerdo que de los grandes hombres quedaba en ella como sus casas, los lugares que frecuentaban o sus sepulturas (*Leg.* 2, 2, 4). En su mayoría, los personajes y los recuerdos que estos romanos encontraban en Grecia estaban relacionados con los grandes pensadores y escritores helenos. Así Quinto se deleitaba frecuentando el pueblo de Colono donde vivió Sófocles, Ático gustaba de pasearse por los jardines de Epicuro en Atenas, a Cicerón le hacía una enorme ilusión saber dónde había estado Pitágoras en Metaponto y Lucio peregrinaba, siempre que podía, al Falero para ver el lugar en el que Demóstenes retaba a las olas con sus declamaciones. Tampoco faltaba alguna referencia a Roma por parte de Cicerón, quien se emocionaba especialmente con la contemplación de la Curia Hostilia, porque le hacía recordar a Escipión, a Catón o a su propio padre.

En cualquier caso, estos comentarios por parte de los protagonistas del *De finibus* manifiestan la pasión que hombres cultos como Ático o Cicerón podían sentir por la vida de los autores a los que ellos dedicaban tantas horas de lectura. Pero esa memoria que los lugares reavivaban, difería por su funcionamiento del tipo de recuerdo que en sociedades ágrafas está vinculado a los mnemotopos. En este caso se trataba de monumentos o sitios que adquirían un significado especial a través de las obras escritas de ciertos personajes. Por el contrario, en una comunidad sin escritura el lugar estaba cargado de significado porque revelaba el origen de algo o porque mostraba la razón de alguna realidad, es decir, la mayoría de las veces tenía un carácter etiológico, de modo que ese sitio era importante en sí mismo, sin necesidad de adquirir relevancia gracias a la palabra escrita. El propio Cicerón muestra esta discrepancia cuando afirma que la Curia Hostilia le recuerda a Catón o a Escipión a los que conoce especialmente por sus obras al primero y por lo que los historiadores habían escrito del segundo, sin embargo, no le traen a la memoria el personaje del que recibe su nombre, el rey Tulo Hostilio. En cualquier caso, lo que estos testimonios demuestran es que la tecnología de la palabra no logró arrebatar a los restos materiales su capacidad evocadora del pasado que ya tenían mucho antes de que éste fuera encerrado en volúmenes de escritura, sino que, por el contrario, logró realimentarla, aunque sobre otros presupuestos. Pero, mucho antes, ciudades como Roma ya conservaban una topografía mítica e histórica que sustentaba el recuerdo de la ciudad. De hecho, se podría afirma que durante la República la propia ciudad de Roma era un texto histórico y que la topografía fue, por mucho tiempo, el sustituto de la narración literaria[173].

En muchos casos esta topografía estaba en estrecha relación con las celebraciones y ritos que estructuraban la memoria de la comunidad. De este modo, vinculado al mito de los gemelos se conservaba en el paisaje una serie de lugares de gran relevancia en la leyenda como el Lupercal (figura 6), una cueva al pie del Palatino que dominaba el río Tiber, o la *ficus Ruminalis*, que marcaba el punto en el que habían sido rescatados por la loba después de su trayecto por el río.

[172] El concepto de *mnemotopos* lo ha utilizado por vez primera Jan Assmann (1997: 33-34), pero se basa en gran medida en el estudio que Halbwachs (1971: *passim*) realizó sobre la topografía legendaria de Tierra Santa. Con respecto al mundo antiguo este concepto ha sido utilizado, aunque se puede encontrar un ejemplo en Jonker 1995.

[173] Purcell 1989: 165; Edwards 1996: 30.

Que Rómulo era el personaje principal de la memoria cultural en Roma lo demuestra nuevamente el hecho de que la ciudad estuviera repleta de lugares y monumentos que recordaban su figura como fundador de la ciudad, algo de lo que, como dijimos, carecía Eneas. Gran veneración generaba, por ejemplo, la supuesta casa de Rómulo a los pies del monte palatino (figura 6), en el Cermalo, el lugar de asentamiento de la primera Roma, cuyos restos podrían ser los hallados en las recientes excavaciones arqueológicas en el centro de la ciudad bajo la dirección de A. Carandini[174]. La cabaña estaba bajo el cuidado de los pontífices y en ella se llevaban a cabo sacrificios. Con el tiempo fue reconstruida en varias ocasiones a causa de incendios y otros desastres, pero siempre mantuvo su fisonomía originaria, porque no se alteraron ni los materiales ni las prácticas de construcción (VAR. *L.* 5, 54, 1: Dion. Hal. *A.R.* 1, 79, 11; Plut. *Rom.* 20, 4). Ya en época imperial los autores transmiten la existencia de otra casa asociada a Rómulo, esta vez en el monte Capitolio. Esta segunda casa fue localizada posiblemente durante las obras de remodelación que Augusto llevó a cabo en esta zona con la intención de resucitar los recuerdos del origen de la ciudad, entre ellos, el templo de Júpiter Feretrio en el que el fundador había depositado los despojos ópimos (*spolia opima*)[175] después de una victoria frente a los de Cenina[176]. Sin duda, la casa de Rómulo que conocían los romanos de época republicana era la del Palatino y se consideraba un símbolo de los orígenes humildes de la ciudad, y de las virtudes rústicas y pastoriles de sus antecesores, que habían logrado convertir a Roma en una potencia hegemónica del Mediterráneo[177].

Como no podía ser de otra manera, la muerte de Rómulo también tenía un reflejo en la topografía urbana. Ya vimos que una tradición la vinculaba con el Campo de Marte y con la fiesta de las *Nonae Caprotinae*. Pero existía otro recuerdo, sin duda, mucho más antiguo y del que más tarde surgiría este primero, según el cual Rómulo habría sido asesinado durante una asamblea por los padres quienes habrían desmembrado su cuerpo y se habrían repartido los pedazos. Su muerte habría tenido lugar en la zona del Foro conocida como el Vulcanal (Plut. *Rom.* 27, 6; FEST. p. 184 L)[178]. La vinculación de Rómulo con esta zona es más que notable. En este lugar se suponía que Rómulo y Tito Tacio habían llegado a un acuerdo de paz para romanos y sabinos después del enfrentamiento armado que había tenido lugar en el valle del Foro. La arqueología parece confirmar la antigüedad de la actividad humana en esta zona, ya que se han hallado testimonios arqueológicos que se remontan a mediados del siglo VIII a.C.[179], y que hacen suponer que, sin duda, era el lugar de reunión del consejo del rey y de las actividades religiosas. Aquí se encontraba también un lugar de culto a Vulcano, que a fines del siglo VI a.C. se convirtió en un santuario abierto que ha sido encontrado debajo de la famosa Piedra Negra (*Lapis Niger*). Estaban aquí igualmente la Curia y el Comicio, centros de la vida política de la ciudad cuya primera organización era fruto de la actividad de Rómulo.

No es de extrañar que los romanos localizaran en este espacio de reunión del pueblo las tumbas de personajes célebres como la de Faustulo, asesinado durante un enfrentamiento entre los seguidores de Rómulo y los de Remo o la de Hosto Hostilio, abuelo de Tulo Hostilio y muerto en una batalla contra los sabinos (Dion. Hal. *A.R.* 1, 87, 2; 3, 1, 2). Resulta difícil determinar qué elemento topográfico identificaban con estos lugares. Muy posiblemente reinterpretaron antiguos monumentos cuyo significado había sido ya olvidado. Un ejemplo de ello es el cipo hallado bajo el pavimento negro al sur del Comicio con una inscripción en latín arcaico cuyo sentido todavía no ha sido por completo descubierto, aunque algunas palabras reconocidas como *recei* (rey) o *sakros* (sagrado) hacen pensar en un texto con regulaciones relacionadas con un culto[180]. Casi con toda seguridad, esta inscripción que todavía era visible en el Comicio a fines de la República, pero que sería ya difícil de leer para los propios romanas, era el epígrafe que, según Dionisio, acompañaba la tumba de Hostilio[181] y el que Rómulo erigió tras su segundo triunfo (*A.R.* 2, 54, 2) e incluso se ha sugerido que ambos monumentos junto con la tumba de Faustulo debían de identificarse con una sola construcción[182]. También en el Foro, pero en esta ocasión cerca de los Rostra (tribuna de los oradores), se identificaba otro monumento, coronado por dos leones de piedra, como la tumba de Rómulo

[174] Mastrocinque 1993: 93-95.

[175] Los *spolia opima* era el botín apresado al jefe enemigo, al que una general romano había dado muerte personalmente.

[176] Balland 1984: 74-77.

[177] Edwards 1996: 37-42.

[178] Coarelli (1997: 53) cree que el desdoblamiento espacial de la tradición en comicio y Campo de Marte coincide con los dos centros principales de reunión del pueblo en asamblea. El texto de Festo, que hace referencia a un *locum funestum* (...) *Romuli morti destinatum*, es en ocasiones interpretado como prueba de la existencia de una tumba de Rómulo en el Comicio. Sin embargo, resulta más plausible la lectura de Coarelli (1977ª: 221-222), quien entiende que el autor está indicando el lugar de la muerte del fundador durante una asamblea.

[179] Coarelli 1977a: 191-229; Carafa 1998: 105-106.

[180] Morandi 1982: 48-50.

[181] Holloway 1994: 81-88.

[182] Coarelli 1977a: 215- 229; Ampolo 1983: 19-25; Cornell 1991a: 27-29.

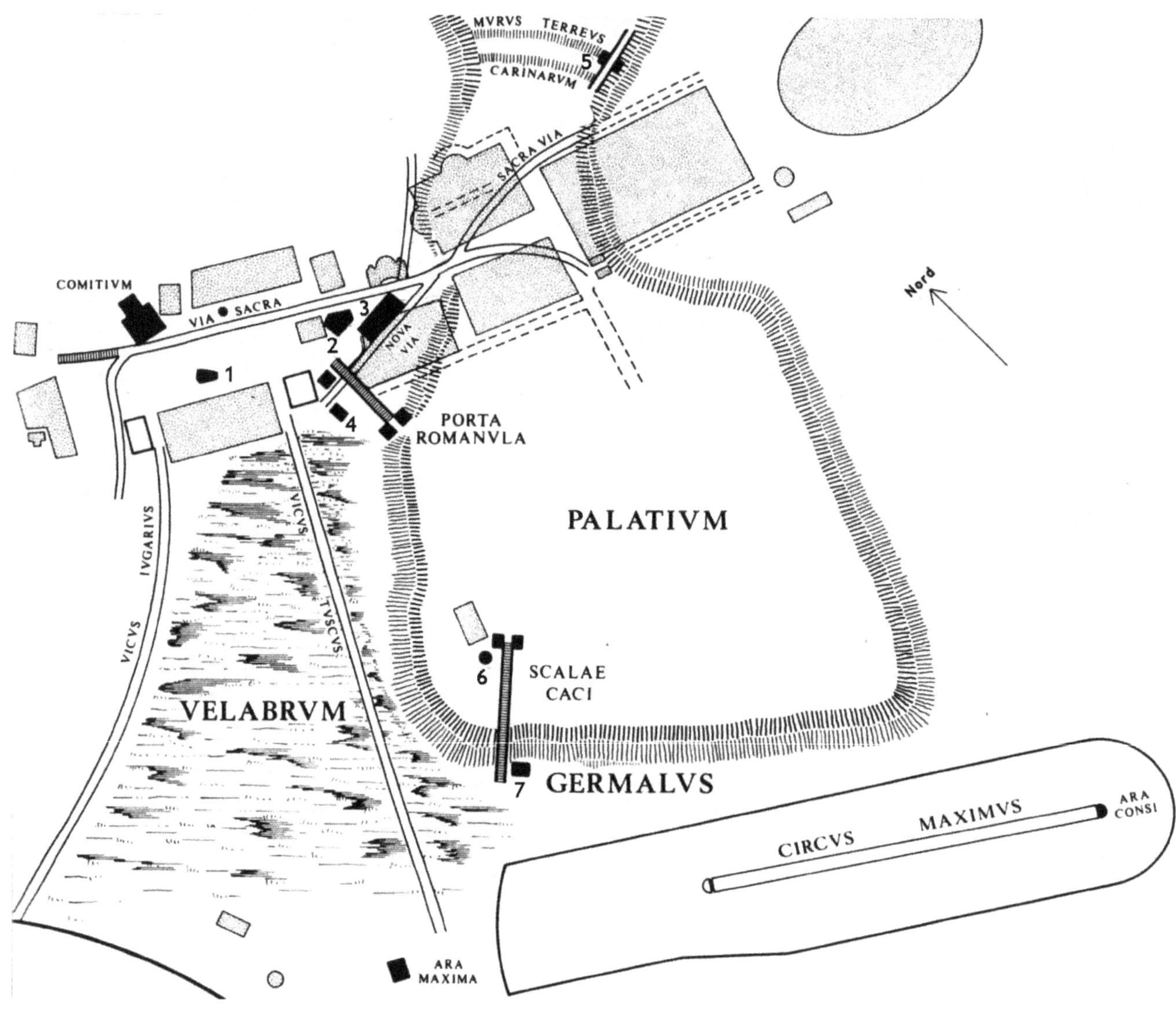

Fig. 6. Foro y Palatino (modificado a partir de Coarelli 1983, fig. 75).
1. Lacus Curtius; 2. Regia; 3. Domus Regis Sacrorum; 4. Acca Larentia; 5. Tigillum Sororium; 6. Casa Romuli; 7. Lupercal.

(Hor. *Ep.* 16, 13)[183], lo que ha hecho suponer a algunos investigadores que posiblemente fuera este monumento el responsable de que desde aquí se pronunciaran los discursos fúnebres en el entierro de los grandes personajes[184]. En cualquier caso, no nos interesa realmente saber si las creencias de los romanos sobre esa topografía del Foro estaban razonablemente fundadas o no, es decir, si realmente se trataba de la tumba de Faustulo o de otro personaje, sino más bien lo que podemos inferir de estos pasajes es que efectivamente existían numerosos mnemotopos en el centro de la ciudad que, para los romanos, mantenían viva la memoria de los sucesos ocurridos en los orígenes de Roma.

El Foro era, sin duda, el lugar más cargado de significados religiosos e históricos, tanto por lo que en él se encontraba como por lo que la vista llegaba a alcanzar a su alrededor desde este punto central de la ciudad. Era un lugar privilegiado en el que se concentraba el mayor número de *monumenta* en el sentido latino de la palabra, es decir, de objetos materiales capaces de guardar el recuerdo de un acontecimiento pasado y del que eran el testimonio directo. En el centro del Foro se hallaba la Regia (figura 6), cerca de la Vía Sacra, uno de los ejes fundamentales de la ciudad arcaica. En época republicana se suponía que dicho edificio, que estaba destinado ya a actividades cultuales, había sido en origen la sede de la

[183] Gantz 1974: 350-361.
[184] Coarelli 1992.

monarquía y fue muy posiblemente el lugar donde se conservaban los Anales Máximos que elaboraban los pontífices máximos. La arqueología ha demostrado que a fines del siglo VII a.C. ya existía en ese lugar un edificio de características semejantes a los palacios etruscos de Murlo o Acquarossa, lo que lleva a pensar que se trataba realmente del núcleo de habitación real más antiguo, al que seguramente habría que sumar el atrio de Vesta y la *domus publica*[185]. Se encontraba también en el Foro, al lado de las columnas honoríficas, el famoso Lago de Curcio, *Lacus Curtius* (figura 6), del que ya sólo quedaba el nombre en época republicana y sobre el cuál circulaban varias leyendas. La que parece que tuvo mayor aceptación hablaba de un sacrificio que en el 362 a.C. había ejecutado el joven Marco Curcio, lanzándose por voluntad propia a un enorme agujero surgido de repente en el Foro, para conjurar de ese modo tal prodigio (VAR. *L.* 5, 148). La Roca Tarpeya sobre el monte Capitolio, desde el que se arrojaba a los condenados a muerte, se hallaba en la zona más elevada de la colina y dominaba el Foro[186]. De sobra es conocida la historia de la joven Tarpeya que pactó con los sabinos de Tito Tacio la entrega de las llaves de la ciudad de Roma a cambio de los adornos de oro que éstos ostentaban en el brazo izquierdo. El acuerdo se cumplió pero los sabinos, ante la petición de la muchacha de que le dieran sus escudos, los arrojaron sobre ella violentamente causándole la muerte (Dion. *A.R.* 2, 40; Plut. *Rom.* 17, 2). Además de dar nombre a un elemento topográfico de la colina más sagrada para los romanos, Tarpeya fue honrada en Roma con un monumento en el lugar donde fue atacada y anualmente se le ofrecían libaciones, posiblemente en ocasión de los *Parentalia* el 21 de febrero[187]. Fuera del Foro y de sus aledaños, también podemos encontrar lugares vinculados al recuerdo del pasado. Sin duda, uno de los más destacados era el *tigillum sororium* o madero de las hermanas (figura 6), que todavía podía admirarse en época de Augusto. Esta viga de madera estaba ajustada entre dos paredes opuestas y bajo ella había dos altares. En este lugar se decía que el padre de los Horacios había purificado a uno de sus trillizos. Se expiaba con ello su culpa por el asesinato de su hermana, a la que había quitado la vida cuando volviendo del enfrentamiento contra sus primos Curiacios, ella le había acusado de no guardar respeto a los muertos en aquella batalla singular, entre los que estaba su prometido. Horacio fue juzgado y absuelto, pero en dichos altares dedicados a Jano y a Juno se realizaron ritos purificatorios y fue conducido bajo el yugo, del cual únicamente quedó aquel madero. En el Foro permanecía también un testimonio, el pilar Horacio, una pequeña columna en la que se habían depositado los despojos de los trillizos albanos (Liv. 1, 26, 12-14; Dion. *A.R.* 3, 22, 7-9).

Todos estos mnemotopos y algunos otros que en Roma estaban vinculados al pasado de la ciudad eran, a un mismo tiempo, lugares que despertaban el fervor religioso. En su mayoría evocaban el origen remoto de la urbe, pero a la vez estaban cargados de un hálito sobrehumano. Es posible, como se ha apuntado en alguna ocasión, que esta memoria de Roma estuviera menos centrada en los protagonistas o en los acontecimientos que evocaban que en el carácter sagrado que la rodeaba[188]. En cualquier caso es evidente que se puede hablar de un paisaje sagrado en Roma, compuesto por una serie de lugares significativos desde el punto de vista religioso que formaban un sistema y podían ser entendidos como un texto[189]. La semántica de este paisaje se reactualizaba continuamente por medio del ritual, y de ella formaban parte, en gran medida, las celebraciones que conmemoraban los orígenes de la ciudad y que estaban siempre relacionadas con algún lugar significativo que actuaba como un símbolo. Pero la materialización del recuerdo en la Roma republicana no se agotaba ahí. Más allá de la memoria ritualizada, el paisaje urbano tenía la capacidad de reflejar muchos otros episodios del pasado de la ciudad de maneras diversas. Eso es así porque los propios romanos también crearon monumentos con la intención de que sirvieran de recuerdo de lo sucedido a las generaciones posteriores. Este proceso que comienza a finales del siglo IV a.C. y que tendrá como resultado la monumentalización del Foro, era un fiel reflejo de las ambiciones y rivalidades políticas de las principales familias nobles.

En un principio, el propio botín de guerra arrebatado al enemigo servía de forma ejemplar como símbolo de los éxitos militares de Roma. Con dicha finalidad se decoró la tribuna de los oradores en el Foro con una parte del botín arrebatada a los volscos anciatos tras su derrota en el 338 a.C. Algunas de las proas de las naves logradas por el cónsul Gayo Menio sirvieron para decorar dicha tribuna, de ahí que se conociera a partir de entonces como los Rostra –nombre que en latín significa "proas"- (Liv. 8, 14, 8-12; PLIN. *Nat.* 34, 20). Tradicionalmente los trofeos de guerra que conseguía el ejército romano eran depositados en el interior de los

[185] Coarelli 1992: 58-65; Cornell 1999: 281-284. Carandini (1997: 501) cree, sin embargo, que este edificio no pudo ser la residencia del rey, sino, más bien, un edificio religioso que contenía los *sacraria* de Marte y *Ops Consiva*.
[186] Wiseman 1978: 169.
[187] Scullard 1981: 75.

[188] Dupont 1992: 73-74.
[189] Cancik 1985-6: 260-261.

templos y allí podían ser contemplados por aquellos que entraran en el recinto sagrado, pero no eran utilizados como decoración. Esta novedad que promueve la exposición pública de los símbolos de la victoria se volvió a repetir en el Foro cuando Lucio Papirio Cursor, tras su victoria del 310 a.C. sobre los samnitas hizo colgar de las tiendas menianas[190] los escudos dorados que había obtenido como botín (Liv. 9, 40, 16). La victoria militar era también el mensaje de las columnas rostradas como la erigida en honor de C. Duilio en el año 260 a.C. y que estaba decorada con el retrato del vencedor y con las proas –de ahí su nombre- arrebatadas a los cartagineses cerca de Melazzo (PLIN. *Nat.* 34, 20). También era frecuente en Roma la erección de estatuas honoríficas a personajes relevantes. La tradición literaria nos ha transmitido un importante número de ellas que remontarían a los inicios de la ciudad y que estarían dedicadas a los reyes y a los primeros héroes de la República. Sin embargo, existen serias dudas sobre su autenticidad. La interpretación más convincente apunta, más bien, a que no es verosímil una datación tan antigua y que resulta más probable que muchas fueran erigidas a partir de fines del siglo IV a.C., aunque no es conveniente generalizar[191]. Es a fines de ese siglo cuando comienza a desarrollarse la estatuaria honorífica por toda Roma, y cuando los ciudadanos utilizan este medio para exhibir estas legendarias figuras como ejemplos gloriosos. Junto a ellas, los políticos más destacados del momento se hacían erigir estatuas en los lugares más conspicuos de la ciudad[192], como las de Gayo Menio y de su colega Camilo, cónsules del 338 a.C. (Liv. 8, 13, 9; PLIN. *Nat.* 7, 212), o la de Quinto Marcio Trémulo frente al templo de Castor, conseguida tras su victoria en el 306 a.C. sobre los hérnicos y en la que aparecía montado a caballo.

El Foro era, sin duda, el núcleo de la vida política en Roma y, por ello, no es de extrañar que en él se concentraran todos los esfuerzos por publicitar los éxitos militares y por honrar a los defensores de la patria. Pero el recuerdo de las grandes hazañas también tenía otros escenarios frecuentados en la ciudad como eran los templos. Ya dijimos antes que existía un tipo de recintos sagrados que tenían su origen en la promesa de un general realizada en el campo de batalla. El propio edificio y la celebración de su aniversario ya eran elementos decisivos y coadjuvantes para la memoria colectiva, pero además en ocasiones su interior se decoraba con pinturas murales que representaban escenas de las guerras que Roma había ganado, una tradición de origen itálico que contrasta con la costumbre griega de pintura en soporte móvil[193]. Los ejemplos de esta pintura triunfal que nos transmiten las fuentes se remontan todos al siglo III a.C., aunque posiblemente esta tradición fuera anterior. El testimonio más antiguo, a juicio de Plinio (*N.H.* 35, 22), era una obra que se podía admirar en un lateral de la Curia Hostilia y que presentaba la victoria de Manio Valerio Maximo, cuyo triunfo se había celebrado en el 264 a.C., frente a Hierón y los cartagineses. También existía una decoración triunfal en el templo de Vortumno, divinidad de origen etrusco, dedicado por Marco Fulvio Flaco tras su victoria sobre los de Volsini en el 264 a.C. y en el de Conso donde era M. Papirio Cursor quien aparecía como triunfador (FEST. p. 228 L) Pero, sin duda, las pinturas más famosas son las del templo de Salud, dedicado en el 311 a.C. por Gayo Junio Bubulco en el curso de un enfrentamiento contra los samnitas. Poco después Fabio Píctor, abuelo del futuro historiador, decoró sus paredes y dejó, además, su propio nombre escrito (*Val. Max.* 8, 14, 6; CIC *Tusc.* 1, 4); y aunque ningún autor nos indica explícitamente cuál era su contenido, es muy probable que se refiriera en ellas el triunfo de Bubulco del 303-302 a.C.[194] Este tipo de pinturas no era exclusivo de esta clase de templos, y en Roma se podían encontrar otros recintos religiosos, que no eran el producto de la promesa de un general y que podían tener pinturas que recordaran acontecimientos bélicos, como era el caso del templo de Esculapio en cuyas paredes Varrón pudo observar jinetes que portaban armamento (*L.* 7, 57). Sin embargo, es muy probable que fueran los templos de origen militar los que dieran cabida a la mayor parte de las pinturas de temática bélica. Estas serían, a su vez, un reflejo de las tablas triunfales que, desde el siglo III a.C. al menos, eran expuestas el día del triunfo del cónsul durante la procesión que, partiendo del Campo de Marte, tenía lugar por las calles de Roma y que estarían reproducidas a su vez en las decoraciones de las tumbas gentilicias[195].

Precisamente estas tumbas y su contenido son el último punto que nos queda por nombrar en nuestra relación de elementos del paisaje físico y urbano de Roma que tenían un papel preponderante en la transmisión de la memoria. Estos mausoleos en los que los miembros de una misma familia encontraban su lugar de descanso comenzaron a tener una fisonomía conspicua y destacada en la ciudad a partir del siglo III

[190] Las *tabernae Maenianae* eran tiendas que mandó construir el cónsul Menio, de ahí su nombre, y que ya no daban cabida al comercio de alimentos, sino el de dinero, y desde las que se podía asistir a los juegos que tenían lugar en el Foro.
[191] Hölscher 1994: 26-32.
[192] Hölkeskamp 1993: 28.

[193] Dentzer 1967: 17-27.
[194] Coarelli 1996: 31.
[195] Torelli 1996: 29; Coarelli 1996: 31-34.

Fig. 7. Tumba de los Escipiones en la Vía Apia (según Holliday 2002, fig. 5).

a.C. El más famoso y mejor estudiado de todos es el de los Cornelios Escipiones que se encuentra todavía hoy en la Vía Apia cerca de la antigua puerta Capena[196]. Con toda probabilidad la tumba comenzó a funcionar hacia el 300 a.C., fue inaugurada por su fundador, Lucio Cornelio Escipión Barbado, cuyo sarcófago tenía un lugar preeminente en el edificio y llegó a albergar unos 33 miembros de dicha familia. Pero sabemos por las fuentes literarias que otras sepulturas de familias importantes, como la de los Atilios, los Metelos y los Servilios, se extendían también a lo largo de esta vía de salida de Roma hacia el sur (CIC *Tusc.* 1, 7, 13). De Escipión Barbado conservamos, además, el elogio romano más famoso y uno de los más antiguos en una inscripción que adornaba esta tumba. Seguramente la tendencia a elaborar este tipo de monumentos se iniciara a finales del siglo IV a.C., momento en el que se puede datar la inscripción más antigua, perteneciente a Publio Cornelio Escápula, hallada en su tumba[197]. Los elogios eran textos cortos –máximo siete líneas-, en versos saturnios o en forma de elegía, en los que se resumía la carrera política y la valía personal del fallecido. Podían estar inscritos o pintados en la piedra, de ahí que muchos de ellos no se hayan conservado. Por lo que respecta a su origen, parecen ser un producto de la influencia griega, ya que tienen importantes puntos en común con el epigrama helenístico[198], aunque es el contexto social y cultural romano el que les confiere su verdadero significado.

A pesar de que los primeros elogios que nos han llegado preceden casi en un siglo a los primeros discursos fúnebres de las cuales tenemos constancia que adquirieron forma escrita, su trascendencia, por el contrario, era menor que la de éstas. La eficacia de estas últimas, como veremos, estaba definida por su papel como discurso oral durante el funeral, mientras que los elogios, en principio, quedan confinados exclusivamente al silencio de la piedra y no estaban destinados a una lectura pública habitual. Sin embargo, algunos autores, como Zevi[199], han supuesto que los elogios tenían un público real y que debían de ser una especie de resúmenes de los discursos fúnebres, dado que en algunos de ellos aparece la expresión "ante vosotros" (*apud uos*), que presupone la existencia de una audiencia[200]. Sin duda, es evidente que existe una estrecha relación entre el contenido y estructura de estas inscripciones y el de los discursos funerarios y puede incluso suponerse que, ya en la segunda mitad del siglo III a.C., momento en el que las familias comenzaron a conservar por escrito los discursos pronunciadas, esta información servía de base para los elogios de las tumbas[201]. No obstante, su brevedad y concisión hacen pensar que, en realidad, eran simplemente una especie de recordatorio de qué Cornelio, o qué miembro de cada familia, estaba enterrado en cada sarcófago, ya que sólo hacen mención de los hechos más relevantes[202], y que, por tanto, no pretendían tener otro papel de mayor relevancia en el recuerdo de los antepasados. Así pues, se parecerían más a los títulos que

[196] Coarelli 1972: 36-106.
[197] Pisani-Quilici 1987-8: 247-264.
[198] Van Sickle 1988: 143.

[199] Zevi 1970: 67.
[200] Por ejemplo, *C.I.L.* I^2 8, 9 y 6, 7.
[201] Van Sickle 1987: 47.
[202] Flower 1996:180.

acompañaban las máscaras funerarias conservadas en el atrio de la casa. En el fondo, lo que realmente habría que recordar es que, desde el punto de vista de una topografía del pasado asimilada por toda la comunidad en su conjunto, el elemento de mayor trascendencia realmente era la visión del edificio funerario desde la calzada de salida de la ciudad, con una fachada espectacular que imitaba una escena teatral en el caso de la de los Escipiones[203], y no su decoración interior, aunque ésta contuviera lo que, a nuestro parecer, es un documento de gran trascendencia para la literatura y la historia de Roma, ya que la tumba era visitada exclusivamente por la familia y en la circunstancia del funeral de uno de sus miembros[204].

En otras tumbas republicanas como las halladas en el Esquilino se han descubierto pinturas decorativas. La llamada tumba de Fabio, datada en el siglo IV a.C., contenía una serie de frescos compuestos por escenas interconectadas en forma de diferentes registros, de los que sólo nos quedan cuatro, y en los que se reflejaban las aventuras de ciertos personajes de relevancia política que están identificados con inscripciones como Marco Fanio y Quinto Fabio. Es evidente que las imágenes narran un acontecimiento histórico, aunque hasta el momento hay dudas sobre su identificación. La mayoría de los autores creen que representa un episodio de las guerras samnitas, cuyo protagonista sería Quinto Fabio Máximo Ruliano o su hijo, otros sostienen que se trata de la entrega de los *dona militaria* por parte de un general romano a un soldado[205]. También la tumba Arieti que data de fines del siglo II a.C. contenía frescos con escenas de guerra y de triunfo de un tal Marco Aquilio [206]. Es difícil valorar la importancia de estas pinturas históricas de época republicana, dada la escasez de restos arqueológicos y el mal estado en que se encuentran. Es evidente, por otro lado, que estaban estrechamente vinculadas con la aristocracia competitiva de este momento que tenía como máximo galardón el ostentar las más altas magistraturas del estado, dado que este tipo de pintura no tuvo continuidad a fines de la República y difiere de forma considerable de la conocemos en el Imperio[207]. Como hemos visto, estas representaciones destacaban los valores gentilicios, y volvían a incidir en los méritos y en las victorias militares que había conseguido el personaje allí enterrado, siempre identificado de forma clara, ya que los protagonistas eran reconocidos por las etiquetas con sus nombres que acompañaban las figuras. Pero en términos generales su efectividad desde el punto de vista de la memoria colectiva no supera en ningún momento la de la propia tumba en sí que sería, sin duda, el elemento visible para la comunidad. Por ello, aunque ilustran el tipo de memoria gentilicia que veremos funcionando en la ceremonia del funeral, no puede considerarse verdaderamente que tengan gran relevancia como elemento de apoyo en la perpetuación de la memoria colectiva.

No obstante, pueden resultar de interés por otros motivos; en principio porque no se trata de representaciones históricas única y exclusivamente por su contenido, sino porque, debido a su organización en registros consecutivos, desarrollan un hilo argumental como lo hace una narración histórica. Además, la disposición y el contenido de las escenas que caracterizan esta pintura mural se ha puesto en relación, en alguna ocasión, con el estilo descriptivo de los primeros historiadores republicanos y en especial de Fabio Píctor[208]. Que tenga algo que ver el hecho de que su abuelo fuera el encargado de decorar el interior del templo de Salud, como afirma Mazzarino, es una hipótesis difícil de confirmar y que no nos lleva muy lejos. Es muy posible, además, que esta tendencia no sea una característica exclusiva de este autor y que, al poner de manifiesto la forma en la que los romanos visualizaban el pasado, esté presente en el resto de historiadores. No deja de tener interés, igualmente, el carácter dramático de dichas representaciones y la organización tanto de las escenas individuales como, en última instancia, de todo el episodio que se quiere narrar, en torno a destacados personajes[209]. Como veremos en el próximo capítulo, las primeras narraciones históricas romanas reflejaban la manera de concebir el pasado que existía en la Roma pre-literaria, y ésta se dejaba notar también, como no, en las representaciones pictóricas. No se trataba exclusivamente de una vieja herencia o de una influencia secundaria, sino que, más bien, constituían lo que, de forma básica, estos primeros escritores entendían por historia.

[203] Coarelli 1972: 67.

[204] La tumba de los Escipiones contaba, por ejemplo, con una fachada monumental desde la época de Escipión Emiliano. Aunque los testimonios arqueológicos son muy escasos, es posible afirmar que el podio estaba decorado con escenas históricas en toda su longitud y que probablemente en ellas aparecía representada una procesión triunfal protagonizada por algún miembro de la familia, aunque su datación es tardía (150-100 a.C.) con respecto a la construcción de la tumba. También parece confirmado que tres estatuas adornarían la fachada, que tradicionalmente han sido identificadas como las de Escipión el Africano, Escipión Asiageno y Enio.

[205] La Rocca 1984: 31-53; Holliday 2002: 83-91.

[206] Coarelii 1973: 200-208; Holliday 2002: 36-43.

[207] Ling 1991: *passim.*

[208] Mazzarino 1983: 102-103.

[209] Holliday 2002: 90.

Discursos fúnebres y banquetes: el recuerdo gentilicio

En la base de la memoria cultural de Roma se encontraba, por lo tanto, el ciclo ritual y festivo que jalonaba el calendario republicano y la *mnemotopografía* urbana. Este tipo de recuerdo no se circunscribía, como vimos, a los mitos de origen y formación de la ciudad que ocupan lo que nosotros reconocemos como período monárquico y que finaliza con la expulsión del último Tarquinio. El siguiente nivel de recuerdo que poseen las sociedades orales, la memoria comunicativa, que abarca la información histórica que llamaríamos "contemporánea" también se reflejaba en el calendario y en la topografía de la ciudad. Por ahora lo que nos interesa destacar es que el recuerdo del origen de una comunidad no agota en absoluto su capacidad de conmemorar el pasado y en el caso de la República encontramos pruebas de ello. Los sucesos que tuvieron lugar en los primeros siglos de la República (V-IV y III a.C.) también dejaron huella en la imagen de su pasado que tenían los romanos, aunque ya no se trataba de relatos que explicaban el surgimiento de la ciudad o la aparición de los elementos socio-políticos o culturales que estaban en la base de su organización. Se considera normalmente que los acontecimientos más destacados de los inicios de la República que lograron superar el olvido lo hicieron vinculados al recuerdo de las grandes familias que mantenían para ello un archivo donde se acumulaba información sobre sus antepasados, mientras que los hechos que ocupaban los inicios de la ciudad no tenían otro referente que la comunidad en su conjunto y no se consideraban la herencia de ningún grupo en especial[210]. El término "archivo" es ciertamente vago para expresar exactamente el tipo de documentos que podían conservar las familias. El testimonio más completo sobre lo que contenía lo que los romanos llamaban *tablinium* nos lo ofrece Plinio (*Nat.* 35, 6-7), quien nos informa además de los objetos de prestigio que decoraban las casas romanas y que evocaban el glorioso pasado de la familia.

El hecho más destacado de este fenómeno es que algunos de los elementos que tenían una parte activa en la representación de los funerales romanos eran más tarde preservados por la familia como recuerdo de sus antepasados. En especial cabe destacar la *imago* o máscara funeraria que representaba el rostro del difunto y el discurso fúnebre que un familiar cercano al fallecido pronunciaba ante los participantes de la ceremonia en el Foro y en la que se especificaban las virtudes y hazañas que formaban parte de la imagen pública que se había labrado ese personaje ante el resto de ciudadanos. El significado y trascendencia de estos elementos dentro del desarrollo de los funerales romanos puede deducirse de la valiosa descripción que de ellos nos ha dejado Polibio (6, 53-54), quien se vio impresionado por la espectacularidad y atención que recibían estas ceremonias en Roma. Una vez finalizado el funeral, en el que se mostraban en procesión todas las máscaras conservadas de aquellos miembros de la familia que habían ocupado altas magistraturas –los únicos con derecho a esta prerrogativa-, éstas eran guardadas en el atrio de la casa junto con un título que especificaba la identidad del personaje y, de este modo, formaban en su conjunto el único testimonio material duradero de la memoria genealógica de las familias[211]. La elección del lugar en que se custodiaban no era azarosa. El atrio era una de las habitaciones más pública" de la casa, donde eran atendidas las visitas y en especial donde cada mañana tenía lugar el encuentro en la que el dueño recibía los saludos de sus clientes y seguidores. Por ello la exposición de las máscaras en el atrio, ordenadas y colocadas en armarios que eran abiertos en fechas especiales, simbolizaba la influencia que la memoria de los antepasados ejercía en la vida de la familia y era la mejor reivindicación de antigüedad y nobleza que podían hacer sus miembros de cara a la sociedad [212]. Desconocemos, sin embargo, cuándo comenzaron a elaborarse estas máscaras funerarias y a exhibirse en los funerales de los grandes personajes, una práctica que es típicamente romana y que no tiene ningún paralelo conocido en otras culturas de la Antigüedad. Los primeros testimonios escritos en los que aparecen mencionadas son los de Plauto y Polibio del siglo II a.C. (*Am.* 458-9 y 6, 53-54 respectivamente) y Diodoro de época de César (31, 25, 2)[213]. Pero, sin duda, estos textos están reflejando una costumbre mucho más antigua. Tito Livio afirma que el tercer rey de Roma, Anco Marcio, hijo de una sabina, gozaba de nobleza por la imagen de su abuelo Numa Pompilio e igualmente le adjudicaba máscaras de antepasados a Tarquinio el Soberbio (1, 34, 6; 1, 47, 4). Resulta complicado saber con certeza si ya en época arcaica, como asegura este autor, existían las imágenes de los antepasados o si más bien debemos considerar que este testimonio es anacrónico. Lo que sí

210 Poucet 1985: 62-63.

211 Dupont 1987: 168.

212 Flower 1996: 185-222. Igualmente importantes eran el *stemma*, una especie de leyenda monumental que identificaba al personaje al que correspondía cada *imago* y que era otra representación física del prestigio de la familia (Bettini 1999: 178-184).

213 Todas las referencias textuales a las imágenes de los antepasados están recogidas en Lahusen (1989: *passim*) y Flower (1996: 281-325, apéndice A).

parece muy probable es que la relevancia de las máscaras al igual que de los discursos funerarios comenzara a ser significativa a finales del siglo IV a.C. cuando se percibe la formación de una aristocracia que basaba su preeminencia en el ejercicio de las magistraturas y para la que, en la competición por los puestos más elevados, tenía un papel decisivo el prestigio de sus antepasados que hubieran participado activamente en la vida pública de la comunidad[214]. Plinio el Joven hace referencia también al botín del enemigo que podía estar expuesto cerca de la puerta del *tablinium*. Se trata, sin duda, de las armas arrebatadas al oponente después de una victoria militar. Como veremos, éste no era el único lugar donde se conservaban este tipo de trofeos de guerra, pero no por ello el menos relevante, porque reforzaba la imagen de grandeza de la familia y complementaba el mensaje que podían trasmitir las máscaras al recordar los meritos que sus antepasados habían obtenido en defensa de la ciudad arriesgando sus vidas por la comunidad, el comportamiento más loable que podía existir para los romanos. Muy posiblemente esta costumbre se remota a comienzos del siglo III a.C., ya que con anterioridad las armas del enemigo eran quemadas en el campo de batalla, pues se consideraba todavía una parte peligrosa aún del vencido[215]. De este modo, la casa en la Roma del siglo III a.C. era un lugar central para la memoria de la familia pues en ella se concentraba los monumentos que recordaban los personajes que habían alcanzado las más altas magistraturas y sus victorias frente al enemigo. No es de extrañar, por tanto, que la casa se convirtiera en uno de los elementos clave de la mnemotécnica retórica en Roma, al servir como imagen familiar a la que cada orador le adjuntaba visualmente, siguiendo el orden de las habitaciones, los contenidos que componían su discursos[216].

De todos los objetos que simbolizaban el pasado, las *laudationes funebres* requieren una atención especial por su trascendencia para la cuestión que aquí nos ocupa: establecer qué tipo de memoria existía en Roma cuando comenzaron a escribirse las primeras historias. Como sucede con las máscaras funerarias, resulta muy difícil concretar su origen y su antigüedad. Dionisio de Halicarnaso y Plutarco (5, 17, 3-6 y *Popl.* 9, 10-11)[217] parecen coincidir en que se trataba de una costumbre romana muy antigua y apuntan que la primera *laudatio* fue la que Valerio Publícola pronunció en honor de su compañero de consulado, Lucio Junio Bruto, muerto en el batalla que juntos habían librado contra los etruscos y de la que los romanos habían salido victoriosos en el 509 a.C. Realmente el testimonio indirecto más antiguo que conservamos de una de ellas está fechado en el 221 a.C. y es un fragmento de un discurso funerario pronunciado por Q. Cecilio Metelo en el funeral de su padre Lucio. Esta noticia que nos transmite Plinio (*Nat.* 7, 139; *ORF* n. 6 frag. 2) pone de relieve además un fenómeno que nos interesa, el de la escritura, ya que según el autor *el hijo dejó por escrito que su padre había logrado las diez cosas mejores y más importantes en cuya busca los hombres sabios pasan su vida.* Por lo tanto, este testimonio nos permite afirmar que a fines del siglo III a.C. los discursos fúnebres podían ser conservados de generación en generación en las casas de las grandes familias como recuerdo de las acciones de sus antepasados gracias a la escritura. No sabemos con exactitud si la redacción del discurso se hacía con anterioridad a que tuviera lugar la pompa fúnebre y, por lo tanto, servía para ayudar en la elaboración y memorización del contenido, o si, por el contrario, la *laudatio* se confinaba a la escritura con posterioridad. Es muy probable que sucediera esto último, de modo que el documento fuera una consecuencia secundaria de la intervención del orador en la ceremonia del enterramiento. Así sucedía al menos con los discursos judiciales y políticos que, según afirma Cicerón, en su mayoría se escribían después de se pronunciados y no para pronunciarlos (*Brut.* 24, 91). Esto posiblemente sucediera cuando el mismo orador que tenía que pronunciar la alabanza del fallecido y de sus antepasados se encargaba de elaborar el discurso. Sin embargo, sabemos que en ocasiones algunos oradores sobresalientes redactaban *laudationes* por encargo que luego pronunciaba otra persona. Así sabemos que el elogio fúnebre que se escuchó en el funeral de Publio Cornelio Escipión Emiliano, en boca de su sobrino Quinto Tuberón, no había sido elaborado por él, sino escrito de antemano por Gayo Lelio y que el propio Cicerón redactó este tipo de discursos por encargo, como el de Serrano Doméstico (*de orat.* 2, 84, 341 y *Q. fr.* 26, 5).

Pero esta situación es propia del último siglo de la República, cuando el desarrollo de los estudios de retórica en Roma había convertido el discurso fúnebre en un tipo de declamación pública más, dentro del genero deliberativo o encomiástico, a pesar de que, por su brevedad y sencillez, no era exactamente un discurso político como los que se podían escuchar en las asambleas, en el senado y en los juicios; y parece que en términos generales mantuvo su simplicidad original. Por ello, tratadistas como Cicerón o Quintiliano apenas si le

[214] Flower 1996: 339-351.
[215] Rawson 1990: 161.
[216] Baroin 1998: 177-191.
[217] El *corpus* de todas las *laudationes funebres* conocidas por las fuentes está recogido en Vollner (1981: *passim*).

dedicaron atención[218]. Sin embargo, al igual que éstos, tenía vida más allá del momento de su enunciación en los funerales y les sobrevivía como un escrito independiente que podía ser leído y releído por todo aquel en cuyas manos cayera. De este modo, en época de Cicerón se conocían discursos que tenían más de un siglo y medio de antigüedad y que podían servir de entretenimiento a los romanos en sus ratos de ocio (*Brut.* 16, 61 y *Cato.* 12). Se puede considerar, por tanto, que en este momento existía una voluntad decidida de conservar y transmitir los discursos funerarios, como el de Porcia, hermana de Catón, que Cicerón envía a Ático para que sea enviado a su vez a sus familiares Domicio Ahenobarbo y Bruto (*Att.* 13, 37, 3; 48, 2). No es de extrañar, por tanto, que con el tiempo las *laudationes funebres* se convirtieran en un vehículo eficaz de difusión de la imagen imperial y fueran traducidas al griego para que alcanzaran al mayor número posible de receptores en el Mediterráneo oriental. Eso nos hace pensar, al menos, el fragmento en papiro del discurso fúnebre pronunciado por Augusto el año 12 a.C. en honor de su yerno Agripa que ha sido hallado en El Fayum y que representa el único testimonio directo que conservamos de un elogio funerario[219]. La importancia de estos documentos como testimonios del pasado no pasó desapercibido a los historiadores romanos que con seguridad se sirvieron de ellos como fuente de información a la hora de escribir sus historias. Eso parece indicar el texto más conocido sobre los discursos fúnebres, que sintetiza de forma extraordinaria el significado que éstas tenían en la sociedad romana.

CIC *Brut.* 16, 62
Las propias familias, en efecto, los conservaban (los discursos fúnebres) casi como una distinción y un testimonio, tanto para utilizarlas si algún miembro moría, como para mantener la memoria de los méritos familiares y realzar su nobleza. Pero estos discursos han hecho que nuestra historia esté llena de errores.

Cicerón afirma en este pasaje que en principio tenían una finalidad práctica que era servirse de ellas en los funerales para completar con mayor fiabilidad el relato sobre las hazañas de los antepasados y, por otro lado, poder recordar la gloria de sus mayores y con ello, destacar la nobleza de la familia. No cabe duda, pues, de que estos discursos eran el elemento más importante del recuerdo gentilicio en Roma. Pero el autor nos hace saber, además, que esa información, a pesar de ser generada y conservada en un ámbito familiar reducido, gracias a la escritura terminó por formar parte de los relatos históricos de la República. No nos interesa en esta ocasión discutir la validez de su afirmación sobre la falsificación de los méritos que conservaban algunas de estas *laudationes*[220], sino comprobar que efectivamente el relato sobre los sucesos republicanos se nutrió en parte de este tipo de documentos. Así sabemos, por ejemplo, que en su historia sobre la Segunda Guerra Púnica Celio Antípatro utilizó el discurso fúnebre de Claudio Marcelo, conquistador de Siracusa, pronunciado por su hijo en el 208 a.C.(*H.R.R.* frag.29; *A.R.* frag.36), e incluso en el Imperio algunos de ellos fueron agrupados y transmitidos en forma de libro (Gel. 13, 20, 17).

Sería anacrónico, sin embargo, pretender retrotraer esta situación más allá del siglo II a.C. A juzgar por los testimonios que acabamos de analizar, al menos de forma hipotética podemos afirmar que el fenómeno de los discursos fúnebres escritos parece que debió comenzar en el siglo III a.C. Con anterioridad la memoria de las grandes familias en Roma no contó con documentos escritos. De modo que para comprender la trascendencia de este recuerdo gentilicio en el momento que nos interesa lo más apropiado es valorar la *laudatio* en su contexto original de enunciación en el que debió de representar su papel más importante antes de que la tecnología de la palabra le permitiera desvincularse de él y convertirse en una narración independiente. De este modo, es conveniente recordar brevemente la función que tenían estos discursos en el funeral y de qué modo esta ceremonia perpetuaba el recuerdo de la familia. Es imprescindible, por tanto, releer el famoso texto de Polibio, que es la única descripción de los funerales aristocráticos en la República que tenemos.

POL. 6, 53-54.
Cuando muere un hombre ilustre entre los romanos, en la celebración de su funeral es llevado al Foro, a los llamados "rostros", y es expuesto a la vista de todos, generalmente en posición vertical, rara vez tendido. Una vez que el pueblo todo se congrega en torno, saliendo a la tribuna un hijo, si es que le queda alguno adulto y se halla por casualidad presente, o si no, algún otro de sus descendientes, evoca las virtudes del muerto y los éxitos obtenidos durante su vida. El resultado de esto es que, al recordar y revivir ante sus ojos los hechos, no sólo aquellas personas que tomaron parte en las hazañas, sino también los que se mantuvieron fuera de ellas llegan a compartir una emoción tal que el duelo no parece el

[218] Durry 1942: 108-114.
[219] Koenen 1970: 217-283.
[220] Opinión que también comparte Livio (8, 40, 4-5). Cfr. Soltau 1971: 188-212; Ridley 1983: 372-382.

propio de los familiares sino el de toda la ciudad (...). Cuando muere algún miembro las llevan (las máscaras) al entierro haciendo que las transporten hombres que se les parezcan lo más posible por su estatura y por su porte en general. Estos hombres llevan, además, toga bordada de púrpura, si la máscara corresponde a un cónsul o a un pretor, toga de púrpura, si la máscara corresponde a un cónsul o un pretor, toga de púrpura, si se trata de un censor, y toga bordada de oro, si se trata de alguno que obtuvo un triunfo o realizó una acción semejante. Estos avanzan sobre carros y les preceden las fasces y las hachas y demás atributos que acompañan habitualmente a los magistrados, según el mérito del cargo que cada uno hubiera tenido en vida en su actuación pública. Una vez que se llegan a la tribuna rostral, se sientan, uno detrás de otro, en sillas de marfil. No es fácil contemplar un espectáculo más bello que éste para un joven amante de la gloria y de la virtud. Pues ¿a quién no subyugaría el ver las imágenes de hombres honrados por su virtud, todas juntas, como si vivieran y respiraran?, ¿Qué espectáculo se podría mostrar más hermoso que éste? Además, el orador que habla del difunto que se va a enterrar, una vez que ha tratado de él, comienza a hablar de los éxitos y de las hazañas de cada uno de los que están presentes en imagen, empezando por el más antiguo. De este modo, al renovar una y otra vez la fama de virtud de estos prohombres, se inmortaliza la gloria de sus bellas gestas y la reputación de los bienhechores de la patria se hace conocida para el pueblo y se transmite a la posteridad. (trad. M. Balasch Recort)

Polibio trata de demostrar con ésta descripción de los funerales aristocráticos que los jóvenes romanos tenían constantes reclamos en Roma con la finalidad de que, en competición con sus antepasados y con los del resto de familias, intentaran imitar las hazañas bélicas y las virtudes por las que éstos eran recordados. Era uno de los factores que influían en la superioridad de la sociedad romana. A nosotros nos interesan, además, los funerales porque demuestran que el recuerdo gentilicio, aunque pudiera apoyarse en algunos objetos que se conservaban en el atrio de la casa a la vista de los visitantes, sin embargo, cobra fuerza especialmente en una ceremonia que poco tenía de privada. En su funcionamiento los funerales de los grandes personajes romanos no se distinguían mucho del resto de fiestas que, como vimos, estructuraban la memoria cultural de Roma. Por el recorrido y la composición del desfile, el evento tenía claramente rasgos de espectáculo público[221]. El cortejo se paseaba por las calles de la ciudad y se detenía en el Foro para que el orador pudiera pronunciar su discurso de alabanza desde la tribuna de los Rostra, uno de los escenarios de la vida pública por excelencia en Roma. Las máscaras, los actores con las túnicas correspondientes, las fasces y las hachas, todos acompañando al muerto, convertían el funeral en una especie de representación teatral, de dramatización, en la que los asistentes daban muestras de dolor, de adhesión y de respeto por la pérdida de un ser humano[222]. Pero en esta ocasión, además, los espectadores de esta representación eran el pueblo de Roma entero. Polibio hace hincapié en varios ocasiones en el hecho de que toda la ciudad presenciaba la procesión; así dice que *todo el pueblo* se arremolinaba alrededor del orador para escuchar el discurso y que el efecto que éste producía era que *toda la ciudad* reviviera las hazañas allí narradas y sintiera el duelo como suyo y no sólo la familia afectada. Aunque podemos conceder que el historiador de Megalópolis exagere algo en su cálculo y que verdaderamente no estuviera toda la población de la ciudad presente en tales eventos, sin embargo, sus palabras son bastante elocuentes y es obvio que, para él, el número de personas allí congregadas y la relevancia del evento eran suficientes como para considerar que, en tales ocasiones, toda Roma se veía afectada por la ceremonia. Esto nos indica que el recuerdo gentilicio, lejos de seguir sus propias reglas de transmisión y de quedar encerrado en la casa, adopta la misma estructura que el resto de la memoria de una sociedad en gran medida oral como era la romana. Es evidente que los entierros de la aristocracia no tenían una recurrencia tan estandarizada como la de las fiestas anuales pero no por ello dejaban de basar su efectividad en la repetición. El propio Polibio nos lo indica cuando afirma que en cada discurso se hacía referencia también a los méritos y virtudes de los antepasados del fallecido, de modo que al renovar una y otra vez este recuerdo la gloria de los benefactores de la patria era conocida por todos y se transmitía a la posteridad.

Así pues, la clave de toda la ceremonia, por lo que concierne a su vinculación con la memoria del pasado, residía en este hecho, en que se trataba de un espectáculo en el que participaba toda la comunidad y que era prácticamente idéntico en su contenido de una vez para otra. Los hechos gloriosos que se recordaban y los personajes que se elogiaban eran siempre los mismos. Es de suponer que conforme pasara el tiempo y sin la ayuda de la escritura la semblanza de los antepasados más lejanos se iría simplificando mientras que los éxitos de

[221] Dupont 1985:27-31.
[222] Arce 2000: 33-34 y 56.

los miembros más recientes se recordarían con mayor viveza. Pero, en el fondo, el contenido tampoco era excesivamente complejo, se referían los cargos ocupados, los éxitos militares más renombrados y los rasgos de su personalidad, para lo cual podía ayudar la representación realista de las máscaras y el atuendo y complementos de los actores. Posiblemente no fuera una declamación tan espontánea como la de las *neniae*, cantos fúnebres a los que acompañaba la tibia, que también tenía lugar en los funerales, en las que se alababa igualmente al fallecido (CIC *Leg.* 2, 24, 62; FEST. p. 154 L) y que, a pesar de las diferencias, pueden estar en el origen remoto de las *laudationes*[223]. Pero no se puede, sin embargo, suponer que se trataba de discursos tan elaborados como eran los que se pronunciaban en el senado o en las asambleas, sino que más bien se caracterizaban por su sencillez (CIC *de orat.* 2, 84, 341). De este modo, la información histórica que estos discursos fúnebres podían ofrecer era reducida, descontextualizada y con el único hilo conductor del personaje en cuestión. Antes de que se convirtieran en objeto de lectura atentan por parte de historiadores y escritores en general, su valor residía en el significado que pudieran transmitir en el momento de la enunciación, más allá de ese instante o bien desaparecían cuando no eran conservados mediante la escritura, o eran almacenados en la casa hasta que fueran necesarios en el próximo funeral. Por lo tanto, es la ceremonia del enterramiento la que les da su verdadera dimensión y el papel que cumplen en ésta es el de testimoniar la antigüedad y continuidad de una familia, que por la gloria de sus miembros, está destinada a ese tipo de inmortalidad que ofrece la fama eterna. Es por ello que, aunque en principio el protagonista de la ceremonia sea el fallecido, el significado del funeral como memoria de la comunidad surge cuando el orador recuerda uno a uno los antepasados, que están representados por las máscaras, cuyas acciones les han hecho dignos de esa mención. Sólo la repetición de estas alabanzas de ceremonia en ceremonia mantenía el recuerdo vivo y este recuerdo era el de una serie de personajes que, formando una larga cadena, simbolizaban la continuidad de la familia en el puesto de honor que ostentaban en ese momento. Que el recuerdo gentilicio afectaba a toda la comunidad, es una afirmación que no parece ofrecer duda alguna después de leer atentamente el testimonio de Polibio, aunque es evidente que era solamente la familia del fallecido la que reforzaba su posición de prestigio dentro de la comunidad gracias a este tipo de ceremonias. Pero no se trataba en ningún caso de un recuerdo exclusivamente privado, sino que era la memoria de la comunidad lo que se transmitía este tipo de ceremonias. Esta conclusión viene reforzada, además, por otros testimonios que ya hemos analizado y que apuntan hacia la misma dirección. Como ya vimos, el calendario albergaba celebraciones en las que el protagonista era una familia noble o alguno de sus miembros.

Para finalizar este apartado es conveniente analizar dos elementos de la cultura romana que en ocasiones han sido destacados como las vías por las que circulaba la tradición en Roma: la poesía y el teatro. La idea de que los acontecimientos del pasado romano se habían transmitido a través de poemas, denominados en latín *carmina*, antes de que aparecieran las primeras obras escritas es bastante antigua, aunque es especialmente famosa gracias a la figura de Niebuhr, quien la defendió en más de una ocasión y consideró que en estos poemas se encerraba la tradición plebeya, frente a los Anales Máximos que recogían el pasado visto desde la perspectiva patricia[224]. Esta interpretación del sabio alemán ha sido puesta en duda con posterioridad con el argumento de que los testimonios textuales son escasos y contradictorios entre sí y que no podían ser tomados como justificación de una épica romana antigua[225]. Ciertamente las referencias a estos *carmina convivalia* son escasas y pertenecen en su mayor parte a Cicerón. Pero, aunque su valoración puede ser controvertida, lo que no parece posible es poner en duda su existencia como lo demuestran los siguientes textos.

CIC *Brut.* 19, 75
¡Ojalá se conservaran aquellos poemas que, como dice Catón en los Orígenes, muchas generaciones antes de la suya cada uno de los comensales cantaba en los banquetes sobre los méritos de los hombres ilustres!

CIC *Tusc.* 1, 2, 1
Según los Orígenes, en los banquetes los comensales, acompañados de la flauta, solían cantar las virtudes de los hombres ilustres. Sin embargo, un discurso de Catón en el que censura a Marco Nobilior por haber llevado poetas a su provincia demuestra que esta actividad no estaba bien vista.

CIC *Tusc.* 4, 2, 3
Catón, autor riguroso, escribió en los Orígenes que nuestros antepasados tenían la costumbre de celebrar banquetes en los que los asistentes, de forma sucesiva, cantaban acompañados de la flauta las virtudes y méritos de los hombres ilustres, por lo que es evidente que tanto

[223] Arce 2000: 50-56.

[224] Niebuhr 1873-4: 7.

[225] Dahlmann 1950: 1191-1202.

los poemas como el canto con el sonido de las voces habían sido fijados por escrito.

VAR *de vita populi romani* 2,
En los banquetes los muchachos virtuosos cantaban al son de la flauta y también sin acompañamiento poemas antiguos en los que se ensalzaba a los antepasados.

VAL MAX *Facta et dicta memorabilia* 2, 1, 10
En los banquetes los mayores componían al son de la flauta poemas sobre las hazañas de sus predecesores, que transmitían a la juventud el deseo de imitarlas. ¿Qué puede haber más esplendido y útil que esta contienda? Los jóvenes reconocían a los mayores su dignidad, y éstos, al final de su camino, acompañaban a los que comenzaban la vida activa y les infundían ánimo.

La información que nos ofrecen los cinco testimonios es, en términos generales, bastante homogénea. El hecho que más ha interesado a los investigadores es la datación de estos *carmina*. La afirmación de Cicerón en el *Brutus* no parece dejar lugar a dudas; este tipo de poemas no era frecuente ya en época de Catón, autor que parece ser el origen de todas las noticias[226]. Esto obliga a pensar que es prácticamente imposible que la poesía de banquete influyera de algún modo en las primeras narraciones históricas como querían los seguidores de la teoría de Niebuhr. La diferencia cronológica no lo permite, pero, además, como muy bien ha advertido Momigliano[227], no tenemos ni un solo testimonio evidente de alguno de estos poemas en las fuentes antiguas, ni se puede reconocer un solo personaje cuyas hazañas fueran recordadas a través de estos *carmina convivalia*. De todos modos, aunque no pueda establecerse una relación directa, la existencia de dichas composiciones no deja de ser un hecho de suma importancia para comprender la memoria de Roma en el período pre-literario.

Los textos citados parecen hacer referencia a una misma costumbre romana y la información que dan ofrece una imagen coherente que es claramente la de un tipo de recuerdo gentilicio. Únicamente Varrón parece disentir levemente al afirmar que eran los muchachos los que cantaban en los banquetes y Valerio afirma que eran los mayores. Es posible, como apunta Peruzzi[228], que el testimonio del anticuario refleje una evolución posterior de estos banquetes, alejados de aquellos de los que habla Catón, y en los que los niños eran los encargados de cantar un repertorio de poemas heroicos elaborados de antemano. Pero, si aceptamos la noticia de Valerio, se puede suponer también que los jóvenes debían de participar en estos banquetes, con la finalidad de que estas reuniones tuvieran la función educativa que el autor les concede, y que podrían tomar parte de algún modo en la recitación de los poemas. Estos tenían una gran semejanza, por su contenido, con los elogios de las tumbas y los discursos fúnebres. Sus protagonistas habían destacado por sus actuaciones militares y por su participación en el gobierno a través de las magistraturas; y lo que de ellos se alababa eran los méritos y virtudes, como podía igualmente de manifiesto Polibio en el texto anteriormente citado.

Se trata, por tanto, del mismo tipo de recuerdo, pero en esta ocasión compartido únicamente por aquellos que podían acudir a este tipo de banquetes. Que se tratara de composiciones en verso, es un hecho significativo. Ya vimos que en las sociedades orales la forma rítmica es la más adecuada para conservar el contenido a largo plazo, porque facilita su memorización. Sin duda, los *carmina convivalia* eran creaciones orales que se transmitían de generación en generación, aunque eso no excluye que conforme fuera aumentando el panteón de los antepasados algunos poemas cayeran en el olvido y otros se incorporan nuevos, en cualquier caso no serían muy diferentes unos de otros[229]. Los textos no permiten pensar, como ha sugerido Peruzzi[230], que cada banquete fuera una especie de competición y que los poemas fueran creados en cada ocasión. Esta idea se basa en su interpretación del término "contienda" (*certamen*) que utiliza Valerio Máximo en el fragmento anteriormente citado. Sin

[226] La expresión *multis saeclis* del texto latino hace referencia, sin duda, a "muchas generaciones" y no a "muchos siglos" como se ha afirmado alguna vez (Peruzzi 1993: 334-335). El término *saeculum* a fines de la República equivalía a nuestro concepto de siglo, es decir, el espacio temporal de cien años, como podemos comprobar por el testimonio de Varrón (*L.* 6, 11). Sin embargo, resulta del todo improbable que esté utilizado aquí con tal acepción, ya que no es posible pensar que Catón afirmara recordar una costumbre que se había extinguido doscientos o trescientos años antes de él. Si hubiera sido así, es difícil que en una sociedad oral pudiera mantenerse ese recuerdo tanto tiempo después. Es más lógico pensar que el autor tiene conciencia de algo que era costumbre en la época de sus abuelos y tatarabuelos, es decir, como mucho con cien años de antigüedad, a comienzos del siglo III a.C.

[227] Momigliano 1957: 109-113.

[228] Peruzzi 1993: 347-349.

[229] No es posible tomar como verdadero el testimonio de *Tusc.* (4, 2, 3) donde Cicerón afirma que se utilizaba la escritura para componer estos poemas. El "es evidente que" (*perspicuum est* en el texto latino) delata que se trata únicamente de una deducción del autor, que, por otra parte, no puede aducir ejemplo alguno de esta escritura. No hay que olvidar, además que la intención del autor en ese contexto era demostrar el elevado grado de cultura de la Roma anterior a su tiempo, lo que en su época implicaba el uso de la escritura.

[230] Peruzzi 1993: 335-339.

embargo, si se lee con detenimiento, especialmente la frase siguiente, se puede deducir claramente que la rivalidad que tanto admira el autor no era la establecida entre los diferentes compositores sino entre los jóvenes y los mayores que asistían a dichos banquetes. La utilidad de la contienda estaba en el deseo de imitar y superar las hazañas de sus predecesores que tenían los jóvenes. De este modo, los banquetes estaban lejos de ser una competición musical donde se valoraba por encima de todo la capacidad poética de los participantes, como las que existían en el mundo griego, sino que son un ejemplo más de la existencia de un tipo de recuerdo aristocrático que destacaba el valor de determinados personajes por sus éxitos militares y políticos. Aunque ningún texto lo indica explícitamente, con toda probabilidad las alabanzas de los comensales estarían vinculadas a una determinada familia. Los invitados harían referencia a sus propios antepasados y los jóvenes se sentirían embargados por el deseo de imitar a sus parientes lejanos y de alcanzar la misma gloria que ellos. Su paralelismo con la celebración de los funerales permite suponer el carácter gentilicio también de este tipo de memoria.

Por último, cabría señalar que no resulta fácil determinar el contexto de estas reuniones en las que se cantaban los *carmina convivalia*. Zorzetti[231], en una teoría sugerente, defiende que estos banquetes, que participarían de las mismas características que los simposios griegos del período arcaico y de los que habrían recibido una fuerte influencia, serían las reuniones de colegios o *sodalitates* gentilicias, que mantenían sus propias tradiciones y celebran la figura de su fundador. Sus miembros serían los responsables de llevar a cabo los ritos cívicos y ostentaban, además, sacerdocios. Un ejemplo que perduró en el tiempo sería el del colegio de los Salios. Por desgracia, la información que tenemos sobre los *carmina convivalia* no permite llegar tan lejos, aunque es interesante el hecho de que Cicerón hable de *epulae* en los tres textos, término que hace referencia a las comidas que se celebraban en las fiestas rituales públicas. En cualquier caso, lo que si ha demostrado el historiador italiano es que con anterioridad a la segunda mitad del siglo III a.C., cuando la aristocracia romana comienza a pagar los servicios de artistas helenísticos que componen música y poesía, existía una tradición romana vinculada a estas actividades que podían considerarse propias, o al menos no deshonrosas, para los romanos de las familias más ilustres[232]. La crítica que Catón dirige a Marco Nobilior y que recoge Cicerón (*Tusc.* 1, 2, 1) habría que interpretarla, según Zorzetti[233], en este sentido; como un rechazo a los poetas profesionales y extranjeros, que poco tenían en común con el espíritu aristocrático que producía los *carmina convivalia*. De este modo antes de que poetas como Nevio o Enio cantaran las hazañas de los grandes personajes romanos, la propia aristocracia utilizaba la forma versificada y la música para recordar a sus antepasados.

En este mismo contexto pre-helenístico hay que encuadrar también los inicios del teatro romano, otro de los elementos que ha sido considerado un modo de transmisión de la historia en Roma. Es por ello que debemos dedicarle nuestra atención para terminar de formar una imagen de la memoria de la Roma medio-republicana. No obstante, nuestras conclusiones van a ser en gran medida negativas, ya que no hay constancia alguna de que con anterioridad a fines del siglo III a.C. las representaciones teatrales que acompañaban a los Juegos Romanos, fiestas en honor de Júpiter Optimo Máximo, tuvieran como tema el pasado de la ciudad. Hasta entonces lo que parecía componer este espectáculo, aparte de las carreras de carros, era la actuación cómica de histriones que cantaban, bailan y hacían mímica sobre un escenario dando forma a una serie de obras de carácter licencioso y desinhibido que no tenían un hilo conductor[234], de ahí que recibieran el nombre metafórico de *satura* que en latín significa "plato con diversos alimentos variados". Los autores clásicos que recogen la noticia no ofrecen ninguna información sobre el contenido de este espectáculo (Liv. 7, 2, 4; Val. Max. 2, 2, 4). Sin embargo, algunos autores están convencidos de que este tipo de representaciones que acompañaban la celebración de los Juegos Romanos debían de ser una especie de drama popular, y que debían de tener como finalidad la conmemoración de las gestas del pueblo romano y, con ello, la reafirmación de la identidad cívica[235]. Wiseman, además, vincula el inicio de estas representaciones con la toma de conciencia de los plebeyos y con la creación del mito de los gemelos que habría conseguido popularizarse gracias a los Juegos Teatrales[236]. Además de la idoneidad, uno de los argumentos más esgrimidos a favor de esta hipótesis es

[231] Zorzetti 1990: 299-302; 1991: 317.

[232] En esa misma dirección habría que interpretar otras actividades que terminaron por estar desprestigiadas en la sociedad romana debido al bajo nivel social de los artistas, en su mayoría esclavos griegos, que las practicaban, como es el caso de la pintura. El ejemplo de una anterior aceptación estaría en la decoración del templo de Salud que, ya vimos, llevó a cabo el abuelo de Fabio Píctor como muy bien destacan Gruen (1992: 92) y Coarelli (1996: 21-26).

[233] Zorzetti 1990: 294.

[234] Boyancé 1932: 23-25.

[235] Wiseman 1989: 220; 1994: 10.

[236] Wiseman 1999: 129-141.

que muchos episodios de la historia de Roma, como la vida de Coriolano, tienen un carácter dramático que sólo puede ser el resultado de su escenificación[237].

Sin duda, la hipótesis es bastante sugerente. Dado que se trata de una fiesta que congregaba a toda la ciudad y que tenía, al mismo tiempo, cierto carácter periódico, estos espectáculos teatrales cumplían todos los requisitos que tiene la manifestación de la memoria cultural en las sociedades orales. El único problema es que no contamos con testimonio alguno que pueda avalar esta afirmación. Si realmente existieron, habría que reconocer que debieron de desaparecer antes de que se iniciara la tradición escrita, para explicar de ese modo la total ausencia de noticias sobre representaciones de tema histórico en las fuentes antes del surgimiento de la llamada *praetexta* (obras de tema histórico romano). Es difícil pensar que en el siglo III a.C. se representaran obras teatrales de tradición romana con este contenido y que no hubiéramos conservado en las fuentes mención alguna. Existe, además, otro argumento en su contra y es que el teatro de tema histórico, que comienza con Nevio y que recibe el nombre de *praetexta*, apenas si tuvo relevancia en la escena romana a comparación de otros géneros como la comedia, de la que conservamos numerosos títulos e incluso obras completas. Una recopilación minuciosa de todas las noticias que aparecen en la literatura antigua a penas nos ofrece cinco o seis títulos cuya existencia parece del todo segura[238].

Este hecho resta fuerza a la teoría de que en Roma existió un teatro de tema histórico o, cuando menos, obligaría a buscar una explicación convincente para la pérdida de importancia de este tipo de espectáculos a fines del siglo III a.C. Por el contrario los investigadores suelen conceder un origen reciente a este tipo de representaciones. Así, F. Dupont[239] no duda de que es la tragedia histórica griega el modelo que la *praetexta* romana y no una desconocida tradición local anterior, y considera que ciertas obras helenísticas como *Los Maratonienses* de Lycofrón o el anónimo *Ptolomeo Keraunos y Arsínoe* fueron los referentes más cercanos para las obras romanas. Por su parte, H. Flower[240] cree que idea de una antigua tradición de teatro histórico en Roma se basa en un cúmulo de suposiciones sin datos fehacientes y considera, con razón, que la idea de que el teatro pre-literario romano era un medio de transmisión de la historia de la ciudad no es más que una invención de los historiadores modernos. Según esta autora, este tipo de representaciones apareció en un momento concreto de lucha política y fue aprovechada por la aristocracia para reforzar su imagen pública y comprobar al mismo tiempo las simpatías del pueblo que se ponían de manifiesto en estos espectáculos. Precisamente sería su fuerte carga política lo que las convertiría en reuniones controvertidas y peligrosas y, por ello, no fueron tan comunes como el resto de obras teatrales. Flower está tomando en consideración especialmente la *praetexta* de tema contemporáneo que conmemoraba las hazañas guerreras de algún general victorioso; así, por ejemplo, en *Clastidium* Nevio celebraba la victoria de M. Claudio Marcelo contra los Insubres (222 a.C.) y la obtención de los espolios ópimos, tras dar muerte al rey Virdumaro, en *Ambracia* Enio narraba la expedición de M. Fulvio Nobilior en el 189 a.C. hacia esta región griega y la captura y saqueo de la ciudad, y Pacuvio escribió una obra titulada *Paullus* en la que se refería la victoria de L. Emilio Paula en la batalla de Pydna del 168 a.C. frente al rey de Macedonia Perseo. Estas son, sin duda, las obras más famosas y en ellas se conmemoraban acontecimientos recientes. No se sabe con certeza el momento en que se daban a conocer, dado que las fuentes no hacen referencia al contexto concreto de la representación. Algunos autores creen que seguramente formaban parte de los juegos fúnebres que tenían lugar cuando fallecía un personaje importante[241] y se basan especialmente en un pasaje de *Sobre la República* de Cicerón en el que se afirma que a los romanos no les agradaba alabar o vituperar a los personajes que estaban vivos (*Rep.* 4, 10, 12). No obstante, el pasaje es fragmentario y su interpretación controvertida, por lo que otros historiadores, creen que no es imposible que la *praetexta* de tema contemporáneo se representase en otros contextos como los Grandes Juegos Votivos en honor de Júpiter Optimo Máximo o los juegos organizados para la dedicación de un templo, en ambos casos como consecuencia de una promesa hecha por el general en el campo de batalla[242].

Lo que sí parece evidente es que por el tema que comparten todas aquellas obras de las que tenemos constancia debían de tener un fuerte vínculo con la celebración del triunfo de los generales romanos. Se trataba, de alguna forma, de la repetición de ese espectáculo del triunfo nuevamente ante el pueblo de Roma[243]. De este modo, era un tipo de representación cuyo significado venía determinado por el contexto y el momento preciso en que tenía lugar. No tenemos

[237] Cornell 2003: 93-94.
[238] Ribbeck 1875: 365.
[239] Dupont 2003: 222-223.
[240] Flower 1995: 170 y 188-190.
[241] Zorzetti 1980: 55; Dupont 2003: 218-220;.
[242] Flower 1995: 177-183.
[243] Zorzetti 1980: 77.

constancia alguna de que más allá de esa ocasión, la obra teatral se representara de nuevo, lo que reduce considerablemente su capacidad para convertirse en un elemento de referencia de la memoria en Roma. Su supervivencia, sin duda, estaba determinada por ser una obra literaria, es decir, por su manifestación escrita, sin la cual la obra no existiría, ya que en ningún momento la precedía temporalmente. Todo ello hace que se aleje considerablemente de lo que a nosotros nos parece significativo en este intento por buscar la estructura de la memoria histórica de la ciudad de Roma a fines del siglo III a.C.

Algo similar sucede con la *praetexta* de tema legendario de la cual conservamos también algunos títulos. Se trataba igualmente de una obra teatral creada mediante la escritura y de cuya existencia más allá de la palabra escrita no sabemos nada, aunque precisamente esta ausencia de información podría interpretarse como el resultado de la escasa difusión y repercusión que estas obras tuvieron entre la población de la ciudad. Este tipo de teatro de tema histórico, que desapareció también a comienzos del Imperio, tenía por objeto los orígenes de Roma. En esta ocasión ni siquiera es posible saber con certeza el contenido de estas obras, simplemente especular a partir de los títulos conocidos: *Romulus* y *Lupus* de Enio, *Sabinae* de Pacuvio, *Decius* y *Brutus* de Accio y las anónimas *Claudia* y *Nonae Caprotinae*. Parece que la vida del fundador de la ciudad fue el tema más recurrente, de modo que en cada obra se vería reflejado un aspecto diferente de su vida, como el episodio de la loba, la decisión de raptar a las mujeres de los sabinos o su muerte y apoteosis. Otras obras tenían como protagonistas a personajes que habían tenido una participación destacada en la historia subsiguiente de Roma. Así en el *Brutus* se narrarían los hechos que finalizaron con la expulsión de Tarquinio el Soberbio de la ciudad y el fin de la monarquía, en los que participó el antepasado de Décimo Junio Bruto Galaico (cónsul en el 138 a.C.), quien se supone encargó la obra a Accio. Esta es la única ocasión en la que sabemos con certeza que posteriormente la obra volvió a ser representada. Fue en los Juegos Apolinares del 57 a.C. como nos informa Cicerón (*Sest.* 123). Acio dedicó también una obra a Publio Decio Mus quien, al igual que su padre hizo en el 414 a.C., se sacrificó en el campo de batalla para lograr la victoria de su ejército frente a los galos en Sentino en el 295 a.C. De forma excepcional encontramos un título con un nombre femenino. *Claudia* estaba dedicada a la mujer que, por decisión del senado, fue la encargada de recibir a la diosa Magna Mater a su llegada a Roma en el 204 a.C. en plena Segunda Guerra Púnica.

Ciertamente no sabemos nada sobre el contenido concreto de cada una de estas obras y los escasos fragmentos que se conservan no nos permiten ir más allá de lo que aquí hemos comentado. Pero, por las características de estas representaciones, no creemos tampoco que este tipo de teatro fuera un medio privilegiado de la memoria en Roma. Su escasa repercusión y duración en el tiempo parecen apuntar más bien a que se trataba de algo excepcional, y, por tanto, que no eran representaciones recurrentes en la escena romana. Sin embargo, habría sido extremadamente interesante comparar alguna de estas obras con el tipo de recuerdo que hemos descrito anteriormente y que tenía por objetivo también los orígenes de la ciudad y la memoria gentilicia de los grandes personajes. Podría tratarse posiblemente de una continuación y que los autores hubieran transformado en un formato teatral la memoria que el pueblo de Roma tenía de sus antepasados. Sin embargo, hay que tener en cuenta que los dramaturgos eran itálicos de formación helenística, por lo que su fuente de información primaria sería con toda probabilidad las historias escritas en griego. Posiblemente estas obras sobre la historia de Roma crearan una imagen nueva del pasado ante los ojos de la población romana. En cualquier caso, es interesante constatar que, por lo que respecta al pasado más lejano de la ciudad, el personaje que recibió más atención fue Rómulo y no Eneas. Del héroe troyano sólo hay constancia de una posible obra de un tal P. Pomponio Secundo a fines de la República. Esto resulta especialmente interesante porque parece del todo imposible pensar que escritores como Nevio o Enio desconocieran la historia de la huida del hijo de Anquises. Sin duda, la explicación se encuentra en el público que asistía a las funciones y en los magistrados que encargaban este tipo de obras, los cuales reconocían únicamente a Rómulo y Remo como antepasados y en su leyenda estaba para ellos el verdadero origen del pueblo de Roma. Eneas seguía siendo todavía un desconocido.

Rasgos de la memoria oral

Llegados a este punto y una vez que hemos repasado todos aquellos elementos que de forma significativa sustentaban la memoria de Roma, podemos afirmar que no es necesario recurrir a los Anales Máximos para justificar que la ciudad poseía una imagen de su pasado que se transmitía de generación en generación. Esencialmente Roma se comportaba, por lo que respecta al recuerdo de sus antepasados, como una sociedad oral, dado que no utilizaba la escritura para dejar constancia de los acontecimientos que estaban en el origen de la ciudad.

Como no podía ser de otra manera, su comportamiento es comparable al de otras sociedades antiguas que se encontraban en la misma situación y, por tanto, los principios teóricos que, según Assmann, estaban presentes en la memoria cultural y comunicativa en la Antigüedad son igualmente aplicables al caso romano. De este modo, eran las celebraciones rituales en las que participaba toda la población las que sustentaban el recuerdo del pasado y por su carácter colectivo involucraban a todos los habitantes. Estas eran principalmente las fiestas marcadas en el calendario y los funerales, que tenían como denominador común su carácter periódico y repetitivo. Aunque el enterramiento de los personajes de las grandes familias no cumpliera tan estrictamente estos dos requisitos, lo hacían en alguna medida, y, como vimos, la pronunciación del discurso fúnebre en los Rostra, el momento más importante del funeral, tenía como última finalidad el mantener viva la gloria de la familia en el recuerdo de toda la población. Posiblemente también los *carmina convivalia* tendrían un carácter recurrente y serían una manifestación más de la memoria gentilicia, aunque en esta ocasión el círculo de participantes fuera más reducido. Junto a estas celebraciones habría que destacar también en Roma la relevancia de los mnemotopos, los lugares de memoria, cuya estabilidad en el paisaje urbano cumplía la misma función que la repetición en el caso de las fiestas cívicas, perpetuar el recuerdo. En esta ocasión su eficacia era directamente proporcional a su visibilidad por parte de los habitantes de la ciudad, de ahí que los principales monumentos estuvieran en el Foro o en sus cercanías. En este mismo sentido, no era tan relevante para la memoria colectiva la existencia de pinturas de tema histórico cuando estas se encontraban en lugares de acceso restringido y ocasional como era el interior de la tumba. Más relevancia tenía el monumento funerario en sí mismo como elemento del urbanismo de la ciudad.

De este modo, la memoria del pasado romano estaba vinculada a la fiesta y al paisaje urbano. Su principal característica era que de ella participaba toda la comunidad y actuaba, por tanto, como la memoria colectiva de la ciudad de Roma. Incluso el recuerdo gentilicio, que podía refugiarse en ámbitos más privados como eran los atrios de las casas o los banquetes entre nobles, tenía a la vez una dimensión cívica irrenunciable a través de la procesión que conducía al fallecido, acompañado por todos sus antepasados, por las calles de Roma hasta el Foro donde se pronunciaba la *laudatio*. Este hecho hace pensar que lejos de existir una memoria aristocrática desvinculada de la ciudadanía y sentida únicamente por las familias de la elite, las gestas de los grandes personajes eran entendidas como el pasado de toda la comunidad[244], sin que eso invalide que fuera la familia la beneficiaria directa del prestigio que este tipo de funerales suponía. Además de ser un recuerdo colectivo, el pasado romano se percibía como algo fragmentario y atemporal. Cada pasaje de la historia de Roma era recordado de forma aislada, y tenía significado en sí mismo como hecho independiente. De igual modo que el paisaje se vertebraba en distintos lugares y que cada celebración concreta rememoraba un acontecimiento, de forma general no existía una imagen coherente y unitaria del pasado, sino una fragmentación de recuerdos que evocaban una situación pasada determinada. Así de Rómulo se rememoraba su nacimiento e infancia en los *Lupercalia*, en las *Consualia* se representaba el rapto de las mujeres sabinas y en el Foro podía apreciarse los restos de la casa del fundador y su tumba, pero no existía conexión alguna entre estos elementos, no existía un recuerdo unitario e independiente de la vida de Rómulo. De hecho, su figura podía ser evocada en distintas situaciones y bajo aspectos diferentes sin que, por ello, se percibiera la incoherencia o incluso la contradicción que podía suponer, ya que los romanos del siglo III a.C. no concebían en ningún momento una historia de Rómulo desde su nacimiento y origen hasta su muerte en un relato independiente y con significado propio. Lo mismo sucedía con los distintos reyes o con las guerras que había librado Roma, que tenían valor cada una en sí misma como ejemplo del arrojo y de la virtud de determinados generales.

Esta fragmentación y aislamiento del recuerdo obedece a una característica típica de las sociedades orales, que condiciona de forma radical su manera de comprender el pasado: la preeminencia del presente[245]. En las sociedades ágrafas el pasado no es una categoría independiente, una entidad propia que puede tener interés por sí misma. Los acontecimientos que vivieron los antepasados del grupo pierden su significado si no están vinculados a algún elemento del presente al que se quiere dar una explicación de su existencia. De ese modo, precisamente lo que permite que se mantenga el recuerdo y lo que representa la razón última de la memoria de estas comunidades es la existencia de una relación entre el pasado y los lugares visibles en la actualidad o las celebraciones repetitivas que forman parte de la vida cívica en el presente. Nada que no tenga una manifestación en el presente va a ser recordado porque en última instancia lo que interesa es comprender y dar significado a todo aquello que forma parte de la vida actual del grupo y no los acontecimientos vividos por sus

---

[244] Timpe 1988: 282-286.
[245] Vansina 1985: 91-93.

predecesores. Si el pasado no es una entidad reconocida en sí misma y si sólo se hace referencia a él de forma secundaria y a partir de realidades vividas en el presente es lógico que ni la vida de Rómulo, ni las Guerras Samnitas fueran pensadas en ningún momento como fenómenos de relevancia en sí mismos. De hecho, lo más correcto sería afirmar que simplemente no existían como tales. Lo único que un romano del siglo III a.C. percibía era que una casa de características arcaicas en el centro de la ciudad era el lugar en el que Rómulo había habitado, que las proas de naves que decoraban los Rostra estaban ahí por la victoria romana de Gayo Menio contra los volscos anciatos y que todos los 21 de abril debían ser recordados porque un día como ese Rómulo había fundado la ciudad. Esta actitud, tan alejada de nuestra visión de la historia, que sitúa el presente por encima del pasado, condicionaba cualquier recuerdo sobre lo sucedido en tiempos anteriores a su relevancia para comprender y legitimar la situación actual. Es por ello que conforme se modificaba el presente ciertos aspectos del pasado podían perder importancia y caer en el olvido. Este fenómeno al que los antropólogos denominan *homeostasis*[246], también afectó, sin duda, a la sociedad romana de modo que el recuerdo del pasado que nos transmiten las fuentes históricas que comienzan con Fabio Píctor recogieron, por así decirlo, un instante en esa evolución de la memoria de Roma que no tenía por qué coincidir con lo que fue objeto de recuerdo un siglo o dos antes de ese momento.

Otra de las características de la memoria en la Roma medio-republicana es que, por su íntima relación con el ritual, se hallaba imbuida de un espíritu festivo y distendido, que se encuentra igualmente muy lejos de nuestra concepción de la historia. El recuerdo de los acontecimientos pasados era revivido en cada ocasión que se reunía la comunidad. De hecho, toda la población participaba en esa forma de acercarse al pasado que era la representación, a veces de forma directa como los lupercos, otras de forma más indirecta como espectadores. En cualquier caso, la actualización constante de los acontecimientos pasados contribuía en gran medida a que fueran percibidos como algo vivido en el presente y no como hechos obsoletos de un tiempo lejano. El pasado, por tanto, se sentía y se celebraba, no era objeto de reflexión, ni de preguntas; simplemente se representaba y se actualizaba en cada reunión cívica. Esto era así porque no era necesario hacer ningún esfuerzo de comprensión para captar la esencia de cada una de las fiestas rituales. Su significado era evidente para todos y se manifestaba en todos los elementos que, como dijimos, participaban en el ritual, los gestos y movimientos, la danza, la música, la comida y la vestimenta entre otros.

Por último, cabría destacar que la memoria colectiva de la Roma republicana carecía de una referencia cronológica exacta, se caracterizaba más bien por la atemporalidad. Ninguno de los acontecimientos que se recordaban a través del paisaje urbano o de las celebraciones cívicas tenían una referencia cronológica fija y su significado en nada venía determinado por su antigüedad. El interés por la datación es propio de las sociedades con escritura y no de las ágrafas, que en términos generales son incapaces de distinguir más allá de una vaga sucesión de acontecimientos. De hecho sin la ayuda de la escritura y de las listas que acumulan información no es posible crear un referente fijo que pueda servir de base para hacer cálculos cronológicos. En el fondo esta indiferencia por el tiempo está estrechamente vinculada con la fragmentación del recuerdo. Si los acontecimientos son evocados de forma aislada e inconexa, si no tenían a penas relación los unos con los otros, el vínculo temporal que pudiera unirles carecía por completo de valor. Ya dijimos que no existía una imagen completa y unitaria del pasado y, por esto mismo, los hechos no se aprehendían en forma de una cadena temporal significativa. Es más, podríamos decir que independientes de cualquier referencia temporal, los sucesos y personajes que formaban la memoria de los romanos republicanos no necesitaban de ninguna cronología para alcanzar su significado pleno. Lo que realmente tenía trascendencia eran los acontecimientos en sí mismos, la fundación de la ciudad, la expulsión del último rey o el heroico comportamiento de los miembros de la familia de los Decios. Que esto hubiera sucedido hacía un siglo o dos era del todo indiferente y ni sumaba ni restaba valor al acontecimiento en sí. Difícilmente las fiestas podían estar vinculadas a una cronología rígida, tampoco era algo presente en la topografía urbana[247]. Como consecuencia, a excepción del momento de origen de la comunidad que estaba vinculado a la fundación de la ciudad y que, por lo tanto, tenía la lógica preeminencia en cuanto a la antigüedad, el resto de elementos que formaban el recuerdo estaban igualados en un mismo limbo de atemporalidad, que únicamente respetaba un vaga cronología relativa, cronología evidente especialmente en el caso de las *laudationes funebres*. La única temporalidad que podía ser considerada como influyente sería el carácter cíclico de las fiestas que tenían vinculación con hechos del pasado. De este modo, cada celebración tenía como referencia un punto fijo, una fecha en el calendario, y estaba precedida y seguida de

[246] Goody-Watt 1996: 42-43.

[247] Edwards 1996: 42-43.

otra fiesta ritual en una sucesión que se repetía de forma recurrente cada año.

Esta despreocupación absoluta por la cronología debemos ponerla en relación con el carácter de los Anales Máximos y en especial de los Fastos. Pues en su origen ni los unos tenían la finalidad de ser los archivos históricos oficiales de Roma, ni los segundos un referente cronológico de los acontecimientos pasados[248]. Esto no significa, de todos modos, que no tengan ningún significado dentro del fenómeno de la memoria de la Roma republicana. En efecto, por su propia estructura pueden entenderse como un indicio más de la perspectiva con la que los romanos comprendían su paso a través del tiempo. Si los Anales Máximos eran el testimonio de la relación de privilegio que el pueblo de Roma tenían con sus dioses, y de la estabilidad y continuidad que les brindaba su buen comportamiento hacia la divinidad, la existencia de una larga lista con el nombre de todo aquel que hubiera ejercido una alta magistratura reforzaba igualmente la imagen de antigüedad y permanencia de la ciudad a lo largo del tiempo. La cadena que formaban los nombres de los cónsules que anualmente ostentaban dicho cargo no dejaba lugar a dudas sobre el mantenimiento ininterrumpido de unos mandos militares cuya principal causa era preservar la integridad de la comunidad. Los Fastos eran, de este modo, al igual que los Anales Máximos un reflejo de la existencia estable y sin rupturas que había tenido Roma. La negación del cambio y el deseo de dejar constancia de la continuidad y permanencia eran su principal función. Ambos rasgos se hallaban también presentes en el recuerdo gentilicio de los discursos fúnebres, donde nuevamente el peso recaía en una sucesión de personajes destacados, rememorados por su sacrificio en favor de la salvaguardia colectiva. Esta sucesión, además, recibía mayor prestigio en la medida en que se remontaba a tiempos más lejanos. De este modo, es recurrente tanto en los Anales como en los Fastos y en los discursos una idea clara de inmovilidad frente al paso del tiempo, de desafío al cambio, que trata de destacar de forma repetitiva la continuidad por encima de cualquier posible ruptura.

Esta característica de la memoria de la Roma republicana nos lleva a considerar de nuevo los rasgos que ya apuntamos como básicos de la conciencia histórica según Rüsen[249]. Decíamos que la contingencia, sobre todo, ante la muerte, y el sentido del paso del tiempo eran los dos elementos universales que aparecían en todas las culturas en su consideración hacia el pasado, estuvieran alfabetizadas o no. En nuestro caso, la recurrencia a la rememoración de los muertos entre los romanos es casi paradigmática en el mundo clásico. Los funerales de los miembros de las familias más importantes en los que participaban actores que portaban máscaras, se pronunciaban discursos y se mostraban otros signos de dolor públicos, eran uno de los ritos más elaborados y destacados de la cultura romana. En el siglo III a.C. el recuerdo del pasado seguía en gran medida apegado a la muerte y a la figura de los difuntos. Pero precisamente este tipo de celebraciones tenía como finalidad superar la ruptura que significa siempre la desaparición de un ser humano, manteniendo vivo su recuerdo en la memoria colectiva. El segundo rasgo era la asimilación del cambio y la búsqueda de un sentido al devenir constante que sufren las sociedades. Según Rüsen, este fenómeno obligaba a tener cierta noción de orden temporal. En el caso de Roma, serían precisamente los Anales Máximos y los Fastos el reflejo más evidente de cómo los romanos comprendían todo aquello que alteraba su estabilidad como una consecuencia de su relación con los dioses, y de cómo se servían de la escritura para conjurar de forma ritual estas rupturas de la normalidad que ponían en peligro la deseada continuidad y permanencia del grupo. De este modo, el registro escrito, al mantenerse intacto con el paso del tiempo, podía considerarse una forma de recuerdo de esta relación privilegiada con los dioses, que permitía a los romanos superar el devenir histórico y reforzar una imagen del pasado que manifestaba la idea de continuidad y estabilidad por encima de los cambios y transformaciones evidentes que toda sociedad sufre a lo largo de su historia. Su memoria privilegiaba, por tanto, una consideración estática e inalterada del pasado en la que lo realmente destacable era precisamente que nada había cambiado, que Roma seguía siendo la misma desde su origen. En última instancia, la propia existencia material de Anales y Fastos era valorada como un símbolo de esa estabilidad.

De todo lo dicho anteriormente, podemos extraer, por tanto, una imagen bastante nítida de la forma en que la Roma republicana recordaba su pasado. Con ello podremos emprender desde una perspectiva más adecuada el estudio de la escritura de la historia. Lo que resulta verdaderamente significativo con este enfoque será descubrir qué cambios introducen las obras históricas de los escritores romanos en la memoria colectiva de la ciudad. Antes de fines del siglo III a.C. Roma no utilizó la escritura de forma consciente para dejar constancia de su historia, es decir, que en ningún momento creó de forma concreta una narración histórica en la que quedaran consignados todos los acontecimientos que habían jalonado su existencia. Pero no por ello se puede afirmar que la ciudad no recordara su pasado. Lo hacía

[248] A. Rodríguez-Mayorgas 2007 (en prensa).
[249] Rüsen 1996: 11-13.

constantemente y por diversos medios. La topografía urbana, y las fiestas y rituales en las que participaba toda la comunidad eran los más importantes; y de ellos lo que se podía extraer era una imagen fragmentaria, de elementos aislados, y atemporal del pasado en la que la relevancia de un hecho o personaje era considerada única y exclusivamente por su vinculación con el presente. De este modo, la escritura no era utilizada en ningún momento para preservar este recuerdo oral, que no tenía un autor particular y sí tantos depositarios como habitantes tenía la urbe. En manos de los pontífices máximos, sin embargo, cumplía otra función de relieve como era la de materializar la estabilidad que Roma disfrutaba gracias a su comportamiento ejemplar hacia los dioses que protegen la ciudad. Los Anales no eran concebidos como una narración de hechos considerados históricos, sino como el reflejo de que en el pasado, al igual que en el presente, los romanos habían cumplido con sus obligaciones religiosas y, en consecuencia, habían sido recompensados con la victoria en la guerra y la prosperidad en la paz. Como testigo de esta estabilidad estaba la escritura y como garante de su valor el pontífice máximo, quien, además, estaba encargado de establecer el calendario anual que marcaba las fiestas en las que se celebraba y representaba el pasado de la ciudad. Su figura, por tanto, era de primera importancia en el funcionamiento de la memoria colectiva en la Roma republicana[250].

Sin duda, la escritura de la historia que comienza con Fabio Píctor y con Cincio Alimento va a introducir algunos elementos discordantes en esta memoria y a largo plazo terminará por modificar la forma en que los romanos comprendían su pasado. No obstante, en un primer momento estas consecuencias apenas si serían advertidas. La escritura de obras históricas y, en general, de cualquier otra temática no tenía más que un reducido número de lectores. Aquellos que pudieron leer la obra de los historiadores romanos serían aristócratas que empleaban su ocio en alimentar su curiosidad. En cualquier caso, la ciudad seguía manteniendo su ritmo de celebraciones anuales y su topografía que evocaba el pasado, algo que nunca desapareció. La escritura simplemente se sumó a la memoria tradicional como una forma más de recuerdo, pero no impidió en ningún momento que ésta continuara existiendo. De este modo, la mayor parte de la población de Roma siguió viendo el pasado en los términos que hemos descrito en este capítulo, sin tener acceso a una obra histórica. Igualmente, pero en un sentido inverso, se puede afirmar que aquellos escritores que dedicaron su tiempo libre a redactar obras de contenido histórico no abandonaron de forma repentina la imagen del pasado que compartían con sus conciudadanos. Como habitantes de la ciudad de Roma y partícipes de todos los encuentros y reuniones cívicas que en ella tenían lugar, es evidente que Fabio Píctor o Cincio Alimento escribieron sobre los acontecimientos pasados atendiendo a los intereses y preocupaciones que tenía la sociedad romana en ese momento. En algunos aspectos de su discurso, por tanto, pueden apreciarse elementos típicos de la transmisión oral del conocimiento sobre los antepasados. Estos rasgos, lejos de ser una elección personal del autor o formar parte de un estilo literario determinado, lo que están evidenciando es que en los primeros momentos de la escritura histórica en Roma el pensamiento sobre el pasado estaba todavía muy apegado al funcionamiento del recuerdo de una sociedad ágrafa. En el próximo apartado intentaremos reconocer algunos de estos elementos, que en ocasiones perduraron bastante en el tiempo, pero también trataremos de detectar las rupturas evidentes en la concepción del pasado que surgieron a fines del siglo III a.C., todo lo cual nos pondrá en disposición de comprender mejor el fenómeno de la escritura de la historia en la República romana.

[250] Otra de sus funciones relacionada con esta memoria era la interpretación de la ley que en su origen se llevaba a cabo oralmente. Sobre el cambio de una exégesis oral a la jurisprudencia volcada en la interpretación anticuaria de la ley ver Moatti 2000: 3-14.

III. EN LOS ORÍGENES DE LA HISTORIOGRAFÍA ROMANA

Si es cierta la afirmación de que los comienzos de todo fenómeno histórico están siempre envueltos en la oscuridad, especialmente cuando hablamos del mundo Antiguo, el caso de la historiografía latina debe ser tenido como paradigmático a este respecto. Los avatares del tiempo y el éxito de la obra de Tito Livio fueron, sin duda, los causantes de la pérdida de casi todas las historias escritas con anterioridad a la época de Augusto. La magna obra *Desde la fundación de la ciudad* del escritor paduano consiguió, por un lado, compendiar de forma definitiva los *Anales* e *Historias* escritas durante el período republicano y convertirse en punto de referencia básico para los historiadores posteriores que quisieran adentrarse en los acontecimientos que precedieron el principado, como demuestra el número de sus epítomes. Pero al mismo tiempo, hizo innecesarios y redundantes todos estos volúmenes que desde finales del siglo III a.C. se habían almacenado, en bibliotecas privadas la mayor parte del tiempo, y cuya información recogía de forma más o menos fidedigna la nueva obra. De este modo, hemos perdido un siglo y medio de producción historiográfica, de la cual sólo contamos con referencias indirectas y unas nociones muy generales de sus características. Valorar su significado y trascendencia es una labor ardua y que en muchos de sus aspectos no puede abandonar el terreno de la especulación y la hipótesis, pero que, aún con estas condiciones, puede dar frutos significativos, si se aborda desde la perspectiva adecuada.

¿Siguiendo los pasos griegos?

La investigación ha tendido desde su inicio a enmarcar el estudio de la escritura de la historia desde una perspectiva literaria, de tal modo que los investigadores han reconstruido poco a poco la evolución de la historiografía republicana en su condición de género literario del mundo antiguo, un género que, independiente de la poesía o del teatro, seguía unas pautas específicas y diferenciales. De este modo, las preguntas que se han dado a sí mismos los historiadores para elaborar la historia de este tipo de literatura han estado influidas de forma evidente por la perspectiva filológica. El ejemplo más claro es la bibliografía que ha generado la figura de Fabio Píctor, inmensa, debido, sin duda, a que se trata del personaje que inaugura la historiografía en Roma. Si todo escritor antiguo y moderno es deudor de una tradición que le precede y que le marca el camino a recorrer dentro del cual cada uno ofrece su aportación personal, la obra de Fabio parece ser un completo misterio, ya que está suspendida en el vacío que representa todo comienzo. En esta ocasión las preguntas tradicionales son de difícil respuesta: ¿qué autores pudo seguir como modelos?, ¿cuáles fueron sus fuentes?, ¿de dónde pudo extraer toda la información que completaba sus siete u ocho libros[251]? La cuestión parece ser de más fácil respuesta cuando se trata de sus sucesores en el oficio, Cincio Alimento, Postumio Albino o Acilio, porque se supone que ellos siempre pudieron recurrir a la obra del pionero y seguir sus líneas principales. Pero Fabio no tuvo antecesor conocido en Roma. Esta situación ha dado pié a las opiniones más variadas. Así algunos han caído en la tentación de pensar que sin predecesor alguno, éste tuvo la libertad absoluta de inventar de la nada la información que creyó oportuna para los períodos en los que no contaba con una tradición firme[252].

Sin embargo, en términos generales los investigadores consideran que, como sucede con el resto de géneros literarios, los romanos no fueron originales en la creación de un tipo diferente de escritura, sino que simplemente siguieron el modelo de la historiografía griega, y en especial se dejaron guiar por los autores que habían dedicado su atención a los pueblos del Occidente mediterráneo. De este modo, se considera que los primeros cuatro historiadores, cuya narración estaba elaborada además en lengua griega, escribieron una historia al estilo griego, para lo cual se sirvieron de las historias escritas por griegos o al menos

[251] El número de libros que componían sus *Anales* no es del todo seguro. Cfr. Verbrugghe 1980.
[252] Alföldi 1965: 169-174.

por personajes helenizados[253]. Aunque la historiografía helenística es también bastante poco conocida por su estado fragmentario, todos los autores coinciden en apuntar a la figura de Timeo de Taormina como el autor que más influyó gracias a su obra en los inicios de la historia en Roma. Desde un principio los avatares de las colonias griegas en Occidente eran bien conocidos, ya que estas ciudades y sus habitantes estaban por completo inmersos en el ambiente cultural heleno. Sin embargo, el interés de los autores griegos por las poblaciones autóctonas fue mucho menor, por lo menos hasta el período helenístico. A finales del siglo IV a.C., sin embargo, la situación se modificó sensiblemente y la escuela de Aristóteles, en especial uno de sus discípulos aventajados, Teofrasto, comenzó a prestar mayor atención a la península Itálica y con ello a Roma. Pero este interés no dejó de ser indirecto e intermitente hasta que en los primeros años del siglo III a.C. aparece la obra de Timeo de Taormina[254]. Sus libros más importantes fueron las *Historias,* que narraban el devenir de la isla de Sicilia en treinta y ocho volúmenes y en las que se hacían frecuentes referencias a Cartago y a Italia. A ellos hay que sumar una monografía sobre la guerra que enfrentó a Pirro con Roma por el dominio del sur de la península (280-272 a.C.). Por los fragmentos conservados se puede afirmar que su conocimiento sobre la que ya era por entonces la mayor potencia itálica era superior al de sus predecesores y supo advertir su ascenso como fuerza hegemónica del Mediterráneo occidental. Fue en este momento cuando las noticias sobre Roma en el mundo griego comenzaron a ser más detalladas y precisas, y se extendían más allá de las narraciones mitológicas sobre su origen que ya circulaban con anterioridad dentro del contexto de la guerra de Troya y del regreso de los héroes aqueos. Timeo incorporó, por primera vez, información más o menos coherente sobre las costumbres del Lacio –como vimos en los pasajes sobre Lavinio y el *Equus October*- y sobre la constitución de Roma y estableció un paralelismo entre ésta y su rival, Cartago, que, según él, comenzaba con la propia fundación de ambas ciudades que habría tenido lugar de forma simultanea treinta y ocho años antes de la primera olimpiada griega (814/13 a.C.). Las *Historias* de Timeo tuvieron gran influencia dentro de la historiografía griega, y, al mismo tiempo, se considera que fue la primera obra de referencia para los historiadores romanos que se inspiraron en ella a la hora de escribir sus propias historias de Roma, hasta tal punto que para algunos debe ser considerado el padre de la historiografía latina[255].

Junto con él, destacan otros dos autores, Diocles de Pepareto y Jerónimo de Cardia, quienes también abordaron de forma detenida el devenir de la ciudad del Lacio y cuyo conocimiento por parte de los romanos es prácticamente seguro. El primero escribió a finales del siglo IV a.C. o principios del III a.C. y se le reconoce como el primer historiador griego que ofreció una narración detallada de la fundación de Roma, que, según los críticos, como ya vimos, es la base de la versión que popularizó Fabio Píctor (Plut. *Rom.* 3, 1 y 8, 9). Por lo que respecta a Jerónimo, en su historia sobre las monarquías helenísticas dedicó algún espacio a introducir uno de sus enemigos, Roma, y, por lo que se aprecia en los fragmentos, mostró un conocimiento profundo de su organización militar y comprendió nítidamente dónde residía el éxito de las legiones y la diferencia que existía en su funcionamiento con las falanges griegas[256]. Sin duda, las relaciones comerciales entre Grecia e Italia o las noticias que podían aportar los ejércitos griegos que habían combatido contra Roma, como el de Pirro, fueron los canales de información más importantes para estos autores, de los, con toda probabilidad, no viajaron nunca a Italia. Desde la perspectiva helénica, se supone que estos historiadores ayudaron a acercar la historia reciente de los descendientes de Eneas al resto de pueblos del Mediterráneo civilizado, y fomentaron con ello el interés por el otro que mostraba abiertamente la literatura helenística y que contribuyó de manera notable a construir la identidad griega de este período[257].

Cabría destacar, por último, una controvertida obra conocida con el nombre de *Kumaiká* o *Historia Cumana* (*F.G.H.* IIIb 576 =FEST. 328L), cuyo autor, anónimo en principio, ha sido identificado en ocasiones con el historiador Hipércoro de fines del siglo IV y principios del III a.C., quien habría reelaborado la información de una crónica anterior que recogería información directa de los acontecimientos de los siglos VI y V a. C. [258] Es posible que la obra de Hipércoro fuera conocida y utilizada por los primeros historiadores. Esto podría explicar las noticias que existen en la historiografía romana sobre la ocupación samnita de Capua y de Cumas en el siglo V a.C. y sobre la figura del tirano de esta última ciudad,

[253] Walbank 1945: 13-17; Momigliano 1960b: 314-315; Badian 1966: 3-4; Gabba 1967: 165-168; Gentili-Cerri 1979: 151-157; Verbrugghe 1980: 2176; Gentili-Cerri 1988: 42-49; Fornara 1983: 24-39; Momigliano 1990: 80-108; Gabba 1996: 3-11.

[254] Momigliano 1969: 530-556; Fraser 1972: 763-769; Vattuone 1991: 267-301.

[255] Hanell 1956: 152.

[256] Hornblower 1981: 140-144.

[257] Shipley 2000: 261.

[258] Gabba 1967: 144-146. Para D´Anna Hipércoro sería el historiador del tirano Aristodemo y por tanto, de comienzos del siglo V a.C. (1989: 237).

Aristodemo, que difícilmente pueden provenir de fuentes romanas, sino más bien de una tradición cumana[259]. No obstante, esta posibilidad ha sido puesta en entredicho porque alguna información transmitida por los fragmentos que nos han llegado revela la influencia de la historia romana escrita, lo que llevaría a admitir que no podría ser anterior al siglo II a.C.[260] En cualquier caso lo que nos interesa es destacar que todas estas obras griegas fueron, en la versión más ampliamente admitida, el modelo de Fabio Píctor y de sus sucesores. De ellos tomaron la idea de escribir sobre el pasado de Roma, la información sobre su propia ciudad, y el estilo y estructura de la narración.

De este modo, y en especial por lo que respecta a Fabio Píctor, se considera que todas las características observables en los escasos fragmentos que nos han llegado deben ser entendidas como una influencia directa de esta historiografía helenística que, en su interés por las cuestiones del Mediterráneo occidental, había reparado en la pujanza de esta ciudad del Lacio. En primer lugar, se interpreta como una influencia griega el hecho de que los historiadores romanos se detengan especialmente a narrar los sucesos que se remontan al origen de la ciudad, en contraste con los primeros siglos de la República a los que no les dedican apenas espacio. La razón estaría en el hecho de que los griegos siempre centraron su atención en las historias de fundaciones, vinculadas en su mayoría a los héroes griegos y con los viajes de los personajes que participaron en la guerra de Troya[261]. Con esta trama narrativa no sólo explicaron los orígenes de muchas de sus ciudades-estado, sino que trataron de dar sentido, desde su perspectiva heleno-céntrica, a muchos otros pueblos del Mediterráneo, incluidos los romanos. De este modo, la cuestión inicial que llamó la atención de los griegos con respecto a Roma fue, como ya vimos en el segundo capítulo, su relación con Eneas; y ya entonces comprobamos lo controvertidos que eran los testimonios a este respecto, aunque se puede afirmar que es Helánico de Lesbos (s. V a.C.) el autor más antiguo que relacionaba al héroe troyano con Roma. Sus sucesores siguieron esta línea a la vez que trataban de resolver las contradicciones que esta relación podía suponer y de buscar la conexión entre el grupo huido de Troya y la población indígena. De este modo, hasta que la victoria sobre Pirro y los enfrentamientos con Cartago, de los que Roma salió victoriosa, en el siglo III a.C. no pusieron de manifiesto que esta ciudad itálica tenía un poder superior a la de cualquier otra y que su fuerza militar la convertía en una de las potencias del Mediterráneo, los escritores griegos no comenzaron a interrogarse verdaderamente sobre el funcionamiento y características de esta ciudad y las noticias que de ella tenían se circunscribían únicamente a estas narraciones sobre su origen. Por ello, era esta información mitológica la que ocupaba el mayor espacio de las obras de Timeo, Jerónimo y Diocles quienes, por otra parte, se encontraban todavía muy lejos de lo que iba a ser la obra de Polibio, ya que no tenían como finalidad en ningún momento hacer una historia donde Roma tuviera el papel central sino que se referían a ella en la medida en que podía convenir a su relato.

Se supone así que Fabio, influido por estas obras, dio mayor importancia a los acontecimientos más antiguos de su ciudad y con él, el resto de historiadores del siglo II a.C. que le imitaron. Además se ha considerado que la tendencia romana a colocar en el centro de la narración únicamente su ciudad, sin intentar ampliar el marco espacial hacia una historia universal, ni hablar de otro pueblo que no sea el suyo, salvo que lo exija el relato, era una imitación del modelo de historia local griego que ya existía, y que los romanos adoptaron porque convenía más claramente a sus intereses. De este modo, las historias de Roma, sobre todo por su estructura anual y su interés casi exclusivo por la ciudad, no deberían ser consideradas historia en su sentido restringido dentro de la estructura de géneros literarios griegos, si no más bien historia local, llamada en Grecia corografía[262] o atidografía, nombre este último con el que se conoce al conjunto de crónicas que tenían como objetivo contar la historia de la ciudad de Atenas[263].

Pero, además de la estructura, otra herencia de la historiografía griega es el interés por lo que se suele considerar la información anticuaria. Así pues, más allá del relato de los acontecimientos políticos y militares, de esa historia pragmática que era para Polibio el objetivo prioritario de todo historiador (9, 1, 1-6), los romanos cayeron en la afición por las noticias de menor trascendencia que habían inundado las historias helenísticas: descripción de ritos y ceremonias, explicación de costumbres, etimologías o información autobiográfica. Esta temática, que se considera habitualmente de segunda categoría dentro de las aspiraciones de los historiadores antiguos, parece haber sido el pecado fundacional de la historiografía romana, ya que acompañará a ésta a lo largo de toda su andadura, aunque se hagan intentos de corregirla a finales del siglo II a.C. cuando la influencia de Polibio

[259] Cornell 1974: 202-207.
[260] Alföldi 1965: 56-59; Briquel 1984: 450; Martínez-Pinna: 2002: 32-37.
[261] Bickerman 1952b: 65-81.
[262] Fornara 1988: 24-27.
[263] Jacoby 1988: 1-3.

se deje sentir de forma patente en la historiografía romana a través de la figura de Sempronio Aselión[264]. Algunos historiadores ven incluso en los primeros autores romanos el estilo de narración trágica que había florecido entre los escritores helenísticos, en contraste claro con las tendencias clásicas[265]. También se ha sugerido que la actitud moralizante con respecto al comportamiento de individuos o de pueblos y la concepción pesimista de la historia que aflora aquí y allá en las narraciones romanas tienen su punto de partida en la influencia de las historias griegas, y en última instancia en las enseñanzas de Isócrates que marcaron una gran parte de la producción literaria de este período[266].

Pero la huella de la historiografía helenística no se redujo sólo al contenido. Otro hecho que se suele destacar con énfasis es el uso de la datación por olimpiadas del que tenemos algunos testimonios en los historiadores romanos. Este sistema de fechar acontecimientos, que se desconocía en la Grecia clásica, había comenzado a utilizarse en este momento del siglo III a.C. precisamente por el propio Timeo y los romanos lo tuvieron en cuenta desde el inicio. La prueba más efectiva son los propios fragmentos conservados. Así tanto Fabio Píctor como Cincio Alimento dataron la fundación de la ciudad a partir de los cálculos griegos. El primero consideraba que el acontecimiento había tenido lugar el primer año de la octava olimpiada (748/7 a.C.)(*H.R.R.* frag. 6; *A.R.* frag. 8) y el segundo rebaja, sin embargo, la fecha hasta el cuarto año de la duodécima olimpiada (729/8 a.C.)(*H.R.R.* frag. 4; *A.R.* frag. 6). No se conservan otros testimonios de datación por olimpiadas, aunque hay un ejemplo de cronología que utiliza un punto de referencia griego. Es el de Catón, quien en sus *Orígenes* dejó escrito que Roma había sido fundada cuatrocientos treinta y dos años después de la caída de Troya (751/0 a.C.)(*H.R.R.* frag. 17; *A.R.* frag. 17). En cualquiera de los tres casos los cálculos están hechos en base a dataciones griegas y, sin duda, son una influencia directa de los autores helenos que habían escrito sobre Roma, especialmente de Timeo. Aunque habría que destacar que esta tendencia de asignar fechas según el sistema griego no tuvo mayores repercusiones y no fue utilizada para dar base cronológica a la historia de Roma en general, para lo que se utilizó la magistratura epónima del consulado o la fundación de la ciudad[267].

[264] Badian 1966: 17-18.
[265] Walbank 1945: 17.
[266] Gentili-Cerri 1998: 46-48.
[267] Sobre la cronología hablaremos más detenidamente en el apartado "Anales y cronología: la imitación del pasado y la continuidad de la República".

Con todas estas características, heredadas de la tradición historiográfica griega, y empleadas desde Fabio Píctor por los escritores de Roma para contar el pasado de su ciudad, la crítica deja poco espacio en la actualidad para valorar de algún modo la existencia de una tradición romana. De hecho, si a veces se pone de relieve algún elemento que le pudiera pertenecer como propio, es para no olvidar que estos escritores tenían a su disposición una gran variedad de fuentes de información para hacer sus historias: Anales Máximos, Fastos, discursos fúnebres, elogios, y la propia tradición familiar entre otros. Pero en esta ocasión el aporte que esta tradición pudiera ofrecer se reduce al contenido, es decir, que todos estos documentos escritos a los que se suman los relatos orales ofrecían información sobre los acontecimientos del pasado. Estas noticias eran luego elaboradas siguiendo los estrictos criterios historiográficos griegos para crear una obra literaria que encajara perfectamente en los cánones aceptados por las escuelas helenas. De este modo, da la sensación de que las obras de Fabio Píctor o de Cincio Alimento debían de tener el mismo aspecto que si hubieran sido escritas por el mismísimo Timeo y parece también que el hecho de que sus autores fueran romanos no es más que un accidente sin importancia. Una única divergencia se les adjudica con respecto a sus maestros y es que su objetivo último como historiadores no era el conocimiento en sí mismo, algo típico del mundo griego, sino defender la política de Roma en el Mediterráneo y hacer propaganda de su ciudad de cara a la opinión pública internacional[268], un pecado fundacional éste también, el de los intereses políticos, que parece ser el único aporte romano a la historia de la historiografía y que pesa sobre todos los autores en mayor o menor medida. En efecto, no hay duda entre los investigadores de que el estatuto de senadores que tenían prácticamente todos los escritores de Roma interesados por el pasado de la ciudad es la razón fundamental de que la historia haya sido siempre cultivada con una finalidad política[269]. No obstante, conforme avanzaba la República y la propia comunidad evolucionaba desde un punto de vista político y social estos intereses de la historiografía romana variaron. Si en un primer momento nació como un instrumento de

[268] Gelzer 1933: 129-133; 1934: 49-50; 1954: 346-348; Gentili-Cerri 1979: 151-154; 1988: 36-50; Chassignet 1998: 57.
[269] Bardon 1971: 98-99; La Penna 1978: 43-46; Gabba 1993: 14-15. Para Toher incluso la historia en la República era hasta tal punto una extensión de la competición por el estatus y el honor dentro de la comunidad que con la instauración del principado perdió su razón de ser y desapareció así el interés por escribir lo sucedido después del 31 a.C. (1990: 150). Se ha llegado a afirmar de forma general que en Roma toda actividad intelectual tenía una finalidad práctica porque frente a los griegos los romanos no concebían la reflexión por sí misma y desinteresada (Breebaart 1987: 72).

propaganda destinado a justificar ideológicamente el imperialismo romano[270], en el último siglo la ruptura de la legalidad establecida y las violentas convulsiones que afectaron a la ciudad harían que ésta se viera influenciada directamente por las luchas entre facciones[271].

En cualquier caso, esta conexión directa con el poder político se ha destacado como una característica distintiva de Roma frente al mundo griego[272]. Los historiadores helenos eran normalmente personas que habían estado relacionadas en mayor o menor medida con el mundo de los asuntos públicos, pero que, alejados por diversas cuestiones de los compromisos cívicos, se consagraban por completo a su obra histórica hasta el punto de dedicarse de forma exclusiva a ella. En Roma, por el contrario, no podría hablarse de un grupo diferenciado socialmente de historiadores sino más bien de hombres de estado que empleaban parte de su tiempo en escribir. De este modo, los romanos aunaban en una misma persona poder y escritura, lo cual no podía conducir más que a una literatura autojustificativa que celebraba la grandeza de Roma, mientras que la historiografía griega estaba caracterizada por la experiencia vital y la personalidad individual del escritor quien se hallaba, por decirlo de alguna manera, fuera del sistema. Como apunta Musti, si los senadores romanos eran responsables de una historia oficial elaborada por sus propios protagonistas, los griegos mostraban una perspectiva crítica con la ciudad y sus dirigentes.

Lo que tendríamos que concluir de todo lo dicho anteriormente, si aceptáramos esta perspectiva, es que una vez creada la historiografía antigua con todos sus elementos característicos, Roma no tardó en ver su potencial propagandístico y decidió cultivar este género como si de una nueva arma ofensiva se tratase contra sus enemigos, primero en el exterior, y más tarde dentro de su propia sociedad. De hecho, los autores no encuentran otra razón que justifique la obra de Fabio Píctor y sus sucesores, sino es la defensa de los intereses romanos en el Mediterráneo. Se suele afirmar que tanto este autor como su contemporáneo, Cincio Alimento, eligieron la lengua griega y un formato conocido para sus obras con la finalidad de que de ese modo pudieran alcanzar a un número mayor de lectores del mundo helenizado, a los que iban dirigidas. Su intención era utilizar en dialéctica confrontación los mismos recursos que estaban en la base de la historiografía griega, pero para ofrecer una imagen de su ciudad favorable a sus intereses. De este modo, podrían compararse a otros escritores que no eran de origen griego, como Beroso o Manetón, que en el período helenístico decidieron narrar la historia de su pueblo en la lengua internacional del momento. El argumento que esgrimen Gentili y Cerri es que desde finales del siglo III a.C. y principios del II a.C. Roma intentaba, en su contacto con las ciudades griegas, demostrar su buena fe en sus relaciones exteriores y dar razones convincentes sobre su implicación en diversas guerras. La actividad diplomática de esos años supuestamente así lo pone de manifiesto según ellos. En el 211 a.C. el propretor Marco Valerio Lavino hace una visita a los etolios para persuadirles de que se alíen con Roma y para ello tiene que explicar los principios jurídicos que regulan la relación de Roma con las ciudades amigas (Liv. 26, 24, 1-3). Igualmente antes del comienzo de la Segunda Guerra Macedónica (199 a.C.), los embajadores romanos tuvieron que defenderse de la acusación que los macedonios les hacían de enmascarar su deseo de intervenir militarmente con el pretexto de alianzas o de la defensa de sus aliados (Liv. 31, 29-31).

En este clima de desconfianza hacia Roma, mientras la ciudad estaba comprometida con guerras en varios frentes, estos autores creen lógico que los romanos sintieran la necesidad de hacer una reconstrucción orgánica de su pasado, lo que les permitiría presentarse ante el resto de pueblos mediterráneos con una cara más amable. Con frecuencia se suele destacar la existencia de una historiografía contraria a Roma cuya figura más representativa era Filino de Agrigento. Este escritor helenizado había narrado los acontecimientos de la Segunda Guerra Púnica desde una perspectiva filo-cartaginesa, según nos cuenta el propio Polibio (1, 14, 1-3), quien utilizó su relato, y había ofrecido en toda circunstancia una versión encomiástica y favorable de las acciones de los cartagineses. Por ello es razonable pensar que Fabio Píctor hiciera otro tanto desde el bando romano para legitimar la participación de su ciudad en el desarrollo de la guerra y especialmente para justificar las causas del inicio de la contienda bélica al hacer recaer toda la culpa en la conducta de los miembros de la familia Barca[273]. Según esta interpretación política del fenómeno de la historiografía en Roma, fueron igualmente cambios en este campo los

[270] De Vivo 1998: 181. Gabba ha destacado la idea de que en la primera historiografía romana se desarrolló la idea de guerra justa y de la defensa de los aliados como justificación ante el resto de pueblos itálicos y ante Grecia (1977: 73-74).

[271] La Penna 1978: 52-56. En esta misma línea, para Berti la primera historiografía estaba preocupada por la propaganda política, mientras que en el siglo II a.C. las narraciones de Hemina y Gelio tienen un tono moral porque se preocupan más por los problemas internos de Roma, una vez que la hegemonía exterior no es discutida (1989: 39).

[272] Fornara 1988: 49-54; Musti 1989: 181-182 y 193.

[273] Musti 1974:120-123.

que modificaron la escritura de la historia por parte de los romanos. Cuando en el 190 a.C. el rey de Siria, Antíoco III, es vencido por las legiones, Roma se siente la potencia hegemónica tanto en el este como en el oeste del Mediterráneo. Ya no había necesidad alguna de realizar una diplomacia conciliadora en busca de alianzas. Por ello se abandonó la lengua griega como vehículo de comunicación.

De la crítica filológica al contexto histórico

Esta interpretación de la obra de los primeros historiadores romanos es la aceptada de forma mayoritaria por los investigadores, en ocasiones con pequeñas variantes, y está construida a partir de unos principios, nunca indicados de forma específica, pero que son claramente detectables y que, por supuesto, no agotan todas las perspectivas desde las que podemos comprender el fenómeno y darle un significado. En principio parece evidente que el fenómeno de la historiografía romana se ha analizado desde dos esferas completamente separadas: la de los fines y la de los medios. Por lo que respecta a la primera, se supone que la intención última que albergaban los romanos a la hora de escribir ellos mismos una historia de su ciudad era la de conseguir un resultado político: la buena acogida y la amistad de los pueblos helenizados. De este modo, estarían sirviéndose de la literatura con fines propagandísticos. Esta propensión a buscar causas políticas en cualquier actividad literaria romana es una costumbre bastante arraigada entre los historiadores. Fabio endulzaba el imperialismo del siglo II a.C., César buscaba adeptos a su causa y Tito Livio apoyaba el régimen unipersonal y antirrepublicano de Augusto. La razón está, sin duda, en cómo se ha escrito la historia de Roma, al menos desde el siglo XIX a.C., como una constante lucha por el poder. No hay más que hojear con detenimiento los manuales que todavía utilizamos en el ámbito universitario (al menos de éste país) para reconocer que Roma, y en especial el desarrollo y evolución de la República, vienen determinados por los enfrentamientos políticos, tanto en el interior, como en el exterior: expulsión de la monarquía, lucha patricio-plebeya, conquista de Italia, conquista del Mediterráneo, lucha popular-optimate, Mario contra Sila, César contra Pompeyo, etc. Es inevitable, desde esta perspectiva, minimizar el resto de aspectos de la cultura romana y subordinarlos a los que se suponen son las líneas históricas básicas que marcan la evolución de este pueblo, de modo que se convierten en esferas sin autonomía movidas únicamente por el vaivén de la situación política del momento.

Esta contextualización política que sufre la literatura romana, y la historiografía en especial, y que se refuerza con la idea de que, en el fondo, la fuerza y dinamismo de este fenómeno en Roma no es más que una herencia, no del todo bien asimilada, del mundo griego, es fácilmente rebatible. Cabría recordar, en este caso, las consideraciones de P. Bourdieu sobre el campo científico[274]. Según este sociólogo francés, todo ámbito de conocimiento, que está destinado a producir verdades, se ve afectado por dos factores indisociables el uno del otro. Por un lado, él crea por sí mismo una serie de condicionantes "científicos", comprensibles únicamente desde un punto de vista interno, pero, al mismo tiempo, está determinado por intereses externos vinculados con el mundo político y social. De este modo, si bien hay que acabar con la idea de una comunidad científica aislada y ajena a cualquier ley que no sea la competencia de las ideas, es necesario también rechazar la tendencia muy extendida a buscar un dimensión puramente política a un producto del conocimiento y a analizar las discrepancias y enfrentamientos en el campo del conocimiento como luchas por el poder. Es evidente que Bourdieu está pensando en el mundo académico occidental y en su estructura jerárquica y autoritaria cuando establece estos criterios. No obstante, en sus características esenciales puede aplicarse a cualquier ámbito de conocimiento en el pasado, ya que cuando un historiador escribe sobre Roma está estableciendo igualmente un discurso con pretensiones de verdad y basado en los criterios de validez -de cientificidad diríamos nosotros- existentes en ese momento, pero además, en este caso, Fabio Píctor y Filino, por ejemplo, estaban enfrentados en su presentación de la Segunda Guerra Púnica, e intentaban imponer su discurso y alcanzar preeminencia sobre el otro. En definitiva, lo que habría que aceptar es que prestar atención exclusivamente a las funciones externas de un producto cultural acarrea de forma obligatoria el no valorar la cuestión de la lógica interna de estos productos, su estructura en tanto que lenguajes[275].

En conclusión, desde un punto de vista teórico no es muy acertado invocar como único argumento razones externas a la historiografía romana como campo de conocimiento y producto cultural específico, es decir, es excesivamente simplista considerar que Fabio Píctor o Cincio Alimento estaban movidos únicamente por un interés propagandístico. Pero, además, existen ciertos indicios que hacen suponer que

[274] Bourdieu 2000: 11-18.
[275] Bourdieu 1997: 58-69.

en el origen de la historiografía romana hay que considerar otros factores determinantes. En primer lugar, habría que preguntarse por qué las primeras obras surgen a fines del siglo III a.C. cuando hacía casi un siglo que Roma había combatido con griegos en suelo itálico y más tiempo aún que tenía un estrecho contacto con ellos[276] y por qué dejan de hacerse en la primer mitad de la centuria siguiente, momento de gran actividad militar romana en Grecia y en el que sólo vieron la luz los *Orígenes* de Catón. La guerra contra Pirro habría sido el momento más idóneo para comenzar una campaña de publicidad pro-romana teniendo en cuenta, además, las intenciones y consideraciones con las que el rey epirota había decidido enfrentarse a Roma y sin embargo, hubo que esperar unos 70 años hasta que apareció la primera obra. Es evidente que, a la hora de escribir, el ejemplo del que disponía los autores romanos era Grecia. Sin embargo, es erróneo mantener una visión helenocéntrica del nacimiento de la literatura romana sin considerar los factores coadyuvantes dentro de la propia cultura romana[277], lo cual atañe igualmente a la historiografía. Por otra parte, la idea misma de difundir una imagen exterior benévola de Roma gracias a la historiografía no deja de ser algo ingenuo y anacrónico especialmente por lo que respecta a la difusión de las obras literarias en la Antigüedad, de la que ya hablamos cuando tratamos el tema de los Anales Máximos. La lentitud e inseguridad con que se copiaban y se distribuían los manuscritos era considerable y, en cualquier lugar, mucho mayor de la que precisaban los embajadores romanos para desplegar sus estrategias diplomáticas.

La cuestión es más compleja aún si se trata de obras escritas por romanos para griegos. Es cierto, que los primeros cinco historiadores de la ciudad, descartando a Catón, escribieron en griego[278]. Eso presupone que los lectores en los que estaban pensando debían ser personas helenizadas o al menos conocedoras en gran medida de la lengua griega, lo cual, a fines del siglo III a.C., incluía, además del propio pueblo heleno, las clases altas de casi todo el Mediterráneo, comenzando por la propia aristocracia romana[279]. Es por eso que la decisión de escribir en griego responde más a la posición de lengua culta y transmisora del conocimiento de la que gozaba este idioma en ese momento que a una elección guiada por fines propagandísticos o dirigida a un pueblo concreto. El griego era considerado el idioma natural en el debía escribir cualquier autor que quisiera dignificar su obra, de igual modo que las costumbres y modos griegos eran los propios de gente civilizada y con aspiraciones a ser aceptada por el resto de pueblos del Mediterráneo[280]. Postumio Albino en la introducción a su historia pedía disculpas a sus lectores por no manejar la lengua griega como si fuera nativo, porque, en palabras de Gelio que transcribe el fragmento, *pues soy un hombre romano, nacido en el Lacio, y la lengua griega me es del todo extraña* (*A.R.* frag. 1). No parece que dicho autor, ni ningún otro necesitaran argumentar a favor de la utilización del griego, sólo disculparse por su falta de maestría. De hecho, la posibilidad de una elección consciente del idioma solamente debió de aparecer con Porcio Catón, quien de forma premeditada decidió contar la historia de su ciudad en su propia lengua y no en griego. Sabemos que criticó duramente a Albino por su actitud y Polibio nos ha transmitido su razonamiento.

Pol. 39, 1, 5-8.
Me parece que Catón le replicó ingeniosamente (a Postumio Albino), preguntándole qué razón le impulsaba a semejante petición. Pues, si le hubiera ordenado redactar una historia el consejo de los anfictiones, sin duda hubiera encajado hacer este ruego y ofrecer excusas, pero, si se ponía a escribir voluntariamente, no había ninguna necesidad de pedir indulgencia para sus barbarismos; hacerlo era sumamente ridículo y tan inútil como si uno que se hubiera inscrito en los torneos deportivos de pugilismo o del pancracio, una vez llegado al estadio, cuando le tocara competir, pidiera comprensión al público si no era capaz de sostener la fatiga o los golpes. (trad. M. Balash Recort).

Ciertamente la actitud de Postumio Albino no encaja muy bien con el comportamiento de un conquistador que quiere imponer su visión de las cosas y buscar amistades políticas para lo cual podría haber pagado los servicios de un escritor griego, sino más bien con el de un neófito que trata de introducirse en un mundo cultural al que no pertenece. También Aulo Gelio (11, 8, 2-3) hace alusión a la crítica de Catón en términos similares, lo que pone de manifiesto que debió de ser

---

276 La influencia del mundo griego en Roma se considera cada vez más temprana. Así Cornell (1999: 114-120) cree que desde el siglo VIII a.C. puede hablarse de una helenización del Lacio e igualmente Horsfall (1993: 796-791) considera una temprana influencia de Grecia.
277 Habinek 1998: 34.
278 La teoría de Mattingly (1976: 3-7; 1982: 20) sobre una obra de Fabio Píctor en latín no ha resultado convincente a los historiadores.
279 Kaimio 1979: 195-196 y 316-318; Dubuisson 1956: 113-119; 1981: 27-28. Horsfall ha llamado la atención de forma acertada sobre el conocimiento desigual que los romanos pudieron tener de la lengua griega y sobre el reducido número de ellos que pudieron ser realmente bilingües (1979: 79-95).
280 Veyne 1979: 10-12.

este autor el primero que reflexionó sobre la necesidad de que la historia de Roma fuera escrita en latín. Con anterioridad seguramente tal disyuntiva no se les planteó ni a Fabio Píctor, ni a Cincio Alimento y escribieron sus obras en el mismo idioma en el que leían obras históricas u otro tipo de literatura. En definitiva, no es tan evidente, como nos puede parecer a simple vista, el hecho de que un romano produjera en su lengua un tipo de escritura que le era completamente ajena por tradición, si no fuera sí, Cicerón no habría tenido que defender con vehemencia la posibilidad de una filosofía en latín (*Fin.* 1, 1-3).

Así pues y como conclusión, no resulta ya sostenible hablar exclusivamente de intereses políticos por parte de los primeros historiadores, ni buscar razones en la coyuntura internacional. Posiblemente tampoco sea correcto, desde un punto de vista metodológico, intentar establecer causas únicas o principales, que en la mayoría de los casos ni son del todo demostrables, ni terminan de hacer más comprensible el fenómeno en cuestión. Resulta más enriquecedor, por el contrario, tratar de entender qué significado tuvieron esos primeros momentos de la historiografía y qué novedad supusieron para la forma de entender el pasado del pueblo romano, es decir, comprender la trascendencia de estas obras antes que la causalidad que se esconde detrás de ellas. Para ello, habría que modificar también el planteamiento del segundo aspecto en el que, hemos visto, se ha centrado tradicionalmente el estudio de los primeros historiadores romanos; el de los medios. Si la finalidad de estos autores pioneros era de tipo político, el medio por el que lo consiguieron fue el género de la historiografía antigua, cuyas normas los romanos heredaron sin replicar del mundo griego y de las cuales ellos mismos se convertirán en sus transmisores para el futuro. De este modo, Fabio Píctor y Cincio Alimento se comportaron como alumnos virtuales de Isócrates, y actuaban como si la cultura de la que participaban fuera idéntica a la de su maestro. Así todos los aspectos que se pueden destacar de sus historias son la demostración de una influencia griega, sin espacio alguno para experimentos nacionales. El ambiente en el que crearon sus obras, la forma de entender y mantener vivo el pasado de la sociedad romana quedan por completo difuminadas ante la sobredimensión de unos principios historiográficos que uno y otro supieron llevar a la práctica como alumnos aventajados de la escuela griega. No resulta muy difícil darse cuenta de que desde esta perspectiva marcadamente difusionista, existe también un error metodológico importante y es que cualquier noción o concepto previo que pudiera existir en Roma sobre sus orígenes y sus antepasados o bien se considera inexistente o insignificante por el hecho de no entrar dentro de la idea de historiografía, o bien se supone que desapareció por completo desde el momento en que los romanos tuvieron acceso a un nivel superior de pensamiento, que en el fondo es lo que parece representar la historiografía griega.

En realidad, este razonamiento tiene su razón de ser probablemente en una concepción filológica de la escritura de la historia. Desde esta perspectiva el objeto de interés sobre el que se centran todas las miradas no es Roma, ni siquiera Grecia, sino la historiografía como una categoría abstracta que nació en ambiente jonio y que ha llegado hasta nuestros días, conservando un importante núcleo inalterado que le da el derecho de considerarse la misma cosa, adaptándose a la vez a las circunstancias de cada época y de cada pueblo. La historiografía es así un género literario, que tiene la capacidad, como ser independiente, de sobrevivir más allá de un contexto espacial o temporal concreto y es, por ello, el sujeto de una parte de la historia de la literatura universal. Desde este enfoque, la clave de la investigación radica en observar la evolución de ese sujeto autoevidente; su nacimiento, su crecimiento y desarrollo a través de las distintas culturas que le han dado cabida. La conclusión a la que uno puede llegar es que Roma, en este caso, no es más que un accidente en esa evolución, que el pensamiento histórico se entiende como una herencia que va pasando de unos pueblo a otros, y que durante un período recayó en manos romanas antes de entrar en una especie de letargo del cual saldría en el Renacimiento. Es evidente que los autores que han abordado la cuestión de la historiografía republicana no tienen por finalidad hacer una historia completa de la disciplina, y que su interés se centra exclusivamente en Roma; sin embargo, los principios filológicos que subyacen en su análisis e interpretación son los expuestos anteriormente. Por ello, cuando se enfrentan a los primeros historiadores romanos solo les resulta significativo comprobar si fueron capaces de asimilar las normas con las que había sido creada la historiografía en Grecia y detectar por qué medio se produjo esta influencia, que en términos literarios significa qué autores y qué obras se pueden considerar su modelo.

No es mi intención poner en duda aquí, ni rebatir de forma pormenorizada la validez de los principios que han cimentado los estudios literarios y en concreto los que afectan al género de la historiografía, base y justificación, además, de nuestra propia disciplina. El presente trabajo no se ha planteado ese objetivo. De todos modos, la cuestión no carece de interés y existen razones lo suficientemente bien fundadas como para, al menos, descubrir la diversidad y hasta la divergencia que puede esconderse bajo el carácter aparentemente unívoco de la denominación de *historia* que hemos heredado de la lengua griega. Así, ya se han levantado algunas voces en contra de una visión simplista y evolucionista de las disciplinas que conforman el pensamiento occidental. Sin duda la obra de mayor relieve y trascendencia a este respecto es la de Foucault, quien en su *Archéologie du savoir* ofrece un detallado análisis de los elementos esenciales que hacen posible la existencia de discursos autorizados cuya función es legitimar cada una de las disciplinas que forman la base del saber en un período histórico determinado. Resulta sumamente interesante para el caso que nos ocupa tener en cuenta las premisas de las que parte el ensayo[281]. Según el filósofo francés, para captar la verdadera significación de cada ciencia o tipo de conocimiento en cada momento hay que huir de las grandes continuidades del pensamiento, de las manifestaciones homogéneas de un espíritu o mentalidad, de la persistencia de una forma o de una actividad teórica para detectar la existencia de rupturas y discontinuidades. De ese modo, la historia de un concepto, que suele estar en la base de un saber, no debe entenderse como la narración de la progresiva mejora, o de la racionalidad creciente, sino como el proceso por el que se constituye y se legitima, por el que crea sus reglas de uso, y su esfera teórica. Frente a la asunción de una disciplina como una realidad autoevidente desde sus orígenes, Foucault denuncia la existencia de la discontinuidad y de la diferencia que pueden minar la línea de la tradición. Estas afirmaciones deberían ponernos sobre aviso a la hora de utilizar nuestro concepto de historiografía antigua y de comprender de qué forma hay que situar esta disciplina dentro de la sociedad griega y de la romana.

En esta misma línea, pero ya en referencia clara a cuestiones a las que debe enfrentarse el investigador del mundo antiguo, J.C. Bermejo ha llamado la atención sobre los juicios apriorísticos que guían igualmente a los historiadores de la filosofía antigua[282]. Su razonamiento podría adaptarse prácticamente punto por punto al caso que nos ocupa de la historiografía. Según este autor, hay dos presupuestos que se aceptan sin crítica alguna y que son indispensables para la coherencia de su discurso. El primero supone que en todo grupo humano hay un conjunto de individuos especializados en el pensar y en el criticar. El segundo hace referencia a la capacidad de los actuales filósofos de proyectarse hacia el pasado para dialogar en pié de igualdad con sus antecesores y construir así un sistema de pensamiento que comienza con los presocráticos y finaliza en la obra de cada autor. En definitiva que los historiadores manejan un concepto de filosofía al que le otorgan un sentido inalterado como saber autónomo y específico; y de ese modo se igualan automáticamente con cualquiera de sus predecesores. En el caso de la historiografía antigua sucede, sin duda, algo parecido; y es igualmente dudoso que debamos tomarnos en serio la famosa afirmación ciceroniana, tantas veces repetida por los historiadores en la actualidad, de que Heródoto es el padre de la Historia, o, al menos, que lo sea de la nuestra. En cualquier caso lo que nos interesa es destacar, como han hecho estos autores, la trampa que a veces supone la creencia en una tradición que ha mantenido una línea de sentido inalterada desde el pasado hasta el presente.

Este ejercicio de síntesis y de comprensión *a posteriori* que hace tabla rasa de las discontinuidades y de las rupturas es el que, creemos, empobrece nuestra visión de la primera historiografía en Roma, no por lo que el mundo antiguo en general pueda disentir de nuestra forma actual de entender la historia, que lo hace y en aspectos importantes, sino por lo que puede haber de divergencia dentro de las propias sociedades antiguas. Si puede dudarse de que la línea de la tradición historiográfica haya llegado inalterada hasta nuestros días desde los orígenes, el primer punto donde puede existir una ruptura es Roma. Por lo tanto, nuestra primera prevención metodológica será poner en cuarentena la validez de los principios básicos de la historiografía griega que se consideran los del mundo antiguo en general, lo que supone que no consideremos lo griego el modelo al que debe adaptarse una sociedad si quiere conseguir éxito en la empresa que se plantee. La ventaja que este enfoque nos ofrece es la de comprender Roma en sus propias coordenadas.

Para ello, es imprescindible abandonar la perspectiva filológica que, como hemos visto, prevalece en casi todos los estudios sobre los primeros historiadores romanos. Lo que de significativo puede tener la obra de Fabio Píctor o de Cincio Alimento no se reduce en ningún momento a su capacidad de imitar la historiografía helenística punto por punto, aún en el caso de que pudiéramos estar seguros de que esa fue la intención de uno y otro, cosa que con los testimonios de que disponemos es difícil aseverar sin dejar lugar a la duda. Frente a esa línea de investigación creemos que existe otra *intriga*, en el sentido que Veyne[283] le da al término, desde la que el fenómeno que nos ocupa puede comprenderse mejor. Como muy bien apunta el teórico francés, hacer historia implica siempre la elección de unos acontecimientos a los que encontramos sentido en las relaciones que se pueden establecerse entre ellos. En

281 Foucault 1969: 9-11.
282 Bermejo 1983; 116-126.

283 Veyne 1972: 47-55.

sí mismo ningún hecho tiene un valor específico inalterable, el significado que le otorguemos dependerá siempre del contexto, del tipo de conexión que le una a los demás. De ese modo, un mismo acontecimiento puede formar parte de distintos itinerarios, de distintas *intrigas*, y estar sometido, por tanto, a distintas valoraciones. El historiador es el encargado de elegirlas libremente y todas son igualmente legítimas, aunque en acertada opinión de Veyne, no todas sean igual de interesantes.

Lo que nos proponemos aquí es elegir un itinerario diferente al tradicional desde el cual abordar la cuestión de la historiografía en la República. En esta nueva *intriga* la historia y la escritura siguen siendo puntos importantes de referencia, pero su contexto de significación es de forma específica el de la cultura romana. Desde esta perspectiva metodológica carece de relevancia el papel que este pueblo haya podido tener en el desarrollo del género literario universal de la historiografía. Lo que realmente nos interesa es comprender en toda su complejidad el significado de la historia en la propia Roma, y para ello, especialmente por lo que respecta a los primeros escritores, es imprescindible tener en cuenta todo lo comentado en el anterior capítulo, es decir, de qué forma recordaba, transmitía y vivía su propio pasado la ciudad más allá de lo que se consignó a la escritura. Únicamente atendiendo estas coordenadas podremos percibir los elementos de cambio y los que marcan la continuidad, y con ello el verdadero significado de una narración sobre el pasado en la República. Por ello, la pregunta a la que hay que dar repuesta no es de qué modo se adaptó la historiografía griega en Roma o de qué autores se vieron más influenciados, sino, por ejemplo, qué relación hay entre la memoria y el uso de la palabra escrita en la Roma republicana, y qué supuso la aparición de los *anales* y las *historias* como forma de recuerdo de los orígenes de la ciudad y de los hechos de los antepasados. En ambos casos nos vemos abocados a trabajar con los mismos testimonios, con los mismos textos, pero la perspectiva desde la que abordamos la cuestión varía sustancialmente. La novedad se encuentra únicamente en las preguntas con las que interrogamos a la tradición, que paradójicamente son casi siempre más importantes y decisivas para el rumbo de la investigación que las posibles respuestas que podamos hallar.

Rupturas y continuidades: entre la oralidad y la escritura

Posiblemente el hecho de mayor relevancia para comprender lo que supuso la escritura de la historia en Roma fue algo que nos ha pasado del todo inadvertido en las fuentes y que, sin embargo, supone una novedad radical: la lectura por parte de algunos romanos de las narraciones históricas griegas. Podemos considerar que fue la generación de Fabio Píctor y de Cincio Alimento de la segunda mitad del siglo III a.C. o una anterior, la que comenzó a prestar atención a estas historias, que, sin duda, consiguieron a través de las ciudades de la Magna Grecia, en su mayoría ya bajo su poder. Los escasos fragmentos que nos han llegado de los primeros escritores romanos no nos ofrecen ningún nombre, ni ninguna obra de referencia de las que pudieron ser las lecturas iniciales de estos autores. Posiblemente si conserváramos las obras completas tampoco lograríamos avanzar más en este punto, porque, como afirma Dionisio de Halicarnaso, los romanos no tenían por costumbre citar las autoridades griegas de las que se servían a la hora de escribir, a pesar de que utilizaban leyendas que eran claramente de cuño griego (*A.R.* 1, 11, 1). En cualquier caso es evidente que en el origen de la historiografía romana hay que situar la inquietud y curiosidad de ciertos romanos que se vieron atraídos por la lectura –algo completamente novedoso– y que toparon con determinadas obras en las que autores como Timeo habían escrito sobre el surgimiento de su propia ciudad y sobre otros acontecimientos más recientes. La experiencia no debió de dejarles en absoluto indiferentes.

En primer lugar, debió de resultarles sorprendente que los griegos fueran capaces de calcular con exactitud en qué momento había sido fundada su ciudad, utilizando para ello la sucesión de las olimpiadas griegas como hace por primera vez Timeo, y no menos sorprendente sería la afirmación de este autor sobre la sincronía del nacimiento de Roma con el de Cartago (*F.G.H.* IIIb 506 frag. 60). El carácter atemporal del recuerdo que vimos existía en la memoria oral nos hace suponer que, hasta ese momento, los romanos no sintieron necesidad alguna de saber con exactitud cuánto tiempo de vida tenían como pueblo. El hecho que tenía gran relevancia en sí mismo era la fundación sin más. Ese era su punto de referencia principal en un pasado lejano en el que situaban sus orígenes. Más allá no existía ningún acontecimiento destacado. La cronología griega, sin embargo, situaba de repente a la ciudad en una línea histórica de una gran antigüedad, que se remontaba más allá de Rómulo y Remo, y que ponía de manifiesto la relativa juventud de la ciudad con relación a la historia del mundo griego. Existía un pasado más remoto aún que cualquier acontecimiento que ellos recordaran de Roma o de cualquier pueblo itálico vecino, pasado que, además, estaba en estrecha relación con ellos.

En efecto, no menos interesantes debieron de ser para estos primeros lectores las distintas versiones sobre la fundación de Roma y la absoluta certeza que existía entre los autores griegos de que la figura de Eneas se hallaba en el origen remoto de los romanos. Si aceptamos lo dicho en el capítulo anterior sobre la memoria cultural de Roma, tenemos que reconocer que estas narraciones debieron de ser acogidas, sino con sorpresa, al menos con expectación. Como ya vimos, muy posiblemente este personaje troyano y sus aventuras por el Mediterráneo no fueran por completo desconocidas para los romanos. Lo que no nos parece tan evidente, según se suele considerar, es que haya argumentos convincentes como para suponer que Roma recordara y celebrara a Eneas y Ascanio como sus antepasados, o que más allá de Rómulo y Remo los romanos pensaran que se podía trazar una línea directa que llegara hasta el pueblo troyano. Los indicios y testimonios que analizamos en su momento nos llevaron a descartar tal posibilidad. Por lo tanto, la lectura de las historias griegas debió de suponer un gran descubrimiento para aquellos pocos romanos que dedicaban parte de su ocio a las narraciones sobre el pasado heleno. Según aquellos autores griegos, que habían puesto todo su esfuerzo en desentrañar los desenlaces de los viajes de los supervivientes de la guerra de Troya, el suelo itálico y más en concreto el Lacio, había sido testigo de la llegada de algunos de ellos como Odiseo y Eneas, cuya actividad terminaría por afectar al futuro pueblo de Roma. Lejos de suponer un problema de coherencia, una negación de sus creencias, estas narraciones ponían al descubierto un pasado del que los romanos posiblemente apenas habían sido conscientes y en el que no habían pensado hasta ese momento, al menos de forma detenida. Roma seguía siendo la fundación de Rómulo, pero mucho antes de este momento el Lacio había estado habitado por griegos.

Las obras de Fabio Píctor y de Cincio Alimento significan, en primer lugar, una total aceptación de la historia de Eneas y del resto de personajes griegos, que en un primer momento, no trascenderá más allá de ciertos círculos reducidos de nobles romanos, los únicos que tenían acceso a esta literatura. El pueblo en su conjunto permaneció, con toda seguridad, celebrando y viviendo su pasado en los términos que describimos en su momento y centrado en el recuerdo relacionado con la ciudad. Si por contacto con población griega, que desde finales del siglo III a.C. va a estar cada vez más presente en las calles de Roma, tuvieron conocimiento de lo que éstos pensaban sobre los héroes griegos en Occidente, en ningún momento manejaron la información que se transmitía en las historias. Mientras tanto los historiadores romanos, conocedores privilegiados de las teorías griegas, durante bastante tiempo repitieron una y otra vez al comienzo de sus obras los acontecimientos que marcaron la llegada de Eneas al Lacio.

Pero se observa en estos autores una clara diferencia con respecto a las historias griegas. Como vimos en el segundo capítulo, los escritores helenos tendían en un principio a considerar a Eneas como el fundador de Roma. Los historiadores más recientes, de época helenística, introdujeron personajes epónimos como Rhome o Rhomos y alejaron en cierta medida la fundación de la ciudad de esa primera generación de troyanos que se asentaron en el Lacio. En uno de los testimonios griegos más cercanos al origen de la historiografía romana, se establece un parentesco cercano entre Eneas y Rómulo.

Erat. *F.G.H.* IIb, frag. 45 (=Ser. Aen. 1, 273)
Eratóstenes dice que Rómulo, hijo de Ascanio y nieto de Eneas, fue el fundador de la ciudad de Roma.

En este fragmento de Eratóstenes, polifacético autor que ostentó el cargo de director de la biblioteca de Alejandría en la segunda mitad del siglo III a.C., cabe destacar no solamente que la fundación de Roma se aleja cronológicamente de los primeros troyanos llegados al Lacio en dos generaciones, sino que por vez primera el creador de la ciudad es Rómulo y no un griego o un personaje epónimo creado fuera de la tradición latina. De este modo, Eneas tiende a alejarse de los orígenes estrictos de Roma mientras que gana protagonismo el personaje de raigambre latina. Sin duda, esta interpretación de Eratóstenes debía de ser la más aceptada en los ambientes intelectuales de la Magna Grecia porque en las obras de Nevio y de Enio encontramos también este mismo árbol genealógico.

Nevio y Enio en Serv. Dan., *Aen.* 1, 273.
Nevio y Enio cuentan que Rómulo, el fundador de la ciudad, era su nieto (de Eneas) por parte de su hija.

Enio en Serv. *Aen.* 6, 777
Ciertamente, según Enio, fue situado (Rómulo) entre los dioses, junto con Eneas, pues dice (Enio) que Ilia era hija de Eneas. Si es así, entonces Eneas es abuelo de Romulo.

Estos fragmentos ponen de manifiesto que la épica que se hacía en Roma en este mismo momento de la segunda mitad del siglo III a.C. compartía una visión muy semejante del origen de la ciudad que la de algunos autores griegos orientales en cuanto al parentesco de Rómulo. No es algo de extrañar, porque tanto Nevio, autor de la *Guerra Púnica*, como el de los *Anales*, Enio, provenían del sur de Italia y estaban formados en la tradición literaria helenística. Sin embargo, los historiadores romanos desde un comienzo van a adoptar una posición mucho más "romana", si se permite el término, en la que Eneas va a quedar relegado a una posición lejana con respecto al momento de fundación de la ciudad [284]. En los siguientes fragmentos se puede apreciar a partes iguales, este hecho y la importancia del contenido griego en la nueva historiografía, La única excepción parece haber sido Salustio, quien en la *Conjuración de Catilina* afirmaba que fueron los troyanos de Eneas los fundadores de Roma (6, 1), posiblemente siguiendo a algún autor griego como su maestro L. Ateyo Filólogo[285].

Fabio Píctor *A.R.* frag. 1
Quinto Fabio, llamado Píctor, romano e hijo de Gayo ha narrado la llegada de Hércules a Italia, al igual que el viaje de Lanoios, de su compañero Eneas y de Ascanio. Mucho más tarde vinieron Rómulo y Remo y la fundación de Roma por Rómulo que fue el primer rey.

Fabio Píctor *H.R.R.* frag. 1, *A.R.* frag. 2 Mario Victorino IV d.C.
Cadmo y Evandro, inventores del alfabeto, llevaron las dieciseis letras A B C D E [h] I K <L> M N O P [q] R S T <U> de Fenicia a Grecia, el primero, y ha nosotros el segundo. Después le sumaron algunas más Palamenes y también Simónides y alcanzó el número de veinticuatro. Así lo transmiten los gramáticos, especialmente Demetrio Falerón, Hermócrates y de los nuestros, Cincio, Fabio y Gelio. Cincio dice que un pequeño número de letras fue modificado para adaptarse a nuestra lengua.

Fabio Píctor *H.R.R.* frag. 4 y *A.R.* frag. 5a
Sin embargo, por lo que respecta a la denominación de esta ciudad, Fabio, autor de la historia de los romanos, da una versión fabulosa. Dice que un oráculo había anunciado a Eneas que un cuadrúpedo le conduciría al lugar en el que debía fundar una ciudad. Pero el día que iba a sacrificar una cerda gorda de color blanco se le escapó de las manos y huyó a un otero donde dio a luz treinta crías. Eneas, sorprendido por este prodigio y recordando el oráculo, se propuso fundar una ciudad en ese lugar. Pero, durante un sueño, tuvo una visión que se lo prohibió y le aconsejó no fundarla hasta pasados treinta años, numero de las crías. Eneas renunció a su proyecto.

Según la inscripción de Taormina, Fabio Píctor hablaba en sus *Anales* de la llegada de héroes griegos a las costas itálicas. Mencionaba en su obra la llegada de Hércules a Italia y el regreso de combatientes de la guerra de Troya como Lanoios, héroe epónimo de Lanuvium y originario de Centuripe en Sicilia, y sus compañeros, Eneas y Ascanio. El primer historiador romano, por tanto, comenzaba a contar el pasado de su ciudad lejos del suelo itálico, recordando a los héroes griegos que habían arribado a esa tierra. Concedía, de este modo, que existía una historia anterior a Roma. Cuando nada había de lo que tarde sería su ciudad, el Mediterráneo ya era surcado por personajes heroicos cuyas acciones estaban directamente relacionadas con el futuro de Roma. Así lo demuestra el fragmento sobre el alfabeto latino que, según la mayoría de los autores romanos a partir de Píctor, como los citados Cincio Alimento y Gneo Gelio, lo harán depender de la llegada de arcadios a Italia[286]. De este modo, la llegada de la escritura a Roma estaba en estrecha relación para los romanos con la figura de Evandro, un héroe exiliado de Arcadia que asume un decisivo carácter civilizador en el Lacio [287]. No sabemos con qué profundidad abordaban estos primeros historiadores romanos la cuestión del alfabeto latino, posiblemente no fue con mucha. De hecho normalmente se considera que fue en el siglo I a.C. cuando determinados gramáticos griegos se propusieron establecer un estrecho vínculo entre su lengua y el de la potencia hegemónica del Mediterráneo en ese momento y cuando se desarrolló una teoría completa al respecto[288]. Pero independientemente de que los principios lingüísticos se desarrollaran posteriormente y en manos de especialistas, lo que nos interesa en este momento es que fueron los primeros historiadores romanos los que comenzaron a buscar los vínculos que podía tener su cultura con la griega y no simplemente con la intención de buscar unos orígenes nobles a su alfabeto o a cualquier otra institución o costumbre, como se ha dicho en ocasiones[289]. Se trataba más bien de una búsqueda de las huellas, de la

[284] Strezelecki ya destacó este distanciamiento por lo que respecta al relato de los orígenes entre la primera historiografía y la época latina, aunque considera que los historiadores posteriores sí se vieron influenciados por los poemas de Enio y Nevio (1963: 456-458).
[285] D´Anna 1980: 236-237.
[286] El resto de versiones han sido analizadas con detalle por Desbordes (1995: 133-144).
[287] Martínez-Pinna 2002: 145-167.
[288] Briquel 1988: 256; 1984: 449-453; Gabba 1963: 188-194.
[289] Desbordes 1995: 134.

demostración palpable, a sus ojos, de ese pasado narrado por los historiadores griegos.

Sin embargo, como decíamos, esto no supuso una plena aceptación de las narraciones griegas. El primer elemento que llama la atención a este respecto en los fragmentos de Píctor es que se establece una clara distancia temporal entre el héroe troyano y Rómulo. El primer texto dice exactamente *mucho más tarde,* sin establecer concretamente un espacio temporal, pero parece evidente que se trata de más tiempo que el que media entre un abuelo y su nieto. Por ello, se piensa que en los *Anales* de este autor debía de estar presente de algún modo ya la dinastía albana, de tal modo que Rómulo pasaba a convertirse en un descendiente lejano del héroe troyano[290]. De hecho el último de los fragmentos indicados hace referencia, precisamente, a la fundación de Alba Longa, ciudad sobre la que reinaron los descendientes de Silvio, hijo de Lavinia y Eneas, y narra el prodigio de la cerda durante el sacrificio del animal que llevaba a cabo por el troyano. En la versión canónica de la cuál ya encontramos elementos en Catón (1, frag. 14b) el parto de la cerda tiene lugar en Lavinio y, por lo tanto, está en relación con la fundación de esta ciudad y no la de Alba que tendrá lugar treinta años más tarde y estará a cargo de su hijo Ascanio (Varrón *R.R.* 2, 4, 18; Dion. *A.R.* 1, 56, 1-4). Dado que Fabio Píctor no habla en ningún momento de Lavinio en lo que nos queda de su obra, se ha especulado con la posibilidad de que dicha ciudad no apareciera en su historia. Sin embargo, dada la escasísima información que nos ha llegado de sus *Anales*, sólo algunos fragmentos, no es posible sostener esta hipótesis y puesto que en el pasaje se habla de una futura creación de Alba después de treinta años habría que concluir que Eneas no llevó a cabo ninguna fundación.

En cualquier caso, lo que nos interesa destacar aquí es que, como sostiene Gruen[291], el relato de los orígenes más remotos de Roma no apareció completo desde el primer historiador, sino que tuvo un período de formación, que nosotros suponemos más intenso e importante que este autor porque no creemos que la asimilación de la leyenda de Eneas fuera anterior a este momento. Teniendo en cuenta que muchos de los elementos que jalonan este relato eran de origen latino, como los prodigios de fundación de Lavinio que, sin duda, estaban vinculados a la ciudad antes de que apareciera la figura de Eneas[292], se comprende el trabajo de elaboración que tuvieron que llevar a cabo los historiadores romanos. Puede que sea ésta la razón por la cual todas las historias que se escribían trataban indefectiblemente la llegada de Eneas al Lacio. De hecho hasta fines del siglo II a.C. no aparece una obra que por su título y contenido se desvincule de la preocupación por los orígenes. En efecto, la obra monográfica de Celio Antípatro, que Cicerón denomina *Guerra Púnica* (*orat.* 229-230), trataba exclusivamente la guerra contra Anibal. En ninguno de los sesenta y seis fragmentos que ofrece la edición de Chassignet aparece la figura de Eneas o de Rómulo. Se nombran, eso sí, las fundaciones de Capua, Saturo y Petelia (*A.R.* frags. 29, 42 y 59), pero muy posiblemente en el contexto de la narración de la guerra. Hasta ese momento todas las historias romanas habría abordado la figura de Eneas y sus descendientes.

En el caso de Fabio Píctor es difícil determinar la extensión de este relato pues sólo contamos con tres referencias (*A.R.* frags 7c, 7f, 23)[293]. El primero localizado en el libro I refiere el nacimiento de los gemelos, de la hija de Númitor y el dios Marte y el último hace referencia a las leyes Licinias-Sextias del 367 a.C. en el libro IV. Esto hace suponer que posiblemente el primer libro estuviera dedicado a las leyendas de fundación y el segundo a la monarquía hasta la expulsión de los Tarquinios[294]. De Cincio Alimento no tenemos fragmentos donde aparezca Eneas pero no hay duda alguna de que transmitía este relato pues tenemos citas de Evandro, de los Penates en Lavinio y de los reyes albanos (*A.R.* frags. 2, 3, 4 y 5 respectivamente). De Postumio Albino conservamos dos fragmentos del relato, uno de la nodriza de Euximo, compañero de Eneas y otro de Ascanio en lucha contra Mecencio (*A.R.* frags. 2 y 3). Incluso se ha supuesto acertadamente que este autor pudo escribir de forma independiente un libro, *Sobre la llegada de Eneas*, ya que con tal título aparece citada su obra en esos dos fragmentos, aunque también podría tratarse de un primer volumen o una primera parte del conjunto de su historia que pudo circular de forma independiente. En cualquier caso lo que podemos deducir es que dedicó un solo libro a narrar la llegada de Eneas al Lacio y su

[290] Para Gabba (1967: 140-141) el inventor de la monarquía albana habría sido el griego Diocles de Pepareto. Sin embargo, la mayoría de los autores coinciden en considerar que este relato es el resultado de una evolución cuyos primeros elementos pertenecerían a la tradición oral y fueron incorporados a la escritura por vez primera con Fabio Píctor (cfr. Baudou 1998: 75-76).

[291] Gruen 1992: 32.

[292] D´Anna 1996: 120.

[293] Los dos últimos son extraídos de los *Anales Latinos*, pero si aceptamos la opinión mayoritaria que apunta a una traducción posterior del original de Fabio no hay inconveniente en considerar que su extensión y organización serían prácticamente idénticas (Cfr. Chassignet 1996: lix).

[294] Esto es evidentemente una hipótesis difícil de comprobar. Verbrugghe, por su parte, cree que la monarquía cerraría el primer libro (1980: 2168).

asentamiento. De Acilio tenemos sólo uno que recoge la profecía de la sibila a Eneas (*A.R.* frag. 2).

De Casio Hemina conservamos ya un número mayor de citas de su obra y también del relato de los orígenes: así conservamos referencias a la salida de Eneas de Troya, al origen de los Penates[295], a la duración del viaje de Eneas a Italia y las paradas que realizó (*A.R.* frags. 6, 7, 8, 9, 10 y 11 respectivamente). En el libro II se recogía la leyenda de los gemelos (*H.R.R.* frag. 11, *A.R.* frag. 14) por lo que podemos deducir que el primer libro estaba dedicado en general a la llegada de Eneas y a los viajes de otros héroes griegos (con la referencia al libro I se cita el enfrentamiento de Caco y Hércules, *A.R.* frag. 4), mientras que en libro II se narraba los acontecimientos romanos hasta la guerra contra Pirro (en el libro II se cita al pretor Marco quien armó al proletariado en el 280 a.C.[296] para enfrentarse a Pirro, *A.R.* frag. 24). Por el contrario, de la *Anales* de Quinto Fabio Máximo Serviliano conservamos un exiguo testimonio y sólo un fragmento hace referencia a Eneas, en concreto a los primeros momentos del asentamiento troyano en el Lacio, y está localizado en el libro I (*A.R.* frag. 1). De Lucio Calpurnio Pisón Frugi nos han llegado dos fragmentos que puedan relacionarse con Eneas y los dos en relación con la consulta a las sibilas (*A.R.* frags. 2 y 3). No tienen indicación del número de libro, pero es evidente que deben localizarse en el primero en el que se incluiría también la monarquía, pues en este mismo volumen está localizado una noticia sobre Servio Tulio (*A.R.* frag. 16). Es posible sin embargo, que la expulsión de Tarquinio el Soberbio se narrara en el segundo libro pues de este volumen proviene una cita que con bastante probabilidad hace referencia a Lucrecia y Colatino[297]. También Sempronio Tuditano abordó la leyenda de Eneas; tenemos una referencia a la muerte de la nodriza de Eneas (*A.R.* frag. 2). Sólo de Fanio y de Venonio nos faltan referencias al héroe troyano, aunque lo más probable es que, como el resto de historiadores, narraran este episodio y lo relacionaran con la fundación de Roma. La escasez de fragmentos, nueve del primero y dos del segundo, sería la causa de esta ausencia.

Por lo tanto, es evidente que todos los escritores hasta el siglo I a.C. dedicaron parte de su obra al héroe troyano, incluso podríamos decir que de forma detenida como sucede con Fabio Píctor, Postumio Albino y Casio Hemina que posiblemente le dedicaron un libro entero. Además es evidente que ningún autor rebatió dicha idea o puso en tela de juicio la posibilidad de que tal personaje troyano tuviera algo que ver con Roma, pues a pesar de ser citados por posteriores autores nada se nos dice al respecto, aunque pudieron discrepar en cuestiones puntuales. En este sentido, los *Orígenes* de Catón son un buen ejemplo. Parece evidente a todos los historiadores que esta obra marca una clara diferencia con respeto a predecesores y sucesores por su contenido y estructura. Crítico con la excesiva helenofilia que observaba en sus contemporáneos, su obra mostraba un punto de vista "nacionalista", se ha dicho a veces, al recoger tradiciones y leyendas de los pueblos vecinos, incluidos dentro de un emergente concepto de Italia[298]. Sin embargo, su narración no está exenta de personajes y leyendas griegas. Por el contrario demuestra un gran conocimiento de las historias helenas, como ya puso de manifiesto Plutarco en su biografía (*Cato.* 2, 6). En cuanto a la distribución de su obra, Nepote dice en su biografía de Catón que el libro primero estaba dedicado a los reyes de Roma (*Cat.* 3, 3, 1). No obstante, nosotros sabemos que incluía también la historia pre-romúlea de Roma, pues nos han llegado fragmentos relacionados con este personajes (1, frags. 6-11). Pero además atribuyó a otros pueblos itálicos un origen griego como a los vénetos (2, frag.12), a la capital de los faliscos, Faleris (2, frag. 18), a los sabinos que descendería del lacedemonio Sabo (2, frag. 22)[299] o a la ciudad de Tibur (2, frag. 26) e incluso supuso que los primeros moradores de Italia, conocidos como aborígenes, eran también de origen heleno, exactamente de Acaya, que habían emigrado allí antes de la guerra de Troya (1, frag. 4 y 6) y que los primeros romanos hablaban eólico, posiblemente a raíz de la emigración de los arcadios con Evandro (1, frag. 19).

Parece claro que su postura en cuanto a la historia no era la de un antihelénico radical, sino más bien la de un defensor de los valores patrios que supo ver cómo la cultura griega podía servir a los fines romanos y pretendió, oponiéndola a las cualidades helenas, reforzar y ensalzar las propias en un intento por definir la identidad cultural romana[300]. Sin duda, su

---

[295] Sobre una posible reinterpretación del orden de los fragmentos 6 y 7 ver Forsythe 1990: 335-338.

[296] Broughton 1986: 191.

[297] Así lo consideran los principales editores Peter 1967I: 168; Forsythe 1994: 246-246 y Chassignet 1999: 120.

[298] Letta 1984: 24; La Penna 1986: 42-43. La oposición de Catón a la cultura griega incluía también las obras de arte (Pollit 1978: 164).

[299] Este fragmento está en discrepancia, no obstante, con otro de testimonio de los *Orígenes* (2, frag. 21) en el que Catón afirma que los sabinos tienen su origen en un dios indígena llamado Sabino. Posiblemente no es necesario rechazar ninguna de las dos versiones y entender que, según Catón, sobre una población ya existente se asentaron un grupo de espartanos que debido a su grado de civilización superior acabaron por dominar culturalmente (Martínez-Pinna 2004a: 32-33). Sobre la autoctonía en Catón y el papel de los aborígenes ver Martínez-Pinna 2002: 47-66).

[300] Gruen 1992: 74-83.

obra debe ser considerada como la respuesta contundente al desafío intelectual que planteaban los griegos con sus narraciones históricas y con ella pretendió demostrar que Roma podía estar a la altura cultural de su enemigo[301]. En cualquier caso, ni él, ni ningún otro historiador romano, supieron ver de qué modo estaban aceptando implícita e inconscientemente el poderoso discurso colonizador griego, que entendía la "prehistoria" del Mediterráneo como una consecuencia de la guerra de Troya y de los regresos, sin valorar sus propios mitos indígenas como un posible discurso alternativo de resistencia. Esta aceptación sin condiciones, lejos de ser una prueba de la antigüedad de esta creencia de la cual no hay rastro alguno anterior a Fabio, es una consecuencia del impacto que causó la historiografía griega entre los romanos y del convencimiento que tuvieron, en esos momentos en los que comenzaron a interaccionar de forma más frecuente con otros pueblos del Mediterráneo, de que, efectivamente, compartían un pasado común. En el fondo, esta determinación, a la cual se ha querido dar una explicación política, fue más fuerte que cualquier coyuntura internacional como demuestra el hecho de que no se abandonara en ningún momento, sino que, más bien, aumentara con el tiempo incluso cuando ya no tenía rentabilidad propagandística, y, sin lugar a dudas, cambió la visión que ciertos romanos tenían de su propia historia. Dio a Roma una dimensión nueva en el pasado.

Cómo se forjó esta adaptación de la leyenda de Eneas con el mito local de Rómulo y Remo, que parece estar ya prácticamente completada en los *Orígenes* de Catón[302], es una pregunta difícil de responder con certeza debido a la desaparición de esas primeras historias de Roma y que no vamos a abordar en este trabajo porque no está entre nuestros objetivos. Pero, si aceptamos, como hemos hecho, que la figura de Eneas era ajena a la memoria cultural romana, aunque eso no significa que fuera del todo desconocida, habría que concluir que esta nueva imagen del pasado de Roma se forjó a través exclusivamente de la escritura y se mantuvo por tiempo encerrada en ella. Es una creación literaria, producto de los estudiosos y conocedores de la historia griega, que requirió una concienzuda adaptación y revisión propia de la erudición de escritores esforzados antes que de la fervorosa devoción de una población por sus orígenes. De hecho, la complejidad y sutileza de la narración que tiene como punto de partida Eneas y la hija de Latino en Lavinio, y pasa con Ascanio a Alba Longa donde su hermanastro Silvio comenzará la dinastía albana que terminará en Rómulo como fundador de Roma, son argumentos a favor de esta interpretación. Por lo tanto, el comienzo de la escritura de la historia supuso una escisión de la memoria cultural de Roma a una escala mayor de lo que supone normalmente la intervención de la tecnología de la palabra en sociedades donde el recuerdo es todavía oral. La ruptura tangible que, como vimos, era para J. Assmann[303] una de las consecuencias del proceso por el que una memoria que giraba en torno a la coherencia ritual pasaba a encerrarse en la coherencia del texto tuvo para los romanos una dimensión extraordinaria a causa de las condiciones específicas en las que se inició su historiografía. Además de congelar el recuerdo oral del nacimiento de Roma y de paralizar la constante reactualización a la que se veía sometido, fosilizando de este modo una narración de la fundación que a partir de ahora va a convertirse en canónica, la historiografía romana inició su recorrido con una interpretación completamente novedosa sobre el origen del pueblo romano. La brecha, por tanto, con la tradición era considerable.

Con toda probabilidad, ésta es una de las razones por las que es recurrente en los escritores romanos, como decíamos, comenzar sus obras con la llegada de Eneas al Lacio, porque no se trataba de dejar constancia de una vieja creencia aceptada por todos, sino de indagar para establecer una verdad hasta entonces desconocida por los romanos que, sin embargo, requería una relevancia especial. Este proceso que inició Fabio y que ocupó a los historiadores republicanos debe ser considerado algo más que una mera adaptación de los relatos helenos sobre Occidente, término bastante negativo del que suele olvidarse su carácter creativo. En efecto, la aceptación de unos antecedentes griegos supuso, por un lado, ampliar el marco cronológico del pasado para cubrir períodos anteriores desconocidos para los romanos y de los que daban detallada cuenta los historiadores griegos, pero a un mismo tiempo obligó de un proceso de reflexión sobre el nacimiento de la ciudad. Esto hace que la historiografía republicana sea uno de los productos más creativos de la cultura romana de este período. Considerar este trabajo como una mera imitación y aplicación de historias y personajes griegos al contexto latino, es perder por completo la tensión intelectual que conllevaba este proceso. Posiblemente desde nuestro concepto de lo que es la verdadera investigación científica, especular con los viajes de un personaje mítico, carezca de valor y reelaborarlos para que concuerden con una historia local más aún. Pero hemos de considerar que para los romanos de la República

[301] García-Fernández 2001: 309.
[302] El análisis detenido de los fragmentos del primer libro realizado por Schröder (1971: 91-147) así lo pone de manifiesto.
[303] Assmann 1997: 59-73.

debió de suponer un verdadero descubrimiento intelectual ver con nuevos ojos su pasado. Por ello, seguir las huellas de Eneas en su tierra significó investigar su propio pasado para encontrar una realidad escondida de la cual hasta ese momento no habían sido conscientes. Se trató, por tanto, de un reto intelectual al que se entregó un grupo reducido de romanos para descubrir el pasado de su ciudad y poner el resultado de su investigación por escrito. En este sentido, en los inicios de la historia en Roma existe un espíritu de crítica y un intento de corrección de lo que habían sido hasta ese momento las creencias populares, del mismo modo que sucedió en los comienzos de la historiografía griega, cuando Tucídides reformulaba, por ejemplo, el tiranicidio de Hiparco a favor de la familia de los Alcmeónidas, quitándole protagonismo a los famosos Harmodio y Aristogitón [304]. En ambos casos, se intentaba establecer un discurso paralelo que suplantara o, cuando menos, que se mantuviera junto al tradicional, y para ello se eligió la escritura como medio de transmisión a la posteridad.

Esta ruptura con una tradición que hasta ese momento había sido vivida por todos los habitantes de Roma tuvo además otra consecuencia importante. El conocimiento de la historia griega y de su relación con el origen lejano de los romanos se convirtió en el privilegio de una minoría, capacitada para leer y escribir en griego y latín. Como vimos en la introducción, la escritura tuvo durante siglos una escasa difusión en Roma, estuvo vinculada de forma estrecha con el ámbito de la religión, y en especial con sacerdotes como el pontífice máximo encargado de redactar los Anales Máximos. A fines del siglo III a.C., a parte de los escritores semiprofesionales como Livio Andrónico o Nevio provenientes de las ciudades itálicas del sur, que van a poner su formación helenística al servicio de Roma, será la labor historiográfica de ciertos magistrados de la República la que genere una literatura propia de la elite política. Por primera vez la escritura estará destinada exclusivamente a que sirva de lectura para un sector de la sociedad, algo completamente diferente de la escritura ritual de los Anales. La consecuencia lógica nos llevaría a pensar que el conocimiento y escritura de la historia por parte de una minoría como es toda aristocracia debió de contribuir, posiblemente en colaboración con otras ramas de la literatura, a consolidar un nuevo elemento de distinción en la sociedad. Esto será así en un momento posterior como se ve en época imperial cuando el conocimiento de las obras literarias y su misma posesión material se convierta en un signo de estatus social[305]. Sin embargo, este uso privilegiado del conocimiento no fue una consecuencia automática del inicio de la escritura en Roma. Ya veremos lo que sucede con la imagen del historiador a fines de la República, pero en estos primeros momentos da la sensación de que la elaboración de narraciones históricas no supuso cambio alguno. Los discursos fúnebres y los elogios que nos han llegado, como el de L. Metello o el de L. Cornelio Escipión Barbado, son un claro ejemplo de las virtudes que eran apreciadas en los romanos republicanos y que giraban en torno a los éxitos militares y al desempeño de magistraturas. Nada en ellas remite al conocimiento y las ocasiones en las que aparece el adjetivo "sabio" o "inteligente" (*sapiens*), nada tiene que ver con el equivalente griego de *sophos*, sino que hace claramente referencia a la inteligencia práctica necesaria en situaciones de la vida cotidiana especialmente la destreza bélica [306]. De este modo, la práctica historiográfica, una actividad minoritaria, se mantuvo en el ámbito privado del ocio sin mayores repercusiones para la imagen social de la aristocracia, pasó, por tanto, socialmente desapercibida en sus orígenes.

Por el contrario, la investigación sí que ha tenido en cuenta la categoría social de los historiadores a la hora de valorar su actividad literaria. Como ya dijimos, es un lugar común el destacar como particularidad de Roma el hecho de que fueran los magistrados, que ostentaban el poder político y social en la ciudad, los que, a un mismo tiempo, tenían la prerrogativa exclusiva de escribir la historia. Esto ha hecho suponer a los historiadores actuales que era inevitable no sólo que hicieran un discurso apologético de Roma en sus obras, sino que destacaran los logros de su familia con el fin de exaltar las vidas de sus antepasados y la del autor mismo. Fabio Píctor habría sido el primero en iniciar esta tendencia historiográfica de modo evidente[307]. Pero el resto de historiadores se habría mantenido en la misma senda por lo menos hasta fines de la República, ya que escribir historia tenía además de una finalidad didáctica, una política como medio de polemizar con otros magistrados o de hacer elogios de su actuación [308]. Ciertamente con los fragmentos que hemos conservado es complicado asegurar que en los *Anales* de Píctor la familia Fabia tuviera un papel más relevante que las demás[309]. Estas

[304] Boedeker 1998: 198-199.

[305] Dubuisson 1991: 643.

[306] Wheeler 1988: 180-195.

[307] D'Ippolito 1998: 142-150.

[308] Badian 1966: 6-8.

[309] El único fragmento de Fabio que hace referencia directa a un miembro de su *gens*, al jefe de caballería Q. Fabio Máximo Ruliano, destaca la decisión de éste de quemar las armas enemigas en el

afirmaciones parecen estar basadas más en suposiciones que en hechos contrastados. No hay duda alguna sobre la existencia de un recuerdo gentilicio que, como vimos, tenía un papel destacado, en la memoria de la Roma pre-literaria. Los funerales, las *laudationes* o los sepulcros, aunque tuvieran como destinatario a todo el pueblo, en última instancia reforzaban en el pasado y en el presente la preeminencia de unas familias por encima del resto de población. Posiblemente partiendo de esta realidad los investigadores han supuesto que la escritura se manifestó rápidamente como un medio más de transmitir este recuerdo familiar. Incluso si admitimos la existencia de una tradición gentilicia en las primeras obras de los historiadores romanos, lo que parece evidente y debe ser considerado en primer lugar como algo destacado es que los historiadores, de Fabio Píctor en adelante, escribieron la historia de la ciudad, de sus orígenes a la actualidad. Su interés residía en narrar aquellos acontecimientos de los cuales había sido Roma la protagonista y, por lo tanto, era ella el sujeto de sus historias y no una familia en concreto. Incluso se ha sugerido que las narraciones de Píctor y Alimento podrían haberse llamado en el original griego algo así como *Romaiká*, *Perí tés Romés* o *Romaíon práxeis*, siguiendo la costumbre helena[310]. De hecho, este último título es el que utiliza Dionisio de Halicarnaso para referirse a la obra de Fabio (*A.R.* 7, 5, 45). En cualquier caso, es evidente por los fragmentos conservados que todos ellos tenían como objetivo escribir sobre el devenir de Roma, comenzando por su origen[311].

Habría que afirmar, por lo tanto, que la preocupación y el orgullo gentilicio no estaban entre los intereses principales a la hora de escribir historia en Roma[312]. Resulta cuando menos interesante comprobar que esa competición por destacar entre los iguales y por dejar una huella imperecedera que parece atestiguar el aumento de estatuas y otros monumentos erigidos en la ciudad desde finales del siglo IV a.C. y durante todo el siglo III a.C. se mantuvo en sus cauces tradicionales y no se sirvió de la escritura como medio de competición en un principio. Por ello, al contrario de lo que sucede en los inicios de la historiografía griega, las genealogías están ausentes de la primera literatura republicana. Este tipo de narración, que comenzó hacia el siglo V a.C. en Grecia, tenía como finalidad dejar constancia de la ascendencia de las familias nobles a las que se hacía descendientes de personajes míticos, y sus responsables eran escritores profesionales como Hecateo de Mileto, Helánico de Lesbos o Ferécides (*F.G.H.* Ia). Esta escritura genealógica pretendía, así, al poner de manifiesto una línea inquebrantable desde el pasado más lejano hasta la actualidad, mostrar la continuidad y, en cierto sentido, la cercanía del presente con un mundo mítico periclitado[313]. En esencia, es la misma función que tenían las *laudationes funebres* pronunciadas en el Foro y las guirnaldas o *stemmata* que relacionaban las imágenes de los antepasados y se guardaban en el atrio de la casa. En esta ocasión, sin embargo, las familias aristocráticas de la Roma republicana no pretendían ser descendientes de ningún personaje mítico, como sucedía en Grecia, sino que su orgullo gentilicio consistía en vincularse a los hombres que habían destacado en tiempos de la Monarquía como los Marcios que se consideraban descendientes del rey Anco Marco o los Calpurnios Pisones que lo eran de Numa Pompilio, pero también y sobre todo de la primera República[314].

Sin embargo, las familias nobles romanas no se sirvieron de ningún escritor para que dejara constancia escrita de su estirpe. Tampoco pareció apreciarse en un primer momento el potencial que podía encerrar la vinculación de Eneas con Roma. Las posibles raíces troyanas de algunas familias sólo se descubrieron con el paso del tiempo y alcanzaron su mayor éxito el último siglo de la República con la familia de los Julios. El primer paso lo dio César en el 68 a.C. cuando reivindicó la filiación divina en el discurso fúnebre de su tía Julia (Suet. *Iul.* 6, 1). Se aceptaba así que la familia Julia descendía de Eneas, hijo del troyano Anquises y de Venus, aunque no sabemos si el futuro dictador consideraba que esta filiación, que se articulaba a través de la figura de Silvio, suponía al primer rey albano hijo de Ascanio o hijo póstumo de Eneas y Lavinia, pues ambas opciones aparecen en la literatura augustea[315]. Más tarde Augusto no dejará pasar la oportunidad de reclamar públicamente esta vinculación con Venus, a través de Eneas y de su hijo Ascanio, llamado también Julo, en su deseo de aparecer

campo de batalla tras la victoria de Imbrinio en el 325 a.C. frente a los samnitas para evitar que el dictador L. Papirio Cursor le arrebatara la gloria (H.R.R. frag. 18, A.R. frag. 24). La otra explicación posible para Livio es que las hubiera ofrecido a algún dios previamente (8, 30, 8-10). ¿Habría que considerar esta interpretación de Fabio como una alabanza del jefe militar?

310 Balsdon 1953: 161; Wiseman 1979: 12.

311 A. Rodríguez-Mayorgas 2004: 33-44.

312 Por el contrario, Vitucci (1966: 404) y Montanari (1988: 9-13) han destacado que la primera historiografía y el registro de los pontífices eran similiares en el sentido de que eran la expresión de la aristocracia.

313 Hartog 1990: 184.

314 Mazzarino 1983: 60-61; Momigliano 1984c: 411-415. Igualmente Torelli ha destacado la diferencia entre el héroe griego que expresa una realidad extrafamiliar y el antepasado, *summus vir*, etrusco-romano que encarna la memoria y la potencia de la estirpe (2001: 309). Para Nielsen, sin embargo, los etruscos se distinguirían de los romanos por tener genealogías míticas (2002: 112).

315 García-Fuentes 1972: 31.

como el reconciliador de Oriente y Occidente[316]. Sin duda, el elemento más destacado y de mayor repercusión en la ciudad que sustentó esta declaración pública fue su proyecto arquitectónico en el nuevo Foro creado por el emperador[317]. Posiblemente la relación de los Julios con el hijo del héroe troyano se fue fraguando con anterioridad. En los *Orígenes* de Catón se afirmaba que dicha familia descendía de Ascanio (1, frag. 9b). No obstante, la proliferación de obras de carácter gentilicio como el *Sobre las familias troyanas* de Varrón (Serv. *Aen.* 5, 704), las genealogías que Ático hizo para familias como los Iunios, los Marcelos, los Cornelios Escipiones, los Fabios o los Emilios (NEP. *Att.* 18, 3), las *Familias Troyanas* de Higinio (*H.R.R.* frag. 14) o el *Sobre las familias romanas* de Valerio Mesala Rufo (*H.R.R.* frag. 1-2) pertenecen todas al siglo I a.C. o a la época augustea. Es en este momento cuando parece existir una necesidad por parte de la aristocracia tradicional romana, que había tenido un papel predominante durante la República, de recuperar y glorificar sus orígenes, posiblemente como consecuencia de la aparición de una nueva nobleza que medró socialmente con Cesar y con su heredero político, Augusto, y que va a apoyar la instauración del Imperio[318].

En definitiva, habría que reconsiderar la idea, hasta ahora indiscutida, de que el origen aristocrático de los historiadores en la Roma republicana tenga que desembocar obligatoriamente en una escritura de la historia como instrumento exclusivamente de promoción gentilicia. Sería más interesante considerar el hecho de que de forma repetitiva todos los autores decidieron dedicar su tiempo a narrar los acontecimientos que habían marcado el pasado de la ciudad. Este hecho, posiblemente por ser tan evidente para todos, no ha sido tomado suficientemente en cuenta, pero habría que recordar que en ningún caso se trata de algo necesario o esperable. Por el contrario, ha de considerarse una decisión propia de los historiadores romanos para la cual no vale, esta vez, invocar imperativos historiográficos griegos. Hasta ese momento los romanos habían aparecido en las narraciones históricas sólo de forma tangencial. Nadie había escrito una historia en la que el hilo conductor fuera la ciudad de Roma y ni siquiera la historiografía griega ofrecía buenos ejemplos a seguir en esta dirección. La corografía o historia local, categoría en la que habría que incluir también la atidografía ateniense, no se considera más que un subgénero historiográfico que, si bien remonta al siglo V a.C., los autores y obras que la representan no están precisamente en la primera fila de la literatura helénica, como se puede apreciar por las escasas noticias que tenemos[319]. Para pensar realmente en un modelo griego habría que suponer que los primeros historiadores romanos leyeron historias como la que Teopompo hizo de Quíos, su ciudad natal (*F.G.H.* IIb 115 frag. 305), aunque ciertamente es más sencillo suponer que cuando comenzaron a escribir no lo hicieron después de un concienzudo análisis de las posibilidades que les ofrecían los distintos géneros literarios helenísticos, sino que más bien escogieron aquella realidad que les parecía dotada de un pasado digno de transmitir a la posteridad. Esta realidad era Roma.

Durante el tiempo que la memoria cultural de la ciudad se transmitió oralmente, todos los habitantes por igual tenían un origen común, reconocían una ascendencia unitaria y compartida. El pasado más remoto ponía de manifiesto los acontecimientos mediante los cuales había surgido Roma, su urbanismo, sus instituciones, sus fiestas, en definitiva el funcionamiento y la vida de la ciudad en su conjunto. Por el contrario, la memoria más reciente, la memoria comunicativa, estaba monopolizada por las familias patricias y plebeyas de más renombre, cuyos miembros habían ostentado cargos importantes y habían protagonizado los episodios bélicos más destacados. Se trataba de una memoria colectiva y no privada, porque era compartida por toda la población, pero el objeto de recuerdo era, en definitiva, las hazañas de personajes individuales. Los enfrentamientos militares, las victorias, las derrotas, los tratados, todo se veía a través de la personalidad y del comportamiento de ciertos individuos que actuaban como líderes de todo el grupo. El recuerdo más inmediato estaba fragmentado y subordinado a la figura de determinados nobles. Esto fue así al menos hasta la Segunda Guerra Púnica, el primer acontecimiento bélico que va a ser narrado en detalle por sus propios protagonistas. Como se puede colegir por los fragmentos conservados, Fabio Píctor y Cincio Alimento contaron lo sucedido en esta segunda guerra contra Cartago de forma pormenorizada, en base a información directa y de primera mano, y con la familiaridad que les otorgaba el hecho de haber participado personalmente en el enfrentamiento. Destaca en ellos el hecho de que se haga incidencia en el número de tropas que tomaron parte en cada combate; así Cincio asegura que Anibal movilizó a 80.000 soldados de infantería y a 10.000 de caballería

[316] Perret 1942: 560-577; Wiseman 1974: 153-164.

[317] Zanker 1992: 230-254.

[318] Syme 1989: 112-134 y 439-463. El cambio de Era fue por tanto, un momento de reelaboración escrita de la memoria gentilicia de forma similar a lo que sucedió en el siglo IV a.C. según considera Torelli a la luz de la documentación epigráfica e iconográfica del registro funerario en el Lacio y Etruria (1996: 13-22).

[319] Fornara 1983: 16-23.

para pasar el Ródano y ofrece además la cifra de bajas que tuvo (*A.R.* frag. 10); Fabio da el número de 15.000 romanos muertos en el campo y 10.000 en la huida hacia Etruria en la batalla de Trasimeno (*A.R.* frag. 32) y, en referencia a un acontecimiento anterior como fue el enfrentamiento con los galos del 225 a.C., habla de 800.000 soldados (248.2000 hombres de infantería y 23.000 de caballería) bajo las órdenes del cónsul Lucio Emilio (*A.R.* frag. 30b). Dejando a un lado la fiabilidad de los datos y el grado de exageración posible por parte de estos autores, parece claro que con estas cifras se intentaba poner de manifiesto las dimensiones de una guerra que había superado en gran medida cualquier enfrentamiento bélico anterior y que había puesto a Roma al borde de la catástrofe.

Las cifras de romanos y de aliados que lucharon en la guerra se pueden interpretar, también, como un indicio de una manera diferente de comprender los acontecimientos de la historia reciente de Roma. En el relato de los hechos anteriores a ese momento no se había hecho hincapié más que en los personajes individuales que capitalizaban la acción. Nada sabemos de la cifra de romanos que abandonaron Roma con el último Tarquinio, simplemente conocemos a Lucrecia, a Sexto Tarquinio y la Lucio Junio Bruto (Liv. 1, 57-58). Tampoco tiene cifras el asedio del rey etrusco de Clusio, Porsena, pero su marcha está causada por el valor de Horacio Cocles, Mucio Escévola y Clelia (Liv. 2, 10-13). Por último, del saqueo de los galos desconocemos igualmente las cifras, mientras que todos los acontecimientos se centran en un solo personaje, Camilo y ciertos jóvenes valientes como C. Poncio Comino y C. Fabio Dorso (Liv. 5, 43-46). Frente a esta memoria gentilicia que monopolizaba el recuerdo de los hechos más cercanos en el tiempo a través de ciertos individuos, en la narración de la Segunda Guerra Púnica de Píctor y de Alimento van a aparecer también en primera fila los ciudadanos romanos. Eran ellos los que estaban censados, participaban en las asambleas y componían, al mismo tiempo, el grueso de ese ejército que luchaba en defensa de la ciudad. De este modo, además de los grandes generales, las derrotas o las victorias de Roma aparecen ahora como resultado de la actuación del conjunto de ciudadanos. Este cambio de perspectiva está vinculado con el nuevo formato con el que se van a narrar y a recordar los acontecimientos a partir de ahora mediante la escritura. En esta misma dirección habría que interpretar la decisión de Catón de no dar el nombre de los generales en sus *Orígenes* (4, frag. 11)[320], o su alabanza al valor de anónimos soldados que podemos ver en dos fragmentos (4, frag. 7a y b). En el primero destaca el acto heroico de un tribuno militar, Quinto Cedicio, durante la Primera Guerra Púnica y en el segundo, transmitido por Cicerón (*Cato.* 75), se afirmaba que *las legiones romanas partían a menudo con el espíritu alegre y resuelto hacia lugares de los que pensaban que nunca iban a regresar*. De este modo, el ejército romano en su conjunto aparecía como un todo indistinguible actuando frente al enemigo, desde el más humilde de los soldados hasta el cónsul. Eran los romanos en plural, es decir los ciudadanos-soldados, el objeto principal en torno al que giraba la narración, y no un personaje o una familia específica como había sucedido en las vías tradicionales de transmisión del recuerdo. De este modo, mientras que en la ciudad los generales seguían siendo protagonistas de los triunfos y de otros reconocimientos especiales a su preeminencia por encima del resto de la población, en la escritura era Roma la que se convertía en sujeto histórico, no sólo en el momento de su fundación, sino también en los hechos que ocupaban los tiempos más recientes. En este sentido podría decirse que la Segunda Guerra Púnica y el comienzo de la historiografía pusieron de manifiesto o reforzaron, de algún modo, la identidad romana ya existente desde una nueva perspectiva como era la narración de los acontecimientos pasados y presentes[321]. En este sentido, como apunta F. Pinna-Polo, la obra autores como Fabio Pictor o Catón son un intento de reafirmación del nacionalismo romano[322].

Esta cercanía entre la Segunda Guerra Púnica y el comienzo de la historiografía romana no está ausente, además, de otro significado. Es interesante observar, no sólo que los dos primeros historiadores participaron en ella y escribieron muy posiblemente una vez finalizada la contienda, sino que sus dos obras se mantuvieron en solitario durante media centuria hasta que a mediados del II a.C. aparecen las historias de Postumio Albino, Acilio y Casio Hemina. En la primera mitad de esa centuria sólo tenemos constancia

---

[320] Se considera normalmente este hecho una característica aislada y distintiva de la historia de Catón, ya sea derivada de su crítica a las grandes personalidades de Roma y al individualismo de corte helenístico como el de Escipión Africano (Kienast 1979: 57) o a la concepción del pasado como una obra anónima de los antepasados (Timpe 1970-71: 23-24). Nosotros consideramos, sin embargo, que ambas ideas ya estaban latentes en la decisión de Fabio y de Cincio de hacer una *historia de Roma* y que la decisión de Catón es simplemente un paso más en esa dirección.

[321] Blösel, sin embargo, considera que las historias de la República hacían demasiado hincapié en la amenazada solidaridad de la aristocracia y que, por tanto, nunca contribuyeron a crear una identidad para todos los romanos (2003: 53-73). No obstante, nosotros creemos que resulta más significativo el hecho de que se escribieran historias en las que Roma, desde su origen hasta la actulidad, fuera el hilo conductor.

[322] Pina-Polo 2004: 147-172.

de los *Orígenes* de Catón y de la obra histórica escrita en griego de Publio Cornelio Escipión, hijo del Africano (CIC *Brut.* 19, 77). Hay, por lo tanto, una clara diferencia temporal entre Fabio Píctor y Cincio Alimento, y el resto de historiadores. Es evidente que la trascendencia del enfrentamiento con Cartago debió de crear unas condiciones especiales que, de algún modo, impulsaron la escritura de la historia. Algo semejante puede observarse en la historiografía griega de Heródoto y Tucídides que de forma significativa coincide con la nueva estructura política y con el papel hegemónico de Atenas en el siglo V a.C., en un momento en el que los cambios políticos tuvieron enormes consecuencias[323]. En otras ocasiones también se ha podido observar una relación estrecha entre acontecimientos históricos de relieve y un cambio en la forma de comprender y transmitir el pasado como lo fue la caída de Roma para el concepto de historia sagrada de San Agustín o la Revolución Francesa para el historicismo[324]. En este caso podríamos afirmar, sin lugar a dudas, que fue la guerra contra Aníbal la que marcó de forma indeleble a la ciudad de Roma, no sólo por los cambios sociales y económicos que *a posteriori* los historiadores pueden relacionar de forma estrecha con esta guerra[325], sino por la propia vivencia subjetiva que los romanos tuvieron de la invasión cartaginesa como una experiencia traumática, especialmente después de la derrota de Canas, momento en el que la ciudad estuvo en una situación desesperada con la posibilidad de una marcha del ejército cartaginés directamente hacia Roma[326]. Es significativo, a este respecto, el notable aumento del número de prodigios recogidos por las fuentes para los dieciséis años que duró esta guerra, lo que permite entrever el miedo y la alarma que debía de afectar a la población a raíz de los fracasos militares[327]. También lo delatan todas las medidas excepcionales que se adoptaron, como la elección de un dictador, en la persona de Quinto Fabio Máximo Cunctator, el envío de una embajada a Delfos en la que participó Fabio Píctor, la pareja de galos y de griegos que fueron enterrados vivos en el Foro Boario como expiación, o la recepción solemne por parte del senado de una nueva divinidad asiática, la Gran Madre[328], como consecuencia de la consulta de los Libros Sibilinos. Todo ello pone de manifiesto que la ciudad sentía estar sufriendo la mayor amenaza de un peligro exterior, posiblemente desde la invasión gala del 390 a.C.

De este modo, todos los recursos humanos y sobrehumanos fueron necesarios para conjurar la fuerza del ejército del cartaginés Aníbal. En manos de los pontífices de la ciudad y del resto de cargos sacerdotales estaba la responsabilidad de atender a las señales que los dioses estaban enviando y de ganarse el favor divino para salir vencedores de esa guerra. En esta ocasión, como en las anteriores, los Anales Máximos jugarían un papel destacado dentro de ese diálogo con la divinidad, en ellos quedaría un testimonio perpetuo del juego de fuerzas sobrehumanas que se manifestaron a favor y en contra de los romanos, y de las acciones que éstos emprendieron para apaciguar a los dioses y canalizar su influencia en su beneficio. Esta escritura religiosa contribuiría, en última instancia, a superar la amenaza que acechaba a Roma y a mantener la imagen de continuidad y de estabilidad que los romanos tenían de su existencia[329]. Acabada la guerra, ésta pasaría a engrosar el número de victorias romanas como una más, en la que Roma de nuevo había triunfado gracias a los dioses que la protegían. Por otra parte, los habitantes tenían un nuevo héroe que recordar y que iba a colocar a su familia en un lugar privilegiado de la memoria de la ciudad. Entre todos los generales que destacaron en la lucha contra el ejército cartaginés, Publio Cornelio Escipión, apodado el Africano por su victoria frente a Aníbal en Zama en el 202 a.C., se convertiría en el símbolo de la fuerza militar y, en definitiva, de la victoria romana; y entorno a su figura se iba a generar una leyenda como el elegido de los dioses[330].

Muy posiblemente la Segunda Guerra Púnica habría quedado reflejada en esta doble vertiente en la memoria romana dentro de la estructura del recuerdo que hemos estudiado, de no ser por la decisión de dos participantes en la contienda de dejar constancia de lo sucedido de un modo diferente a través de la escritura. Pero esta vez lo hicieron desde otra perspectiva inédita, sin duda, porque percibían que las vías tradicionales del recuerdo no permitían expresar las dimensiones y el significado que esa guerra había tenido. De este modo, se inauguró en Roma un nuevo tipo de memoria que iba

[323] Meier 1973: 251-256.
[324] Rüsen 1996: 16.
[325] Le Glay 2001: 129-180.
[326] Para los romanos posteriores fue un momento histórico de suma importancia. Así, por ejemplo, la Segunda Guerra Púnica es el enfrentamiento bélico al que de forma más recurrente hace referencia Cicerón en sus discursos (Laurand 1911: 16-20) y Tito Livio le dedica una década entera y reconoce que fue la guerra más memorable (*memorabilis*) de todas (21, 1, 1). Para Chassignet habría sido Catón el primer en magnificar este evento descartando que tuviera relevancia en las obras de Fabio y Alimento basándose exclusivamente en la falta de fragmentos al respecto (1998: 58-60).
[327] William-Rasmussen 2003: 45-46.

[328] La *Magna Mater* tenía su centro de culto original en el monte Ida (Frigia, Anatolia). En su templo en un lugar privilegiado como era el Palatino, algo excepcional pues los cultos extranjeros solían establecerse extramuros.
[329] A. Rodríguez-Mayorgas 2007 (en prensa).
[330] Torregaray 1998: 52-75.

a terminar por transformar la visión que los romanos tenían de su propio pasado. Y eso fue así, no porque en el devenir de Roma perdieran importancia los grandes personajes, ni porque a partir de ese momento se pensara que el destino de la ciudad no dependía del favor divino; por el contrario, ambos elementos, una narración sacralizada y la relevancia de determinados individuos -a pesar del surgimiento de la colectividad romana como sujeto de la narración-, seguirán presentes en la historiografía. Sin embargo, de lo que dejarían constancia las historias de Fabio Píctor y de Cincio Alimento era del cambio y de la diferencia entre el pasado más lejano y el presente que quedaban reflejados en un mismo hilo argumental. En alguna ocasión se ha afirmado que el surgimiento de la historia en la Antigüedad estaba precedido por una toma de conciencia de un pasado común entre distintos pueblos. Así Purcell[331], tomando como ejemplo la historiografía latina, considera que fue el contacto con Grecia lo hizo que los romanos percibieran su pasado de forma diferente a partir de los siglo V y IV a.C., ya que fueron conscientes de que en muchos aspectos era semejante al de este pueblo y terminaron por asimilar algunas de sus vivencias más importantes a las de los griegos, como la invasión gala en Italia a la que parangonaban con la de los persas en Grecia. Verdaderamente poco sabemos del conocimiento que la Roma pre-literaria pudo tener de la historia de las ciudades griegas y si esto puede considerarse un prerrequisito para el comienzo de la historiografía, lo que sí parece evidente es que en los testimonios de las obras escritas que conservamos no hay rastro alguno de esta sintonía entre el pasado griego y el romano. Por el contrario, lo que si se puede afirmar es que la decisión de transmitir la memoria de Roma a través de la escritura va a fomentar un comprensión unitaria y evolutiva del pasado romano. Es evidente que crear de la nada una narración sobre la historia de Roma por parte de los primeros escritores fue un esfuerzo intelectual de comprensión de la realidad[332], diferente al que hasta ahora estaban acostumbrados los romanos. Sin duda, como afirma Momigliano, también supuso un intento de introducir orden y sentido en la tradición de Roma. Pero posiblemente los primeros historiadores no fueran conscientes de ello en un momento inicial, ni de las consecuencias que iba a suponer. Como ya vimos en el segundo capítulo, es la propia escritura de una narración la que permite una reflexión sobre el contenido que no existe en la transmisión oral de la memoria. Por lo tanto, parece más consecuente pensar que fue la historiografía la que poco poco permitió tener una visión diferente del pasado romano y no que esta visión fuera un requisito previo para que pudiera surgir la primera.

Que este proceso de adaptación a la escritura o, mejor dicho, de creación de una narración histórica fue algo lento y sin precedentes en la cultura romana lo demuestra el hecho de que en los escritores republicanos todavía encontramos algunos rasgos que reflejan de forma fidedigna la manera de comprender y transmitir el pasado de las sociedades orales como lo era Roma antes de Fabio Píctor. Estos elementos de perduración ponen de manifiesto que el principal referente de los primeros autores romanos no era exclusivamente la historiografía griega, sino que estaban claramente influidos por la forma en que ellos mismos, dentro de la sociedad en la que vivían, percibían el pasado de su ciudad, algo que, por otro lado, parece del todo lógico. Por ello, aunque la narración imponía algunas reglas, como era la de un discurso coherente que siguiera un hilo conductor de principio a fin, otros rasgos tienen su razón de ser solamente si los consideramos una herencia de la forma de ver el pasado de la Roma del siglo III a.C.

Uno de estos rasgos pre-literarios puede detectarse en el contenido de las obras historiográficas. A pesar de que la información con la que contamos es escasa a este respecto, sin embargo, un comentario que Dionisio de Halicarnaso hace en la introducción de sus *Antigüedades Romanas* resulta muy elocuente para conocer la distribución de estas narraciones.

Dion. Hal. *A.R.* 1, 6, 1-2.
De estos escritores, los más antiguos son Quinto Fabio y Lucio Cincio, y ambos florecieron durante las guerras púnicas. Cada uno de estos hombres narró con exactitud basada en la experiencia aquellos hechos en los que él mismo había estado presente; en cambio, los sucesos antiguos ocurridos después de la fundación de la ciudad los tocaron por encima y de forma sucinta. (trad. E. Jiménez y E. Sánchez).

En este texto Dionisio reconoce que la obra de los primeros historiadores romanos era bastante desigual en su contenido. Los hechos contemporáneos tenían un lugar privilegiado y además estaban expuestos de forma detallada y rigurosa porque los propios autores habían participado en ellos. Esto confirma que la Segunda Guerra Púnica había verdaderamente impactado a los romanos y que es un de los factores determinantes en el comienzo de la historiografía latina. Por otro lado, también pone de manifiesto el historiador griego que los acontecimientos que siguieron a la fundación estaban contados de forma breve. Es evidente que la contraposición que hace el autor se establece entre historia contemporánea e historia más lejana en

[331] Purcell 2003: 19-26.
[332] Momigliano 1960b: 312.

general. Sin embargo, Dionisio precisa que el relato es deficiente a partir de la fundación de la ciudad, lo que hace suponer que los orígenes de Roma tenían cierto relieve dentro del conjunto de la obra, o al menos que se observaba un cambio claro entre un tema y otro. Evidentemente él no lo expresa con estas palabras, es una deducción del lector[333]. No obstante, si no fuera así no tendría sentido que el autor especificara *después de la fundación de la ciudad*. En cualquier caso es muy posible que la causa de esta precisión fuera que, en términos generales, todas las historias romanas narraban en los mismos términos el origen de la ciudad y no había ningún indicio que hiciera pensar a Dionisio que estos autores no habían tratado el tema en extensión y con los detalles que en la tradición romana habían sido transmitidos estos acontecimientos, mientras que la narración posterior era más vaga. Más complejo es determinar qué debemos entender exactamente por *origen* en este contexto. Algunos autores consideran que este término habría que entenderlo en su sentido restringido y que, por tanto, Dionisio está haciendo referencia aquí única y exclusivamente a la fundación de la ciudad[334], período que finalizaría posiblemente con la muerte de Rómulo. Por el contrario, la mayoría de los historiadores piensan que hay argumentos suficientes como para considerar más adecuado entender este concepto como "orígenes" y que en él debería incluirse también el período monárquico[335].

De este modo, podemos concluir que, por lo que respecta a la narración de los inicios de la República, las primeras historias romanas parecían estar menos informadas o presentar los acontecimientos con menos detalle y detenimiento. La situación cambia cuando el relato abordaba el siglo III a.C., de modo que a partir de la guerra contra Pirro, según unos[336], o de las guerras púnicas[337], según otros, Fabio y Cincio se extendían en su relato. Esta distribución desigual del contenido no extraña a los historiadores. Es lógico pensar que para ese último siglo, los autores romanos podían disponer de información más abundante sobre lo sucedido en la ciudad. No obstante, si pensáramos que compusieron sus obras a partir de distintas fuentes escritas, lo que no parece lógico es que tuvieran un número mayor de noticias del pasado más lejano que de los primeros siglos republicanos. Este esquema es del todo comprensible, sin embargo, si consideramos que es el reflejo de una larga tradición de memoria oral que había prevalecido en Roma desde su origen. De este modo, este esquema desigual coincide claramente con el tipo de recuerdo que tienen las sociedades ágrafas. Como establece el antropólogo J. Vansina[338], las noticias sufren un largo proceso desde que se generan hasta que se convierten en historia pasada, de modo que, conforme avanzan las generaciones, se produce una selección y estructuración de la información siempre según los criterios de interés que están vigentes en cada momento dentro del grupo. De este modo, existe un modelo recurrente de memoria que se caracteriza por lo que Vansina denomina *floating gap*. Según este esquema, los acontecimientos de los tiempos más recientes son recordados pormenorizadamente, especialmente por lo que respecta a las tres últimas generaciones, dado que es éste el espacio temporal en el que suele perdurar con bastante exactitud la información que se transmite de padres a hijos. Las noticias de mayor antigüedad son, sin embargo, escasas; mientras que los orígenes del grupo son recordados con gran profusión de detalle. De este modo, existe siempre un tiempo presente recordado con detenimiento, que con el pasar de los años va cayendo en el olvido y va entrando dentro de la fase de recuerdo más débil en la que solamente los hechos más destacados y significativos para el grupo sobreviven, normalmente adaptados a esquemas y clichés que se repiten. Es entre esta fase y la memoria de los orígenes donde se encuentra lo que podríamos traducir en castellano como "lapso flotante", un salto temporal, que difícilmente puede calibrarse en términos cronológicos y que conforme pasa el tiempo tiende a avanzar hacia el presente. A su paso las noticias de los tiempos más remotos suelen caer en el olvido o ser mezcladas con acontecimientos anteriores o más tardíos. De este modo, la narración sobre los orígenes se encuentra, por decirlo de alguna manera, desvinculada del resto de noticias desde el punto de vista cronológico.

En el estado actual de nuestra información sobre la memoria oral de la República es imposible reconocer esta estructura del recuerdo que se ha perdido al extinguirse las voces que la sustentaban. No olvidamos en ningún momento que nuestro testimonio es siempre escrito y que, aunque en algunos aspectos mantenga la huella de un tiempo anterior, en muchos otros nuestra el resultado de una obra concebida para la escritura. No obstante, es una hipótesis interesante ver en esta descripción de Vansina la estructura que según Dionisio de Halicarnaso tenían las obras de Fabio

[333] Chassignet 2003: lxviii.

[334] Poucet 1976: 213-215; Verbrugghe 1980: 2167.

[335] Gelzer 1954: 343; Naude 1960: 53; Timpe 1972: 932-940; Gabba 1993: 15.

[336] Badian 1966: 3; Verbrugghe 1980: 2168.

[337] Gelzer 1933: 129; Bömer 1952: 38; Naude 1960: 53; Timpe 1972: 934-935.

[338] Vansina 1985: 167-168.

Píctor y Cincio Alimento; un relato detallado sobre los orígenes que acabaría con los primeros años de la República, un período intermedio de dos siglos, tratado brevemente porque en realidad poca información se conservaba de él y, por último, una época contemporánea que podríamos retrotraer incluso hasta la guerra contra Pirro (280-272 a.C.), es decir, un par de generaciones anteriores a la de los primeros escritores, cuya información de primera mano todavía circulaba de forma oral en Roma. Por lo tanto, esta distribución del contenido de la primera historiografía no sería el resultado de un interés desigual de sus autores por unos períodos u otros, ni tampoco es necesario considerarla una consecuencia de la influencia de los autores griegos. Estos tenían un especial interés por los orígenes de los pueblos vecinos, pero este hecho no obligaba a los primeros escritores romanos a adoptar la estructura tripartita que hemos visto. Es evidente que no se puede suponer, a este respecto, que la elección del contenido de estas primeras obras se debe a un deseo de imitar y de continuar las tendencias historiográficas griegas. Es mucho más sencillo, y cuenta con mejores argumentos, considerar que responde a la organización de la memoria que existía en Roma a fines del siglo III a.C. Sin duda, es el momento en que comenzó la escritura de la historia el que ha determinado que el esquema de recuerdo que se ha fosilizado en la narración lo hiciera en estos términos y no otros. Por ello, la obra de Píctor y Alimento no supone tanto el comienzo o la inauguración del recuerdo perdurable del pasado en Roma como el punto final de la tradición oral romana[339]. Y decimos punto final no porque a partir de ese momento los romanos abandonaran por completo su anterior costumbre de celebrar y transmitir su pasado, y lo confiaran plenamente en la escritura, sino porque en estas primeras obras iba a quedar reflejada para siempre, como si de una instantánea se tratara, la imagen que de los hechos pretéritos tenían los romanos de fines del siglo III a.C. La narración sobre los orígenes, que en condiciones de transmisión oral podría haber variado parcialmente en su contenido o, cuando menos, haber destacado aspectos diferentes del mito, quedó congelada en los términos en los que era aceptada por los romanos de ese momento. De este modo, a partir de Fabio Píctor y de Cincio Alimento todas las historias narraban la leyenda de los gemelos con las mismas características como reconoce el propio Dionisio de Halicarnaso, autor que nos ha transmitido en líneas generales el relato de estos primeros escritores (*A.R.* 1, 79, 4).

[339] Ungern-Sternberg 1988: 249-250.

También las dos primeras centurias republicanas permanecerán para siempre envueltas en cierta confusión y misterio, como una especie de *edad oscura* romana. Sin embargo, resulta difícil averiguar con precisión la extensión de las narraciones que abordaban lo sucedido en los siglos V y IV a.C. Lo cierto es que su conocimiento de esta época nunca se puso al nivel de la narración de las guerras púnicas y de los períodos posteriores. De los cuarenta fragmentos de la obra de Fabio que conservamos y que aparecen en la última edición de Chassignet, solamente siete pertenecen a estos dos siglos (del fragmento 18 al 24) con la particularidad de que dos de ellos son imposibles de fechar y hacen referencia a cuestiones generales que podrían encajar en otro momento de la obra; así en el frag. 18 se afirma que ningún jefe romano podía apropiarse de nada que fuera del pueblo y en el 22 se establece que los volscos provienen de los sículos por corrupción del nombre. Por el contrario, veintitrés noticias pertenecían al período de fundación de la ciudad y a la monarquía, mientras que nueve trataban de los acontecimientos del siglo III a.C. En el caso de Cincio sólo un fragmento de los trece que conservamos puede fecharse con seguridad en ese período. Resulta interesante comprobar que los primeros poemas épicos latinos también reproducían este esquema. Así la *Guerra Púnica* de Nevio se ocupaba de los orígenes de Roma en un primer momento para abordar después la primera guerra contra Cartago[340]. Ciertamente esta estadística no arroja datos del todo fidedignos, dado que el número de testimonios de estos autores que nos ha llegado depende, no sólo de la distribución del contenido de sus obras, sino también de la repercusión que tuvo en la Antigüedad y del uso que el resto de autores hicieron de ellos.

Hay que tener en cuenta, además, que el vacío que pudo producir el *floating gap* en un primer momento se fue amortiguando de algún modo por la "labor de investigación" que los subsiguientes historiadores llevaron a cabo para desentrañar la evolución de los acontecimientos que se registraron en esos siglos. La escritura de una obra histórica con un comienzo y un fin y en la que los acontecimientos se encadenaban del pasado al presente imponía, sin duda, la necesidad de elaborar un relato coherente. Los hechos tenían que sujetarse a una narración continua, no podían presentarse de forma aislada e inconexa como sucedía en la memoria oral. Por ello los relatos de los primeros siglos ejercieron una influencia decisiva para armonizar los contenidos. Esto se observa claramente en la obra *Desde la fundación de la ciudad* de Tito Livio. En la que esta estructura tripartita de

[340] La Penna 1978: 48.

orígenes, período intermedio y memoria reciente no muestra de ningún modo la estructura que según Vansina ocupaba el recuerdo oral. Su historia es claramente una especie de compendio de toda la analística anterior de la cual dependió a la hora de escribir sobre aquellos períodos de los que el autor no tenía información de primera mano.

Si analizamos lo que en su momento debió de ser la estructura original de esta obra a partir de los manuscritos que han sobrevivido y de los resúmenes o *periochae*[341], podemos observar que el primer libro está dedicado a los orígenes de Roma hasta el final de la monarquía. El resto de la década (o grupo de diez libros) abarca las dos centurias siguientes de tal modo que el libro X ya se encuentra a caballo entre el siglo IV y el III a.C. y en él se narran los acontecimientos de las guerras en el Samnio y en Etruria. Por el contrario, los veinte libros siguientes, es decir, la tercera y cuarta década, están dedicados íntegramente al siglo III a.C. La diferencia en la extensión es evidente. Los contemporáneos de Fabio Píctor y de Cincio Alimento tenían un recuerdo mucho más débil e inconsistente de todos aquellos hechos que había sucedido con anterioridad al 300 a.C., mientras que podían narrar con cierto detenimiento aquellos acontecimientos en los que sus abuelos, sus padres y ellos mismos habían participado de forma directa. Con respecto a los orígenes, ciertamente el autor no le dedica más que un libro, aunque hay que tener en cuenta que el propio Livio reconoce en la introducción su falta de interés acerca todo lo ocurrido con anterioridad a la fundación y sobre los hechos fabulosos (*Praef.* 6-8). Pero precisamente en los orígenes de Roma transmitidos oralmente no podría encontrarse otro tipo de información.

En este sentido, es posible encontrar un punto de encuentro entre el inicio de la historiografía griega y el de la romana. En ambos casos, se pone de manifiesto la influencia de una tradición oral anterior que determina el objeto de la memoria colectiva que va a ser transmitida por primera vez por escrito. De este modo, también existe en las obras de los primeros historiadores griegos como Heródoto una clara estructura que responde a este tipo de memoria que los antropólogos reconocen en las sociedades ágrafas[342]. Así el de Halicarnaso en sus *Historias* narra con mucho mayor detalle los acontecimientos ocurridos en Grecia a partir del siglo VI a.C. y, en general, se puede decir que los griegos del período clásico tenían muy poco conocimiento de todo aquello que fuera anterior al 600 a.C. Más atrás su pasado se vinculaba al detallado recuerdo de la guerra de Troya y a las historias de fundación de las distintas ciudades.

Junto con esta estructura tripartita de la memoria existen otros rasgos que responden al tipo de recuerdo que, como vimos, funcionaba en la Roma pre-literaria y que lejos de ser el resultado de una narración típica de la transmisión escrita, manifiestan el tipo de referencia al pasado que tienen las sociedades orales. Los tiempos pretéritos no habían tenido para los romanos, hasta ese momento, un interés por sí mismo, ni plateaban ningún interrogante. En efecto, el recuerdo del pasado estaba fragmentado en diversos personajes, lugares y anécdotas, y tenía siempre como referente y elemento de evocación alguna realidad presente que necesitaba ser explicada. De ese modo, no siendo una entidad en sí misma, el pasado servía para hacer comprensible el momento actual. La escritura de la historia, sin embargo, convertía los tiempos pretéritos en sujeto de escritura, de interés y de estudio, y, con ello, ganaba importancia una narración ordenada y coherente de los hechos, las gestas que ahora tenían un papel principal por sí mismas en el recuerdo. No obstante, aunque fuera ésta la nueva perspectiva de Fabio Píctor y de Cincio Alimento, era imposible para ellos y el resto de historiadores hacer tabla rasa de su forma de ver el pasado de Roma, de modo que en su narración de los acontecimientos alejados en el tiempo, los no contemporáneos, aparecen constantemente referencias que son el resultado de una larga transmisión oral del recuerdo y no de una narración creada a través de fuentes escritas. De ese modo, en su narración se incluían noticias vinculadas a elementos del presente y que carecían de una cronología firme.

Por lo que respecta al segundo punto, ya comentamos con anterioridad que los primeros historiadores se preocuparon por fechar el origen de la ciudad: Fabio consideraba que el acontecimiento había tenido lugar el primer año de la octava olimpiada (748/7 a.C.)(*H.R.R.* frag. 6; *A.R.* frag. 8) mientras que Cincio Alimento rebaja la fecha hasta el cuarto año de la duodécima olimpiada (729/8 a.C.)(*H.R.R.* frag. 4; *A.R.* frag. 6). Veremos más adelante la importancia de la cronología en la historiografía republicana. Ahora nos interesa constatar de qué forma las primeras obras escritas carecían de una cronología coherente como lo ponen de manifiesto algunos pasajes de Dionisio de Halicarnaso.

Dion. Hal. *A.R.* 4, 6, 1
Quiero interrumpir la narración de lo que sigue para exponer los motivos por los que discrepo de Fabio y los demás historiadores cuando afirman que los niños que había dejado Tarquinio eran hijos suyos; y quiero aclararlo para que ninguno, si han caído en sus manos

[341] Stadter 1972: 302-307.
[342] Finley 1965: 288-291; Murray 1987: 95.

esas historias, vaya a pensar que yo he inventado al escribir que los niños no eran hijos sino nietos suyos. No hay duda de que los historiadores han transmitido esta noticia de forma irreflexiva y negligente, sin examinar ninguna de las circunstancias imposibles y absurdas que la descalifican.

Dion. Hal. *A.R.* 4, 7.
En efecto, se admite que, tras el fin de Tarquinio, Tulio heredó el trono y lo ocupó durante cuarenta y cuatro años, de modo que, si el hijo mayor de Tarquinio tenía veintisiete en la fecha en que perdió el trono, cuando mató a Tulio tenía que tener más de setenta. Sin embargo, los historiadores nos han transmitido que por aquel entonces estaba en plena juventud, y aseguran que él mismo levantó en vilo a Tulio, lo sacó del Senado y lo tiró escaleras abajo. Su caída del gobierno tiene lugar veinticinco años después de estos sucesos, y en este mismo año nos los presentan en la guerra contra los de Ardea, llevando a cabo todos los trabajos personalmente. Pero no tiene sentido que un hombre de noventa y seis años tome parte en la guerra. Tras su expulsión del poder, todavía luchó contra los romanos por los menos catorce años y dicen que él en persona estaba presente en todas las acciones. Todo esto es contrario al sentido común, pues parece haber vivido ciento diez años, longevidad ésta que no se da en nuestras tierras. Algunos historiadores de Roma, que observaron esas incongruencias, intentaron resolverlas con otras, haciendo que la madre de los niños no fuera Tanaquil, sino una tal Gegania de la que no nos ha llegado ninguna otra noticia. De nuevo a destiempo se produce el matrimonio de Tarquinio, con cerca de ochenta años, y es increíble que un hombre de esa edad pueda engendrar hijos. Además, no era un hombre sin descendencia como para desear tenerla a toda costa, sino que tenía dos hijas, y ya casadas. A la vista de estas circunstancias imposibles y absurdas, sostengo, y en esa idea coincido con Lucio Pisón Frugi, que es el único que en sus Anales da cuenta de esta versión, que los niños no eran sino nietos del Tarquinio; a no ser que los niños fueran nietos del rey por nacimiento, pero hijos suyos por adopción, y esto explicaría el error de todos los demás historiadores de Roma.

Este largo excurso de Dionisio en su narración de los hechos que acontecieron en la monarquía romana nos ofrece un ejemplo claro de cómo la formación de un relato escrito obliga a "racionalizar" las incoherencias que no existían en la transmisión oral de ese mismo episodio. Podemos inferir a partir de la crítica del historiador griego que el relato tradicional romano hacía hincapié en el hecho de que fue el propio hijo mayor de Tarquinio Prisco, llamado Tarquinio como él, quien había sido dejado de lado en la sucesión por un personaje ajeno a la familia, Servio Tulio, el que llevó a cabo una revuelta contra este rey y ordenó su muerte. Los aspectos más relevantes y significativos de la desaparición del monarca son precisamente su asesinato a manos del hijo de su predecesor que reclamaba su derecho al trono y la extrema crueldad de su hija, casado con éste, que no sólo aceptó sino que alentó la muerte de su padre. La sevicia de Tulia quedó además reflejada en lo sucedido tras el asesinato, cuando el cadáver de su padre yacía cerca del templo de Diana en la cuesta de Urbia y ella pasó por encima de él con el carro, hecho que recuerda el nombre que recibió aquel sitio: *sceleratus vicus*, calle del crimen (Liv. 1, 48, 6-7). Con toda probabilidad el relato tradicional, transmitido oralmente, no hacía referencia alguna a la cronología del reinado de Servio Tulio. El problema surgió cuando los historiadores romanos trataron de organizar temporalmente los acontecimientos de la monarquía y le asignaron a cada reinado una serie de años, ya fuera mediante el cálculo generacional como se suele considerar[343] o teniendo como referente un posible cómputo cronológico iniciado con el período etrusco de monarquía que comienza con el primer Tarquinio y que girara en torno a la figura del rey como apunta Martínez-Pinna[344]. En cualquier caso el reinado de Servio, dice Dionisio, tenía cuarenta y cuatro años como también recuerda Livio (1, 48, 8) y había comenzado con el matrimonio de los dos hijos jóvenes de Tarquinio Prisco con sus hijas para calmar los ánimos de los pretendientes, lo que hacía imposible la historia posterior del hijo mayor que se convertiría en el último rey de Roma tal y como era narrada por la tradición.

Como muy bien dice el historiador griego, esa noticia había sido transmitida de *forma irreflexiva y negligente*, sin realizar *una investigación* al respecto. Y había sido así porque la narración tenía su coherencia dentro del recuerdo oral que existía sobre la monarquía. Fue la escritura y el esfuerzo por hacer un relato coherente que ésta conlleva, los que pusieron de manifiesto las incongruencias. Pero esto no surgió de forma inmediata. Los primeros historiadores, como Fabio Píctor al que critica Dionisio, seguían transmitiendo en sus obras el episodio tal y como se había hecho siempre, sin reparar en lo ilógico del asunto hasta que algunos de ellos se dieron cuenta y trataron de solucionar la contradicción: unos pensaron en una mujer más joven que Tanaquil como madre del futuro Tarquinio el Soberbio mientras que Calpurnio Pisón Frugi, historiador de la segunda mitad del siglo II

[343] Alföldi 1965: 123-135; Meyer 1983: 120.
[344] Martínez-Pinna 1989: 814-816.

a.C. al que sigue Dionisio, consideró que el último rey debía de ser obligatoriamente nieto del primer Tarquinio y no hijo. Este es un ejemplo de cómo los primeros relatos escritos se basaban en anteriores tradiciones orales y heredaron de ellas algunas de sus características, en este caso el descuido y la falta de preocupación por la coherencia cronológica. La obra de Fabio debió de contar con ejemplos relevantes porque Dionisio le critica en otra ocasión también por un fallo cronológico cuando afirma que fue la propia Tanaquil la que enterró a su hijo Arrunte, hermano de Tarquinio el Soberbio (*A.R.* 4, 30, 2-3). Sólo la costumbre de una narración escrita, que impone al autor un relato sin contradicciones, terminó por limar este tipo de incongruencias.

En cuanto a las noticias vinculadas a realidades presentes, no faltan tampoco ejemplos. Así Calpurnio Pisón refería que el Lago Curcio, que se encuentra en un lugar central del Foro, recibía su nombre del sabino Mecio Curcio que había luchado en ese mismo lugar contra los romanos de Rómulo (*H.R.R.* frag. 6: *A.R.* frag. 8). En esta ocasión el propio Varrón que nos transmite la noticia afirmaba que el historiador vinculaba directamente el lugar con dicho episodio. Algo parecido debía de suceder con el famoso pasaje de la traición de Tarpeya ante el ejército sabino de Tito Tacio que aparece en varios fragmentos uno de Fabio Píctor (*H.R.R.* frag. 8; *A.R.* frag. 10) y otro de Cincio Alimento (*H.R.R.* frag. 5; *A.R.* frag. 7) y también en Calpurnio Pisón Frugi (*H.R.R.* frag. 5; *A.R.* frag. 7). Frente a las versiones de Fabio y Cincio que ponían de manifiesto la traición de la joven ante los sabinos, Pisón, según Dionisio quien acepta la explicación, consideraba que en realidad había intentado de forma infructuosa engañarles para que cayeran en manos de los romanos. Como establece Baudou, por las palabras de Dionisio de Halicarnaso, que cita la versión de Pisón y la acepta como la verídica, podemos afirmar que ya en el relato de este historiador la historia de la joven se relacionaba, como no podía ser de otra manera, con la roca, llamada Tarpeya, del Palatino, con la tumba y con el culto que allí se celebraba, pues Dionisio puntualiza: *según todos estos acontecimientos, parece que la versión de Pisón es la más cercana a la verdad. En efecto, ella fue digna de tener una sepultura allí donde había caído, en la colina más sagrada de la ciudad y los romanos cada año celebran libaciones en su honor –transmito lo que escribió Pisón* (*A.R.* 2, 40, 3)[345]. Esta defensa que hace Calpurnio Pisón de la figura de Tarpeya ha sido considerada simplemente un ejemplo de lo que puede producir un excesivo nacionalismo por parte de un historiador[346]. Sin embargo, dando por supuesto el celo nacionalista de todos los historiadores romanos, nos parece mucho más relevante destacar en este caso, por un lado, la influencia de la memoria oral vinculada a los mnemotopos del paisaje urbano en la escritura de la historia y, en segundo lugar, de qué forma ésta llevó a la reflexión sobre el significado de los monumentos. No se trata, a nuestro entender, de algo propio de ningún autor en concreto, porque otros autores también dan cumplida cuenta de las noticias relacionadas con sitios concretos de la ciudad o del Lacio que vinculan a hechos del pasado. Así Fabio contaba en sus *Anales* la historia de Aulo de Vulci, porqué había sido enterrado en el Capitolio y cómo fue hallada su cabeza al construir los cimientos del templo de Júpiter, hecho por el cual dicho monte recibiría el nombre de Capitolio de *caput Auli* (cabeza de Aulo) (*H.R.R.* frag. 12: *A.R.* frag. 16)[347]. Y Cincio refería la batalla en la que el rey Tiberio Silvio había muerto en las aguas del río Albula, que pasaría a llamarse, por ello, Tiber (*A.R.* frag. 4).

Todos estos recuerdos habían tenido una larga existencia en la memoria de forma independiente, pero ahora formaban parte de un todo unitario que era la narración histórica. No obstante, no resultaba sencillo que perdieran su carácter de tradición oral. Así todos ellos tienen un mismo denominador común: apuntan hacia el origen de una realidad presente, su significado residía en su carácter explicativo. De este modo, es muy común encontrar fragmentos en los primeros historiadores en los que se hace referencia a la primera vez de las cosas, comenzando, por supuesto, por la propia razón de ser de Roma. En un fragmento de Fabio Píctor se habla de la creación de las tribus por el rey Servio Tulio (*H.R.R.* frag. 9: *A.R.* frag. 13), en otro recuerda el origen de los Juegos Votivos durante la guerra latina en el 499 a.C. como resultado de una promesa del dictador Aulo Postumio y de qué modo la divinidad se apareció a un ciudadano para que enviara un mensaje al senado de su parte sobre la celebración de estos juegos (*H.R.R.* frag. 15 y 16: *A.R.* frag. 19 y 20). Cincio cuenta el origen del cognomen *Ahala* a consecuencia del modo en que en el 439 a.C. un Servilio había asesinado a Espurio Melio con la espada que había ocultado bajo la axila (*ala* en latín), por considerar que pretendía convertirse en rey (*H.R.R.* frag. 6: *A.R.* frag. 8). También Postumio Albino hacía referencia a la creación de un cognomen, en esta ocasión el de *Brutus*, que recibió por primera vez Lucio Junio por comportarse de forma extraña y absurda para

[345] Baudou 1995: 83. Sobre el culto a Tarpeya ver Gansiniec (1949: 24-26)

[346] Latte 1960: 6; Poucet 1985: 240.

[347] Sobre la interpretación de este descubrimiento por parte de Fabio ver Montanari 1991: 15-17.

evitar que su tío Tarquinio el Soberbio acabara con él como había hecho con su hermano (*H.R.R.* frag. 2: *A.R.* frag. 4). El cuarto y último historiador que utilizó en su obra la lengua griega, Acilio, introdujo igualmente noticias que procedían de una memoria oral y que, por tanto, trataban de explicar algún hecho actual: en un fragmento recuerda el origen de las carreras de los lupercos como un recuerdo de las correrías de Rómulo y Remo detrás de su ganado (*H.R.R.* frag. 2: *A.R.* frag. 3). Podemos sumar algunos ejemplos de Catón, quien afirmaba que existía un enterramiento y un culto dedicado a Acca Larentia (figura 6), que ya comentamos, celebrado el 23 de diciembre con el nombre de *Larentalia*, porque una rica mujer había legado al pueblo de Roma los terrenos que poseía en Turax, Semurio, Lintirio y Solino (1, frag. 23). También se recoge en un fragmento que existió un rey llamado Italo que dio nombre a la península de Italia (1, frag. 3) o que Céculo, fundador de Preneste, recibió ese nombre de las jóvenes que lo encontraron sobre un hogar porque tenía los ojos pequeños (2, frag. 29).

Todas estas noticias son denominadas normalmente por los antropólogos etiologías porque se trata de narraciones mitológicas que tienen por finalidad explicar el significado y el valor de un fenómeno natural, de un nombre, de una institución o de un modo de vida y, como muy bien ha sabido ver J. Poucet, la historiografía romana de los tiempos más remotos está llena de este tipo de referencias[348]. Según este autor, las etiologías eran una técnica literaria utilizada con asiduidad por parte de los historiadores romanos con el fin de embellecer y enriquecer con anécdotas curiosas sus obras y hacerlas así más atrayentes a los lectores. De este modo, satisfacían la curiosidad de los eruditos y revalorizaban ciertos elementos de su narración que ganaban prestigio al concederles un origen lejano. Sus intenciones eran también a veces justificativas en apoyo de alguna familia o de algún personaje. Así considera, por ejemplo, Wiseman la existencia del personaje femenino de Hersilia en el episodio del rapto de las sabinas y en especial su matrimonio con Rómulo[349]. Se trataría de una simple invención encaminada a dar renombre y antigüedad a una determinada familia. Ciertamente con nuestro estado de conocimiento resulta complicado discernir claramente qué etiologías son pura invención y cuáles tiene una base real que las sustenta. Es posible que hasta los tres últimos reyes de la monarquía la narración carezca de referentes históricos y que sea en ese momento de la influencia etrusca cuando comenzamos a contar con noticias verídicas[350]. En cualquier caso para nosotros es indiferente si existió realmente una mujer llamada Tarpeya o si hubo un rapto de las sabinas. Los romanos así lo creían. Lo que nos interesa destacar aquí es que, lejos de ser una invención pura y simple de los historiadores romanos para completar un pasado pobre y carente de interés, todas estas noticias etiológicas que jalonan sus narraciones son el producto de una larga tradición oral y tienen su razón de ser en este tipo de memoria y en mucha menor medida en la historia escrita. Esto no obliga a pensar que los escritores fueran agentes pasivos, meros transmisores de una narración ya constituida, y siempre es posible que en determinados momentos pusieran en marcha su imaginación para desarrollar ciertos aspectos de la tradición. No obstante, no es creíble que su genio creativo les llevara a producir todas las historias etiológicas que aparecen en sus historias, sino más bien que fueran responsables de algunas variantes secundarias. De lo contrario, no es imaginable que dichas noticias perduraran tanto en la literatura romana[351].

Una vez que pasaron a formar parte de la narración, quedaron fosilizadas mediante la escritura y, de algún modo, perdieron el papel central que habían tenido en la memoria pre-literaria de Roma. En esos momentos no eran simplemente anécdotas entretenidas y curiosas, como nos pueden parecer a nosotros, acostumbrados a un concepto de historiografía diferente. Por el contrario, sustentaban la estructura misma del recuerdo que sobrevivía únicamente como modo de dar significado al presente. No se conservaba en la memoria nada que no tuviera una vinculación con el mundo vivido en ese momento. La descripción que Fabio Píctor y Cincio Alimento van a hacer de las guerras púnicas romperá con esta dinámica al narrar de forma detallada y conservar mediante la escritura los hechos contemporáneos. Sus sucesores harán lo mismo en su momento, de tal modo que la información generada con cada acontecimiento no podrá ya sufrir el proceso de reestructuración que con anterioridad se producía en la memoria oral mediante el que se simplificaban los hechos dentro de esquemas y modelos que tendían a repetirse y que posiblemente puedan

[348] Poucet 1992: 281-314; 1994: 177-180, seguido por Chassignet 1998 : 321-333.
[349] Wiseman 1983c: 450-451.

[350] Poucet 1994: 168.
[351] Así, por ejemplo, el famoso episodio por el que el tribuno militar Marco Valerio recibió el nombre de Corvino después de vencer a un galo en batalla singular en el 349 a.C. con ayuda de un cuervo la encontramos por vez primera en un fragmento de Claudio Cuadrigario (*H.R.R.* frag 12), y será repetida por autores posteriores como Polibio (2, 18), Dionisio de Halicarnaso (A.R. 15, 1), Livio (7, 26), o Valerio Máximo (3, 2, 6) entre otros. Cfr. Finette 1995: 103-108.

remontarse a un origen indoeuropeo[352]. Es por ello que a partir del siglo III a.C. el relato de la historia de Roma pierde progresivamente los rasgos mitológicos y heroicos, el carácter etiológico y explicativo que presentaba para los tiempos más antiguos. Desde ese momento, el pasado de la ciudad va a codificarse según otros parámetros que están impuestos por la escritura. Según este punto de vista, los elementos de la tradición oral que, hemos visto, pervivían en los historiadores romanos son más bien una herencia del pasado, que ha perdido en parte su razón de ser, antes que una técnica literaria.

No obstante, habría que hacer una precisión por lo que concierne a las etimologías. En muchos de estos recuerdos explicativos que formaban la memoria oral, aunque no en todos, existía una estrecha relación con topónimos, antropónimos, etc. Este tipo de noticias que hacían referencia al origen de palabras tenían como objetivo especialmente los nombres de lugares, personas o cosas que tenían un lugar destacado en la cultura romana como la Regia, el nombre de las tribus o de ciertos cognómina de destacadas familias. El lenguaje contribuía en esta ocasión también a conservar el recuerdo. Sin embargo, no existía ningún interés por la propia semántica del latín. Por lo tanto, hay que distinguir este tipo de etimologías propias de la memoria oral, que, por otro lado, suelen ser bastante sencillas y obvias, del interés por el origen de las palabras que van a tener los anticuarios y gramáticos latinos. Aunque en un primer momento ambas posturas pudieran tener puntos de contacto y su cercanía tendiera a confundirlas cuando las encontramos en el discurso histórico, en realidad parten de principios que nada tienen en común y reflejan una forma distinta de comprender y asimilar el pasado. En las sociedades ágrafas no existe reflexión alguna sobre el lenguaje, algo propio de aquellos pueblos que cuentan con escritura. Es necesario que la lengua se materialice en un soporte para poder tomarla como objeto de estudio y de reflexión, algo que surgió por vez primera en la Grecia de los filósofos presocráticos en el siglo VI a.C. y que continuó en la Atenas clásica con el desarrollo platónico de los conceptos abstractos[353]. Por lo que respecta a Roma, la fecha hay que retrasarla hasta el siglo II a.C. cuando se introduce la disciplina de la gramática, que tenían por finalidad el estudio de los textos escritos[354]. Por el contrario, en una comunidad oral no se percibe el lenguaje como algo independiente, de modo que en los recuerdos etiológicos en los que participa la etimología lo realmente importante es la realidad presente percibida por el grupo a la que se vincula de forma inconsciente con algo sucedido en el pasado. El recurso a la etimología de historiadores, anticuarios y eruditos, en general, que va a tener su momento de florecimiento en la Roma del último siglo de la República sigue, sin embargo, un procedimiento diferente. En esta ocasión se pretende descubrir mediante la lengua un pasado casi periclitado, unas costumbres y usos que han caído en el olvido, pero cuya huella ha quedado marcada en el lenguaje[355]. De este modo, las palabras del latín conocido por todos los romanos son las que iluminan el pasado, un pasado que se convierte en un objeto de estudio que está por descubrir. Si antes eran los tiempos pretéritos los que venían en ayuda de la compresión del presente, ahora es un elemento de la actualidad, la lengua, el medio por el que se pretende acceder a una realidad pasada. Este segundo uso de la etimología va a proliferar, como hemos dicho, durante la República hasta convertirse en un estudio independiente de la historiografía[356].

Sus inicios, sin embargo, son parejos a los de la escritura de la historia como lo demuestran algunos fragmentos de los primeros escritores romanos. Así, por ejemplo, Fabio Píctor afirmaba que los volscos descendían de los sículos como indicaba su nombre que provenía por corrupción del de éstos (*H.R.R.* frag. 2: *A.R.* frag 22), Cincio Alimento consideraba que los edificios sagrados, llamados en latín *fana*, recibían su nombre del dios Fauno como también el nombre por el que se conocía a aquellos que predecían el futuro, *fanáticos* (*A.R.* frag. 2)[357], Catón creía que la ciudad etrusca de Gravisca recibió tal nombre porque se hallaba en una zona insalubre y malsana donde el aire era muy pesado (*gravis*)(2, frag. 17), Acilio aseguraba que la isla de Sicilia estaba, en un pasado lejano, unida al continente por la región que recibe el nombre de *Rhegium*, que deriva del verbo "rajar" en griego (*régnymi*), dado que fue mediante un desprendimiento brusco que se separó de Italia (*A.R.* frag. 4). Todas estas etimologías y otras del mismo tipo que podemos hallar en los fragmentos de los historiadores

---

[352] Dumézil 1947: 195-204 y 274-291; 1966: 78-79 y 169-170; 1968: 271-284 y 285-303; Poucet 1985: 173; Puhvel 1987: 162-164; Sterckz 1992: 52-72; Blaive 1992: 73-78. Estos investigadores consideran que no sólo se puede percibir un esquema trifuncional en el panteón romano antiguo, sino que también la tradición sobre los reyes de la ciudad o de algunos episodios relevantes respondían a modelos que compartían todos los pueblos indoeuropeos.

[353] Havelock 2002: 235-249.

[354] Desbordes 1995: 34-38.

[355] Moatti 1997: 109-121. Sobre la especialización de este tipo de conocimiento ver Moatti 2003c: 303-325

[356] Rawson 1985: 231-249.

[357] Verbrugghe (1982: 316-323) ha demostrado con argumentos sólidos que este y otros fragmentos de supuesto carácter anticuario que hasta hace poco estaban adscritos al escritor de fines de la República llamado también Cincio, deben ser considerados parte de la obra del historiador del siglo III-II a.C.

republicanos parecen responder claramente al interés erudito que utiliza el lenguaje para acceder al pasado. Son, por tanto, un ejemplo de ese esfuerzo intelectual, de esa investigación que, como dijimos, iniciaron los escritores romanos para descubrir las huellas de ese pasado griego que había cambiado la historia de su ciudad. Pero sería un error considerar que todas las noticias en las que juega un papel importante el origen de una palabra pertenecen a esta segunda categoría. Eso supondría considerar que toda esta información es el resultado exclusivamente de la reflexión de los escritores y negar que pueda existir, fuera del ámbito literario, un uso de la etimología en la tradición oral de un pueblo, que, como hemos visto, no sólo existe sino que tiene un papel fundamental en la estructura de su memoria.

En definitiva, lo que pretendíamos poner de manifiesto en este capítulo es que en los comienzos de la escritura de la historia no todos los elementos que forman parte de la narración son producto de la influencia de ciertas técnicas y tendencias literarias impuestas por el género historiográfico. Ni el contenido de las obras, ni la presencia de noticias etiológicas o explicativas del origen de las cosas, que normalmente suelen considerarse parte del interés anticuario, pueden considerarse una imposición del modelo que estos autores hipotéticamente estaban siguiendo, sino que responden claramente a la forma de comprender y de asimilar el pasado que hasta finales del siglo III a.C. tenían los romanos. De este modo, se puede afirmar que los comienzos de la historia en Roma inauguran una nueva forma de entender el pasado, pero no escapan a la tradición oral anterior. Es evidente que, teniendo como precedente la escritura de la historia de los griegos, los primeros historiadores romanos no crearon de forma independiente y paralela sus obras. Fueron conscientes de la primacía helena en este campo como en otros. Pero esto no significa que, ante esta prelación, ellos quisieran, o ni siquiera pudieran, adoptar por completo una perspectiva teórica griega o elaborar una obra que siguiera de forma inquebrantable la tradición helena. Era inevitable que su propia condición de romanos jugara un papel decisivo a la hora de redactar sus obras, de igual modo que sería, sobre todo, en la experiencia y forma de comprender el pasado que tenía Roma en la que mayor impacto y trascendencia iba a tener la decisión que Fabio y Cincio tomaron de escribir la historia de su ciudad.

Si en algún momento a alguno de los dos se le ocurrió la idea de que su obra iba a contribuir a cambiar de forma tangible la manera de ver Roma que tenían los griegos, como se afirma normalmente, hemos de aceptar que ambos fracasaron de forma clara en su empresa. Es cierto que los *Anales* de Fabio Píctor formaban parte de la biblioteca del gimnasio de Taormina al menos desde el último cuarto del siglo II a.C., momento en que puede fecharse la inscripción en la que se ha identificado el catálogo de obras que la componían, entre las cuales se encontraba la del primer historiador romano[358]. Aunque en este momento Sicilia era ya provincia romana, podemos suponer que entre los lectores de Fabio había un número de griegos. Tampoco hay duda de que ciertos aspectos de los orígenes de Roma eran conocidos por el resto de pueblos del Mediterráneo, como lo demuestra un relieve del templo de Apolonia en Cícico del siglo II a.C. en el que están representados Rómulo y Remo rescatando a su madre, que aparece con el nombre de Servilia, (*Anth. Pal.* 3, 19, n.59)[359] o la inscripción de Quíos fechada hacia el 200 a.C. en la que se alude a la fundación de Roma (*S.E.G.* 16, 486). No obstante, en ambos casos, lo más probable es que fueran autores helenos como Timeo, Jerónimo o Diocles los responsables de esta familiaridad con la cultura romana por parte de los pueblos helenizados, y no una influencia directa de la historiografía romana. Pero el testimonio más importante para valorar el impacto de las obras de estos primeros historiadores es el de los propios autores griegos, quienes, como muy bien se ha puesto de manifiesto en repetidas ocasiones[360], de forma reiterada hicieron caso omiso primero de las tradiciones romanas, y más tarde, cuando en el siglo II a.C. se desarrollo la historiografía latina, siguieron interpretando el origen de Roma desde su propia perspectiva.

Esto supone que, si fueron conscientes de la existencia de una historiografía en Roma, no la tuvieron en cuenta a la hora de redactar sus historias. Hizo falta que un escritor de origen griego como Polibio viviera una larga temporada en Roma para que por vez primera en una obra helena se narrara de forma extensa y con precisión el pasado de la que era ya prácticamente dueña del Mediterráneo (segunda mitad del II a.C.) y que se tomara en serio la obra de los autores romanos, a los cuales este historiador griego necesitaba para contar los acontecimientos que él mismo no había presenciado. No obstante, resulta increíble que todavía en época de Augusto un historiador como Dionisio de Halicarnaso se viera obligado, según sus propias palabras, a escribir una historia de Roma desde los orígenes para ilustrar a los griegos en esta materia (1, 4, 2). Incluso aceptando que su intención a lo largo de toda la obra fuera la de crear una opinión favorable al

[358] Manganaro 1974: 398.
[359] El testimonio completo de esta fuente bizantina ha sido recogido por Wiseman (1999: 168).
[360] Bickerman 1952b: 65-68; Cornell 1975: 27.

Imperio y la de acabar, al mismo tiempo, con las tergiversaciones más negativas que podían existir con respecto a los orígenes de la ciudad, no obstante, sus quejas no van sólo dirigidas *hacia aquellos que malinterpretan el pasado romano conociéndolo, sino en primer lugar hacia todos los griegos que en su mayoría desconocían la historia remota de Roma.* Da la sensación, por lo tanto, de que sólo de forma lenta y escalonada los autores griegos se hicieron eco y aceptaron las obras historiográficas romanas. Para ellos la labor de Fabio Píctor o de Cincio Alimento pudo servir de ayuda, pero no fue ninguna revelación. Por el contrario, será en la propia Roma donde este comienzo de la escritura de la historia tendrá las mayores consecuencias para la forma de comprender el pasado de sus habitantes.

IV. DE LA MEMORIA A LA HISTORIA

La reflexión sobre el conocimiento del pasado en el mundo contemporáneo ha llevado a los investigadores a analizar la relación existente entre los conceptos de memoria y de historia en las sociedades modernas. Ya vimos en el tercer capítulo que el responsable de que hoy en día hablemos de una memoria colectiva, el sociólogo Maurice Halbwachs, ya había tomado en consideración esta dicotomía que él había entendido como verdadera antítesis en su esencia[361]. En efecto, mientras que en la memoria colectiva se tendía continuamente a atenuar o desatender la idea del cambio y a fijar ideas que manifestaban la continuidad y la inalterabilidad de las cosas, la historia tenía precisamente su razón de ser en la búsqueda de la discontinuidad. Esta no tiene ningún interés por los períodos de estabilidad, cuando no puede detectarse ningún hecho *histórico*, que se define esencialmente por modificar una situación anterior. Esta idea de una incompatibilidad entre la memoria y la historia, o cuando menos de una oposición, la ha retomado Pierre Nora en su introducción a la famosa obra colectiva, *Les Lieux de Mémoire*[362]. En ella, define la memoria como algo en evolución permanente y estrechamente relacionado con la vida de los grupos humanos, por lo tanto, sujeto a la dialéctica del recuerdo y del olvido. Por el contrario, la historia es simplemente una reconstrucción y representación del pasado que lo analiza y lo critica e introduce la duda de forma que se pierde todo sentimiento de identificación con él, algo impensable para la memoria que se siente y se vive como un lazo de unión con un presente eterno. La preocupación de Nora era precisamente saber qué pasa con la memoria cuando en las sociedades la visión del pasado que prevalece es la que ofrece una historia reconstruida. Es entonces cuando surgen los lugares de memoria (*lieux de mémoire*), en los que subsiste una conciencia conmemorativa que pretende mantener los símbolos del pasado cuando ya no existe realmente una memoria espontánea. Poco tienen que ver, por tanto, con el concepto de mnemotopos que nosotros manejamos en el capítulo cuarto, lugares de recuerdo que surgían y tenían sentido en una sociedad vinculada a su pasado exclusivamente mediante una memoria oral. Serían más bien los restos de esos antiguos mnemotopos, teniendo en cuenta además que la palabra *lieux* es utilizada por Nora en un sentido muy amplio, más allá de la idea de un lugar físico[363].

Otras visiones más conciliadores como la de Burke han atenuado este enfrentamiento entre la historia y el recuerdo colectivo para identificar la primera como un tipo especial de memoria social[364]. Pero en cualquier caso todas estas visiones comparten una misma característica y es que se centran en el mundo contemporáneo en el que triunfa la historiografía como acercamiento al pasado frente a cualquier otro medio de la memoria. Poco tiene esto que ver con la República romana, momento en el que prevalece el recuerdo colectivo por encima de una incipiente historia. Es decir, nuestro estudio se encuentra precisamente en el punto inicial del proceso que mucho tiempo después puede llegar a la situación que estos autores describen. Y para entender la relación existente entre la memoria y la historia en este período nos parece de todo punto necesario analizar en profundidad ambos conceptos tal y como los vemos aparecer en la literatura republicana. En este sentido, nos ha llamado poderosamente la atención que los investigadores no hayan realizado estudios sobre ambos términos, a pesar de que la bibliografía sobre los historiadores romanos es más que abundante. En términos generales, sobre el concepto de historia no se puede encontrar más que el trabajo de Press del 1982, *The Development of the Idea of History in Antiquity,* en el que evidentemente la mayor parte está dedicada a Grecia y de Roma sólo se ocupa en un par de páginas muy generales. Más allá sólo vemos comentarios

[361] Halbwachs 1997: 67-142.

[362] Nora 1984: xix-xxv.

[363] Deschamps, no obstante, se ha servido de este concepto para referirse a lo que suponía el objeto de interés de las obras anticuarias de Varrón (1991: 64). Sería una cuestión de sumo interés analizar si representaban entonces la memoria por oposición a la historia como el mundo contemporáneo.

[364] Burke 1989: 97-113.

aislados en el resto de la bibliografía que no están acompañados de un trabajo sistemático detrás. Por lo que respecta a la memoria, su estudio ha estado relacionado directamente con el tema de la retórica antigua y en especial con una de sus partes, llamada precisamente *memoria*, y que se ocupaba de las técnicas para recodar los discursos[365]. A este repecto la obra clave, aunque ya antigua, sigue siendo la de Yates, *The Arte of Memory*, y en ella nos vamos a basar al comenzar nuestro análisis del término *memoria*. Para el resto, sin embargo, no hemos encontrado estudios de referencia.

Por ello, en este capítulo nuestro objetivo va a ser analizar de forma detenida los usos que en latín clásico tenían los términos *historia*, *memoria* y *annales* para poder concluir de forma preliminar sobre el sentido y la relación de estas tres palabras tenían para la sociedad romana de la República. El último de ellos ha dado pie a hablar de un subgénero de la historiografía que ha venido en llamarse analística, aunque paradójicamente tal palabra no exista en latín ni estos mismos investigadores hayan analizado en profundidad el sentido del término *annales*. Por otro lado, la relación memoria e historia que nos ha parecido de suma importancia para entender la forma que tenían los romanos de entender y concebir su pasado, sin duda, debería ser objeto de posteriores estudios. En particular creemos que merece atención, aunque por cuestiones de tiempo y espacio no vamos a abordarlo en este trabajo, la relación entre la memoria gentilicia de carácter oral que prevalecía en la República y, por otro lado, las obras genealógicas como las de Ático o Varrón que ya comentamos en el capítulo cuarto al hablar de las rupturas y continuidades en el origen de la historiografía romana, pero sobre todo la aparición de las autobiografías como las de M. Emilio Escauro o Rutilio Rufo[366], en las que se toma en consideración no la pertenencia una familia, sino la acción individual. Lo que aquí presentamos, por lo tanto, es una primera aproximación.

[365] Kennedy 1963: *passim*; Riccio-Coletti: 2004: 94-98.

[366] El trabajo de conjunto más completo es el de Bates (1983: *passim*). Pero además se han publicado estudios de cada autor, especialmente de Rutilio Rufo (cfr. Pais 1901: 50-60; 1908: 85-122 y Hendrickson 1933: 153-175). La invención de la autobiografía como la denomina Gianquito (1995: 235) es, sin duda, un tema relevante en un sociedad gentilicia como la romana.

Historia: una nueva forma de concebir el pasado

A nuestro entender, uno de los hechos más significativos por lo que respecta al concepto de historia existente en la República es que el término que manejaron los romanos entonces, y que ha pasado más tarde a las lenguas romances, no tiene origen en la lengua latina sino en la griega. Es, por lo tanto, un préstamo lingüístico, uno más de los muchos que enriquecieron el idioma de los romanos al contacto con el mundo griego. No cabe duda, además, que la estrecha relación que mantuvieron ambas lenguas en la Antigüedad es uno de los aspectos más importantes a la hora de comprender la llamada helenización de Roma y la definición de una identidad romana. Este fenómeno del préstamo lingüístico tiene especial trascendencia en lo concerniente al ámbito del conocimiento, que es el que, en este momento, nos interesa. De este modo, términos tan usuales en la actualidad como los de *philosophia* (de φιλοσοφία), *rhetorica* (de ῥήτωρ) o *grammatica* (de γραμματική) fueron introducidos en la lengua latina desde el griego y pasaron a formar parte del vocabulario cognoscitivo de los romanos[367]. El sustantivo *historia* (de ἱστορία) es un ejemplo más de este proceso. Lo interesante que pueden tener en común estos términos es que ponen de manifiesto la inexistencia de vocablos adecuados en la lengua latina para designar una nueva realidad con la que estaban entrando en contacto los romanos a partir del siglo III a.C. Este hecho puede parecer irrelevante a primera vista, pero no que hay que olvidar que las lenguas están provistas de otros procedimientos semánticos para ampliar su vocabulario que se sirven de los recursos propios y no implican necesariamente importar una nueva palabra de otro idioma. Uno de los casos más conocidos es la sufijación en *–tio* con la que Cicerón creaba sustantivos (por ejemplo, *cognitio* o *divinatio*) a partir de verbos latinos para traducir términos filosóficos griegos[368].

Otro de los procedimientos más fructíferos de cara a la creación léxica y del que tenemos bastantes ejemplos en el caso que nos ocupa de la lengua latina, es el del calco semántico, llamado también neologismo semasiológico[369]. En este caso lo único que se importa del griego es un significado nuevo que va a ampliar el campo semántico de una palabra latina previa. Para ello es necesario que ambos términos, tanto el griego como el latino, tengan un sentido común anterior que provoque y facilite el préstamo. El vocabulario del

[367] Coleman 1989: 77-89.

[368] Lévy 1992: 100-101; Fruyt 2000: 23.

[369] Nicolas 1994: 75-101.

conocimiento ofrece ejemplos destacados de este tipo de préstamo lingüístico en la lengua latina. Así los sustantivos *natura*, *causa*, *ratio*, y *ars* ampliaron su campo de designación para pasar a traducir los términos griegos φύσις, αἰτία, λόγος y τέχνη[370]. Todos ellos están directamente relacionados con las nuevas disciplinas por las que comienza a interesarse la aristocracia romana pero, lejos de manifestarse como una solución pasajera dentro de un lenguaje especializado, la frecuencia de su uso facilitó que pasaran a la lengua estándar y, por tanto, que se fijaran de forma duradera hasta el punto de servir como base para la creación de derivados[371].

Estos ejemplos nos dan una idea de la importancia que tuvo la evolución de la semántica latina en el período republicano y de la trascendencia que tiene su estudio para los historiadores que pretendan comprender la helenización de Roma. Pero lo que ahora nos interesaba constatar especialmente es que la lengua latina contaba con variados recursos para ampliar su léxico a partir de términos ya existentes en el idioma. No sucedió esto con la palabra *historia*, que, como dijimos, es un préstamo lingüístico completo del griego. Este hecho refuerza la idea de que no existía en la Roma republicana nada comparable a la historiografía antes del siglo III a.C., y que no existía, al mismo tiempo, ningún vocablo que compartiera una base semántica común con el griego ἱστορία para que esta comunidad de sentido favoreciera e impulsara el sentido que alcanza la palabra griega en el período clásico. Esto significa claramente que la actividad intelectual y creación literaria que comienza en Roma con Fabio Píctor y Cincio Alimento supuso una novedad radical para los romanos. Difícilmente podemos concebir que los Anales Máximos elaborados por los pontífices eran un precedente de la historiografía republicana. En esencia suponían una concepción del pasado diferente, de modo que los primeros historiadores se vieron abocados a tomar el término griego para designar lo que ellos hacían. Cabe destacar, no obstante, que como sucede con la filosofía y la retórica, el latín contaba con palabras que pertenecían al mismo campo semántico y que ponen de manifiesto el estado de cosas anterior al estrecho contacto con el mundo griego. Así, por ejemplo, antes de la filosofía, los romanos cultivaban la *prudentia* y la *sapientia*, y frente al conocimiento retórico, contaban con la *eloquentia* y la *oratoria*. En el caso de la historia, dos términos también le son afines y suelen acompañarla, el de *annales* y *memoria*. Ninguno de los dos pudo cubrir el hueco semántico que terminó por ocupar la palabra *historia*, pero son un apoyo imprescindible para reflexionar sobre lo que supuso el comienzo de la historiografía en Roma con respecto al modo en que, con anterioridad, percibían los romanos el pasado y, por tanto, deberán ser tenidas en cuenta.

El *Thesaurus* de la Lengua Latina ofrece dos definiciones para el término *historia*: la primera es *el conocimiento que poseen aquellos que han sido instruidos por la experiencia* (*rerum cognitio quam habet is qui experientia doctus scit*). En este caso el contenido de ese saber adquirido no está determinado pero se comprende como el fruto de acontecimientos vividos como se ve en los siguientes ejemplos:

Plaut. *Trin.* 381
Filtón. Yo podría decirte muchas sabias sentencias y hablar cuanto se quiera de forma elocuente: esta vejez mía guarda una vieja y antigua historia.

Plaut. *Men.* 248
Mesenión. Estás buscando un nudo en una cesta de junco (una aguja en un pajar). ¿No sería mejor que volviésemos a casa?, a no ser que vayamos a escribir una historia.

Var. *Men.* 414 (*Periplous*)
Entonces ciertamente tu enseñas una historia/lección indispensable: que una vez un solo (...)

En estos fragmentos el término *historia* hace referencia al conocimiento que el interlocutor ha extraído a partir de una experiencia vivida. Sin duda, el que plantea mayores dificultades, dado que se trata de un texto incompleto, es el de Varrón extraído de las *Sátiras Menipeas*. Sin embargo, normalmente se considera que

[370] Nicolas 1996: 119-186; Rodríguez-Mayorgas 2003: 507-529; 2004: 45-64.

[371] De este modo, *natura* además de su significado tradicional de "nacimiento" y "carácter innato o propio", hacía referencia a la naturaleza universal. El término *causa*, que designaba ya la idea de "causa" o "motivo", adquirió un sentido más complejo dentro del ámbito de la filosofía para transmitir las distintas matizaciones de la causalidad que percibían los pensadores griegos. Por su parte, *ratio* es, sin duda, uno de los términos más interesantes y con mayor repercusión. En un principio hacía referencia al cálculo numérico, las cuentas y los negocios comerciales. A partir de ahí y por influencia de λόγος se convirtió en el vocablo con el que designar las ideas de método, razonamiento o doctrina en el sentido de sistema filosófico. En esta evolución está en estrecha relación con la del término *ars*, que de designar una cualidad individual y una ocupación u oficio, pasó a referir una disciplina que transmitía un conocimiento en forma de principios teóricos que posteriormente debían llevarse a la práctica. Ambos términos, *ratio* y *ars*, tuvieron un papel determinante en la reflexión sobre el conocimiento tradicional a fines de la República y en la individualización y sistematización del contenido de los distintos saberes existentes para los romanos en un intento por hacerlos más comprensibles y abarcables (cfr. Moatti 1997: 219-254).

es parte de una conversación entre dos viajeros[372] y claramente da la impresión de que a continuación pasa a relatar algún acontecimiento. Los ejemplos de Plauto son más claros[373]. En el primero el joven Lisíteles pide permiso a su padre para casarse con una mujer y su padre Filtón se muestra reticente en principio porque ella no tiene dote y, según el, podría exponer multitud de razones que le ha enseñado la vida para que su hijo no cometa un error. Sin embargo, acepta la petición de su hijo. En los *Meneachmi* el contexto es diferente: un joven quiere encontrar a su hermano gemelo del que no sabe nada y viaja por todo el Mediterráneo en su busca junto con un esclavo. En este punto han llegado a Epidamne y el esclavo Mesenión se muestra escéptico ante la posibilidad de hallarlo.

Esta acepción del término *historia* en el latín clásico es francamente minoritaria. En realidad éstos son los únicos testimonios con los que contamos para el período Republicano, a excepción de otras apariciones más: una en las *Tusculanas* de Cicéron (1, 45, 108), donde, hablando acerca de las creencias que tienen los distintos pueblos sobre la muerte, se dice que el filósofo estoico Crisipo recogió muchos ejemplos al respecto dado que era un hombre interesado en cualquier asunto (*Chrysippus, ut est in omni historia curiosus*); y otra en las *Bacchides* de Plauto (158) donde Pístocles le pide a Lido que deje de contar historias (*Satis historiarumst*) en referencia a que no quiere oír más explicaciones. Tampoco tuvo mucho más éxito en el Imperio, porque el número de referencias que ofrece el *Thesaurus* no exceden en demasía a las del período anterior. Lo interesante de esta acepción es que recoge de alguna forma parte del sentido originario que tenía el término en griego. Como es bien sabido, la ἱστορία era para Heródoto la investigación que llevaba a cabo para determinar la veracidad de los acontecimientos (1, 1-5). Era el resultado de su experiencia como viajero por el Mediterráneo oriental y de las entrevistas y comentarios que fue recogiendo en los pueblos que visitó[374]. En parte este es el sentido de *historia* en estos textos, con la diferencia de que en ninguno de ellos el interlocutor toma la iniciativa de realizar una investigación con la intención de alcanzar la verdad sobre alguna cuestión, sino que más bien presenta lo que ha conocido en su vida. Sin duda, el fragmento que de forma más clara refleja la idea griega de historia es el de los *Menaechmi*. En este pasaje de la obra, claramente irónico, el esclavo Mesenión pretende hacer volver a casa a su amo, porque según él no tiene sentido seguir vagando de ciudad en ciudad, *a no ser que vayamos a escribir una historia* –dice el esclavo-, en la que quede reflejado todo que lo habían visto y oído como si fueran Heródoto. Resulta significativo además que la mayoría de los testimonios pertenezcan a Plauto, y por tanto, se fechen en la segunda mitad del siglo III a.C. y comienzos del II a.C. Con posterioridad este significado se hace más inusual.

Llama la atención que esta acepción de *historia*, que en parte podría asimilarse al griego ἱστορία, tuviera tan poca repercusión en el latín clásico, pero el hecho está en relación con la ausencia de la idea de "investigación" en el concepto latino de historia. Algo que estaba en la base de la labor de historiador en la Grecia clásica desaparece por completo en el caso Roma[375]. Esta forma griega, por lo tanto, no fue tomada como préstamo lingüístico, al contrario que el sustantivo, y el único verbo latino que transmite esta misma idea de "informarse", "averiguar" o "preguntar por", que sería *quaero*, no tiene ningún vínculo especial con la historia. Tiene un significado general y no está marcado desde el punto de vista semántico en este sentido, es decir, que nunca llegó a hacer referencia a la acción de "contar", "referir", "relatar un acontecimiento pasado" como sí sucedía con ἱστορέω. Puede que este hecho esté en relación con el momento y el modo en que el término fue asimilado a la lengua latina y lo veremos con mayor claridad a continuación. Otra cuestión será determinar si los romanos valoraban este aspecto a la hora de escribir historiografía[376], pero lo que parece evidente es que su concepto de historia no partía de ninguna noción de investigación en primera persona como sucede en Grecia.

La segunda acepción que da el *Thesaurus* del sustantivo *historia* es simplemente *el conocimiento de lo acontecido* (*rerum gestarum cognitio*), de los sucesos que han tenido lugar y, en efecto, ésta es la definición más sucinta del sentido que tuvo dicho término para los romanos. De este modo, su significado ha perdido por completo la noción de "investigación" y de "resultado de un trabajo de investigación" que todavía conservaba ἱστορία en el griego helenístico[377]. Por lo tanto, se podría decir que el término latino recogía directamente el último estadio en el desarrollo de la actividad del historiador griego, el presentar la

[372] Cèbe 1994: 1737.
[373] Press 1982: 44-45.
[374] Press 1982: 27-31; Fornara 1983: 47-48; Momigliano 1990: 34-39; Marincola 1997: 63-76.

[375] Por ello, no existió en latín una traducción directa para el verbo ἱστορέω y sólo en el latín medieval existe el verbo *historiare* (*T.L.L.* pags. 2841 y 2843).
[376] Es evidente que si lo hacían como ha reclamado Marincola (1997: 76-79). Sin embargo, esta idea no estaba en la base de su concepto de historiador como veremos más adelante en este mismo capítulo.
[377] Press 1982: 44.

información, y no hacía referencia alguna al modo en que había sido obtenido ese conocimiento. Esta idea se ve reforzada por el hecho de que el concepto de historia estaba estrechamente vinculado a la escritura en Roma, como no podía ser de otro modo, dado que el contacto que los romanos tuvieron con ése fenómeno novedoso para ellos, como era la historiografía griega, lo realizaron a través de la lectura de las obras de historiadores como Timeo de Taormina. Por ello, la historia en Roma estaba asociada a las narraciones escritas y era, ante todo, un libro donde se relataban hechos pasados, de modo que el término aparece en muchas ocasiones relacionado con el verbo *scribere*[378] como veíamos ya en el fragmento de los *Menaechmi* de Plauto y vemos en los siguientes ejemplos.

CIC *Brut.* 83, 286
Demócares fue hijo de una hermana de Demóstenes y escribió (scripsit) *discursos y una historia (*historiam*) de los hechos sucedidos en Atenas en su época con un estilo más propio de la oratoria que de la historia.*

CIC *Brut.* 83, 287
"A Tucídides, dice, imitamos". Perfecto si pensáis escribir historia (historiam scribere) *y no defender causas. Tucídides, en efecto, fue un narrador sincero y sublime de los acontecimientos históricos.*

CIC *Div.* 1, 24, 49
Así mismo este suceso está en la historia de Sileno escrita en griego (Graeca historia)*, al cual sigue Celio, y que ha expuesto cuidadosamente los hechos de Anibal.*

CIC *Att.* 12, 3, 1
Yo entre tanto estoy con mis librillos y en verdad me molesta no tener la historia de Venonio (Vennoni historiam).

CIC *N.D.* 2, 27, 69
Y con elegancia como siempre Timeo, que había dicho en su historia (in historia) *que la noche misma que nació Alejandro se incendió el templo de Diana Efesia, añadió que no fue nada prodigioso pues Diana, que deseaba estar presente en el parto de Olimpíade estaba fuera de casa.*

CIC *Luc.* 137, 9
He leído en Clitómaco (...) que A. Albino, que fue pretor durante el consulado de P. Escipión y M. Marcelo y cónsul junto a tu abuelo, Lúculo, un hombre bastante culto como muestra la historia escrita en griego (historia scripta Graece) *por él, había dicho a Carnéades bromeando: (...)*

En estos textos se observa claramente de qué forma el término *historia* remite casi siempre a una narración escrita. En los dos primeros ejemplos, en los que se habla de Demócares y de Tucídides, se hace hincapié en el contenido de la *historia*; las gestas (*res gestae*), de Atenas en este caso. El relato histórico lo es, por tanto, de lo sucedido, ya sea en un pasado remoto o en los tiempos más recientes. Y en este sentido ambos términos se distinguen claramente, es decir, que en muy pocas ocasiones, que ya veremos más adelante, el término *historia* se utiliza para designar los acontecimientos del pasado de Roma. Por el contrario, es usado de forma invariable para referirse a las obras literarias de los historiadores, independientemente del título que pudieron tener, como se observa en los otros ejemplos. Solo en ciertos casos especiales las obras históricas reciben otro nombre, el de *annales* y también veremos más adelante si existía alguna diferencia destacable entre ellos y en qué medida pueden entenderse como sinónimos. Lo que ahora nos interesa constatar es que la obra literaria que el historiador elaboraba sobre acontecimientos pasado recibía el nombre genérico de *historia* como pone de manifiesto Nepote en la introducción a una de sus biografías.

Nep. *Pel.* 1, 1
Tengo dudas acerca de cómo exponer sus virtudes, pues temo que si comienzo a explicar los hechos parezca que no estoy narrando su vida, sino escribiendo (una) historia (historiam scribere)*: si solamente los cito por encima, entonces será menos evidente a los que desconozcan la literatura griega el valor de aquél hombre.*

CIC. *Fin.* 5, 19, 51
Y cuánto nos deleita la historia (historia)*, que solemos seguir hasta el final retomándola donde la hemos dejado de lado o prosiguiendo lo comenzado,*

En el primer ejemplo podemos observar nuevamente que en general la narración de los hechos pasados, en este caso en conexión con la época de Pelópidas, recibe el nombre de *historia*, mientras que la intención del autor era, por el contrario, ceñirse en su relato a los acontecimientos relacionados con el general tebano lo máximo posible. Sin embargo, duda del conocimiento histórico que puedan tener sus lectores para comprender la figura de este personaje sin tener que referir de forma pormenorizada toda la historia griega. Lo interesante es que la expresión que utiliza es

[378] Esta relación del término *historia* con el verbo *scribere* ha sido destacada ya por Codoñer (1990: 99-119).

desconocedores de la literatura griega (*rudibus Graecarum litterarum*), lo que incide nuevamente sobre el hecho de que la forma que tenían los romanos de conocer el pasado del pueblo heleno era mediante la lectura de obras griegas. En el texto de Cicerón, M. Pupio Pisón está hablando de la propensión del ser humano a emplear parte de su tiempo en el estudio de los distintos saberes y entre ellos cita la historia. Para demostrar el interés que despierta este conocimiento, refiere el modo en que la gente lee los libros de historia, de arriba a bajo, diríamos, sin abandonarlos a medio camino. De este modo, el estudio del pasado y su disfrute se valoran a partir de la lectura de obras históricas, es decir, nuevamente historia y escritura aparecen unidas.

En este fragmento además se observa con claridad una de las dificultades que tiene la traducción, y por ende la comprensión, del término *historia*, debido a la inexistencia del artículo determinado en latín, algo que dificulta la detección de aquellos términos que están utilizados de forma abstracta y genérica[379]. En nuestro caso, resulta complejo a veces determinar con precisión si el término refiere de forma general a la *rerum gestarum cognitio* o concretamente a una obra de historia[380]. En cualquier caso, cabe destacar que es frecuente que el sentido de *historia* se acerque más claramente a la idea de obra escrita que al concepto más abstracto de conocimiento de hechos pasados como se observa en estos ejemplos.

NEP. *Ca.* 3, 3
Desde la juventud elaboró discursos y en la vejez se dedicó a escribir una historia (historias scribere) *compuesta en siete libros.*

CIC *Att.* 14, 14, 5
¡Me exhortas a escribir historia (historias scribam) *para recopilar tamaños crímenes de aquellos que todavía nos tienen sitiados!*

Sempronio Aselión *H.H.R* frag. 2, *A.R.* frag. 2 (=Gell. 5, 18, 9)
Escribir en qué consulado se inició la guerra y en cuál finalizó y quién celebró un triunfo y no determinar en ese mismo libro qué sucedió en la guerra, qué decretó el senado mientras tanto o qué ley fue presentada al pueblo, ni repetir con qué deliberaciones fue llevado todo esto a cabo, eso es contar cuentos a los niños pero no escribir historia (non historias scribere).

CIC *de Orat.* 1, 34, 158
Hay que leer a los poetas, conocer la historia (cognoscendae historiae)*, leer y releer a los maestros y escritores de las mejores disciplinas y elogiarlos como ejercicio (...)*

CIC *Att.* 2, 5, 1,
Nuestro Catón, él solo, vale para mí por cien mil. ¿Qué dirán de mí las historias (historiae) *dentro de seiscientos años? A ésta la temo yo mucho más que a los rumorcillos de los hombres que viven ahora.*

CIC *Fin.* 5, 22, 64
De tales ejemplos están llenos no sólo los relatos ficticios sino también las historias (historiae) *y ciertamente la nuestra en especial.*

Todos estos textos tienen en común el hecho de que en ellos el término *historia* aparece en plural. En el primero de ellos, Nepote está hablando de la actividad literaria de Catón el Viejo y hace referencia de forma específica a su obra histórica titulada *Orígenes*. Ya vimos antes que se utilizaba la palabra *historia* en singular para denominar un libro donde se narraban acontecimientos pasados. En este caso, *historiae* hace referencia muy posiblemente al título que solían tener este tipo de libros tanto en griego como luego en latín[381]. Resulta muy elocuente además que el biógrafo lo utilice en esta ocasión, ya que con casi total certeza el título real que tenía la obra de Catón era el de *Orígenes* como lo demuestra la unanimidad existente entre aquellos autores que lo citan. Al mismo tiempo, es bastante improbable que Nepote no supiera este hecho o que esta designación sea un error suyo. Lo que demuestra, por el contrario, es que el término *historia* también en su forma plural servía para denominar de modo genérico este tipo de obras, independientemente del título particular que tuvieran y sin especificar con ello otra cosa sobre su contenido, sino simplemente que se trataba de un relato sobre hechos pasados.

---

[379] Poncelet puso de manifiesto hace tiempo la incapacidad del latín para expresar los términos abstractos en el campo de la filosofía, en la que destacaba entre otras cosas la inexistencia de los artículos (1957 : 11-12).

[380] En la afirmación de Pisón de *cuánto nos deleita la historia* podemos pensar que se trata de la primera acepción porque el interlocutor está hablando de los distintos saberes humanos, sin embargo, a continuación el sustantivo *historia* pasa a formar un complemento circunstancial en el ablativo absoluto con *praetermissa* e *inchoata*, de modo que está haciendo claramente referencia ya a una obra escrita en concreto (*et quid historia delectet, quam solemus persequi usque ad extremum, cum praetermissa repetimus, inchoata persequimur*) (CIC *Fin.* 5, 19, 51).

[381] Cfr. apéndice con los títulos de los libros de historia en la República.

En los dos fragmentos siguientes no se hace referencia a ninguna obra concreta y la falta del artículo indeterminado no facilita las cosas. Se podría entender en ellos que de nuevo el término *historiae* está designando una obra individual. De este modo, en la carta a Ático de abril de 44 a.C., Cicerón responde a la sugerencia hecha por su amigo para que escriba unas *Historias* sobre lo que estaba sucediendo en su época. Sempronio Aselión –tercer fragmento-, por su parte, contrapone dos formas de narrar los acontecimientos pasados, a una le da el mismo valor que a los cuentos para niños (*fabulas pueris*), mientras que a la segunda, que él supone es la correcta, le otorga el verdadero rango de historia, la considera la verdadera forma de escribir unas *Historias*. En ambos textos, sin embargo, y sobre todo en el segundo, también podría entenderse que la forma plural no tiene este sentido, sino que simplemente es utilizada para hablar de forma general sobre una actividad; es decir, que Sempronio comparaba "contar cuentos" con "escribir historias". Es muy posible que éste sea el significado del término empleado por el historiador, dado que en este ocasión esta hablado de forma abstracta sobre la escritura de la historia. Pero, además, el uso de *historiae* en plural puede referirse, sin más, al conjunto de libros de historia. A eso hace referencia Cicerón en el *de Oratore* cuando por boca de Craso afirma que para llegar a ser un buen orador es necesario grandes dosis de estudio y de lectura, incluida la de los libros de historia (*historiae*)[382].

Resulta interesante que para referirse de forma global a todo lo que se ha escrito sobre el pasado se utilice la forma plural de *historiae* y no el singular como hacemos en la actualidad. De este modo, queda patente de nuevo que dicho término estaba claramente vinculado con las obras literarias, es decir, con la escritura. La historia era, ante todo, los libros que narran acontecimientos del pasado, de tal modo que este uso no sólo no es excepcional, sino que se repite en los dos últimos fragmentos y en más ocasiones en la literatura republicana, casi todas ellas, eso sí, dentro de la obra de Cicerón (*Scaur.* 42, 2, *de Orat.* 1, 42, 187, *Orat.* 11, 37, *Ac.* 2, 2, 5, *Brut.* 11, 42 y Var. *L.* 5, 157, 6), algo, por otro lado, lógico dado que es el autor de que más producción escrita conservamos y que posiblemente más reflexionó sobre la historia. En cualquier caso estos testimonios denotan algo sobre lo que Koselleck ha llamado la atención, como vimos en segundo capítulo[383]. Decíamos entonces que desde el siglo XVIII se invocaba la unicidad de la Historia como la suma de las historias individuales y locales en una sola narrativa que las recogía todas, de ahí que se impusiera el vocablo *die Geschichte* en singular y se igualara al término de origen latino *Historie* que recogía la idea de indagación o narración de los hechos acontecidos. Precisamente la ausencia en la Roma republicana de este concepto abstracto creado en la Modernidad que apunta a una realidad superior, por encima de los hechos particulares es lo que ponen de manifiesto los dos últimos textos. En el primero, perteneciente a una carta de Cicerón a Ático de abril del 59 a.C., el orador expresa su deseo de visitar Alejandría y el resto de Egipto, pero se pregunta qué dirá el resto de senadores de su marcha, en especial Catón, y qué dirían también las historias escritas en el futuro acerca de ello. En el tratado *de Finibus* el autor defiende la búsqueda del bien por encima de la utilidad y afirma que las historias escritas sobre Roma están llenas de ejemplos que corresponden con este comportamiento.

En ambos casos el término latino hace referencia simplemente al conjunto de historias escritas. El uso del plural manifiesta de forma evidente que se trata de historias individuales y, por lo tanto, evidencia la falta de correspondencia con nuestra idea actual de la Historia, escrita con mayúscula siempre, como la narración de todo lo acontecido al ser humano desde su origen hasta la actualidad. De hecho no es posible encontrar en la literatura republicana ninguna aparición de este término en un grado tal de abstracción, algo, por otro lado, lógico, dado que, como hemos visto, hacía referencia en principio a un objeto material y concreto como era un libro de historia y en gran medida se mantuvo aferrado a este sentido. De este modo, los romanos no comprendían el pasado del modo en que en gran medida lo hacemos nosotros, evaluando los hechos particulares por su relación con los procesos generales de cambio que caracterizan el devenir histórico. Tal metarrelato no existía para ellos, porque no concebían los acontecimientos unidos en una gran trama con sentido propio. Por ello no utilizaban el término *historia* más que para designar de forma general el conocimiento de los hechos pasados (*rerum gestarum cognitio*) y para referirse a las historias particulares escritas de modo individual. Más adelante trataremos con mayor detenimiento el contenido de las obras históricas, que se caracterizan por acumular hechos en la narración sin relación a penas entre ellos. Lo que interesa destacar en este momento es esa ausencia de un concepto abstracto de la Historia como

382 Codoñer, sin embargo, considera que frente al término genérico de *historia*, *historiae* hace referencia a un relato breve por contraposición a *argumentum* y *fabula*, o bien a una obra concreta (1996: 11).

383 Koselleck 2004: 27-46.

un sujeto en sí mismo que designa la conexión y relación de los acontecimientos pasados en una urdimbre de causas y efectos que se distingue como un ente autónomo.

Sin embargo, sería erróneo considerar que el término *historia* se mantuvo siempre en un nivel de designación muy concreto. La propia evolución de la historiografía y la multiplicación de las obras de este contenido debieron de favorecer un uso más abstracto, superando la multiplicidad de las historias individuales. Los ejemplos son muy escasos, únicamente los que aquí se muestran, pero en ellos se puede observar de qué forma *historia* designa, no ya el conocimiento del pasado de forma genérica, ni tampoco una narración escrita en particular sino el resultado de la unión de todas las historias escritas con un mismo sujeto histórico, en este caso Grecia y Roma.

CIC *Div.* 1, 18, 37
¡Venga! consideremos a los bárbaros mentirosos y embusteros, ¿pero acaso la historia de los griegos (Graiorum historia) *miente también?*

CIC *Div.* 1, 19, 38
Pero que sea como deseas, ciertamente hay una gran controversia al respecto, aunque lo que no se puede negar, a no ser que cambiemos toda la historia (historiam), *es que ese oráculo (Delfos) dio por muchos siglos respuestas verdaderas.*

CIC *Rep.* 2, 18, 33
Entonces dijo Lelio: "Este rey también debe ser elogiado, aunque la historia romana (historia Romana) *es incierta, pues conocemos a la madre del monarca, pero no al padre.*

CIC *Brut.* 16, 62
Sin embargo, nuestra historia (historia rerum nostrarum) *contiene más errores por estos discursos fúnebres.*

Los dos primeros ejemplos provienen de la misma obra de Cicerón y son, además, cercanos en el diálogo. En los dos se está discutiendo sobre la adivinación y para demostrar la veracidad de las profecías y de los sueños, Quinto pone múltiples ejemplos de oráculos históricos en los que se manifiesta claramente su credibilidad, algunos de ellos de lugares lejanos como el monte Caúcaso y otros por todos conocidos como el de Delfos, cuyo declive es un tema de debate. En un intento por reforzar su posición Quinto pone como testigo a la misma historia de Grecia. En esta ocasión el término *historia* no hace referencia a ninguna obra en particular, sino a la narración del pasado de Grecia que surge cuando juntamos todos los libros escritos por los historiadores sobre este tema, pero en vez de emplear el plural *historiae* como vimos que sucedía en otros casos, en esta ocasión la palabra aparece en singular lo que apunta a la idea de la unidad frente a la multiplicidad. Es decir, parece indicar que existe la historia de Grecia en singular, una narración que recoge todo lo sucedido en las ciudades helenas. La misma idea puede extraerse de los otros dos ejemplos en los que, por el contrario, lo que se invoca es la historia de Roma, en el primer caso para hablar del rey Anco Marcio y en el segundo para criticar la falta de veracidad de los discursos fúnebres en los que los nobles incluyeron más méritos de los que en verdad tuvieron. De nuevo aquí ni la *historia Romana* ni la *historia* de nuestros asuntos (*rerum nostrarum*) hacen referencia a ninguna obra en concreto sino que refieren el conjunto de acontecimientos que forman el pasado de la ciudad, la suma de todas las historias escritas.

Ciertamente, estos ejemplos están en desventaja numérica con el resto de acepciones que el término *historia* tuvo en la República. Estos cuatro analizados son los que de forma más clara están manifestando un nuevo sentido del término, aunque no son los únicos en toda la literatura de esta época[384]. En cualquier caso, a pesar de que no son muchos los testimonios, su existencia no deja de ser significativa. Podemos afirmar así que, al menos, los romanos acostumbrados a la lectura de obras históricas llegaron a entender su pasado como una narración única de acontecimientos, como un relato con comienzo y final. Es evidente que este hecho es consecuencia del desarrollo de la escritura de la historia y de la multiplicación de libros sobre el pasado de la ciudad, que, además, en Roma, al contrario de lo que sucedían en Grecia, solían narrar lo acontecido en la ciudad desde los orígenes hasta el tiempo presente, al menos así fue hasta el siglo I a.C., reforzando, de este modo, la noción de un relato unitario. Por lo tanto, creemos que se puede afirmar que la existencia de una narración continuada cambió la forma de concebir el pasado. Si con anterioridad a la escritura de la historia, no existía un pasado de Roma como entidad autónoma, porque los acontecimientos eran recordados de forma aislada y siempre por referencia a una realidad presente a la que se quería buscar un significado, la aparición de historias

[384] Podemos encontrar otros ejemplos de esta acepción (CIC *Div.* 1, 14, 50; 1, 53, 121, 2; *Q. fr.* 1, 1 23, *Brut.* 11, 44, *Fin.* 1, 7, 25 y NEP *Vitae H.R.R.* frag 17) aunque en esta ocasión no es tan evidente el sentido expuesto antes y podría dudarse en algunos casos de que en ellos se haga referencia a la historia como conjunto de acontecimientos referidos al pasado de un pueblo y no como conocimiento del pasado en general que, como vimos, es el significado base que el término tuvo en latín.

escritas va a fomentar la creación de una idea conjunta de los todos los sucesos anteriores al presente. Y en este fenómeno va a colaborar de forma activa el dominio de una cronología básica que estructuraba los acontecimientos en una línea temporal, que aparece, como veremos en el próximo capítulo, en la segunda mitad del siglo I a.C. De este modo, todos los hechos se conciben como formando una realidad independiente y con un significado en sí misma, a la que se puede invocar, como lo hace Cicerón en estos fragmentos, en caso de que queramos recuperar algún pasaje en especial. De algún modo se podría decir que fue la propia escritura la que creó el pasado de Roma, algo que como tal no había sido pensado antes. Aunque no hay que olvidar que este uso del término aparece en muy pocas ocasiones, lo que nos debe de indicar que no se trataba de una acepción muy extendida.

Nos queda por ver una última característica para terminar de explorar el significado del término *historia* en el República romana, un rasgo que tiene mucho que ver con la idea que acabamos de destacar. Ya hemos visto que la *historia* se concibe como un tipo de conocimiento y que, además, estaba claramente vinculada con la escritura. Se entiende, por tanto, como un relato. Esto es evidente, por ejemplo, en las dos retóricas romanas que nos han llegado de esta época: el *Sobre la invención* de Cicerón y la anónima *Retórica a Herenio*. En estos tratados se hace referencia a las partes que deben componer todo discurso, y después del exordio en el que se introduce la cuestión y se prepara el ánimo del oyente a favor de la defensa o de la acusación que se esté llevando a acabo, ambas indican que el siguiente apartado debe ser la narración (*narratio*) en la que se debe exponer la causa. Dentro de esta, la exposición puede ser de tres tipos: *fabula*, *historia* o *argumentum* (*Inv.* 1, 19, 27 y *Rhet. Her.* 1, 8). La primera es evidentemente aquella que no contiene ningún hecho real ni verosímil sino que más bien se ocupa de sucesos míticos y legendarios. La última, el argumento, es una narración falsa pero que pudo haber ocurrido porque los datos que ofrece son creíbles. Y por último, la historia son *los sucesos alejados del recuerdo de la generación presente* (*res gesta ab aetatis nostrae memoria remota*), es decir, que no han sucedido en vida de sus miembros. Con estas mismas palabras ambos autores describen la narración que debe aparecer en todo discurso judicial, de modo que en el lenguaje retórico de Roma vemos que *historia* significa nuevamente el conocimiento de los acontecimientos pasados y se caracteriza por ser un relato en el que hay que exponer lo sucedido de forma sucesiva conservando el orden temporal y haciendo uso de la claridad y la brevedad (*Inv.* 1, 20, 29 y *Rhet. Her.* 1, 9). La *historia*, de este modo, se concibe como una narración[385].

El carácter literario de la historia en Roma se puede observar también en la consideración que en repetidas ocasiones le otorgó Cicerón en sus tratados. Para este autor existía una relación ineludible entre el estudio del pasado y la oratoria, hasta tal punto que suponía que la historia era un género oratorio más y que era tarea del orador el elaborar una obra histórica (*de Orat.* 2, 15, 62). En varias ocasiones hace referencia explícita a esta condición del conocimiento histórico como producto de la técnica retórica al establecer un paralelismo estrecho entre el género epideíctico, aquel que abarcaba los panegíricos y demás discursos laudatorios, y la narración histórica (*Orat.* 20, 66 y 61, 207). Ambos géneros comparten un mismo estilo, un mismo ritmo y un mismo tipo de frase, aunque la narración que caracteriza las historias no debe ser tan penetrante y tensa como la del orador cuando hace un discurso laudatorio, sino más llana y fluida. En cualquier caso, resulta de interés destacar que la historia era considerada en la República un tipo de conocimiento que requería una cierta elaboración en su forma y que demandaba además un cuidado en su estructuración como narrativa. Es cierto que, de algún modo, podemos pensar que la insistencia con que se relaciona la historia con la retórica es un rasgo propio y exclusivo del pensamiento ciceroniano. Más adelante veremos las interpretaciones que se han hecho de esta relación. Pero, aún si fuera así, lo que no se puede negar es que la condición de relato escrito que tenía la historia en ese momento la ponía a la altura del resto de géneros literarios. Es por ello que Quinto dice en el *Sobre las leyes* que, *como suele afirmar el propio Cicerón y él mismo piensa, realmente en la literatura romana falta la historia* (*abest enim historia litteris nostris, ut et ipse intellego et ex te persaepe audio*) (*Leg.* 2, 5), debido a la dureza con que el orador juzgaba todas las obras históricas anteriores a su época, muy por debajo, según él, del nivel que deberían haber alcanzado. Pero esta misma crítica demuestra que la historia tenía que ubicarse para los romanos entre las manifestaciones escritas y formar parte, por tanto, de las obras literarias.

Por lo tanto, podemos decir en resumen que junto con el término *historia* los romanos importaron a su ciudad también una nueva forma de concebir su pasado, un relato unitario transmitido a través de la

[385] A partir de estos textos algunos autores como Woodman han defendido que la historia en Roma no era más que un tipo de género retórico sujeto a las mismas leyes que el resto de discursos como veremos en el próximo capítulo.

escritura. La insistencia con la que el concepto romano está vinculado a la escritura es lo que hemos visto a lo largo de este apartado de forma más que reiterada. Pero lo significativo del caso no es que esto fuera una innovación de Roma, también en Grecia se escribían historias, sino que de la carga semántica inicial que el término tenía en la lengua helena el latín no recogió más que la idea de una *rerum gestarum cognitio* encapsulada en libros. A excepción de algunos ejemplos iniciales de Plauto, nada tiene que ver la historia en Roma ni con los viajes, ni con la investigación personal del autor a través de las entrevistas orales o de la observación en primera persona. Pero, además, destaca el hecho de que no existiera en latín término alguno que pudiera recoger el sentido de esa nueva forma de ver el pasado, lo que indica que el comienzo de la escritura de la historia en Roma supuso una fractura considerable en la memoria de la ciudad, propuso una forma radicalmente diferente de comprender el pasado. Pero para valorar esta ruptura en todo su sentido es necesario, como dijimos al comienzo del capítulo, establecer con claridad la diferencia existente entre este nuevo término y aquellos que ya tenían vigencia en la cultura romana y que de algún modo ocupaban el hueco en el que más tarde vendría a instalarse la historia.

La memoria de los antepasados

En primer lugar, resulta ineludible comprender el significado del recuerdo oral y de la memoria para los romanos en la República. Esto supone, no ya abordar de nuevo la forma de acceso al pasado que existía en la ciudad, como hicimos en capítulos anteriores donde vimos qué estructura adoptaba ese recuerdo, sino más bien determinar el estatus que adoptó la memoria oral una vez comenzada la historiografía latina. Evidentemente con anterioridad a las primeras obras escritas no sabemos el significado y los matices semánticos que tenía el término *memoria* para los romanos. Este análisis es posible solamente a partir del momento en que tenemos fuentes escritas, cronología que coincide con la de la historiografía. De ese modo, lo que los textos nos permiten vislumbrar es el concepto de memoria en Roma y su relación con la historia escrita[386].

Antes de que existiera la historia en Roma, los acontecimientos pasados estaban destinados a ser recordados únicamente mediante la memoria, a través de la facultad que todo ser humano tiene para conservar información. Para los romanos esta memoria era una parte del espíritu, innata en todos nosotros, pero al igual que los griegos, pensaban que con un entrenamiento específico podía mejorarse su rendimiento. Es precisamente este aspecto el que más ha interesado a los historiadores actuales[387]. En términos generales el interés que los antiguos tuvieron por la memoria estaba directamente relacionado con el desarrollo de la retórica, es decir, con el arte de los discursos persuasivos. En este contexto los griegos desarrollaron una serie de ejercicios con el fin de mejorar la capacidad para memorizar el contenido de las alocuciones, mnemotécnica que más tarde adoptarían los romanos con sumo interés, hasta tal punto que las mejores descripciones de este arte de la memoria (*ars memoriae*) las conservamos en tres autores latinos: el anónimo de la *Retórica a Herenio* (3, 16-20), el *Acerca del orador* de Cicerón (2, 85, 350-360) y las *Instituciones oratorias* de Quintiliano (11, 2). Se pone de manifiesto con ello la importancia que tuvo la capacidad memorística para la elocuencia en la Antigüedad, sobre todo si tenemos en cuenta que, en términos generales, los discursos que se pronunciaban ante el pueblo y ante los tribunales debían llevarse a cabo sin apoyo ninguno de la escritura, era necesario, pues, confiar exclusivamente en la memoria. Es por ello que una de las cinco partes en las que se dividía la retórica en las manuales griegos y romanos (invención, disposición, elocución, memoria y pronunciación) estuviera dedicada enteramente a esta técnica.

Posiblemente lo más interesante de esta facultad de la memoria que ejercitaban los antiguos es el modo en que ellos concebían que funcionaba. En aquellos textos que conservamos, la característica fundamental que se pone de manifiesto es la idea de que la información que queremos recordar queda almacenada de algún modo y puede ser recuperada de forma íntegra cuando se quiera. De esta manera, no parece concebirse alteración alguna del contenido, sino simplemente una especie de almacenamiento que preserva los hechos y personajes que queremos recordar para ser recuperado en el momento necesario[388]. Esto se puede deducir de las metáforas que los propios autores antiguos utilizaban para explicar el

[386] Jiménez-Calvente ha estudiado el término *memoria* desde un efoque de semántica estructural y ha distinguido cuatro significados: "parte del alma", "facultad", "actividad metal" y "cosa o imagen recordada", que veremos a continuación aunque será el último el que más nos concierna.

[387] Hargis 1951: 114-124; Kennedy 1963: *passim*; Yates 1975: 13-61; Olbricht 1997: 159-167.

[388] Farrell 1997: 373-375.

funcionamiento de la memoria. Así, Platón en el *Teeteto* (109, c-d) explica, por boca de Sócrates, que en nuestro alma existe una especie de tablilla de cera, cuya calidad depende del individuo y que corresponde al don de la memoria. Sobre ella, cada vez que nosotros observamos o pensamos algo, dicha información queda grabada del mismo modo que podemos hacer impresiones con un sello. En este mismo diálogo, más adelante, se retoma nuevamente la cuestión del funcionamiento de la memoria y en esta ocasión se establece un paralelismo con las jaulas de pájaros (197c-199c). De este modo, la facultad que nos permite tener recuerdos es entendida aquí como un receptáculo o contenedor dentro del cual se puede depositar aquello que no queremos olvidar para ser posteriormente recuperado. Los demás autores que han abordado esta cuestión de la memoria han hecho hincapié en consideraciones muy semejantes a la hora de comprender su funcionamiento. De Aristóteles, por ejemplo, conservamos un pequeño tratado conocido como *Sobre la memoria y el recuerdo* que forma una especie de apéndice a su *Sobre el alma* y en el que se aborda la cuestión del recuerdo. En él, el autor recoge la idea desarrollada en el texto principal según la cual no puede existir pensamiento o conocimiento si no es a partir de una imagen mental. Esta característica la comparten también los recuerdos, de tal forma que éstos son entendidos como imágenes mentales que han sido almacenadas a consecuencia de las impresiones sensoriales que ha tenido un individuo en un momento pasado (449 b 31). De este modo, estas imágenes son comparadas por Aristóteles con los retratos, como los que surgen cuando aplicamos un anillo con un sello a una superficie de cera (450 a 30 y b 1-10). En este mismo pasaje el autor establece los principios que son necesarios para que podamos tener recuerdos; la asociación y el orden. La primera se explica por el hecho de que recordamos más fácilmente una cosa cuando la vinculamos a algo parecido, a algo totalmente contrario o a algo con lo que esté relacionado estrechamente (451 b 18-20). También resulta más sencillo recuperar un recuerdo cuando aquellas ideas que deseamos retomar están ordenadas con algún criterio (452 a, 8-16). Resulta significativo también en este tratado que Aristóteles haga referencia al uso de espacios específicos, *topoi*, para conservar el recuerdo, cuando afirma que es necesario contar con un punto de partida para recordar. Posiblemente este pasaje esté haciendo referencia a los lugares de la memoria que recomendaban utilizar los manuales de retórica en la Antigüedad[389].

Estos lugares de la memoria eran la esencia, por así decirlo, de la mnemotécnica para los griegos y romanos, y debían quedar fijos en la mente de forma visual. Cada lugar, que normalmente era un espacio arquitectónico creado por el hombre, debía vincularse con una idea mediante una imagen que condensara lo que se quería recordar. Estos espacios no estaban distribuidos de forma aleatoria sino organizados especialmente con algún criterio de orden que hiciera comprensible su contenido, de modo que tan solo con recordar visualmente los espacios surgiera inmediatamente el recuerdo de las ideas que se querían recuperar en la secuencia adecuada. Así lo explican los autores latinos anteriormente mencionados. La imagen más usada en Roma era la de una casa con sus distintas habitaciones comenzando por la recepción. La mente al recorrer las distintas estancias iba recuperando las conceptos que habían sido fijados en ellas a través de imágenes representativas de modo que el contenido del discurso ponía encadenarse fácilmente. Ya comentamos al hablar de las máscaras funerarias y de la casa romana, que según Baroin existía una razón fundamental para que la casa se convirtiera en el elemento arquitectónico más utilizados por los oradores romanos a la hora de poner en práctica la mnemotécnica y era que tradicionalmente había sido un espacio donde se conservaba la memoria de la familia que allí habitaba y que estaba lleno de signos de estatus y distinción que se mostraban al alcance visual de todo aquel invitado que fuera recibido en la casa[390]. Lo que más nos interesa ahora destacar, sin embargo, es el hecho de que la propia mnemotécnica incidía más aún en el hecho de que los recuerdos eran algo inalterable que se depositaba en un lugar adecuado para ser recuperados posteriormente. La única diferencia existente con la memoria natural, la que no ha sido ejercitada, era que debían aplicarse una serie de principios para hacerla más eficiente, tales como el orden y las imágenes mentales.

Como decíamos antes, los romanos utilizaron las mismas metáforas que los griegos o similares para explicar el funcionamiento de la memoria. Así pues, el símil de la tablilla de cera fue uno de los más recurrentes como se ve en estos tres fragmentos.

Rhet. Her. 3, 17.
Así del mismo modo que los que conocen el alfabeto pueden escribir con él lo que se dice y pronunciar lo que escriben, también los que aprendieron la mnemotecnia pueden colocar en lugares lo que escuchan y a partir de ahí decirlo de memoria. Pues los

[389] Yates 1975: 46-47.

[390] Baroin 1998: 190.

lugares son como la cera y las hojas[391]*, las imágenes como las letras, la disposición y ubicación de las imágenes como la escritura y la pronunciación como la lectura.*

CIC *Part.* 26, 2.
Nada más hay excepto la memoria que es, en cierto modo, hermana gemela de la escritura y muy similar a ella aunque en diferente ámbito. Pues igual que ésta se compone de las marcas de las letras y del material sobre el que quedan impresas, así en el ejercicio de la memoria, igual que en la tablilla de cera, se utilizan lugares en los que se almacenan las imágenes, como si se tratara de letras.

CIC *de Orat.* 2, 88, 360.
Yo he conocido a dos hombres excelentes y con una memoria portentosa; Cármadas de Atenas, y Metrodoro de Escepsis, del que dicen que todavía vive. Los dos afirmaban que mediante imágenes podían grabar con detalle en los lugares que tenían lo que querían recordar, del mismo modo que se escribe con las letras en las tablillas de cera.

En los tres fragmentos se compara el funcionamiento de la memoria con el de la escritura. Se considera, en este sentido, que los recuerdos son depositados de forma codificada en la mente del mismo modo que las letras transcriben el pensamiento y lo convierten en marcas sobre un soporte. En ambos procesos existe un elemento que conserva e inmoviliza a través de signos el pensamiento que se quiere recordar, lo adormece, por decirlo de alguna manera, para que pueda ser recuperado posteriormente. En el caso de que se quiera retomar, el recuerdo y la memoria se pueden activar, con el mismo mecanismo con el que la información escrita, condensada en signos gracias al alfabeto, vuelve a ser revivida mediante la voz. Este símil de la memoria y la escritura es muy significativo para comprender como se concebían ambas en Roma. En los dos casos la finalidad era alargar la vida del pensamiento, conseguir superar la brevedad con que de forma natural la mente humana olvida, pero no se entendía que este proceso artificial de memoria modificara en forma alguna el recuerdo, simplemente lo almacenaba como las letras que fielmente transmiten las palabras. Sin duda, fue el uso del alfabeto el que proporcionó una imagen comprensible de este proceso e influyó para que la memoria fuera entendida del mismo modo. No sabemos de qué forma se concebía la memoria con anterioridad, ni siquiera si era objeto de reflexión de algún modo, hecho éste bastante improbable. En cualquier caso, es interesante tener en cuenta esta vinculación entre recuerdo y escritura porque resulta muy útil como punto de partida para abordar, como haremos en breve, la relación existente entre la memoria y un tipo específico de escritura, la historia.

En el diálogo sobre el mejor orador –tercer fragmento-, Cicerón defiende la mnemotecnia por su utilidad para todo aquel que quiera sobresalir por su elocuencia y argumenta que dos personajes griegos reconocidos públicamente por su memoria casi sobrehumana como fueron Cármadas en Atenas (filósofo académico y discípulo de Carnéades que vivió entre el siglo II y I a.C.) y Metrodoro de Escepsis (rétor del siglo I a.C. que ejerció su profesión en Ateneas y en Rodas) defendían también esta técnica. De este modo, con toda seguridad podemos afirmar que el símil de la memoria como una superficie de escritura que aparece en los manuales de retórica latinos proviene de las enseñanzas de los maestros de elocuencia griegos, algo comprensible dado que, como los propios romanos reconocían, la mnemotecnia había sido descubierta de forma casual por un griego, Simónides de Ceos, poeta que vivió entre los siglos VI y V a.C. (CIC *Part.* 3, 14; *de Orat.* 2, 86, 352-354 y Quint. *Inst.* 11, 2, 11-13). En cualquier caso, esta concepción de la memoria como un contenedor de recuerdos parece ser un elemento común a la cultura greco-romana. Los textos latinos nos ofrecen otros ejemplos en los que dicha facultad del espíritu se percibe como un espacio o un lugar en el que entran y salen los recuerdos. En algunas ocasiones se compara la memoria, por ejemplo, con un tesoro, lo que pone de manifiesto no sólo su valor para la conservación del pensamiento sino también su representación como un lugar en el que se custodian los recuerdo, de tal modo que se la considera, en este mismo sentido, una especie de guardián o protector (*Rhet. Her.* 3, 17; CIC. *de Orat.* 1, 5, 18 y 1, 28, 127). Resulta también significativa la descripción que hace Varrón del sustantivo *memoria* y del verbo *reminisci*.

VAR. *L.* 6, 44.
Del mismo modo, empleamos el verbo reminisci *(recordar) cuando se recupera con el pensamiento lo que la mente y la memoria conservan.*

VAR. *L.* 6, 49.
El verbo meminisse *(recordar) deriva de memoria y se emplea cuando aquello que reposa en la mente se pone en movimiento en sentido inverso. Memoria viene de* manere *(permanecer), de forma que puede decirse*

[391] Las hojas (*chartae* en latín) podían estar hechas de distintos materiales como el papiro, el plomo o el pergamino (cfr. *T.L.L.* p. 996).

también manimoria. Así los Salios cuando cantan "Manuri Veturi", quieren decir "memoria antigua"[392].

Estas definiciones de Varrón inciden precisamente en el hecho que venimos considerando. La memoria se concibe como un lugar que conserva los recuerdos porque dichos recuerdos quedan depositados en ella y para recuperarlos es preciso iniciar el proceso inverso; recorrer el mismo camino pero de vuelta para recoger lo que ha sido ubicado en la mente. Precisamente algunos de estos verbos como *tenere* (conservar, mantener) o *repetere* (reclamar, ir a buscar, retomar) son los más utilizados por la lengua latina en relación al sustantivo *memoria* (*T.L.L. memoria*, 669). Se comprende así que, como afirma Press, en la Antigüedad los historiadores no se interrogaran nunca sobre la cuestión del conocimiento histórico como lo hacemos en la actualidad[393]. Su misión no era otra que recuperar lo que estaba en la memoria de modo que su narración era una especie de copia de la realidad sin que se concibiera la capacidad creadora o recreadora del historiador en este acto[394].

Teniendo en cuenta todo lo dicho hasta aquí, vamos a pasar ahora al aspecto que más nos interesa de la memoria en Roma, y es que esta palabra no solo significaba una facultad específica de la mente sino que hacía referencia igualmente al acto de recordar (*de actione reminiscendi i. q. recordatio*) y también al contenido, es decir, a todo aquello que podía ser recordado (*T.L.L.*, 670-675). De este modo, el diccionario *Thesauro de la Lengua Latina* define esta segunda acepción de la palabra en los siguientes términos: *en ella prevalece la idea de tradición; en sentido estricto sobre el recuerdo que conserva el conocimiento de los hechos de los hombres, a menudo en sentido más general a cerca de los relatos de los libros y de los monumentos que, por así decirlo, prolongan el recuerdo de los hechos (prevalet notio traditionis (strictiore sensu de recordatione hominum notitiam rerum gestarum conservante; saepe remissius de librorum monumentorumve relationibus quasi recordationem rerum propagantibus)).*

Así pues la memoria era el recuerdo que mantenía el ser humano de los acontecimientos pasados, ayudado -viene a decir la definición- por los textos escritos y los monumentos. Veíamos con anterioridad que la *historia* era para los romanos el conocimiento de los hechos pasados (*rerum gestarum cognitio*) vinculado de forma muy especial a la escritura. Pero sólo en unos ejemplos muy minoritarios en la literatura republicana el término pasaba a significar el conjunto de hechos que conformaban el pasado de un pueblo vertebrados en una narración comprensible, es decir, que solo en tres o cuatro ocasiones servía para referirse a lo que nosotros entendemos como la Historia de Roma, la Historia de Grecia o la Historia en general. A pesar de que, como es bien sabido, contamos con un número escaso de textos de esta época en comparación con todas las obras, que sabemos, se escribieron, sin embargo, sigue resultando significativo que un autor como Cicerón, que recurre a la historia en prácticamente todos sus tratados y que tenía un amplio conocimiento de las obras históricas tanto griegas como romanas, no empleara el término en este sentido más que en unas cuantas ocasiones.

En realidad este hecho denota que, aunque había surgido de forma puntual la idea de la Historia de Roma, el pasado de la ciudad seguía entendiéndose en términos de memoria como veremos a continuación. Esta ausencia de la idea de historia tal y como hoy la concebimos refuerza una hipótesis que hicimos en el capítulo tercero al afirmar que, a pesar de que con Fabio Píctor y Cincio Alimento comienza en Roma la historia escrita, este fenómeno debió de estar reducido a un pequeño grupo de aristócratas interesados en la escritura y en la lectura, y probablemente no afectó a la forma de ver el pasado que tenían los romanos en términos generales, que siguió vinculada a la topografía urbana y a las fiestas religiosas. De este modo, el recuerdo oral sustentado por estos elementos era lo que formaba la memoria de Roma. Este hecho no sería nada excepcional si tenemos en cuenta no sólo la escasa difusión de la escritura en la Antigüedad, sino además la lentitud con la que evolucionan los conceptos que crea el ser humano. En este sentido, Koselleck valora la aparición de la idea moderna de historia a lo largo de la segunda mitad del siglo XVIII, y sus resultados serán evidentes en la centuria siguiente[395]. Por lo tanto, no es de extrañar que no exista en el pensamiento romano de la República un concepto omnipresente y bien asentado de lo que nosotros concebimos como la Historia de Roma. De hecho, las declaraciones de historiadores como Salustio o Tito Livio ponen de manifiesto una concepción bastante alejada de la nuestra.

SAL. *Cat.* 4, 2.

---

[392] Como apunta Marcos-Casquero (1990: 174, n.104), esta interpretación de Varrón depende seguramente de su maestro Elio Estilón quien hizo un comentario del Canto de los Salios, *Carmen Saliare*. Para otros autores antiguos *Mamurius Veturius* equivale, sin embargo, a "Viejo Marte" (FEST. p. 117L y Ov. *Fast.* 3, 259-260 y 389).

[393] Press 1982: 135.

[394] Wheeldon 1989: 37-39.

[395] Koselleck 2004: 27-46.

Sino que retornando el estudio y al trabajo iniciado del que la perniciosa ambición me había alejado decidí escribir (perscribere) *con detalle los hechos del pueblo romano* (res gestas populi Romani) *de forma monográfica, según me parecieran dignos de memoria* (memoria digna).

SAL. *Iur.* 5, 1.
Voy a escribir sobre la guerra (bellum scripturus sum) *que el pueblo romano sostuvo contra el rey de los númidas, Jugurta.*

SAL. *Hist.* 1, 1-2.
He reunido los hechos del pueblo romano (res populi Romani) *sucedidos tanto en la ciudad como fuera durante el consulado de M. Lepido y de Q. Catulo.*

Liv. *praef.* 1 y 3.
No sé si voy a hacer algo que merezca la pena al escribir con detalle los hechos del pueblo romano (res populi Romani perscripserim) *desde el origen de la ciudad, (...) sea como fuere, me complacerá haber contribuido yo mismo y según mis fuerzas a la memoria de los acontecimientos* (rerum gestarum memoriae) *del pueblo más importante del mundo.*

Resulta, cuando menos, sorprendente que dos escritores republicanos como fueron Salustio y Tito Livio, considerados por nosotros excelentes historiadores y con una importante proyección posterior, ya que influyeron no solo en otros autores romanos por su forma de hacer historia, sino, podríamos decir en todo el pensamiento histórico posterior, no utilicen el concepto de *historia* a la hora de hacer una pública declaración de sus intenciones[396]. Y habría que sumar a estos textos la declaración que hace Ático en el *Brutus* (5, 19) donde afirma que la lectura de la *República* de su amigo había sido precisamente lo que le había impulsado a recopilar la memoria del pasado romano (*ipsi ad rerum nostrarum memoriam comprehendendam impulsi atque incessi sumus*)[397]. Por lo tanto, tres autores que escribieron obras de distinta consideración: un estudio cronológico como el *Libro anual* (*Liber annalis*) de Ático, una monografía como las de Salustio o una obra general sobre el pasado de Roma como era *Desde la fundación de la ciudad* coindicen en considerar que su intención ha sido conservar la memoria de determinados acontecimientos. Es más, habría que recordar que en lo que nos ha quedado de la producción literaria de estos dos últimos autores no aparece ni una sola vez la palabra *historia* ni ningún derivado de ella, a excepción claro está, del título de una obra de Salustio, *Historiae*, que como vimos era una herencia del mundo griego. Este hecho no nos parece ni mucho menos una casualidad. En realidad en bastante significativo de las categorías que los romanos, incluso aquellos que dedicaron parte de su tiempo a escribir historia, manejaban a la hora de comprender y asimilar su pasado. Estas categorías eran básicamente dos: *res gestae* y *memoria*. La primera de ellas hacía referencia a los acontecimientos, a los hechos en los que habían participado los romanos desde el origen de la ciudad. Por ello, las *res gestae* podían tener como protagonista al pueblo de Roma como afirman Salustio (*res gestae populi Romani*) y Livio (*res populi Romani*) pero también podían tener como protagonista a un solo personaje. Así al comienzo del octavo libro de la *Guerra de las Galias*, Hirtio declara que su intención ha sido componer unos comentarios sobre las gestas de César en las Galias (*Caesaris nostri commentarios rerum gestarum Galliae*) (*Praef.* 2)[398]. Por otra parte, la monumental inscripción en bronce del mausoleo de Augusto en Roma, destinada a representar físicamente la grandeza del Imperio[399], llevaba un texto con el título muy probablemente de *Gestas del Divino Augusto* (*Res gestae divi Augusti*)[400] o algo similar a la fórmula que cita Suetonio *índice de las hazañas por él realizadas* (*index rerum a se gestarum*) (*Aug.* 101, 4).

En ambos casos el término de *res gestae* se refiere simplemente a lo que una persona o un pueblo ha hecho, pero cuando estas *res* se reúnen y se organizan de forma coherente en una narración y se ponen por escrito, como claramente están haciendo estos autores, se convierten en *historia*, en el sentido que veíamos en los fragmentos de Cicerón, es decir, en

[396] Los prólogos de estos historiadores romanos han sido estudiados en muchas ocasiones pero no se ha tomado en cuenta este hecho. En el caso se Salustio se ha puesto de relieve especialmente sus principios filosóficos (cfr. La Penna 1968: 15-67; Earl 1972: 855-856 y Tiffou 1974: 37-74) y en el de Livio los aspectos ideológicos de la época de Augusto (cfr. Mazza 1967: 129-149; Jal 1990: 32-47).

[397] La lectura de este pasaje no es muy segura. La que presentamos aquí es la de la edición de E. Malcovati del año 70. La de G. L. Hendrickson de 1971 da como lectura correcta *ad rerum et magistratuum memoriam*, mientras que en la de L. Martha de 1924 se lee *ad veterum annalium memoriam*. En cualquier caso sobre la palabra memoria, que es la que ahora nos interesa, no hay duda alguna.

[398] Sobre los *commentarii* en la literatura republicana ver Lewis 1993: 633-660.

[399] Elsner ha destacado recientemente la mayor importancia que pudo tener el monumento en conjunto que el texto de las *Res Gestae* como símbolo de poder (1996: 52). Yavetz, por su parte, considera que las inscripción estaba destanada a las clases altas y en especial a los jóvenes romanos entre los cuales deseaba presentarse como un *exemplum* (1990: 12-20).

[400] Gagé 1977: 9.

el relato del pasado de un pueblo o una persona (lo que nosotros entenderíamos por historia y biografía). Sin embargo, estos autores, Salustio y Livio, no parecen ser del todo conscientes de estar haciendo precisamente eso, aunque sus palabras les delaten, porque los dos hacen hincapié en el hecho de la escritura (*perscribere, scripturus sum* y *perscripserim*). Sin embargo, en ningún momento dicen que van a escribir la Historia de Roma. Lo que pueden estar indicando estos textos es que el concepto de historia que vemos manejar a Cicerón con cierta soltura, realmente no era en absoluto cotidiano, no lo utilizan ni los historiadores. Este término estaba especialmente vinculado a la escritura y designaba un libro de historia o el conocimiento del pasado en general pero todavía no había dado por completo el salto semántico necesario para convertirse en un sinónimo directo de los hechos pasados en sí mismos de un determinado pueblo. Precisamente la proliferación de obras históricas como las de Salustio y Tito Livio, que acumulaban el conjunto de los acontecimientos ocurridos en Roma, van a favorecer que el término *historia* pase de ser "un libro de" o "el conocimiento de" para designar el contenido de uno y otro. Por ello se podría decir que de forma inconsciente tanto Salustio como Tito Livio estaban contribuyendo activamente a crear la Historia de Roma como alguno nuevo.

La otra categoría que ponen de manifiesto estos textos es la de *memoria*. Decíamos que una de las características principales de la idea de *historia* era que se trataba de un relato escrito, de tal modo que podríamos hacer la ecuación *res gestae* + *litterae* = *historia*, es decir, los hechos más la escritura dan como resultado la historia. Cuando los hechos pasados los ponemos por escrito estamos haciendo una historia. Si falta la escritura no hay historia, y en ese caso el conocimiento de los acontecimientos por parte de futuras generaciones depende exclusivamente del recuerdo oral, es decir, de la memoria, y así fue en Roma hasta el comienzo de la historiografía con Fabio Píctor y Cincio Alimento. De todos modos, la aparición de algunas obras escritas no sustituyó por completo la memoria oral, ésta siguió siendo el referente principal. Veíamos que en latín la memoria era una facultad, pero también significaba "recuerdo", es decir que la memoria del pasado era el recuerdo de los hechos acontecidos, de aquellos que no eran olvidados por los romanos por determinadas razones. Por ello, la finalidad de los historiadores de Roma cuando escribían sobre el pasado de la ciudad no era otra que contribuir para que ese recuerdo fuera lo más duradero posible. Así afirma el autor de la obra *Desde la fundación de la ciudad* que su intención era *contribuir a la memoria de los hechos del pueblo más importante de la tierra* (*rerum gestarum memoriae principis terrarum populi consuluisse*) y Salustio pretende dejar por escrito *aquellos acontecimientos* (res gestae) *que sean* memoria digna, lo que significa no sólo que debían ser hechos relevantes según él, sino que, por ello mismo, debían mantenerse en la memoria de todos.

En este sentido, los historiadores romanos estaban muy lejos de nuestro actual propósito de comprender el pasado o de explicar por qué sucedieron los hechos de tal modo o de otro. Podemos afirmar, con ello, que la escritura no les servía para otro fin más que el de hacer que el recuerdo fuera lo más duradero posible[401]. Se entiende, de este modo, que los romanos denominaran *monumenta* tanto a las estatuas y tumbas que podían recordar un hecho o a un personaje como a las obras escritas de historia (*O.L.D.*, p. 1132). En ambos casos se trata de objetos físicos que hacen recordar[402], aunque de formas diferentes. Por lo tanto, cuando Cicerón se refiere a las historias de los romanos anteriores a su época como monumentos de los tiempos, de los hombres, de los lugares y de lo hechos (*monumenta temporum, hominorum, locorum gestarumque rerum*) (*de Orat.* 2, 12, 53) o se refiere a la obra sobre cronología de su amigo como *Attici monumentis* (*Brut.* 7, 28) en ambos casos se está interpretando la escritura de la historia *exclusivamente* como un medio por el que se recupera el pasado que está almacenado en forma de recuerdo[403].

Todo esto tiene sentido si pensamos cómo funcionaba la memoria en la República. En una sociedad en la que sólo el recuerdo de los hombres hacía que los hechos sobrevivieran al paso del tiempo y que éste recuerdo era reanimado y reinterpretado a través de las fiestas, los funerales, la topografía urbana y los monumentos erigidos por ellos mismos, el pasado no era otra cosa que la *memoria rerum gestarum*, una memoria que como vimos estaba fraccionada y carecía de precisas referencias cronológicas[404]. Esta concepción pre-historiográfica que no entendía el pasado más que

[401] Gowing has destacado esta misma idea de que la historia era simplimente un vehículo de la memoria poniendo como ejemplo la obra de Tácito (2005: 12 y nota 31).

[402] El sustantivo *monumentum* está formado sobre el verbo *moneo*, causativo de *memini*, y significa precisamente "hacer recordar" (Jiménez-Calvente 1998: 912).

[403] Wiseman ha destacado el hecho de que las obras de historia sean denominadas por los romanos *monumenta* para concluir de ahí que, de igual modo que la envidia de la gloria y el prestigio lleva a la destrucción de los monumentos, también el historiador podía preservar la fama o destruirla cambiándole el significado a la obra de determinados personajes (1986: 99-100). Sin embargo, existe una gran diferencia entre la *damnatio memoriae* y la interpretación o relectura de un personaje, lo realmente equivalente sería hacer desaparecer los libros físicamente.

[404] Cfr. el último apartado del capítulo cuarto.

como el recuerdo de lo que ha sido se mantuvo vigente durante toda la República. La escritura de la historia no logró, ni mucho menos, acabar con ella. Ya hemos visto que, en el fondo, era lo que impulsaba a historiadores como Salustio o Livio, pero tenemos muchos más ejemplos en los que lo que nosotros consideramos *hacer historia* es descrito, sin embargo, en estos términos de recuerdo y memoria.

CIC *Off.* 2, 12, 43.
Tiberio Graco, hijo de Publio, será alabado en tanto se conserve la memoria de los hechos romanos (memoria rerum Romanarum manebit).

CIC *Brut.* 93, 322.
Hablaré de los demás, entre los cuales nadie había (...) que conociera mejor la historia de Roma (memoriam rerum Romanarum teneret), *de donde recuperaba de los infiernos, cuando era necesario, a los testigos más fidedignos.*

CIC *Leg.* 3, 14, 31.
Pues se puede ver, si quieres recorrer la memoria de los tiempos (replicare memoriam temporum), *que tal como fueron los hombres ilustres de la ciudad, así fue la ciudadanía y cualquier cambio que sucediera en las costumbres de los que gobernaban, era seguido por el pueblo.*

CIC *Orat.* 34, 120.
Que conozca (el orador) también la sucesión de los acontecimientos y de la memoria antigua (memoriae veteris ordinem), *sobre todo de nuestra ciudad pero también de los imperios y de los reyes famosos, tarea que el esfuerzo de nuestro Ático nos ha hecho más fácil al recopilar en un solo libro la memoria de setecientos años* (annorum septingentorum memoriam) *guardando y señalando el orden de los hechos y sin omitir nada importante. Efectivamente desconocer lo que ha sucedido antes de que naciéramos es ser siempre un niño. Pues ¿qué vale la existencia de un hombre, si ésta no se enlaza con las vidas de los antepasados mediante la memoria de los hechos antiguos* (memoria rerum veterum)*?*

En el primer fragmento podemos ver lo que comentábamos a cerca del pasado únicamente como memoria que se apreciaba en los prefacios de Salustio y Livio. Para las generaciones futuras, según Cicerón no quedará de Roma más que el recuerdo de los hechos que protagonizaron sus ciudadanos y entre ellos Tiberio Graco. Nosotros diríamos que no quedará más que su historia, pero para emplear dicho término tendría que entenderse el pasado de Roma no como el recuerdo de *res gestae* independientes, sino como el conjunto de acontecimientos sucedidos, referidos en un relato coherente. Del mismo modo, en el *Bruto* Cicerón hace una alabanza de la formación que, como orador, tenía su compañero Hortensio y, entre otras cosas, destaca en él su conocimiento del pasado romano (*memoriam rerum Romanarum*)[405]. Como es evidente, también la historia del resto de pueblos del Mediterráneo se concibe en términos de memoria, por ello, cuando nuevamente Marco trata de convencer a su hermano Quinto y a Ático de la importancia de la educación de la aristocracia para el buen funcionamiento de la ciudad, les pide que para encontrar ejemplos revisen lo que nosotros llamaríamos la historia universal (*memoriam temporum*).

En todos estos casos podríamos pensar que el hecho de que se utilice el término *memoria* y no el de *historia* se podría deber a que el recuerdo al que se hace referencia no tenía relación alguna con la escritura, es decir, por ejemplo, que la virtud de Hortensio no fuera conocer la historia sino ser capaz de memorizarla, sin embargo, *memoria* y escritura no son excluyentes como se demuestra en los fragmentos de Salustio y Livio y en el texto extraído del *Orador*. En este tratado se describe la labor del orador y entre sus obligaciones está la de conocer la historia (*rerum gestarum et memoriae veteris ordinem*) tanto de Roma como del resto de imperios y reinos. Resulta curioso que el autor haga referencia a la sucesión de los hechos, algo difícil de conseguir si contamos exclusivamente con un recuerdo oral, pero es evidente que está en relación con la descripción que hace de los *Annales* de Ático. Por otro lado, la *memoriae veteris*, la memoria antigua, hace claramente alusión al recuerdo de acontecimientos antiguos. Pero lo interesante en este último fragmento es que se describa la obra de Ático, una historia de Roma desde los orígenes hasta su época en la que observaba con rigurosidad la cronología, como una recopilación de la memoria de setecientos años.

En otra ocasión más, se va a aludir a estos *Annales* en términos semejantes. En el *Bruto* el propio Ático reconoce que la *República* de su amigo Marco le había animado a reunir la memoria de los viejos anales (*ad veterum annalium memoriam comprendendam impulsi atque incessi sumus*) (5, 19). Este comentario parece indicar que el autor revisó las obras históricas republicanas elaboradas desde el siglo III a.C. y recopiló la información que encontró en ellas para

[405] Cicerón incide en varias ocasiones sobre la necesidad de que el orador conozca los acontecimientos del pasado (*de Orat.* 1, 46, 201) y considera la historia una parte fundamental de su formación cfr. Marchall 1978: 42-50. Este texto ha sido interpretado sobretodo desde la perspectiva del olvido como causa de la crisis política de fines de la República (Desideri 2001: 232-242).

hacer sus *Annales*. La memoria de los anales es, por tanto, las *res gestae* que estas obras transmitían. Habría que recordar en este punto también la descripción que hacía Cicerón de los Anales Máximos en *Acerca del orador* (2, 12, 52). En ese lugar el orador afirmaba que la finalidad de estos sacerdotes era conservar la memoria pública de cada hecho (*cuius rei memoriaeque publicae retinendae causa*). Queda claro, por tanto, que los romanos seguían pensando en el pasado en términos de memoria incluso mucho después de tener una historiografía propia. El no utilizar el término historia en ninguno de estos casos, ni de los siguientes que vamos a citar, pone de manifiesto hasta qué punto no eran conscientes del nuevo concepto que estaban contribuyendo a crear de forma decidida y que iba a sustituir al de *memoria rerum gestarum* para referirse al pasado de su ciudad. En los próximos cuatro ejemplos queda de nuevo en evidencia este hecho.

SAL *Jug*. 4.
Por lo demás, del resto de actividades que se ejercitan con el espíritu está entre las primeras por su utilidad el recuerdo de los hechos pasados (memoria rerum gestarum).

CIC. *Rep*. 3, 9, 14.
Por otra parte, si ahora pudiera alguien observar desde arriba los variados y muchos pueblos y ciudades y contemplarlos con sus ojos vería en primer lugar en el pueblo de los egipcios, de todo punto inalterado, que conserva por escrito la memoria de muchos siglos y acontecimientos (plurimorum saeculorum et eventorum memoriam litteris continet).

CIC *Sen*. 4, 12.
El era incluso un hombre muy instruido para ser romano: conocía toda la historia (omnia memoria tenebat), *no sólo de las guerras de Roma sino también de las extranjeras.*

En el primer fragmento Salustio inicia una defensa de su labor como historiador en los primeros párrafos de la *Guerra contra Jugurta*. Trata de justificar, como hace también en la *Conjura de Catilina*, el tiempo y esfuerzo que ha dedicado a escribir esas monografías. La importancia que otorga a esta dedicación puede colegirse del hecho de que la ubica entre otras actividades útiles, diríamos nosotros (*negotiis*), cuando tradicionalmente había sido una forma más de ocupar el tiempo de ocio. Es evidente que la actividad del espíritu a la que hace referencia Salustio es la que él mismo ha realizado: leer y escribir obras de historia, pero la describe en otros términos. Para él se trata de ejercitar, o más literalmente poner en movimiento, sacar del lugar en el que está almacenada, la *memoria rerum gestarum*.

Por lo tanto, entendemos que en cierto modo la escritura, es decir, la historia escrita, que es precisamente a lo que se dedicó este autor, no es más que un medio de conseguir la verdadera finalidad, mantener el recuerdo del pasado. Al escribir este tipo de obras los romanos no hacían otra cosa, como ya hemos visto desde los primeros textos, que alargar la vida de sus recuerdos, luchar contra el ineludible olvido que, como afirma Vansina, actuaba de forma contundente a partir de la tercera generación haciendo que todo aquello que tuviera más de cien años de antigüedad resultara difícil de recordar, algo de lo que los romanos eran, sin duda, mucho más conscientes de lo que podemos ser nosotros en la actualidad. Al no valorar más que este aspecto de su propia actividad historiográfica de la sensación de que estaban poniendo a ésta en pie de igualdad con otras manifestaciones de la conservación del pasado como la que tenía el pueblo egipcio. En el fragmento de la *República* de Cicerón, Filo, el interlocutor, defiende la idea de que no existe un derecho natural ya que cada pueblo considera de forma diversa lo que es justo e injusto. Por ejemplo, los egipcios consideran que sus dioses son animales y adoran al buey al que llaman Apis, mientras que griegos y romanos los representan con forma humana. Este personaje considera a los egipcios un pueblo "incorrupto", en parte como consecuencia de la propia antigüedad que este pueblo podía demostrar y que quedaba reflejada en sus escritos. Es muy posible que las *litterae* a las que se hace referencia sean las inscripciones en jeroglífico que adornaban los templos y monumentos más significativos y en las que se describían las acciones por las que faraones y nobles iban a ser recordados eternamente. De todos es sabido que los egipcios no desarrollaron una historiografía tal y como entendemos este término a partir de la obra de Heródoto, pero sí estaban rodeados de "textos históricos" que para ellos relataban de forma veraz su pasado[406]. La interesante es que en palabras de los romanos estos textos epigráficos cumplían la misma función que la obra de Salustio, la de Ático y la de Tito Livio: *saeculorum et eventorum memoriam litteris continere*. Es evidente que las inscripciones de la reina Hatshepsut o los llamados Anales de Tutmosis III donde se describían las grandes victorias militares de este faraón en Levante no son para un historiador actual comparables de la *Conjura de Catilina* pero ahora no nos interesa tanto su pertenencia a tradiciones culturales diferentes ni su distinta proyección posterior,

[406] Galán 2004: 50-51. Sobre el concepto de historia entre los egipcio ver Redford 1986: *passim* y Vernus 1995: *passim*.

sino simplemente la total semejanza con que los propios romanos califican a unos y otra. Por último, en el tercer fragmento, Catón el Censor está recordando la figura de Quinto Fabio Máximo Cunctator, dictador durante la Segunda Guerra Púnica, y afirma de él que era una persona leída y que conocía las guerras que había emprendido Roma y las que habían tenido lugar en el extranjero, sin duda, las que habían protagonizado los griegos. Nuevamente se hace referencia a la historia sin que dicho término sea usado. Lo que quiere decir Catón es que este Fabio había leído muchas obras, era un hombre de letras, conocedor de la literatura en mayor grado de lo que era común para los romanos de su época. Sin duda, se trataba de la literatura griega porque en plena guerra contra Anibal no existía aún la historiografía latina. La lectura, por tanto, favorece que conservemos el recuerdo de los hechos pasados, simplemente.

Ha quedado claro, así pues, que la escasa utilización que, en principio habíamos detectado, del término *historia* como sinónimo del conjunto de hechos que forman el pasado de un pueblo específico o de la humanidad en general no es consecuencia de la escasez de las fuentes. En realidad este concepto que abordaba el pasado desde presupuestos diferentes estaba en franca competición con el de *memoria*, dado que los dos optaban a ocupar un mismo espacio semántico. Pero el término tradicional que desde siempre habían utilizado los romanos era este segundo y a través de él seguían comprendiendo en gran medida las *res gestae*. Los ejemplos analizados han dado ya cuenta de esto. No obstante, no está de más que veamos dos expresiones muy comunes en la lengua latina que ponen de relieve con claridad esta forma de concebir el pasado de los romanos: *memoriae prodere* y *post hominum memoriam*.

CAES. *Gal.* 5, 12.
El interior de Bretaña está habitado por gentes que dicen guardar el recuerdo (memoria proditum dicunt) *de ser originarios de la isla.*

CAT. *Orig.* 2, frag. 1. (=Serv. auct. *Ad Verg. Aen.* 11, 715).
Pero ellos mismos (los ligures) han perdido la memoria (exacta memoria) *acerca de su lugar de origen, son analfabetos y mentirosos, y a penas recuerdan la verdad.*

CIC *Leg.* 2, 23, 58.
Ya sabeis que en la salida de la puerta Colina hay un templo al dios Honor. Existe el recuerdo (memoriae proditum est) *de que en aquel lugar hubo un ara. Como se había hallado junto a ella una hoja en la que aparecía escrito el nombre de Honor, el templo fue dedicado a esta divinidad.*

CIC *Rep.* 2, 15, 28.
Después de hablar Escipión, Manilio le preguntó: ¿Es verdad, Africano, eso que ha sido conservado en la memoria (hoc memoriae proditum est)*, que este rey Numa fue discípulo de Pitágoras o por lo menos pitagórico? Pues a menudo lo hemos oído de nuestros mayores y sabemos que el pueblo así lo cree, pero ciertamente no lo vemos suficientemente atestiguado por la autoridad de los anales públicos (Anales Máximos).*

CIC *Amic.* 11, 39.
Sabemos que Papo Emilio fue amigo de Luscino (eso nos han dicho nuestros padres), fueron dos veces cónsules juntos, y colegas en la censura; y se conserva memoria (memoriae proditum est) *no sólo de lo unidos que estuvieron los dos sino también con M. Curio y T. Coruncanio.*

La expresión *memoriae* (también *memoria) prodere* tenía el mismo sentido que *traditum esse* –podríamos traducir ambas en castellano por "enviar a la memoria"- y significaba que un hecho o un personaje había conseguido, por su relevancia, ser recordado, permanecía así en la memoria de la gente. En el lenguaje actual nosotros diríamos que *ha pasado a la Historia*. Pero ya estamos viendo que para los romanos el pasado no es más que el recuerdo que queda de los acontecimientos, no manejan de forma ordinaria la idea abstracta de *historia* como relato único y comprensivo del pasado. De este modo, la expresión *memoriae prodere* refleja de manera básica el funcionamiento del recuerdo en una sociedad ágrafa. En estos cinco ejemplos se aprecia precisamente como característica común esta transmisión oral de la información. En el fragmento de la *Guerra de las Galias* César está recogiendo las noticias que los propios britanos le hacen llegar. Este pueblo no tenía escritura, por lo tanto, la idea de que ellos eran originarios de la isla es algo que se ha transmitido de generación en generación. En segundo lugar he reproducido el texto de Catón sobre los ligures porque representa la antítesis de lo dicho por César. Si los britanos conservaban la memoria de su origen los ligures la habían perdido (*exacta memoria*), según el autor, quien, además, parece poner esto en relación con el hecho de que no tuvieran escritura. En el resto de textos es evidente nuevamente que la información que se supone *memoriae proditum est* proviene de fuentes orales. En el primero se trata de un elemento de la topografía urbana, un ara localizada en la puerta Colina, un punto de obligado conocimiento para los habitantes de la ciudad y sobre cuya historia era fácil que todos estuvieran al corriente de forma oral.

Los otros dos son, si cabe, más explícitos. En la *República* de Cicerón Escipión es interrogado sobre el famoso pitagorismo del segundo rey de Roma, Numa Pompilio. El interlocutor, Manilio, hace una clara distinción entre la noticia que ha pasado de padres a hijos de forma oral (*de maioribus audivimus*) y lo que pudieran transmitir las fuentes escritas (*auctoritate annalium publicorum*). Este diálogo está ambientado en la Roma de la segunda mitad del siglo II a.C., más exactamente durante las Ferias Latinas del 129 a.C., por lo que en esta referencia a los anales podría estar apuntado tanto los registros de los pontífices como a las obras de los historiadores. Sin embargo, con bastante probabilidad se trata de los Anales Máximos, eso hace pensar especialmente el adjetivo que les aplica[407]. En cualquier caso se trata de registros escritos, opuestos a la tradición oral. En el último fragmento vuelve a observarse la relación entre ésta y la memoria. Lelio hace una alabanza de la amistad que unía a ciertos personajes romanos que vivieron en época de sus padres, quienes les han transmitido dicha información. Sabemos efectivamente que Emilio Papo y Fabricio Luscino fueron cónsules en el 282 y 278 a.C. y censores en el 275 a.C.[408] En todos estos casos, como decimos, se puede afirmar que los acontecimientos o personajes recordados tenían presencia en el pensamiento de la gente gracias única y exclusivamente a su memoria. Sin embargo, es del todo significativo que, cuando es la escritura la que ha mantenido ese recuerdo, se sigue utilizando la misma expresión como si se tratara del mismo procedimiento. Los siguientes textos son un ejemplo de ello.

CIC *Inv.* 2, 1, 3.
El escogió a cinco, cuyos nombres han sido fijados en la memoria (memoriae prodiderunt) *por muchos poetas.*

CIC *Fam.* 5, 16, 3.
Pero ni este ni otro tipo de consolación que hayan usado los hombres sabios y haya sido fijada en la memoria mediante la escritura (memoriaeque litteris proditae) *parece que debe ser tan provechosa como el propio estado de nuestra ciudad y el desorden de estos tiempos depravados,*

CIC *Fam.* 6, 12, 5.
Además, dado que dedicas tu esfuerzo a conservar la memoria (memoriae prodendis) *de los hechos de los hombres valientes, tienes que considerar que no debes emprender nada que no se te presente similar a las hazañas de aquellos a los que tú alabas.*

NEP. *Ham.* 13, 3.
Muchos han contribuido a la memoria (memoriae prodiderunt) *de las guerras de Anibal y dos de ellos, Sileno y el lacedemonio Sósilo, estuvieron con él en los campamentos y vivieron juntos mientras que lo permitió la fortuna.*

NEP. *Iph.* 3, 2.
Pero Ifígrates era demasiado débil para el esfuerzo físico y poco paciente, como Teopompo ha dejado consignado (Theopompus memoriae prodidit), *aunque en verdad fue un buen ciudadano y una persona de palabra.*

En el primer ejemplo el joven Cicerón se refiere a los poetas que alabaron la obra del pintor Zeugis de Heraclea (fines del siglo V a.C.), quien, para hacer un retrato de la famosa Helena que le habían solicitado los de Crotona, pidió que le trajeran a las vírgenes más hermosas que vivieran en la ciudad, porque sólo tomando como modelo a varias mujeres podía pintar el retrato femenino perfecto. No sabemos qué poetas exactamente se preocuparon por este hecho pero lo más probable es que en ese momento utilizaran la escritura para inmortalizarlo. De este modo, para los romanos no era contradictoria que se pudiera fijar en la memoria un hecho y que esto se hiciera a través de la escritura, pero además esta actividad no era una prerrogativa de un tipo especial de escritor, el historiador, los poetas también podían "hacer historia". Cicerón demuestra nuevamente esta falta de contradicción en los dos textos de las epístolas a sus familiares. En la primera, posiblemente del año 46 a.C. y dirigida a Tito, legado de Pompeyo, trata de consolarle por su situación personal, debida, claro está, a la marcha de la guerra. Para ello cree que más útil aún que recurrir a los consejos que filósofos y pensadores han dejado por escrito (*memoriae litteris proditae*), es atender a la situación de la ciudad. En la segunda carta del orador –tercer fragmento-, dirigida en septiembre de ese mismo año a Ampio Balbo, pretor en el 58 a.C. y pompeyano, le felicita por su dedicación al estado y le conmina a imitar de alguna manera a los grandes hombres cuya historia está escribiendo. No contamos más que con

[407] Frier 1999: 107-108; Chassignet 2003: 70, n.15. En otro momento de la obra Cicerón vuelve a citarlos, ahora como *temporum Annales* (2, 29), pero posiblemente la designación más parecida es la que hace en *De domo sua* en la que se refiere a ellos como *Annales Populi Romani* (86).
[408] Broughton 1986: 189, 194 y 196.

otra referencia a la obra de este autor (Suet. *Iul.* 77), pero es evidente que estaba escribiendo uno obra histórica. Posiblemente fueran las biografías de importantes políticos romanos como quiere Bardon[409], aunque una historia de Roma o de los hechos recientes de la ciudad era prácticamente sinónimo del recuerdo de los hechos de los grades hombres. Por último, los ejemplos de Nepote no dejan ya lugar a dudas, si todavía había alguna, de que la actividad de los historiadores era definida por los propios romanos como *res gestas memoriae prodere* y que, por tanto, la escritura de la historia no era más que un modo alternativo, más duradero, de mantener ese recuerdo. En este caso, Cornelio está hablando de historiadores y de obras concretas. Lo interesente es que se trata de autores griegos: Teopompo de Quíos, el siciliano Sileno y el espartano Sosilo, pero como escritores de acontecimientos pasados su actividad se concibe en los mismos términos que la de los demás.

Por lo tanto, para los romanos de la República escribir historia no era otra cosa que transmitir a la memoria aquello que se considera digno de recuerdo. En definitiva, a pesar del uso de la escritura que requería esta actividad se concebía básicamente en términos orales, pues es evidente que la expresión *memoriae prodere* es el resultado de la transmisión oral del pensamiento y que siguió siendo utilizada para referirse a la escritura de la historia. La ausencia total de referencias al término *historia* es nuevamente chocante, en tanto en cuanto es precisamente de eso de lo que hablan estos textos, y demuestra que este concepto no había conseguido desbancar al de memoria como elemento clave para referirse al pasado. En qué medida poco a poco lo estaba consiguiendo es algo difícil de valorar. En los textos republicanos la idea de memoria es omnipresente en relación con el término *historia*, pero cabe destacar, no obstante, dos referencias en las que sustituye a la primera en relación con el verbo *prodere*. Para encontrarlas hay que volver de nuevo a Cicerón. Así en el defensa de Escauro (42, 2), refiriéndose a los fenicios, afirma que todas las historias transmiten su carácter traicionero (*omnes historiae nobis prodiderunt*). En este caso el plural indica que se está refiriendo literalmente a las obras históricas. También en la obra *Sobre la adivinación* (1, 53, 121), el término hace referencia a obras escritas, pues Quinto dice exactamente: *¿qué historia no ha transmitido el hecho de que mientras Servio dormía su cabeza ardió en llamas?* (*Caput arcisse Servio Tullio dormiente quae historia non prodidit?*). Por lo tanto, lo primero que sustituye a la memoria son las historias, la escritura. En una sólo ocasión aparece *historia* en singular en este tipo de expresiones, aunque en esta ocasión el verbo *tradere* ha sustituido a *prodere*. Nuevamente en el tratado sobre la adivinación (1, 53, 121), unas cuantas líneas antes, se afirma que la historia nos transmite muchos ejemplos del poder de los signos divinos (*Idemque mittit et signa nobis eius generis, qualia permulta historia tradidit*). Esta es una de las pocas veces en que, ya vimos, la palabra significa el conjunto de hechos del pasado. En esta ocasión, ya no habría lugar para la memoria, la historia ha ganado el terreno.

Un hecho relevante de esta antítesis entre historia y memoria es que mientras la primera, como acabamos de recordar, aparecía en muchas ocasiones en plural y era, por tanto, contable, la segunda es siempre y de forma insistente única. Como obra escrita, *historias* podía haber muchas, sin embargo, los hechos sólo podían ser conservados en una sola *memoria*. Podemos deducir de esta dicotomía que las *historias* tenían la posibilidad de diferir entre sí respecto al pasado que relataban, pero la *memoria* no tenía opción a réplica, pues el paso del tiempo actuaba a favor de la simplificación y de la unificación. En cualquier caso, todos los romanos tenían una misma memoria como puede verse en los próximos textos.

B. *Hisp.* 15, 6.
Después de arrojar a los nuestros que se defendían de una gran cantidad de flechas y del fuego, (los de Pompeyo) cometieron un crimen abominable y cruel ante nuestros ojos, comenzaron a estrangular a nuestros huéspedes que estaban en la ciudad y a tirar sus cuerpos por la muralla, como hacen los bárbaros, algo que nadie recuerda que hubiera sucedido antes (post hominum memoriam numquam est factum).

CIC *Catil.* 2, 13, 28.
Y todo esto se hará, quirites, de modo que asuntos de máximo interés se resuelvan con la mínima agitación, peligros extremos se conjuren sin desorden y esta guerra civil e interna, la más cruel que recuerde el hombre (post hominum memoriam), se aplaque gracias a mí, un jefe y general "civil".

Nep. *Ar.* 1, 2.
Pero nadie superó a Arístides en integridad, pues él es el único en toda la historia (post hominum memoriam) que hayamos oído que recibiera el apelativo de "Justo".

Nep. *Reg.* 1, 3.
Lo que, sobre todo, hizo famoso a Jerjes fue que con el mayor ejército de todo la historia (post hominum memoriam) llevó la guerra a Grecia por tierra y mar.

[409] Bardon 1952: 284.

La expresión que se repite en los cuatro textos es la de *post hominum memoriam* y, aunque aquí se he traducido como "de toda la historia" o "que nadie recuerda", literalmente significa "según la memoria de los hombres". De este modo, se pone de manifiesto que un acontecimiento es único y no se ha producido con anterioridad, o mejor dicho, que la memoria de los hombres que están vivos ahora no conserva el recuerdo de ningún hecho de esta entidad. Todos esos hombres, que equivale a decir los romanos, compartían, así pues, una misma memoria, tenían un mismo recuerdo sobre el pasado. En los dos primeros ejemplos parece claro que tanto la crueldad de los pompeyanos en el asalto a Córdoba durante la Guerra Civil como la conjura de Catilina para tomar el poder que trata de desmantelar el cónsul Cicerón son acontecimientos nunca vistos para los romanos que los presenciaron. Esto es evidente sobre todo en el caso de la *Guerra Hispana*, cuyo anónimo autor asegura que ese tipo de actitudes en la guerra son propias de los bárbaros (pero no de los romanos se sobreentiende). En los fragmentos de Nepote –tercero y cuarto-, el contexto ha cambiado sensiblemente porque los hechos que relata pertenecen a la historia griega. Tanto el general Arístides, vencedor de Maratón en el 490 a.C., como la invasión de Grecia que había llevado a cabo el rey persa Jerjes antes, son hechos que difícilmente podían estar en el pensamiento de los romanos por transmisión oral. Había que leer a Herodoto para conocer esos acontecimientos, de modo que en esos casos la *memoria hominum* correspondía a la suma del pasado griego y del romano. La lectura de la historiografía helena amplió la memoria de los romanos que, como Nepote, establecían la unicidad o exclusividad de los hechos tomando en consideración también los acontecimientos que narraba la literatura griega. Pero igualmente en ese caso la expresión se mantiene invariable, en singular. Solo se puede detectar una fractura en la memoria romana y ésta viene determinada por el cambio generacional. El *Thesauro* de la lengua latina establece un segundo significado principal para la palabra *memoria* en latín clásico al que se habría llegado mediante un procedimiento de metonimia (*T.L.L.* 680). Se trata del espacio de tiempo que una persona puede abarcar con su memoria, y de ahí en sentido más general "edad", "vida" o "tiempo" (*metonymice: spatium temporis, quod quis memoria complecti potest; fere latiore sensu i.q. aetas*). De este modo, *nostra memoria* significa en nuestra época y *patrum maiorumque memoria* en el tiempo de nuestros padres y de nuestros antepasados. Veremos en los próximos ejemplos que en realidad el término no ha perdido el significado original que veíamos en los otros textos.

CAES *Gal.* 1, 40, 5.
Ya se sufrió el peligro de ese enemigo según el recuerdo de nuestros padres (patrum nostrorum memoria), *cuando la vez que C. Mario derrotó a los cimbrios y a los teutones, no pareció menor la gloria del ejército que la del propio general.*

SAL *Cat.* 51, 32.
Ya en nuestro recuerdo (nostra memoria), *cuando Sila, victorioso, mandó ejecutar a Damasipo y a otros como él que habían prosperado a costa de la desgracia de la República, ¿quién no alabó ese hecho?*

CIC *de Orat.* 1, 2, 8.
Por otra parte, personas que fueron capaces de dirigir y gobernar la República con su prudencia y sabiduría ha habido muchas, según nuestro recuerdo y más aún según el de nuestros padres y también el de nuestros antepasados (multi nostra, plures patrum memoria).

CIC *Ver.* 2, 3, 125.
Cuando Sicilia fue maltratada durante las Guerras Púnicas y cuando, según nuestro recuerdo y el de nuestros padres (post nostra patrumque memoria), *por dos veces una gran cantidad de esclavos huidos merodearon por la provincia, no hubo, sin embargo, bajas entre los campesinos.*

En estos cuatro textos se observa claramente que pueden existir tres memorias diferentes: la de la generación presente a la que pertenece el autor, la de sus padres y, por último, la de sus abuelos y antepasados en general que se asimilan en una misma categoría. En este caso el término memoria hace referencia al recuerdo que una generación tiene de aquellos acontecimientos que le tocó vivir en primera persona. Por ello, puede convertirse en sinónimo de época. Lo que Cicerón y César –textos primero, tercero y cuarto-, por ejemplo, podían recordar en primera persona era lo sucedido aproximadamente desde el año 100 a.C. (el primero nació en el 106 a.C. y el segundo en el 100 a.C.). En el caso de Salustio habría que retrasar el momento pues su fecha de nacimiento es el 86 a.C.[410] Para los tres *nostra memoria* significa, por lo tanto, el siglo I a.C., pero el término no pierde por completo el significado que, hemos visto, tenía en los anteriores textos, no es simple y llanamente una

[410] Sobre las fechas de nacimiento de Cicerón, César y Salustio ver Brodersen 1997: 1191, Will 1997: 908 y Schmitz 2001: 1254 respectivamente.

indicación temporal. En realidad, lo que está indicando es que el recuerdo de los hechos que se relatan en cada caso ha llegado al presente gracias a que fueron fijados en la memoria de los padres o antepasados y transmitidos oralmente.

En el primer ejemplo César está dirigiéndose a su consejo de mandos militares para reprenderles porque los soldados, atemorizados por lo que habían oído acerca de los germanos, no querían seguir persiguiendo a Ariovisto. Para animarles les recuerda la gloria que puede alcanzar todo el ejército si mantiene la constancia y el valor, como sucedió en el 102 y 101 a.C. cuando fueron vencidos primero los teutones en Aguas Sextias y, poco después, los cimbrios en los Campos Raudos[411]. Pero César no recueda estos hechos con tanto detalle. Simplifica los acontecimientos y apela a aquello que él mismo y sus soldados podían conocer por la memoria de sus padres que fueron contemporáneos y, en ocasiones, quizá también protagonistas de los hechos; que Mario venció a cimbrios y teutones con gran gloria para su ejército. Es interesante en la *Guerra de las Galias* que, a parte de las indicaciones que los propios indígenas podían dar de su pasado como sucede en el fragmento de los britanos, los hechos que se recuerdan acerca de las relaciones entre romanos y galos o de los distintos pueblos galos entre sí, se dividen en aquellas que provienen de la *patrum memoria* (CAES *Gal.* 1, 40, 5; 1, 12, 5; 2, 4, 2 y 6, 3, 5) y las que pertenecen a *nostra memoria* (CAES *Gal.* 2, 4, 7 y 6, 19, 4). Nada más antiguo se recuerda. En el texto de la *Conjura de Catilina* (51, 32), Salustio reproduce el discurso de César ante el senado en contra de una solución violenta para la crisis de estado en la que se encuentra Roma. En su alocución, primero recuerda el comedimiento con que los romanos han tratado al enemigo en el pasado tras la Guerra Macedónica contra Perseo y en las Guerras Púnicas y luego hace mención de los desmanes de los treinta tiranos de Atenas impuestos como gobierno por Esparta para terminar aludiendo a la dictadura de Sila. En ningún momento hace César una referencia temporal, salvo en este fragmento en el que habla de *nostra memoria.* Se refiere entonces al recuerdo que aquellos presentes en esa sesión del senado del 63 a.C. tenían de lo que había hecho Sila desde su regreso en el 83 a.C. hasta su muerte en el 78 a.C., es decir, del recuerdo que conservaban en primera persona como espectadores[412]. Los fragmentos de Cicerón vuelven a incidir en lo mismo (*de Orat.* 1, 2, 8 y *Ver.* 2, 3, 125). Lo interesante es, de nuevo, que se marque la diferencia entre el recuerdo de los padres y el de los presentes. En la introducción de la obra *Acerca del orador*, hace hincapié en la escasez de buenos oradores en la historia de Roma, mientras que es posible citar a grandes políticos, tanto los conocidos por nuestros padres y antepasados, como los contemporáneos de Cicerón. Por último, en el segundo discurso contra Verres, recuerda los males que han asolado a la isla de Sicilia, como las tres Guerras Púnicas, que pertenecerían a la memoria de los antepasados, y las revueltas de esclavos[413]: la del 136 a.C., guiada por el sirio Euno, que durante cuatro años se apoderó de varias ciudades sicilianas, que pertenece a la memoria de los padres (*patrum memoria*) de aquellos que en el 70 a.C. hubieran podido escuchar este discurso que nunca pronunció Cicerón pero que sí escribió y dio a conocer; y la del 104 a.C., que se materializó en diferentes focos, los más importantes en Heraclea Minoa y en Lilibeo, y que había tenido lugar en vida del auditorio (*nostra memoria*).

Esta división del recuerdo en generaciones es claramente un elemento que caracteriza lo que Assmann denomina la memoria comunicativa[414], es decir, la transmisión oral del pasado en ese espacio de tiempo de más o menos un siglo (*saeculum*) anterior a la generación presente, que se hace de modo informal, no ritualizado y sin la vigilancia de especialistas. Estos textos demuestran que los romanos de fines de la República seguían funcionando con estas categorías, un siglo y medio después de la aparición de la historiografía latina. A pesar de la definición del *Thesaurus* que reconoce en estas expresiones una referencia temporal exclusivamente, la importancia del concepto de memoria que, hemos visto, acaparaba la visión del pasado, nos lleva a pensar que en ellas no se había perdido por completo la idea de recuerdo oral.

[411] Sobre la guerra contra los Cimbrios y los Teutones y su cronología ver Scullard 1982: 55-58.

[412] Sobre la cronología de la dictadura de Sila ver Seager 1994: 197-207.

[413] Sobre estas revueltas de esclavos en Sicilia conservamos, además del testimonio de Cicerón en las *Verrinas*, un relato detallado especialmente en Diodoro, quién habla de ello en los libros 34 y 35 de su *Biblioteca* y cuyo testimonio ha dado pie a una abundante bibliografía cfr. Manganaro 1972: 442-461, Verbrugghe 1972: 535-559; 1974: 46-60 y Clemente 1988: 105-120. Es muy posible que Calpurnio Pisón Frugi, cónsul en el 133 a.C. (Broughton 1986: 492) y partícipe de la represión de la rebelión del sirio Euno, narrara estos hechos en el último libro de sus *Anales* (Cardinali 1988: 45-55; 1995: 433).

[414] Assmann 1997: 25-33. Ver también Walter 2004: 35-38.

La analística republicana como género historiográfico

Hemos visto por ahora dos de los términos que formaban ese triángulo semántico sobre el pasado que existía en latín clásico: historia y memoria. Pero queda por analizar un último concepto que, de alguna forma, nos reenvía a la cuestión del registro de los pontífices. En ese momento vimos que el registro que elaboraban los pontífices recibía de forma genérica el nombre de Anales Máximos, aunque podía tener otros apelativos, así Cicerón los denomina también anales del pueblo romano (*Dom.* 86, 2) o anales públicos (*Rep.* 2, 15, 28). Lo que parece claro es que siempre son reconocidos como anales, algo que resulta comprensible por el hecho de que las anotaciones que realizaban los pontífices estaban organizadas cronológicamente a partir de las magistraturas que se renovaban cada año. De este modo, el proceso de formación del registro fue lo que le otorgó el nombre de "anuales". Lo que nos interesa en este momento es que tal denominación no sólo fue aplicada para los registros que escribían estos sacerdotes sino también para otro tipo de obras.

En primer lugar destacan los *Anales* de Enio, un poema épico versificado en hexámetros que el poeta de Rudias elaboró en su madurez (murió en el 169 a.C.). De esta historia de Roma desde los orígenes no nos han llegado más que fragmentos, sin embargo, no hay duda alguna sobre su título, ya que los autores que la citaron posteriormente coinciden en denominarla *Anales*[415]. Así sucede, por ejemplo, con Cicerón, quien cita este poema en bastantes ocasiones aunque si dar su título, salvo en una ocasión que hace referencia al volumen noveno (*Brut.* 15, 58). Lo mismo sucede con las obras en prosa de determinados autores. De este modo, las ocasiones en que autores romanos hacen referencia a la historia que escribió Fabio Píctor se la denomina (*Graeci*) *Annales* (CIC *Div.* 1, 43; PLIN *Nat.* 10, 71; 14, 89; GEL 5, 4, 1). Más contundente aún son los testimonios que tenemos de la obra de Gelio Pisón Frugi. En doce ocasiones los citadores hacen referencia explícita a sus *Anales* o a un libro específico de la obra al que denominan *Anales* y las tres ocasiones Dionisio de Halicarnaso cita su obra se refiere a ella como Registros Anuales ('Ενιαυσίαι 'Αναγραφαί) (ver apéndice). La coincidencia reiterada con que las fuentes latinas y griegas denominan la historia de Roma escrita por este autor de la segunda mitad del siglo II a.C. hace pensar que inevitablemente este era su título. Este hecho se vuelve más relevante cuando comprobamos que otras obras historiográficas recibían por el contrario el nombre de *Historias*, como la de Cornelio Sisena o la de Salustio o nombres específicos como los *Origines* de Catón o *Desde la fundación de la ciudad* de Livio.

Los historiadores han relacionado esta constatación con la definición que autores posteriores a esta época han hecho de los anales, en la que contraponen este término al de historia[416]. La más cercana cronológicamente a la República es la que hace Aulo Gelio en sus *Noches Áticas* y por su importancia merece la pena que la transcribamos entera.

GEL 5, 18, 1-6.
Algunos piensan que la historia ('historiam') *se diferencia de los anales* ('annalibus') *en que, aunque las dos son la narración de los hechos sucedidos, la primera lo es en concreto de los acontecimientos que presenció aquel que los narra. Verrio Flaco dice en el cuarto libro de su obra Acerca del significado de las palabras que hay quien sostiene esa opinión. Sin embargo, afirma que él tiene dudas al respecto, aunque piensa que parece haber alguna razón para esa suposición, ya que en griego "historia"* (ἱστορία) *significa "conocimiento de los hechos que se presencian"* (rerum cognitionem praesentium). *Pero nosotros hemos oído a menudo que los anales* (annales) *son enteramente lo mismo que las historias* (historiae), *y que, sin embargo, las historias* (historias) *no pueden asimilarse directamente a los anales* (annales), *del mismo modo que quien es un ser humano es por obligación un animal pero no todo animal tiene que ser un ser humano. Así se dice que las historias* ('historias') *son la exposición o descripción de los acontecimientos o eso que puede llamarse de cualquier otro modo, pero que son anales* ('annales') *cuando los hechos sucedidos en muchos años se disponen sucesivamente conservando el orden de cada año.*

Parece evidente, por este texto de Gelio, que en el siglo II d.C. se percibía cierta diferencia entre las obras que narraban el pasado que se consideraban anales y las que podían denominarse historia. Para él el elemento discordante era la organización del contenido, pues sólo los anales estaban estructurados rígidamente según un orden anual. Otros, sin embargo, afirma el autor, ponían el énfasis en la cronología de los hechos, de modo que sólo la historia narraba acontecimientos contemporáneos mientras que los anales, se supone,

[415] Skutsch 1985: 6-7. Sobre el contenido y extensión de la obra ver Jocelyn 1972: 987-1026; Cornell 1986c: 244-250; O'Neal 1988: 35-39; Gildenhard 2003: 93-115.

[416] El otro texto clave para sostener la existencia de dos géneros historiográficos son dos fragmentos del historiador Sempronio Aselión (*H.R.R.* y *A.R.* frag 1 y 2) que nosotros no incluimos aquí porque consideramos que en ningún momento están oponiendo *anales* a *historia*, pero que analizaremos en el próximo capítulo en relación con la evolución de la historiografía romana.

abordaban el pasado más remoto, aunque el propio Verrio Flaco que debió, sin duda, de abordar esta cuestión en su "enciclopedia", no estaba seguro de que eso fuera así. Es muy interesante el comentario que Gelio reproduce de este autor de época augustea. Pues, según él, la única posibilidad de encontrar una divergencia clara entre los dos términos es acudir a la definición griega del término *historia*. Como es bien conocido, el significado de este concepto tenía estaba muy vinculado a la experiencia personal para los primeros historiadores helenos. Sin embargo, hemos comprobado también que en el latín clásico de la República no había rastro alguno de este aspecto en el término *historia*. Verrio Flaco nos lo vuelve a confirmar al decir que es en griego donde dicha palabra tiene tal sentido. En cualquier caso, esta diferencia entre estructura y contenido de diversos relatos histórico fue recogida también por autores posteriores. Así, por ejemplo, Servio, el comentarista de la *Eneida* de Virgilio, reconoce nuevamente en el siglo IV d.C. que existe una diferencia entre la historia y los anales, pues mientras se hace historia de aquella época que hemos visto o podíamos ver (se dice *ἀπὸ τοῦ ἱστορεῖν*, verbo que significa "ver") los anales tratan aquellos tiempos que no ha conocido nuestra generación[417].

Posteriormente Isidoro de Sevilla (s. VI-VII d.C.) reproducía este párrafo prácticamente en los mismos términos en sus *Orígenes* y añadía además que los anales recogían los hechos ocurridos cada año y que aquello que era digno de recordarse de lo sucedido tanto en la paz como en guerra, dentro y fuera de Roma, cada año era consignado en unos comentarios que recibieron el nombre de anales por su carácter anual[418]. No existen más textos que establezcan de forma clara la diferencia entre *annales* e *historia*. En muchas ocasiones se recurre a un fragmento de Sempronio Aselión que, en parte, ya hemos visto. Pero, como se comprobará en el próximo capítulo, dicho texto, extraído seguramente de la introducción a su obra y transmitido por Aulo Gelio, no plantea en ningún momento una antítesis entre los dos términos, es otro asunto el que preocupaba al historiador romano.

Teniendo en cuenta todo lo dicho hasta ahora, es decir, los diferentes títulos de las obras históricas republicanas y estos textos que definen los términos historia y anales, los historiadores modernos han aceptado como un hecho incontrovertido hasta la actualidad que en la historiografía romana podían distinguirse dos géneros diferentes que abordaban la narración de acontecimientos pasados de modo diverso, lo que significa que aquellas obras llamadas *Annales*, por su forma y contenido, no eran comparables a las denominadas *Historiae*[419]. De este modo, el término *annales* haría referencia en Roma a un tipo específico de historiografía cuyas características fundamentales eran abordar el pasado lejano y organizar los datos de forma anual. Esta visión ha sido completada con las críticas que Cicerón hacía al estilo sobrio y descarnado de los primeros historiadores romanos[420], de forma que se sumaba a lo anteriormente dicho un elemento más: un estilo literario caracterizado por la ausencia de adornos retóricos y la simplicidad. El estado fragmentario en que se encuentran todas las obras históricas de la República hace imposible que podamos detectar, a través de citas, este estilo. No obstante, podríamos encontrar un reflejo en la obra *Desde la fundación de la ciudad* de Tito Livio, en los libros que sobreviven (1-10 y 21-45), que corresponderían, en su totalidad, a la parte de narración que el historiador augusteo debió de tomar de autores anteriores. Así, se puede apreciar una estructura en la narración, que no es, sin embargo, seguida de forma estricta en todos los libros: cada año se cierra con el resultado de las elecciones y con noticias sobre los cargos sacerdotales, el año se abre con la toma de posesión de los magistrados, el reparto de las provincias, la expiación de prodigios y la recepción de embajadas y después se relata lo sucedido durante las campañas de los generales[421].

La suma de todos estos elementos caracteriza lo que se conoce con el nombre de analística romana y es la obra de los llamados analistas. Estos términos, utilizados de forma genérica, se han convertido prácticamente en sinónimos de "historiografía romana" y de "historiador romano", especialmente para la República. No obstante, entre los especialistas se hacen puntualizaciones al respecto. Ciertamente la tendencia tradicional ha sido siempre la de considerar a Fabio Píctor el iniciador de este género o estilo de narración histórica y la de vincularlo directamente al fenómeno de los Anales Máximos, siguiendo, de ese modo, la línea de interpretación que, como vimos, inició Cicerón. Así, el estilo sucinto y la estructura anual serían una herencia de los registros de los pontífices,

---

[417] *inter historiam et annales hoc interest: historia est eorum temporum quae vel vidimus vel videre potuimus, dicta ἀπὸ τοῦ ἱστορεῖν, id est videre; annales vero sunt eorum temporum, quae aetas nostra non novit* (*Serv* ad Verg. Aen. 373, 1)

[418] *Annales sunt res singulorum annorum. Quaeque enim digna memoriae domi mititiaeque, mari ac terrae per annos in commentariis acta sunt, ab anniversariis gestis annales nominaverunt* (*Orígenes* 1, 44, 1-5).

[419] Mazza 1965: 146-151; Cizek 1995: 12-14; Arnoud-Lindet 2001: 104-106.

[420] Se trata sobre todo de los comentarios de *Acerca del orador* (2, 12, 53) que analizaremos nosotros en detalle más cuando hablemos de la escritura de la historia.

[421] McDonald 1957: 155-156; Rich 1997: 1-8.

que deberían ser considerados el precedente inmediato más influyente para esa primera historiografía, con toda probabilidad porque fueron el modelo a imitar y la fuente más importante de información [422]. Más recientemente, sin embargo, algunos autores han puesto de manifiesto la dificultad de considerar a los cuatro primeros historiadores, Fabio Píctor, Cincio Alimento, Postumio Albino y Acilio, verdaderamente analistas[423]. En primer lugar, el argumento más evidente es que un parte de su obra, la que correspondía a los orígenes y a la monarquía, no podía ofrecer una narración analística, es decir, anual y vinculada a las magistraturas que sólo surgieron al comienzo de la República. La alternativa a la visión tradicional es pensar que las obras de estos primeros autores seguían más de cerca la estela griega y que fue algún escritor posterior el que inició este tipo de historiografía que se erigió en modelo para los demás. Algunos autores piensan que la figura que mejor puede adaptarse a este papel es la de Lucio Calpurnio Pisón Frugi, tribuno de la plebe en el 149 a.C., cónsul en el 133 a.C., censor en el 120 a.C. y autor de la famosa *lex Calpurnia de pecuniis repetundis*, con la que se intentaba reprimir las extorsiones monetarias cometidas por los magistrados en las provincias[424]. Se considera que éste fue el primer historiador que utilizó el título de *Annales* para su obra histórica, porque, como vimos, un número importante de autores posteriores se refería a ella con este nombre de forma coincidente[425]. Las anteriores obras en griego habrían tenido títulos griegos como *Romanas* (*Ῥωμαικά*) o *Hechos de los romanos* (*Ῥωμαίων πράξεις*). Aceptando que este término define de forma exclusiva un tipo de narración específica, estos historiadores creen que dicha designación estaba poniendo de relieve una forma diferente de abordar el pasado con respecto a los autores que le precedieron, basada en la estructura anual. Para explicar esta novedad recurren a la utilización por parte de este autor de los Fastos que, se supone, estarían disponibles en forma de libro en esa segunda mitad del siglo II a.C. Pisón se habría servido de este documento para organizar y poner en estricto orden cronológico los acontecimientos del pasado de Roma.

En términos generales, éstos son los parámetros en los que se mueve la investigación sobre la historiografía republicana, centrada en definir y localizar el fenómeno de la analística. Por lo tanto, retomando nuestro hilo argumentativo, podríamos concluir de todo esto que el término *annales*, que designaba en un primer momento a los registros de los pontífices en Roma, pasó a denominar desde el siglo II a.C. un tipo de historiografía específica, influida por estos documentos religiosos, y diferente de la historia en términos. Sin embargo, existe un inconveniente muy relevante al respeto que puede poner en duda todo lo dicho hasta aquí y es que, como veremos a continuación, en el latín de la República el término *annales* no es utilizado nunca de forma técnica como se ha querido ver. En definitiva, esta asunción no es más que el resultado de la utilización de los conceptos *analista* y *analística*, que no tienen ningún referente evidente en latín, pero sí mucho éxito entre los historiadores actuales (con este último nombre, por ejemplo, ha reeditado Chassignet los fragmentos de los historiadores republicanos).

Pero no por ser muy evidente para aquellos que estudian la Roma republicana deja de ser extremadamente significativo que, como recuerda Verbrugghe en un imprescindible artículo sobre este tema, los romanos no hablaban en ningún momento ni de analística, ni de analistas. Tales términos no existían en latín [426]. Son una creación de los primeros historiadores "científicos" del mundo clásico, como Niebuhr, sobre la base del vocablo *annales* que sí existía[427]. En efecto, determinaron que esta palabra hacía referencia a un tipo de escritura de la historia específica (en relación, claro está, con el modelo por antonomasia, el mundo griego), en la que se organizaban los eventos siguiendo una estructura anual, y que, en consecuencia, estas obras debían denominarse analística. Habría que preguntarse, por tanto, hasta qué punto es legítimo seguir utilizando estas palabras para abordar la cuestión de la historiografía republicana. Es evidente que el historiador que estudia el mundo antiguo está constantemente utilizando conceptos que no son propios de esta época; los antiguos no hablaban de economía, ni de literatura, ni de género y, no

[422] Esta interpretación es la compartida mayoritariamente por todos los investigadores y se remonta al comienzo de la historiografía moderna sobre Roma: cfr. Niebuhr 1873: 205; Cichorius 1894: 2255-2256; Bömer 1953: 198-201; McDonald 1968: 470-47; Momigliano 1990: 94; Frier 2002: 269-284.

[423] Gelzer 1964: 51-53; Timpe 1972: 957-962; Rüpke 1995: 199-200.

[424] Broughton 1986: 459, 492 y 523.

[425] Wiseman 1979: 11-19. Para un análisis de la estructura anual en la obra de Calpurnio Pisón ver Forsythe 1994: 38-53.

[426] Lo mismo podríamos decir del término "anticuario" pero no vamos a abordar esta cuestión en este trabajo. Traina ha hecho hincapié precisamente en la inexistencia de un género anticuario independiente en la Roma republicana (1993: 585-588) y Bravo de forma más general ha puesto de manifiesto que la noción de literatura filológico-anticuaria es un concepto creado en el XIX inexistente en la Antigüedad (1971: 325-332).

[427] Compartimos con este autor la creencia de que el término analística está vacío de significado real para el estudio de la historia en la República (Verbrugghe 1989: 200-206).

obstante, nosotros hacemos uso de dichos términos porque consideramos que son herramientas conceptuales que nos ayudan a comprender mejor la Antigüedad. Podemos afirmar incluso que sin ellos la investigación no avanzaría, no habría progreso alguno en este campo, como afirma acertadamente Veyne, dado que a fin de cuentas utilizar nuevos conceptos supone (o debería suponer) plantear preguntas nuevas con las que leer los textos clásicos [428]. Si nos limitáramos a tratar de evaluar la historia de la República a través de las categorías que los propios romanos manejaban no haríamos otra cosa que escribir una segunda historia desde la fundación de la ciudad como la de Tito Livio. No obstante, es un requisito indispensable para su buen uso que, en primer lugar, seamos conscientes de su carácter anacrónico y que, en segundo lugar, realmente este empleo de nuevos conceptos nos sirva para desentrañar el significado del fenómeno que queremos estudiar y no para enturbiarlo más. Para ello, es necesario recordar, por ejemplo, que los sujetos de nuestra historia no podían apelar a ninguno de estos conceptos a la hora de actuar. Por lo tanto, en nuestro caso no podríamos afirmar que los romanos reconocían la especificidad de determinados historiadores considerados *analistas* frente a los demás, ni que éstos se decidían por un tipo de historia particular denominada *analística* con la intención de hacer algo distinto del resto de obras. En realidad, en esta ocasión estos términos no nos ayudan a comprender mejor la escritura de la historia en Roma, sino que, por el contrario, nos complican esta tarea al crear distinciones que para los propios romanos no existían. Pero para entender esto mejor es necesario volver al término *annales*.

Como es bien sabido, se trata de un adjetivo que deriva del sustantivo *annus* y que, por lo tanto, en plural significa "anuales"; y aunque aparezca él sólo en muchas ocasiones, en realidad se da por supuesto que está complementando al sustantivo *libri* (*T.L.L.* 108-109). De este modo, los "libros anuales" parece de todo punto lógico que están haciendo referencia a obras escritas cuyo contenido hacía hincapié o destacaba la cronología de los acontecimientos al organizarlos de forma anual. Hasta aquí no hay duda. Lo que ya no es tan evidente es que con este término los romanos distinguieran un tipo de historiografía específica. Eso no significa que determinadas obras tuvieran este título y otras no. En efecto, los textos son contundentes a la hora de referirse a la narración de Catón como *Orígines* y a la de Livio como *Desde la fundación de la ciudad,* por lo que podemos afirmar sin lugar a error que estos fueron los títulos que les dieron sus autores y frente a ellos otros relatos pudieron ser titulados *Annales* por sus creadores como la obra de Calpurnio Pisón. Sin embargo, el uso de este término por los propios escritores romanos demuestra de forma inapelable que esto no era un indicador exclusivo de determinadas narraciones históricas. La mejor forma de apreciarlo es repasar, en primer lugar y de forma breve, en la siguiente tabla los distintos títulos que los citadores posteriores le dieron, cuando lo hacen, a la obra de cada autor republicano que hemos recogido en una tabla (ver apéndice).

Esta tabla deja claro que los autores antiguos tenían poco cuidado a la hora de citar la obra de los historiadores. Ya se llamaran *Annales* o *Historiae/a* en el manuscrito original no tenían inconveniente alguno en denominarla con el título opuesto. Incluso alguna de las obras con un nombre más específico como eran los *Orígenes* de Catón eran citadas en los anteriores términos; Nepote dice que Catón escribió una *historia* en su vejez mientras que Plinio es quien nos informa de que el censor no daba el nombre de los generales romanos en sus *Annales*. Tito Livio, por su parte, se refiere a su obra en semejantes términos denominándola *annales* (43, 13, 2). Pero además, en ocasiones, el mismo autor cambia de título para referirse a la misma obra, como le sucede a Gelio o a Nonio que tan pronto hablan de la *Historia*, de las *Historias* o de los *Annales* de Valerio Anciate, el primero, y el segundo de los *Annales* o de las *Res Romanae* de Licinio Macro. Más llamativo resulta aún que un término supuestamente específico y válido para denominar exclusivamente un tipo de historiografía romana, la analística, sea utilizado para referirse a las obras de autores griegos. Así, por ejemplo, Plinio en su *Historia Natural* se refiere a Polibio como autor de unos *Annales* (*Polybius annalium conditor*) (5, 9); Livio afirma haber leído anales griegos y latinos (*ceteri Graeci Latinique auctores, quorum quidem ego legi annales*) (32, 6, 8) y Cicerón recurre a los annales griegos para obtener la fecha de fundación de la ciudad (*Nam si, id quod Graecorum investigatur annalibus, Roma condita est secundo anno Olympiadis septimae*) (*Rep.* 2, 10, 18)[429].

Todo esto hace pensar que, en contra de lo supuesto tradicionalmente, el término *annales* no hacía

[428] Veyne 1974: 66-72. En este mismo sentido Feeney ha destacado la imposibilidad de aproximarse a la literatura clásica exclusivamente con los conceptos de la crítica textual antigua (1995: 301-312).

[429] Verbrugghe (1989: 226, n. 91) considera acertadamente que Cicerón se refiere a la historiografía helenística en general y posiblemente en concreto a Polibio quien daba esta misma fecha (Dion. *A.R.* 1, 74, 3), en contra de Fornara (1983: 28) quien supone que el orador habla de la cronografía helena.

referencia en el latín clásico a un tipo especial de libro de historia, sino que era prácticamente sinónimo de *historia* o *historiae*, se trataba en ambos casos de una narración que relataba los acontecimientos pasados[430], aunque esto no significa evidentemente que cada término no pusiera de manifiesto un aspecto específico por su etimología. Sin embargo, ambas denominaciones podían ser utilizadas para una misma obra. Como vimos, una *historia* era en latín simplemente una narración histórica y había perdido el sentido de investigación llevada a cabo en primera persona o de acontecimientos vividos por el autor, que tenía en griego. Por otra parte, los *annales* (*libri*) eran los volúmenes que recogían los acontecimientos del pasado por orden cronológico. De modo que una obra podría ser ambas cosas a la vez. En definitiva, no se trata de ideas contrapuestas. El término griego era más genérico y a fin de cuentas incluía el segundo, de modo que el análisis más preciso era el que hacía Aulo Gelio y que ya hemos visto. Por lo tanto, hablar tanto de *historias* latinas como de *annales* era una misma cosa según podemos ver en los siguientes ejemplos en los que este segundo vocablo está usado de modo general para denominar la historiografía romana, sin referirse a la obra de ningún autor concreto; en el primero vemos, sin embargo, una demostración más de la práctica sinonimia entre los dos.

CIC *Q. fr.* 1, 1, 10.
Entre todos destaca por su gloria, virtud y edad Tuberón, quien, según pienso, sobre todo después de escribir una historia (historiam), *puede tomar muchos modelos de sus Anales* (suis annalibus) *a los que desear y poder imitar.*

CIC *Mur.* 7, 16.
En realidad tu nobleza, Servio Sulpicio, a pesar de ser grande, es, sin embargo, más conocida por los hombres cultivados y los historiadores (historicis), *y no tan ilustre ciertamente para el pueblo y los votantes. En efecto, tu padre fue de rango ecuestre y tu abuelo no fue celebrado por ningún acto meritorio. De este modo, la memoria de tu nobleza no debe tomarse de la conversación actual de los hombres sino de la antigüedad de los anales* (ex annalium vetustate).

CIC *Sul.* 27, 3.
La sospecha de la monarquía me es ajena. Si buscas a aquellos que intentaron reinar en Roma, los encontrarás entre las imágenes de tu familia para no desplegar el recuerdo de los anales.

[430] Verbrugghe 1989: 197-199; Zehnacker 1997: 216-221.

CIC *Ver.* 2, 4, 115.
No hay casi nadie entre vosotros que no haya oído a menudo cómo M. Marcelo tomó Siracusa, o que incluso lo haya leído en los anales (annalibus).

VAR *L.* 5, 101.
Se dice liebre (lepus) porque los sículos y los griegos eolios la llaman léporis. Como los sículos son de procedencia romana, tal y como dicen nuestros anales antiguos (annales veteres nostri), *quizá ellos llevaron allá el término y a la vez lo dejaron aquí.*

En la carta a su hermano Quinto de Cicerón –primer texto- se observa una vez más que los términos *annales* e *historia* podían servir para denominar una misma cosa, en este caso la obra histórica que había escrito Elio Tuberón. El *Thesauro* de la lengua latina considera que en el resto de los textos presentados el término *annales* está haciendo referencia a los registros de los pontífices, es decir, a los Anales Máximos (*T.L.L.* 108), mientras que Wiseman piensa que la palabra se está empleando como sinónimo de Fastos, de modo que significa "lista de magistrados", y que sólo más tarde *annales* pasó a denominar la historia[431]. Nosotros, sin embargo, pensamos que los textos son bastante claros por el contexto y que en ellos a lo que Cicerón y Varrón están haciendo referencia es a los libros de historia que se han escrito en Roma con anterioridad a ellos. En primer lugar, hay que destacar el hecho de que en ningún caso el término aparezca acompañado de algún complemento del tipo *publici, pontificum* o *maximi* como sucedía en los textos donde se describía y citaba los registros sacerdotales. Por otro lado, no es posible dar por supuesto un adjetivo de este cariz en cada caso, porque los discursos y tratados de los que se han extraído los fragmentos no están tratando en ese punto concreto nada relativo a los pontífice ni a sus libros o comentarios. Si a esto le sumamos la certeza que tenemos de que los títulos de las historias escritas por los historiadores romanos se llamaron en muchos casos *Annales*, lo más lógico es pensar que en estos textos a lo que se hace referencia es a los libros de historia en general. Lo confirma además el contexto.

El discurso en defensa de Murena (7, 16) –segundo fragmento- ofrece un ejemplo indiscutible. El orador está recordando el pasado de los Sulpicios y hace referencia explícita a los historiadores (*historiciis*) al afirmar que la gloria de su familia, al ser antigua, es más conocida a través de los *annales* que estos manejan que a los comentarios de la gente. En este caso es evidente que se trata de los libros de historia en general. En la defensa de Sila (27, 3) –tercer fragmento-,

[431] Wiseman 1979: 14.

Cicerón está recordando a los antepasados lejanos de Lucio Manlio Torcuato, quien llevaba la acusación. Entre ellos estaba M. Manlio Capitolino, cónsul en el 392 a.C. [432] y condenado por querer instaurar la monarquía en su persona. El orador contrapone en ese caso, el recuerdo de las *imagines*, que Torcuato conservaba, sin duda, de sus ancestros, con la memoria que recogían los anales. De este modo, resulta más verosímil que Cicerón esté aconsejando a dicho personaje consultar los libros de historia para encontrar ejemplos de intento de tiranía en Roma.

Lo mismo podemos deducir del fragmento del segundo discurso contra Verres que, como dijimos, Cicerón escribió pero nunca pronunció (2, 4, 15). Aquí se hace referencia a las obras que hayan podido leer los miembros del tribunal y demás audiencia para recordar cómo Claudio Marcelo conquistó la ciudad de Siracusa en el 211 a.C. durante la Segunda Guerra Púnica. Es interesante resaltar que, a pesar de haber pasado más de un siglo (estamos en el 70 a.C.), todavía existía una memoria oral de aquel acontecimiento, sin duda, a causa de su relevancia, pues fue una de las victorias decisivas que contribuyó a que la guerra terminara favorablemente para Roma. Lo que no resulta muy verosímil es que los romanos pudieran acceder a los registros pontificios para leer la historia de la ciudad, nuevamente es más comprensible que cuando Cicerón ser refiere a los *annales* esté queriendo indicar las obras de historia escritas desde Fabio Píctor en adelante. Otra posibilidad es que todos estos textos hagan alusión a unos anales en concreto, a aquella publicación en ochenta volúmenes de los registros pontificios que se atribuye a Mucio Escévola en los años veinte del siglo II a.C.[433] Sin embargo, la explicación más sencilla es, sin duda, la que apunta a la historiografía romana en general por el contenido que se supone tienen esos anales que se citan. Teniendo en cuenta el carácter religioso y ritual que, como sabemos, en gran parte tuvieron los anales de los pontífices (cfr. CATO *orig.* 4, frag. 1, cfr. capítulo primero en especial el último apartado) resulta muy difícil pensar que en estos registros se hacía una narración de la toma de Siracusa, como la que sí se encontraba en los relatos de los historiadores, o que especulaba sobre la posibilidad del origen latino de los sículos del que habla Varrón en el siguiente fragmento del tratado *Sobre la lengua latina* (5, 101). En cambio conservamos fragmentos de Fabio Píctor (*A.R.* frag. 22), y de Casio Hemina (*A.R.* frags. 2 y 3) en los que se habla de los sículos o de determinados personajes de origen sículo. Los *viejos anales* (*annales veteres*) a los que hace alusión Varrón, por tanto, deben entenderse como la historiografía más antigua en contraposición a los libros de historia de su época que, más centrados en los acontecimientos recientes, como veremos en el próximo capítulo, habían dejado de lado esos temas.

Por lo tanto, el término *annales*, cuando aparece sin complemento alguno y fuera de un contexto evidente que lo adscriba directamente y, sin duda, a las actividades de los pontífices, hace referencia de forma clara a las obras de los historiadores en general. Según creo, hay que incluir también dos textos que la reciente edición francesa de Chassignet cataloga, sin embargo, bajo el epígrafe de "anales de los pontífices" (frags. 24 y 15)[434]. El primero está extraído del tratado *Sobre la adivinación* (1, 44, 100) donde Quinto presenta multitud de casos históricos que avalan su defensa de la adivinación. Uno de ellos es la inundación del Lago Albano durante la guerra contra Veyes (406-396 a.C.), que según las profecías veyentanas (*fastos*) mantendría imbatida la ciudad mientras durase, algo que podía leerse en los anales (*quid, quod in annalibus habemus Veienti bello, cum lacus Albanus praeter modum crevisset (…)?*). Cierto es que prodigios como éste eran material frecuente en los registros de los pontífices, pero tampoco estaban ausentes en las obras historiográficas, por lo tanto es posible considerar que nuevamente el término hace referencia a la historiografía romana en general, aunque no es determinante. Más claro es el segundo ejemplo. Pertenece a la *República* (15, 28) y está en el párrafo de contestación de Escipión a la pregunta que, ya vimos, Manilio le hacía sobre la posibilidad de que Numa Pompilio hubiera sido discípulo del griego Pitágoras. La respuesta de éste es que el desfase cronológico de uno y otro hace imposible que ambos personajes se conocieran y afirma, además, que esto es un hecho firme e incontrovertido para todos aquellos *qui diligentissime persecuti sunt temporum annales,* "que han escrito los anales de estos tiempos con mucho cuidado". Entendemos que el verbo *persequor* debe ser entendido en este contexto, no simplemente como "recorrer o estudiar", sino en el sentido de "recorrer, explicar o exponer algo por escrito" (*O.L.D.* p. 1354)[435]. Se trata, por tanto, de una referencia a los historiadores romanos que han estudiado el pasado de

[432] Broughton 1986: 92.

[433] Ver Frier 2002: 179-200.

[434] También el anterior texto del *Pro Murena* (7, 16) aparece en este apartado de la edición de Chassignet. Ninguno de ellos está, sin embargo, en la edición de Peter (1967), ni en el estudio de Frier (2002).

[435] El *Oxford Latin Dictionary* define exactamente este término en su acepción número siete con las siguientes palabras: *to go over, run through in speech or writing (events in a narrative, items in a series, etc).*

la ciudad y han establecido en sus obras una cronología de los acontecimientos más importantes.

Si aceptamos, pues, lo dicho hasta ahora podemos concluir que el término *annales* en la República podía hacer referencia a los registros pontificios cuando está acompañado de un complemento como *maximi* o *pontificum*, o en un contexto semántico en el que se haya hecho referencia a los pontífices, pero también identificaba, cuando la palabra aparece sola, las obras de los historiadores romanos. Es algo lógico pues, como se puede apreciar en la tabla de referencias a títulos (apéndice), los libros de prácticamente todos aquellos historiadores republicanos de los que conservamos alguna cita reciben el nombre de *Annales* por algún escritor posterior y es muy probable que este fuera el nombre que les pusieron los autores en muchos casos. Pero además, el vocablo actúa como una especie de sinónimo de *historia,* es decir, de "libro que narra acontecimientos pasados", hasta el punto de ser empleado para la historiografía griega. Por lo tanto creo que podemos concluir dos cosas: por un lado que no hay argumentos sólidos para sostener que existen diferencias entre los libros de *Annales* y las *Historiae* y, por el otro, que no se puede reconocer un género o tipo específico de historiografía propio de Roma frente a la tradición griega que por su distinción puede recibir el nombre de analística.

En otro orden de cosas, es interesante constatar que, si de forma genérica se denomina *annales* a las obras de historia en Roma, significa que de algún modo se caracterizaban por organizar la información según consulados y, si tanto la obra de Fabio como la de Cincio Alimento o la de Postumio Albino recibieron este nombre, tenemos que concluir obligatoriamente que la historiografía romana desde sus inicios se ajustó a una estructura anual (evidentemente imposible de seguir para los primeros tiempos), aunque podemos pensar también que dicho esquema fue completándose y formándose con el paso del tiempo, pero que difícilmente es el invento de ningún autor, ni de Pisón, ni creemos que de ningún otro. En conclusión, este término *analística* no tiene mucha razón de ser si no es para designar simplemente el conjunto de la historiografía romana, y en este caso, por la confusión que plantea, sería mejor no utilizarlo. Responde, a fin de cuentas, a una creación del siglo XIX que no tiene base en la cultura de la Roma republicana y a un espíritu filológico clasificador que, con el tiempo, se ha visto que en ocasiones ha tergiversado la realidad amoldándola a unas categorías preestablecidas carentes de referente en la sociedad que se pretende estudiar. Es por ello que de forma reciente se está poniendo en duda de igual modo la existencia de géneros literarios en la Antigüedad en un sentido tradicional[436]. El origen de esta división que valora y clasifica las obras escritas según criterios estilísticos y de contenido tiene su origen en la Grecia clásica, la encontramos en Platón (*República* 3, 392) y en Aristóteles (*Poética* 1447). La épica, la lírica y el drama son los tres géneros clásicos y reconocidos. Sin embargo, los historiadores modernos han utilizado de forma sistemática la idea de una tipología literaria para estudiar las obras de la Antigüedad sin ser conscientes de que los antiguos no reconocieron tantos géneros como ellos hacen y, sobre todo, no utilizaron estas categorías como elementos de análisis tan rígidos y definitorios como se hace en la actualidad.

Si volvemos ahora al campo de la historia en Roma podemos comprender más claramente hasta qué punto está injustificado que hablemos de analística como género historiográfico o, por lo menos, que utilicemos este concepto para dar sentido a las declaraciones o a las decisiones de los autores. Pero además es bastante dudoso que sea útil analizar la producción de obras de historia a través de estas categorías literarias [437] . Así lo considera muy acertadamente Marincola en un importante artículo en el que pone al descubierto los errores a que nos ha conducido la clasificación que hizo Jacoby para publicar *Die Fragmente der griechischen Historiker*[438]. En este *corpus* se dividen los fragmentos según cinco subgéneros: genealogía, etnografía, cronografía, historia contemporánea y corografía o historia local. Pero el testimonio escrito se resiste en más de una ocasión a adaptarse matemáticamente a estos apartados, de modo que en una misma obra histórica de un mismo autor podemos encontrar fragmentos que corresponden a más de una categoría. El error, en último instancia, como pone de manifiesto este historiador, es manejar esta división de forma rígida y mecánica, dando por supuesto que los autores antiguos estaban obligados a elegir un subgénero a la hora de escribir y a seguir estrictamente un modelo establecido que correspondía a dicho tipo literario[439]. Marincola cuestiona igualmente la validez de la categoría de *annales* como subgénero. Nosotros hemos comprobado que el uso que dicho término tiene en los textos de la República apunta precisamente a su inexistencia. Por el contrario, este historiador considera que los principios y estrategias que guiaban el trabajo literario de los autores antiguos que decidían narrar el pasado eran otros muy distintos,

[436] Rosenmeyer 1985: 74-84; Averintsv 2001: 16-37.

[437] Por el contario, según Fantham en tiempos de Cicerón los romanos sí pensaban en términos de géneros literarios y los más importantes serían poesía, oratoria, filosofía e historia (1999: 17).

[438] Marincola 1999: 281-301.

[439] Marincola 1999: 300.

basados en gran medida la autoridad de escritores anteriores y en su deseo de imitación.

Por lo tanto, para adentrarnos en la comprensión de la escritura de la historia en la República nos parece inadecuado recurrir, como se ha hecho hasta ahora, a la clasificación por géneros, porque lejos de servir de instrumento de análisis eficaz termina por encorsetar la investigación dentro de unos parámetros inexistentes realmente para los historiadores romanos y, por tanto, carentes de significado. ¿Qué criterios guiaban entonces la historiografía republicana? Esta cuestión trataremos de resolverla en el siguiente capítulo partiendo de los conceptos que hemos estudiado aquí: memoria, historia y anales.

V. LA ESCRITURA DE LA HISTORIA EN LA REPÚBLICA

Si atendemos a lo expuesto sobre los conceptos de *historia* y *memoria*, analizados anteriormente, tendríamos que concluir que los romanos sólo concebía la escritura como un modo de ampliar la memoria y que, por tanto, la historia no era otra cosa que el recuerdo del pasado. Sin embargo, un cambio en el medio tenía que afectar obligatoriamente a un cambio en el objeto. Nos parece algo incontrovertido que, aunque la finalidad de una obra escrita fuera para los romanos en términos generales la misma que la de un funeral, mantener el recuerdo de algo de alguien, la narración histórica suponía un elemento de revolución que terminaría por transformar a largo plazo el recuerdo en Roma. En este último capítulo vamos a abordar, así pues, algunas de las características que evolucionaron en la historiografía romana desde sus comienzos a fines del siglo III a.C. hasta la época de Augusto y que según creemos no son adscribibles a ningún subgénero o tipo de historiografía en concreto, sino que responden más bien a un cambio en la concepción de la narración sobre el pasado que puede percibirse en la sociedad romana.

La evolución de la historiografía republicana

Al analizar el término *annales* vimos aquellos textos latinos que planteaban una clara dicotomía entre este tipo de historiografía y la historia propiamente hablando. Se trataba siempre de obras de época imperial o incluso visigoda y, por tanto, aunque debemos tenerlas en cuenta para comprender los anales de la Roma republicana, sin embargo, no tenían por qué reflejar exactamente la situación anterior, que es la que a nosotros nos interesa. Efectivamente nuestra conclusión en el pasado capítulo fue que, en principio, no existía diferencia sustancial entre los *Annales* y las *Historiae*, aunque posiblemente esa dicotomía que muestran Gelio, Servio o Isidoro sea una consecuencia, en cierta medida de la evolución de la escritura de la historia desde el siglo III a.C. al I a.C. Un de los textos clave para sostener la existencia de los géneros historiográficos son los siguientes dos fragmentos de Sempronio Aselión. Sin embargo, la razón de analizarlos en este momento y no en aquél es que, según nuestra interpretación, no hay modo alguno de leer en estos textos una dicotomía entre dos subgéneros historiográficos; anales e historia. Pero lo más apropiado será pasar directamente al texto, que es una continuación del de Aulo Gelio ya analizado.

Sempronio Aselión *H.R.R.* y *A.R.* frags. 1 y 2. (=GEL 5, 18, 7-9)
Cuando los acontecimientos se narran no por años, sino día a día, esta historia recibe en griego el nombre de efemérides (ἐφημερίς), *cuya explicación aparece en el primer libro de la obra de Sempronio Aselión, del cual hemos extraído muchas palabras como igualmente mostraremos lo que, en ese mismo lugar, este autor decía que diferenciaba a las* res gestae *de los* annales. *Decía: "Ciertamente entre aquellos que han querido dejar unos anales* (annales relinquere) *y los que han tratado de escribir con detalle los hechos de los romanos* (res gestas a Romanis perscribere), *media lo siguiente. Los libros de anales muestran simplemente los hechos que sucedieron cada año, lo que equivale casi a escribir un diario, que los griegos llaman efemérides* (ἐφημερίδα). *Pero nos parece que decir lo que ha sucedido no es de ningún modo suficiente, si no se expone además con qué deliberación* (consilio) *y por qué razón* (ratione) *se ha llevado a cabo". Poco después en ese mismo libro afirma: "Los libros de anales no pueden mover a nadie para estar más dispuesto a defender la República ni para actuar, de forma más indolente, en su perjuicio. Pues escribir con qué cónsul se inició la guerra y con cuál se finalizó, y quién entró triunfante, y no decir en ese mismo libro qué sucedió durante la guerra, qué decretó el senado entretanto, qué ley o proyecto de ley se presentó o con qué intención* (consiliis) *se llevó todo esto a cabo es*

contar cuentos a los niños (fabulas pueris est narrare) *y no escribir historia* (historias scribere)*"*.

La lectura tradicional[440] que se ha hecho de este texto establece que Aselión está exponiendo una crítica a la analística romana frente a la historia de tradición griega: *annales* frente a *historia*. En términos generales los historiadores destacan de forma unánime que estos dos fragmentos de Sempronio reflejan la influencia de las *Historias* de Polibio y de su forma de entender el estudio del pasado entre los autores romanos[441]. En efecto, todos coinciden en reconocer que la crítica del historiador romano a los escritores que le precedieron estaba dirigida hacia la analística, que algunos relacionan ya con Fabio Píctor y otros adscriben a autores posteriores como Casio Hemina o Calpurnio Pisón o incluso se identifica como hace Gelzer, con la supuesta edición de los Anales Máximos de Mucio Escévola, y se afirma que él, por el contrario, reivindicaba una historia pragmática. Bömer, por su parte, ha insistido más en que la contraposición que está haciendo el autor se establece entre historia de los orígenes e historia contemporánea[442]. La nueva forma *pragmática* de narrar el pasado que propugnaba el historiador griego de Megalópolis estaba encaminada a completar la formación del hombre político, pero para que fuera de utilidad debía contar con ciertos requisitos: eliminar los hechos legendarios y fantásticos, y buscar la relación causal entre los acontecimientos históricos[443]. Así afirma, por ejemplo, al principio del libro tercero que su intención es *contar cómo, cuándo y porqué todas las partes del mundo habitado cayeron bajo dominio de los romanos* (3, 1, 4). Es evidente en este caso la cercanía a las palabras de Sempronio, aunque es imposible calibrar el grado de dependencia exacta de Sempronio con respecto a la obra de Polibio cuando estaba escribiendo la introducción de su historia. Más que establecer vinculaciones directas, imposibles de medir, nos interesa a continuación, comprender esta declaración de Aselión en el contexto de la historiografía romana.

En principio para comentar el texto habría que aclarar que los dos fragmentos de Sempronio Aselión no establecen diferencia alguna *explícitamente* entre *annales* e *historia*. Es necesario dar por supuesto algunas cosas para llegar a esa conclusión. Aunque, ciertamente, es de esta contraposición de lo que ha estado hablando Aulo Gelio en los párrafos precedentes, es el término "efemérides" el que le lleva hasta el primer libro de la obra de Aselión y a continuación introduce un fragmento, adelantando que en él se habla sobre lo que éste decía que diferenciaba las *res gestas* de los *annales*, nada anales e historia. Hay que recordar también que los dos textos no son consecutivos, aunque pertenecían al mismo libro y, como dice Aulo, estaban cerca. Por lo tanto, no es correcto tomar la palabra *annales* del primero y la de *historias* del último y organizar el resto de las ideas que hallamos en medio a partir de esta contraposición, que ya damos por supuesto, hace referencia a dos géneros historiográficos y que nosotros hemos establecido como marco previo. En realidad las únicas dicotomías que realmente hace el autor son las de *annales relinquere* y *res gestas perscribere* en el primer texto y *fabulas pueris narrare* y *historias scribere* en el segundo; y ambas comparaciones no pueden mezclarse de antemano. Además, en ninguno de los dos casos, nos parece, Aselión está tratando de hacer definiciones sobre géneros historiográficos, sino que, por el contrario, está poniendo de relieve una debilidad que según él tienen los que han escrito historia antes que él.

El primer fragmento comienza, ciertamente, con una contraposición, pero nos parece que no se trata de oponer los *annales* a las *res gestae* como parece interpretar el propio Aulo Gelio, sino el "dejar unos anales" a "escribir con detalle los hechos romanos". En esta ocasión tienen mayor peso e interés los verbos (*relinquere* y *perscribere*) que los sustantivos. De este modo, lo que Sempronio quiere decir es que para él no es suficiente dejar (*relinquere* tiene claramente un sentido negativo) escritos unos anales, que se caracterizan por dar sin más una lista de los acontecimientos que han sucedido cada año –esta organización cronológica, como ya dijimos, es lo que le da el nombre de anales. Es necesario completar esa información con otros datos: con qué deliberación (*quo consilio*) y por qué razón (*qua ratione*) de han llevado a cabo. Sólo en este caso es satisfactoria la labor del historiador. No es del todo fácil traducir estas palabras con total precisión y, sin embargo, son la clave para comprender lo que quería decir Sempronio en la introducción de su obra. En efecto, en el segundo fragmento vuelve a repetir exactamente lo mismo, aunque en esta ocasión da más detalles. Vamos a dejar de lado la primera frase en la que expone la finalidad

440 Este texto presenta algún problema transmisión, de modo que los editores dan lecturas diversas en algunos puntos. Nosotros hemos utilizado la edición de Marshall de 1968 publicada en Clarendon. Sin embargo, en términos generales las lecturas alternativas no cambian el significado del texto en ninguno de sus puntos interesantes.

441 Dittman 1935: 293; Bardon 1952: 114; Gelzer 1964: 155-161; Press 1982: 45-46; Mazza 1965: 146-163; 1967: 39-42; Canfora 1972: 109; Cavarazza 1988: 21-36; López-López 1995: 182-186; De Vivo 2000: 188. Mazzarino además de reconocer la deuda con Polibio pone de manifiesta la semajanza de este pasaje con otro de Diodoro Sículo (30, 15) (1988: 158).

442 Bömer 1953: 189-209.

443 Walbank 1966: 46-49; Pédech 1964: 24-54 y 59-99.

que, según él, tiene la historia, hacer que el lector esté más dispuesto a defender la República, porque ciertamente es una afirmación de sumo interés y no tan sencilla de interpretar como se ha hecho a menudo, pero tenemos obligatoriamente que ir por partes. Como decimos, a continuación vuelve a insistir en que no es suficiente presentar los hechos a secas, ahora habla de hechos militares, y de dar otros datos de interés como las leyes que se presentan a votación o los decretos del senado y, sobre todo, de especificar *con qué intención se llevó todo a cabo*. Lo que le falta a la historiografía tradicional es, por tanto, recoger por escrito lo que podríamos considerar el contexto de los acontecimientos; la causa o explicación (el modo podríamos decir también) de que eso haya sucedido, la deliberación y propósito con que se actuó (*consilium*). Los historiadores modernos han relacionado rápidamente la *ratio* de la que habla Sempronio con la defensa que hace Polibio en su obra de la búsqueda de las causas (*αἰτίαι*) en los hechos acontecidos (3, 32, 6; 6, 2, 8; 12, 25b, 2; etc)[444]. Es posible que el historiador romano esté reflejando aquí su conocimiento de las *Historias* polibianas, pues, como muy bien se recuerda a menudo, Sempronio Aselión fue tribuno militar de Escipión Emiliano durante el cerco y toma de Numancia en el 133 a.C.[445], hecho que presenció también Polibio y, por tanto, ambos personajes se conocieron, sin duda, personalmente[446]. En cualquier caso, no es un rasgo exclusivo de la historiografía del escritor de Megalópolis el buscar la causa de lo acontecido, sino una característica de la historia griega desde su inicio. Por lo tanto, no es obligatorio pensar en esta única influencia.

Pero la crítica de Aselión va más allá. En los dos fragmentos hace hincapié en el *consilium*, es decir, la intención, el plan, los presupuestos con los que los protagonistas actuaron. Sin este contexto de comprensión, los acontecimientos carecen de significado. Eso es lo que quiere decir realmente, a nuestro entender, *fabulas pueris narrare*[447]. Para esta última frase se ha buscado un paralelo en el libro tercero de Polibio (20, 5) en el que se queja de los relatos que Sósilo y Quéreas hicieron de los acontecimientos siguientes a la toma de Sagunto por los cartagineses, ya que afirmaban que, después de este asalto, los romanos celebraron una asamblea para decidir sobre la guerra. Según el historiador griego, Roma ya había anunciado un año antes esta guerra, por lo tanto considera infundadas estas afirmaciones y faltas de veracidad; no tienen la categoría ni el valor de la historia, sino de la charla del barbero y del pueblo llano. Nos parece que realmente no existe una relación tan estrecha entre ambos fragmentos. Sempronio no quiere decir que datar el inicio y el fin de una guerra y mencionar el triunfo de un general, como hacían los anales, fuera hablar de cosas infundadas, comentarios vacíos, típicos de las charlas entre personas sin conocimiento. Tampoco hace referencia a que sean falsas, inventadas o legendarias, según nos parece, aunque todos estos significados pueden adscribirse al término *fabula*[448]. No hay en estos textos, sin embargo, crítica alguna a los relatos increíbles frente a los hechos contrastados. *Fabulas pueris narrare* significa, por el contrario, contar cosas sin valor ni importancia, sin trascendencia, como las que se cuentan a los niños[449]. Hay que recordar que la queja principal del autor, al menos la que vemos en estos fragmentos reflejada (es posible que tratara más cuestiones en su introducción), es que la información que aportaban esos libros era insuficiente; y como consecuencia de que era insuficiente carecía de significado o de trascendencia, por ello tenía el valor de los cuentos infantiles. Esta reivindicación de Sempronio Aselión no es un hecho aislado. En realidad, Cicerón vuelve a incidir en ello en el tratado *Acerca del orador*, como veremos en el siguiente texto que nos va a ayudar a comprender los anteriores fragmentos.

CIC *de Orat.* 12, 15, 63.
La lógica de los acontecimientos requiere una cronología y una descripción de las regiones. Se exige además indicar lo que el autor juzga acerca de las intenciones (consiliis), *puesto que en los eventos importantes y dignos de memoria se espera, en primer lugar, una indicación sobre los proyectos* (consilia), *luego sobre lo sucedido* (acta) *y después sobre las consecuencias* (eventus). *En cuanto a los hechos, hay que exponer no sólo lo que se hizo y lo que se dijo, sino*

---

444 Todos estos textos fueron analizados detenidamente por Pédech, quien ha defendido una concepción de la causalidad propia de Polibio y encaminada a comprender el origen de las guerras y la psicología de los personajes históricos (1964: 75-98).

445 Broughton 1986: 491.

446 Sobre el asedio de Numancia y las guerrras en Hispania ver Astin 1967: 137-160 y sobre la estancia de Polibio en Roma ver Shimron 1978-80: 94-117.

447 Sin embargo, se suele relacionar esta frase con el rechazo a una historia dramática sin que pueda argumentarse realmente con el texto de Sempronio. Así lo hacen, por ejemplo, Foucher (2000: 781) y De Vivo (2000: 194).

448 Salles 1981: 11. La contraposición *fabula-historia* correspondería de esta forma a la oposición en griego entre *μῦθος* y *λογὸς* (Piérart 1983: 47).

449 En este mismo sentido Scobie ha puesto de manifiesto que el término *fabula* cuando era aplicado a un relato que no era, por esencia, ficticio era un insulto que equivalía a decir que algo no tenía sendio y no valía para nada, porque carecía de todo mensaje o de instrucción y se valoraba exclusivamente por su capacidad de entretener (1979: 244-245).

también de qué modo (quo modo)*; al hablar de los resultados* (eventu) *se deben explicar todas las causas* (causae)*, ya sea el azar, la sabiduría o la temeridad y además de las gestas de los hombres hay que indicar algo sobre la vida y carácter de aquellos que sobresalen por su renombre y reputación.*

Este pasaje pertenece a uno de los párrafos más citados de este tratado por todos aquellos que se han abordado la cuestión de la historiografía romana. Antonio y Catulo están hablando sobre los tres tipos de discursos que se pueden elaborar, cuando el primero saca a colación la historia, pues a su entender el orador es el más indicado para escribir este tipo de obras (2, 12, 51)[450]. Hace, entonces, un breve repaso de los inicios de la historiografía romana que él relaciona directamente con los Anales Máximos y afirma que en ese momento la historia no era más que la composición de unos anales, es decir, de unos registros anuales. Lo decisivo, según él, es que muchos escritores han seguido después esta forma de narrar, de modo que, sin ningún ornamento, se han limitado simplemente a dejar testimonio de qué sucedió, cuándo, dónde y por quién. Es evidente que Cicerón está preocupado por engrandecer la oratoria y reivindica, por boca de Antonio, la necesidad de que sean las personas con formación retórica las que escriban historia en Roma. Se entretiene en criticar la expresión de los historiadores romanos y alaba la narrativa de Heródoto, de Tucídides y seguidores. Nada de esto hay en los fragmentos de Sempronio. Sin embargo, ambos autores coinciden en dos puntos que ahora nos interesan.

En primer lugar, inciden en lo sucinta y simple que era la narración de los historiadores romanos, que se reducía a establecer lo sucedido, el momento y el personaje protagonista. Da la sensación, por sus palabras, que estos primeros escritores de historia no tenían más interés que dejar constancia escrita de los sucesos (*annales relinquere*, *monumenta relinquere*), que en términos latinos, ya hemos visto, era el modo de perpetuar la memoria de algo. La sobriedad de esta historiografía, sin embargo, molesta a los dos autores, porque les parece algo insuficiente. En la más que famosa carta a Luceyo, Cicerón critica nuevamente el poco interés que tiene una simple narración anual de acontecimientos (*Fam.* 5, 12, 4-5). En esta ocasión no se refiere a ninguna obra en común, pero, en su afán por dar consejos a su amigo sobre cómo debería enfocar la monografía de su consulado, le indica que en ella podría poner en práctica su conocimiento de los cambios civiles, para explicar las causas de la revolución o dar soluciones a las desgracias, y que, cuando critique lo que juzgue que se debe reprochar y reconozca lo que le parezca bien, exponga las razones. (*in quo et illa poteris uti civilum commutationum scientia vel in explicandis causis rerum novarum vel in remediis incommodorum, cum et reprehendas ea, quae vituperanda duces, et, quae placebunt, exponendis rationibus comprobabis*). Todo ello será de mayor interés para el lector, pues la simple ordenación de los sucesos anuales entretiene mediocremente, como la enumeración de los Fastos (*etenim ordo ipse annalium mediocriter nos retinet, quasi enumeratione fastorum*). En efecto, aquí no se cita ninguna obra en concreto, pero no es difícil reconocer en esta crítica una referencia a las obras de la primera historiografía romana de las que ya se quejaba en *Acerca del orador* y que se caracterizaban precisamente por ser una simple indicación de los sucesos en orden temporal. Cicerón compara estas narraciones con los Fastos, con una lista de magistrados anuales y les concede a ambas el mínimo interés. No favorecen la lectura, ni atraen la atención del lector.

El segundo elemento de convergencia entre Sempronio y Cicerón es que muestran la alternativa a este relato tradicional. El primero hacía hincapié en que había que establecer el contexto: *quo consilio quaque ratione*, y ofrecer otros datos de interés que, tenemos que suponer, los autores que le precedieron pasaban a menudo por alto, como los decretos del senado y las leyes y proyectos presentados. En su defensa del orador como historiador, Cicerón repasa brevemente en el segundo texto, perteneciente al tratado *Acerca del orador*, de qué cosas debe hablar éste y en las que, damos por supuesto, debe poner en práctica su capacidad retórica. En una parte importante, esta tarea coincide con la que exponía Sempronio. La novedad es la descripción de las regiones y los apuntes sobre la vida y personalidad de los protagonistas que, por cierto, demuestran una vez más la falta de base que tienen la proliferación de subgéneros historiográficos en la Antigüedad de la que son responsables los historiadores modernos, porque aquí vemos mezclados la historia *événementielle*, la etnografía y geografía, y la biografía. Pero en lo que respecta a los acontecimientos, se requiere hablar de *consilia*, *acta* y *eventus*, es decir, las intenciones o proyectos, los hechos y los resultados; y en cuanto a lo sucedido es necesario también determinar cómo sucedió y las causas que intervinieron, ya se deban a la condición humana o a algo superior a ella. En la carta a Luceyo Cicerón vuelve a insistir en la necesidad de establecer las causas

[450] Petzold ha relacionado este texto de Cicerón con la teoría historiográfica de Polibio (1972: 269-271), considerando que la atención a la verdad que defiende es una herencia del historiador griego, pero defendiendo a la vez el estilo literario de la historiografía helenística.

de los acontecimientos. En términos generales los argumentos de Sempronio y los de Cicerón están en la misma línea y apuntan hacia la misma dirección, aunque éste segundo los expone más detalladamente - también es cierto que del primero no tenemos más que dos fragmentos-: La historia no puede ser simplemente un escueto y descarnado relato de hechos grandiosos ordenados cronológicamente por años, esta narración carece de interés, tiene el valor y trascendencia de los cuentos infantiles y entretiene menos que la enumeración de los Fastos. Se entiende ahora que Cicerón se queje de forma reiterada de la pobreza estilística de los primeros autores (*de Orat.* 2, 12, 54; *Leg.* 2, 6). Es cierto que forma y contenido no están obligados a evolucionar o cambiar obligatoriamente a la vez, pero también es comprensible que un escueto relato de lo sucedido que seguía un esquema cronológico no requiriera de grandes destrezas literarias, más bien las coartaba y, sin embargo, los puntos que exigían estos autores dentro de una narración histórica podían dar pie a un mayor lucimiento literario.

Estas diferencias en la narración son las que caracterizan la evolución de la historiografía romana en la República. Pero no son adscribibles a dos géneros independientes y existentes de forma paralela, de modo que pudiéramos suponer que cualquier autor romano antes de escribir tenía que decidir de antemano si narrar la Segunda Guerra Púnica en el género *annales* o en el género *historiae*. En realidad se trató muy posiblemente de un cambio más progresivo y no de una alternativa tajante como la que podría existir, por ejemplo, entre escribir un poema épico o una tragedia. La idea de la evolución resulta más coherente, porque en definitiva el tipo de relato que proponen Sempronio y Cicerón no invalidaba el anterior. Ninguno de los dos habla de anular la ordenación cronológica por años que ya existía, es más, el segundo recuerda que es necesario el *ordo temporum*. Por lo tanto, en esencia no eran narraciones excluyentes sino que más bien la segunda suponía un ampliación de la primera y una búsqueda diferente de significado como veremos. ¿Cuándo se produjo este cambio? Es difícil establecer en qué momento los escritores romanos comenzaron a abordar el relato de los acontecimientos desde esta nueva perspectiva. Cicerón parece dar por hecho que la historia es eso y nada más, sus palabras no dejan ver una crítica a autores contemporáneos. Sempronio Aselión, por su parte, reconoce que antes que él, ha habido autores de los dos tipos. En quién está pensando exactamente en cada caso, no es fácil de saber. Este historiador debió de escribir su obra en los años 90 del siglo I a.C.[451], de modo que le precede todo un siglo de historiografía romana. El estado fragmentario de todas estas obras, incluida la del propio Aselión, hace prácticamente imposible que podamos valorar el tipo de relato que caracterizaba a cada una. No obstante, algunos indicios, como son la extensión o temática de las obras, nos hacen pensar que aquellos autores que comenzaron a escribir con detalle las hazañas de los romanos eran de fines del siglo II a.C.

Conservamos el testimonio de diecisiete historiadores anteriores a Sempronio que narraron la historia de Roma. De algunos no sabemos más que el nombre, como sucede con Lucio Cornelio Escipión, hijo del Africano el Mayor y padre adoptivo de Escipión Emiliano, a cuya obra en griego hace referencia Cicerón (*Brut.* 19, 77) y otros personajes desconocidos como Alfio que escribió una *Guerra de Cartago* según Festo (p. 158 M), Rubelio Blando (Serv. *Ad Verg. Aen.* 1, 103) o Vulcacio que suelen fecharse en este siglo, aunque ciertamente el testimonio que conservamos de ellos no ofrece seguridad cronológica alguna [452]. Del resto conservamos al menos un fragmento o dos como mínimo, pero no todos tienen indicación del número de libro al que pertenecían. Cuando eso sucede, podemos hacernos una idea de la dimensión de la obra. Repasemos brevemente el testimonio que tenemos. Así, por ejemplo, sabemos que la narración de Fabio Píctor ocupó al menos cuatro libros pues aparece citado el volumen IV en el cual se habla de las leyes *Licinas-Sextias* (*A.R.* frag. 23). Pero, como sabemos que el relato abarcaba la Segunda Guerra Púnica se ha supuesto que llegaría incluso hasta el libro VII[453]. De Cincio Alimento sólo tenemos citado el libro segundo en el que hablaba de los Penates y de la fundación de Roma (*A.R.* frag. 3). No obstante, el contenido de su obra era muy similar al de Píctor por lo que debió de ocupar muy posiblemente la misma extensión. De los *Orígenes* de Catón sabemos con seguridad que abarcaban siete libros gracias al testimonio de Nepote quien además nos resume brevemente el contenido de cada uno (*Cat.* 3, 3-4). No tenemos la misma suerte con Postumio Albino ni con Acilio. Para la obra de Casio Hemina tenemos atestiguado el cuarto libro que se ocupaba de la Segunda Guerra Púnica (*A.R.* frag. 34). La narración completa tendría al menos un volumen más pues los tres últimos fragmentos hablan de hechos posteriores (*A.R.* frags 41, 42 y 43)[454]. No tenemos referencias útiles para Fabio Máximo Serviliano. De la obra de

[451] Chassignet 1999: lvii.
[452] Bardon 1952: 102.
[453] Verbrugghe 1980: 2165-2173.
[454] Rawson 1991: 246; Cizek 1995: 42.

Calpurnio Pisón Frugi, por el contrario, sabemos con certeza que en el séptimo volumen citaba a los cónsules del 158 a.C. (*A.R.* frag. 39) y se le ha supuesto un libro más que contemplaría su propio consulado y la guerra servil [455]. La historia de Sempronio Tuditano era superior en extensión, pues la noticia más reciente, el descubrimiento de la tumba de Numa Pompilio en el 181 a.C., aparecía en el libro décimo tercero (*A.R.* frag. 7). De la de Fanio podemos atestiguar el volumen octavo sin que se pueda especificar con precisión la cronología (*A.R.* frag. 3), mientras que los dos fragmentos de Venonio tratan cuestiones de los orígenes.

La obra de Cneo Gelio parece desmarcarse de las demás por su volumen. Carisio llega a citar el libro noventa y siete (*A.R.* frag. 30 y 31) y algunos autores han aceptado la posibilidad de que pudiera tener ese tamaño al compararla con el volumen que alcanzó la publicación de los Anales Máximos (unos 80 libros), hecha supuestamente por Mucio Escévola como indica Badian o bien con la historia de Tito Livio que llegó a alcanzar al menos los 142 volúmenes[456]. No obstante, los editores han considerado esta cifra de XCVII un error y la corrigen en XLVII y XXVII[457]. En cualquier caso la obra sigue siendo más voluminosa que las anteriores y tenemos atestiguado también un libro XXXIII en el que se menciona un acontecimiento del año 216 a.C. El evento más tardío que conservamos son los Juegos Seculares del 146 a.C. (*A.R.* frag. 29), pero sin indicación de su situación en el relato. En principio es lógico que con el paso del tiempo las obras históricas fueran aumentando en tamaño, puesto que su contenido abarcaba desde los orígenes de Roma hasta la época actual del autor y hay un siglo de diferencia entre Fabio Píctor y Cneo Gelio. Esto parecen indicar los fragmentos, cuando tenemos un número suficiente Hay casos como el de Fabio Máximo Serviliano o el de Venonio en los que con sólo tres referencias para el primero (*H.R.R.* frags 1, 2 y 3) y dos para el segundo (*H.R.R.* 1 y 2) es imposible especular sobre la dimensión total de la obra, pero lo más probable es que se tratara también de historias completas de Roma. Únicamente Celio Antípatro parece haber reducido los límites temporales de su obra para centrarse exclusivamente en la Segunda Guerra Púnica. De hecho, es la única narración histórica del siglo II a.C. que recibe un nombre específico; Cicerón la denomina en una ocasión *Guerra Púnica* (*Orat.* 229) y la gran mayoría de los textos refieren, en efecto, lo sucedido en este enfrentamiento militar. El número mínimo de libros que ocupó serían siete pues tal volumen está atestiguado (*A.R.* frag. 54 y 55).

La explicación que más éxito ha tenido con respecto a este aumento del número de libros en la obra de Cneo Gelio ha sido la ofrecida por Badian, quien planteó la posibilidad de que las obras históricas de fines del siglo II a.C. y de la centuria siguiente se caracterizaban por lo que el llamó "la expansión del pasado", y cuyo primer representante sería precisamente Gelio[458]. Para este historiador inglés la clave estaría en la publicación de los Anales Máximos por el pontífice máximo Mucio Escévola. La información que había conservado ese archivo salía a la luz por vez primera y era utilizada para completar la narración sobre el pasado en los *Annales* de Gelio. De este modo, ciertas noticias de índole religiosa que hasta ese momento no habrían aparecido en los relatos, serían tomadas en cuenta[459]. Pero esta "expansión" respondía también a otra novedad. Además del aumento de la información, el relato se amplió debido a la libertad con que los autores trataron los hechos, influidos por la historiografía helenística, unas veces adornando, otras directamente inventado acontecimientos para captar la atención del lector. Con él la historia comenzó a ser exclusivamente entretenimiento y perdió "rigor histórico". Más tarde, Claudio Cuadrigario y Valerio Anciate llevarían este tipo de historia a su máxima expresión[460]. Aparte de la extensión de las obras, de al menos veintitrés libros en el caso del primero (*H.R.R.* frag. 89) y de setenta y cinco en el segundo (*H.R.R.* frag. 62), Badian encuentra argumentos también en el estilo de estos autores, cargado de recursos retóricos, como se puede apreciar por las citas de Aulo Gelio o de los gramáticos tardo imperiales[461].

Siguiendo las afirmaciones de Sempronio y de Cicerón, pensamos que la ampliación del relato histórico en la Roma republicana no fue una consecuencia de los desafueros metodológicos de ciertos autores, ni de la aparición de la publicación de los Anales Máximos en ochenta libros cuya datación a fines del siglo II a.C. y su vinculación con el pontífice Mucio Escévola siguen siendo una suposición sin argumentos sólidos[462]. Fue, por el contrario, el deseo de una narración explicativa que tuviera en cuenta el

[455] Cardinali 1988: 53.

[456] Badian 1966: 12; Bardon 1952: 79.

[457] *A.R.* y *F.R.H.* frag. 30 y 31.

[458] Badian 1966: 11-13 y 18-23.

[459] Rawson (1991: 268) rechaza que la razón de este aumento del contenido se deba a la consulta de los Anales Máximos basándose en su estudio sobre los prodigios en la obra de Livio (1971: *passim*).

[460] Forsythe ha vuelto a incidir recientemente en esta idea al reconocer que las obras de Gelio y Valerio Anciate debían su dimensión a los discursos inventados y a las descripciones de batallas (2002: 108-109).

[461] Así, por ejemplo, destaca la atención de Gelio al latín empleado por Claudio Cuadrigario (Schettino 1987: 126-132).

[462] Frier 2002: 179-200.

contexto, las causas y resultados, y los personajes lo que conllevó una ampliación del volumen de las obras. De este modo, si aceptamos que en el primer fragmento Sempronio no está hablando de forma teórica y que, por el contrario, está haciendo referencia a autores reales que habían pretendido dejar por escrito las hazañas del pueblo romano (*res gestas a Romanis perscribere*), podríamos pensar que seguramente tenía en mente a Cneo Gelio. Ellos se habrían detenido a contextualizar los hechos, de ahí la extensión de sus obras. Damos por supuesto, de este modo, que todos los historiadores anteriores estarían dentro del grupo de los que simplemente quisieron dejar unos anales (*annales relinquere*) y que seguían, por lo tanto, una estructura cronológica anual en su relato, a partir de los hechos de la República, claro está. Considerar lo contrario, y aceptar que algún autor concreto, como Pisón Frugi, introdujo este elemento que estaría así ausente en los anteriores, supondría tener que explicar dos hechos bien atestiguados. En primer lugar, habría que reconocer como error o despiste reincidente que prácticamente todas las obras de estos primeros historiadores sean citadas como *annales* por algún autor posterior como vimos en la tabla de los títulos (apéndice). Es algo incomprensible, porque según Aulo Gelio, Servio y San Isidoro el término *annales* siguió significando siempre narración anual de acontecimientos y no otra cosa. Pero, además, tendríamos que reinterpretar las palabras de Cicerón o darlas por falsas cuando de forma explícita vincula la primera historiografía con los *annales* de los pontífices por su simplicidad y *similitudo scribendi*, ya que sólo pretendían dejar *monumenta temporum, hominum, locorum gestarumque rerum*, y cita a Fabio Píctor, a Catón y a Pisón Frugi (de *Orat.* 2, 12, 51-53). Parece evidente que el quién, qué, dónde y sobre todo cuándo responden precisamente al tipo de relato escueto y *événementiel* que eran los anales, sin mayor explicación. Si no fuera así, tendría poco sentido que Cicerón encontrara similitud entre los registros de los pontífices y una primera historiografía totalmente helenizada en contenido y estilo, como se supone muy a menudo, e imitadora de historiadores griegos como Timeo al que Cicerón, en contraposición a la historia de sus compatriotas, alaba por su variedad de exposición y riqueza de conocimientos (de *Orat.* 2, 14, 58).

Por lo tanto, hay más argumentos a favor que en contra para considerar que las primeras obras históricas romanas se caracterizaban por la estructura anual y que se produjo una evolución a lo largo de la República hacia un relato más complejo y preocupado por la contextualización de los hechos en el que obligatoriamente debía de relajarse el esquema cronológico. ¿Fue esto el resultado de la influencia griega, ya sea de Polibio o de otro autor a fines del siglo II a.C.? Puede ser, aunque sería interesante preguntarse, en este caso, por qué es en este momento cuando se sigue más de cerca la historiografía griega y no se comenzó en la Segunda Guerra Púnica directamente a hacer historia herodotea, tucididea, cuyos principios en esencia son los que sigue Polibio, o helenística, algo que realmente habría llenado de orgullo a Cicerón. Nosotros vamos a dejar en el aire esta cuestión, porque nos interesa más otro aspecto: el valor y significado de los anales frente a la escritura de la historia que demandaba Sempronio y que daba por supuesta Cicerón.

Anales y cronología: la imitación del pasado y la continuidad de la República

Tenemos que retomar en este punto lo que dijimos en el capítulo cuarto acerca de los orígenes de la historiografía romana con Fabio Píctor y Cincio Alimento. En ese momento nos interesaba poner de relieve las rupturas inmediatas y las continuidades que podían detectarse en el comienzo de la escritura de la historia en Roma y algunas de las más importantes giraban en torno a la cuestión del tiempo. Por un lado, observábamos que la memoria pre-literaria carecía de interés por la cronología más allá de un vago sentido de ordenación relativa de los hechos y que, al establecer por escrito el relato tradicional se produjeron, sin duda, ciertas incoherencias que los historiadores trataron de subsanar. Un ejemplo que hemos conservado en las fuentes es el de la cronología de los Tarquinios[463]. Pero, además, las primeras obras históricas se preocuparon bastante por la antigüedad exacta de Roma, algo que suponía una novedad para la forma de concebir el pasado por parte de los romanos. Hasta entonces la ciudad no tenía fecha exacta de nacimiento, aunque probablemente sí un día, el 21 de abril. El origen de Roma venía determinado por la creación de la ciudad, por lo tanto, la cuestión de relevancia era establecer el momento preciso en que Rómulo, después de observar el parecer de los dioses a través del vuelo de las aves, había fundado la ciudad.

No parece que haya lugar a dudas en el hecho de que, en este interés cronológico que demuestran los historiadores romanos, debió de influir considerablemente la propia historiografía helenística que ellos conocieron y que, además, se preocupó por

[463] Esta cuestión la abordamos en el último apartado del cuarto capítulo al hablar de los rasgos de oralidad en las primeras obras de los historiadores romanos.

vez primera del establecimiento de un marco temporal fijo en el que integrar el pasado griego. En efecto, fueron los autores de esta época, y en especial Timeo y Eratóstenes, los que intentaron fijar en una línea temporal el acontecimiento más destacable de su historia, la caída de Troya[464]. Sabemos, gracias a Polibio (12, 2, 1), que Timeo confrontó la lista de éforos de Esparta, la de arcontes de Atenas, la de sacerdotisas de Argos y la de los vencedores olímpicos para datar los acontecimientos históricos, y nos consta, además, que contabilizó en 417 años el espacio temporal que separaba la caída de Troya y la primera olimpiada (lo que en nuestro cálculo sería 1193/2 a.C. y 776/5 a.C.)(*F.G.H.* IIIb 566 frag. 125). Su interés por el Mediterráneo occidental le llevó a investigar el origen de la ciudad de Roma que, según él, fue fundada en la misma época que Cartago, treinta y ocho años antes de la primera olimpiada (814/3 a.C.), sin que sepamos muy bien en qué datos se basó para conseguir esta cronología (*F.G.H.* IIIb 566 frag. 60). Eratóstenes, por su parte, también se preocupó por la datación de hechos históricos de ahí que escribiera unas *Olimpiacas* y unas *Cronografías*, trabajos que tuvieron una gran repercusión, pues su datación de la caída de Troya en el 1184/3 a.C fue una de las más seguidas en la Antigüedad (*F.G.H.* 241 frag. 1a). Aunque no sabemos con exactitud de qué forma obtuvieron estas fechas los autores helenísticos normalmente se supone que establecieron un cálculo de generaciones, otorgando a cada una de estas una media de edad que podía oscilar entre los 25 a los 35 años. A partir de los trabajos de Timeo y Eratóstenes, los historiadores griegos comenzaron a hacer uso del cómputo por olimpiadas para datar los acontecimientos históricos.

Por su parte, los escritores romanos se hicieron eco pronto de este interés cronológico y para datar el origen de Roma recurrieron a este mismo método. Hasta qué punto les debió de preocupar la datación de la fundación de la ciudad se puede valorar por el hecho de que conservamos una fecha diferente para los tres primeros historiadores. Según Fabio Píctor este hecho se produce en el primer año de la octava olimpíada (748/7 a.C.)(*A.R.* frag. 8). Cincio Alimento, por su parte, retrasaba en diecinueve años este acontecimiento, ya que pensaba que había tenido lugar en el cuarto año de la duodécima olimpiada (729/8 a.C.) (*A.R.* frag. 6). En sus *Orígenes*, Catón no tomó como punto de referencia los juegos panhelénicos, sino la caída de Troya y estableció que su ciudad había sido fundada cuatrocientos treinta y dos años después de esta derrota (1, frag. 17), lo que, basándonos en la cronología de Eratóstenes, significa que tuvo lugar en el primer año de la séptima olimpiada, en el 752/1 a.C. Para el censor, por tanto, Roma era algo más antigua de lo que estipulaban Fabio y Cincio. La fecha que ofrecía Polibio en sus *Historias* se diferenciaba en solo un año de esta. El historiador de Megalópolis consideraba que Roma había nacido el segundo año de la séptima olimpiada como nos transmite Dionisio de Halicarnaso (1, 74, 3). Esta fecha del 751/0 a.C. es la que más éxito tuvo entre los historiadores posteriores, el propio Dionisio la acepta, Cicerón también la da por buena en su tratado sobre la República (2, 10, 18) e igualmente la defendían Lutacio Catulo y Cornelio Nepote (*H.H.R.* frags. 12 y 3 respectivamente de cada autor). Poco después sería retocada por Varrón, quien, según Censorino (*De die nat.* 21, 4-6), consideraba que la fundación de Roma había tenido lugar 991 años antes del consulado de Ulpio y Pontiano -238 d.C.[465]-, lo que supone el año 753 a.C. Esta datación fue seguida por el propio Ático al establecer la fecha de la fundación en el tercer año de la sexta olimpiada, es decir, en el 753/4 a.C. (*H.R.R.* frag. 2)[466]. No tenemos otras referencias en las que se nos especifique directamente la fecha de fundación que pudieron aportar otros autores aunque esto no significa que no existieran.

Es posible que podamos añadir una fecha más pues en un fragmento de Calpurnio Pisón Frugi, transmitido directamente por Censorino (*De die nat.* 17, 13) se afirma que en el año 600 de la fundación de Roma comenzó el séptimo *saeculum* bajo el consulado de M. Emilio Lépido, hijo de Manio y C. Popilio, por segunda vez, en su ausencia. (*Roma condita anno D<C> septimum saeculum occipit his consulibus, qui proximi sunt consules: M. Aemilius M. f. Lepidus, C. Popilius II absens*). La lectura de la cifra es controvertida. Sabemos que los dos personajes compartieron un consulado en el 158 a.C.[467], de modo que los editores corrigen el número añadiéndole una C para de ese modo obtener una fecha de fundación razonable con respecto a las demás, el 758 a.C. (*H.R.R* frag. 36; *A.R.* frag. 39; *F.R.H.* frag. 39)[468]. En cualquier

[464] van Compernolle 1959: 59-61; Mosshammer 1979: 174-180; Piérart 1989: 1-20.

[465] Samuel 1972: 250.

[466] Drummond (1978: 550-572) apunta la posibilidad de que esta fecha del 753 a.C. que siguen Varrón y Ático, y que será la fecha oficial que aparezca en los *Fasti Capitolini*, fuera el resultado de incluir tres años de dictadores anuales en la historia de Roma de forma irregular para justificar la dictadura de Césa.

[467] Broughton 1986: 446.

[468] Forsythe, por su parte, cree conveniente añadirle CI, mientras que Baudou ha sugerido recientemente que la ∂ del manuscrito sea entendida como abreviatura de *dixit* o *dicit* de forma que dicho fragmento no ofrecería fecha ninguna AUC [468]. Esta última corrección parece la menos probable, porque obliga a cambiar más aún el texto. La lectura más sencilla necesita detrás de *anno* un número.

caso tampoco es posible afirmar con total seguridad que Calpurnio Frugi sostuviera una fecha diferente de fundación de Roma, de hecho Dionisio no lo menciona.

De qué modo calcularon la antigüedad de Roma estos primeros historiadores es una cuestión más complicada de resolver. La opinión más generalizada considera que en primer lugar establecieron el inicio del gobierno republicano con la expulsión de los Tarquinios (507 a.C.) y que a continuación determinaron temporalmente el período monárquico otorgando a cada rey una media de edad de 33, 34 o 35 años. El resultado se acerca bastante a las cifras que debieron manejar estos primeros historiadores. Para Cicerón, que maneja la cronología de Polibio, aunque no obtiene sus mismas cifras, este período habría durado 240 años, mientras que tanto Polibio como los Fastos Capitolinos otorgaban 243 años a la monarquía romana[469]. La única alternativa que se ha propuesto como hipótesis es la de Martínez-Pinna, quien, como vimos, considera que podría haber existido durante la monarquía un eponimato o cualquier otro tipo de cómputo cronológico que conservaría el recuerdo de los gobiernos de los reyes romanos[470]. Por último, y teniendo en cuenta que Eneas habría emprendido su viaje inmediatamente después de la caída de Troya, tuvieron que establecer la duración de la monarquía albana hasta el nacimiento de Rómulo y Remo. No sabemos en ningún caso de qué modo cada autor estableció su cómputo cronológico, aunque resulta llamativo que, a acepción de Timeo que adelantó la fundación de Roma al siglo IX a.C., el resto coinciden, con no mucho margen de diferencia en las fechas, lo que podría indicar que se basaban en los mismos datos.

Dionisio es quien nos ha recogido en gran medida todos estos datos y, a propósito de Polibio, denunciaba que *no basta con decir, como había hecho éste, que estaba convencido de que Roma había sido fundada en el segundo año de la séptima olimpiada, ni aportar al respecto como única y sola prueba, no contrastada, una tablilla conservada por los pontífices* (1, 74, 3). No resulta del todo claro lo que realmente quería decir Dionisio en su crítica al historiador de Megalópolis. La lectura más sencilla llevaría a pensar que Polibio consideraba que la *tabula* de los pontífices corroboraba su fecha de fundación[471], la más rebuscada sería suponer que Polibio simplemente había presentado su fecha en olimpiadas y que Dionisio está haciendo referencia a otro autor, posiblemente a Pisón, al mencionar el la tablilla (πίναξ) de los pontífices[472]. Ciertamente esta segunda interpretación resulta menos creíble. Además, no sería impensable que Polibio confiara en un documento de los sacerdotes romanos para confirmar su datación, sin que eso signifique que él realmente vio en persona esta tablilla. Pudo tomar esta información de otro autor romano que sí la consultó.

Qué información conservaba el πίναξ tampoco está claro, aunque es muy improbable que en ella apareciera fechada directamente la fundación de Roma en olimpíadas como se ha supuesto en alguna ocasión[473]. Por el contrario, debía de contener algún hecho datable que pudiera servir como base para el cómputo. Un ejemplo nos lo da el propio Dionisio de Halicarnaso (1, 74, 4-6), quien parte de la fecha de la invasión celta durante la que fue tomada Roma en el primer año de la XCVIII olimpiada (387 a.C.). Dos años antes de ese suceso se había realizado un censo en la ciudad cuya acta se conservaba y estaba fechada en el consulado de Lucio Valerio Potito y Tito Manlio Capitolino, ciento diecinueve años después de la expulsión de los reyes. Lo que le llevaba a concluir que la fundación tuvo lugar el primer año de la LXIII olimpiada (507 a.C.), a lo que le suma doscientos cuarenta y cuatro años de monarquía. Lo más probable es que los primeros historiadores romanos se basaran en cálculos similares a éste, a partir de documentos oficiales. Normalmente se considera que la tabula que citaba Polibio pertenecía a los Anales Máximos y de hecho este fragmento aparece en las ediciones de Peter y Chassignet, pero tampoco sería del todo descartable como apunta Gelzer que se tratara de los Fastos[474]. Realmente es imposible presentar argumentos sólidos en una dirección u otra.

En cualquier caso, lo que sí podemos afirmar, y nos interesa resaltar más en esta ocasión, es que la preocupación por ordenar cronológicamente el pasado de Roma ocupó a los primeros historiadores y esto les llevó a consultar documentos que les permitieron datar los orígenes de la ciudad. Junto con los orígenes griegos, esta datación debió de ser el aspecto más novedoso en cuanto a la forma de comprender el pasado de Roma de la que fue responsable la escritura de la historia. Ahora se podía saber con exactitud la edad que tenía la ciudad, unos cuatrocientos cincuenta años para los contemporáneos de Fabio y Cincio, y, dado que eso se hizo a través de la cronología griega, los romanos no tardaron en tomar conciencia de su juventud con respecto, sobre todo, a los griegos, algo para lo que antes no podían tener referencia alguna. Es especialmente en el último siglo de la República

[469] Mommsen 1858: 135-144; Laroche 1983: 5-25.
[470] Martínez-Pinna 1989: 814.
[471] Mommsen 1858: 142; Peter 1967: xii-xiv.
[472] Kornemann 1911: 246; Walbank 1957: 665.
[473] Meyer 1924: 289 n.1.
[474] Gelzer 1934: 52-53.

cuando se puede apreciar una preocupación mayor por controlar y manejar ágilmente el tiempo en la historia de Roma, pues es entonces cuando aparecen compendios de cronología. El primero en aparecer fue posiblemente la *Chronica* de Cornelio Nepote, de la que sólo tenemos dos referencias seguras por el nombre (*H.R.R* frags. 2 y frag. 1 en la edición de Marshall). La primera de ellas tiene especial interés por presentar una cronología comparada en la que se sitúa la vida de Homero 160 años antes de la fundación de Roma, lo que supondría el 910 a.C. –ya vimos que Nepote establecía este punto en el 751/750 a.C. De este modo es muy posible que otros fragmentos donde aparecen referencias de cronología cruzada como el nacimiento de Alejandro Magno en el consulado de M. Fabio Ambusto y T. Quincto Capitolino, 305 años A.U.C. (año 354 a.C.[475]) o la vida de Arquíloco bajo el reinado de Tulo Hostilio, pertenezcan, sin lugar, a dudas a este libro (*H.R.R.* frags. 6 y 4)[476]. A parte de los escasos fragmentos tenemos cierta información sobre esta *Chronica* en un poema de Catulo dirigido al autor en el que alude a su obra en los siguientes términos *cuando solamente tú entre los itálicos te atreviste a explicar todos los tiempos en tres libros, por Júpiter, eruditos y laboriosos* (Catulo 1, 5-7). Esta referencia de Catulo nos pone sobre aviso del trabajo de recopilación y de síntesis de los acontecimientos más importantes que suponía la obra[477].

El *Liber annalis* (*Libro Anual*) de Ático compartía estas mismas características. De hecho se trataba sólo de un libro sobre cuyo contenido tenemos dos testimonios excepcionales.

NEP *Att.* 18, 2.
Siguió escrupulosamente las costumbres de los antepasados y fue un amante de la Antigüedad de la cual tenía un profundo conocimiento hasta el punto de exponerla en un solo volumen donde dio la sucesión de los magistrados. No hay una ley, un tratado de paz, una guerra o cualquier acontecimiento ilustre del pueblo romano del que no haya referencia en el libro con su datación, y lo que es más difícil aún, añadió el origen de las familias de modo que con ello podemos conocer la estirpe de los grandes hombres.

CIC *Brut.* 4, 15.
-El dijo (Bruto): "Te refieres al libro en el que éste (Ático) ha recopilado la memoria de todas las cosas brevemente y, según me parece, de forma muy cuidadosa".
-"Ese es el libro que digo, Bruto", contesté, "que me ha salvado".
-Entonces Ático dijo: "Lo que dices es lo que más deseo oír, pero ¿qué tiene ese libro que puede ser tan novedoso o tan útil para ti?"
-"En el libro", contesté, "no sólo había ciertamente muchas novedades, sino también la utilidad que yo estaba buscando, a saber, que puedo ver todo en una ordenación temporal con un solo vistazo.

En el primer texto Nepote nos resume el contenido del *Liber annalis*, que ya podíamos suponer: una sucesión cronológica de los magistrados romanos que databa los acontecimientos más importantes del pasado de Roma, incluidos los personajes de las familias más relevantes. Hace hincapié en que se trata sólo de un volumen y que está elaborado con diligencia. También Cicerón –segundo texto- hace mención del cuidado con que está elaborado y sobre todo la ventaja de tener en un solo libro un esquema cronológico claro de la historia de Roma[478]. Lo que ninguno de los dos nos dice es algo que podemos deducir a través de los fragmentos, y es que el *Liber annalis* compartía una importante característica con la obra de Nepote, el correlacionar hechos de la historia de Grecia y de Roma[479]. Así lo podemos deducir de la referencia que daba de la muerte de Anibal en el consulado de Claudio Marcelo y Fabio Labeón (*H.R.R.* frag. 7) o de la llegada de la embajada ateniense del 155 a.C. a Roma en la que el académico Carnéades, el estoico Diógenes de Babilonia y el peripatético Critolao intentaron convencer al senado de la anulación de una multa impuesta a la ciudad que representaban [480]. Dos autores más escribieron una cronología. Uno de ellos es el pompeyano Escribonio Libón, cuya obra conocemos por dos referencias de Cicerón en unas cartas a Ático del año 45 (*ad. Att.* 13, 30, 3 y 13, 32, 3), sobre una comisión envida a Corinto en el año 146 a.C. de la que hablaremos más adelante. Cicerón se refiere a ella en singular (*in Libonis annali*) por lo que podemos suponerlo muy semejante a la de Ático, es decir, en un solo libro[481]. El otro es el polígrafo Varrón, quien escribió una obra de cronología

[475] Broughton 1986: 124.
[476] Se ha argumentado, además, que la cronología que ofrece Aulo Gelio en sus *Noches Áticas* sincronizando acontecimientos griegos y romanos se basaría directamente en la obra de Cornelio Nepote (Fantham 1981: 7-17).
[477] Wiseman 1979: 167-175. Algún autor como Jenkinson (1973: 710) han querido ver un sentido irónico en la alabanza de Catulo. Aunque fuera así, eso querría decir que al menos Nepote había elaborado su Chronica con esa intención.

[478] Puccioni sugiere por estas palabras de Cicerón que el *Liber annalis* podría tener el formato de una tabla cronológica (1961: 250).
[479] D´Anna 1975: 334-335.
[480] Canali di Rossi 1997: 103.
[481] Bardon 1952: 268-269.

en tres libros conocida como *Annales* de la que tenemos muy pocos testimonios (*H.R.R.* frags. 1 y 2)[482].

Estos cuatro libros de cronología que aparecieron en Roma en la segunda mitad del siglo I a.C. demuestran la necesidad de un cuadro cronológico sintético del que carecía la historia de Roma hasta ese momento en la que, como vimos, prevalecía la falta de orientación temporal en los acontecimientos. Las alabanzas de Cicerón a la obra de su amigo van claramente en este sentido. Fue, por tanto, no sólo la lectura de las obras de historia, sino especialmente de estos tratados de cronología que facilitaban la comprensión del pasado romano en términos temporales la que hizo reflexionar a romanos como Cicerón sobre el valor de su pasado[483]. La cronología podía ofrecer ahora un significado importante, de este modo, al acontecimiento. Así en el *Bruto* afirma que antes de la generación de Sólon y de Pisístrato no se tiene conocimiento de que nadie fuera denominado orador y, aunque esto puede ser una fecha muy antigua y lejana para los romanos pues equivale al reinado de Servio Tulio, en realidad se trata de un momento relativamente más reciente para los griegos, pues su historia remontaba más atrás en el tiempo (*Brut.* 10, 39). La conclusión que obtiene es que la elocuencia romana como disciplina había sido un fenómeno reciente. En general, todo el *Bruto* es la demostración de las consecuencias que tiene comprender el pasado en términos cronológicos, porque en resumidas cuentas esta obra no es otra cosa que una historia de la evolución y del progreso de la elocuencia en Roma y no una historia de sus protagonistas, los cuales sólo sirven como ejemplo del cambio[484]. Es interesante así constatar que el uso innovador que hacía Cicerón del término *historia* como conjunto de ellos pasados, que vimos en el anterior capítulo no era algo aislado sino que realmente deja ver una forma diferente de comprender el pasado que refleja esa evolución de la elocuencia romana del *Bruto*.

Es en la *República* donde Cicerón hace uso de la cronología griega para valorar la evolución política de la República y esta comparación le lleva a afirmar por boca de Escipión el Africano y de Lelio que los menos de cuatrocientos años que la ciudad llevaba sin reyes no era apenas tiempo, pues no había llegado a la mayoría de edad (*adulta vix*) y que ni siquiera Rómulo con una antigüedad de seiscientos años podía ser considerado antiguo pues era casi del tiempo en el que Grecia empezaba a envejecer (*Scip. Ergo ne iste quidem pervetus? Lae. Minime ac prope senescente iam Graecia*) (1, 36, 57). Sin duda, hay algo de exageración en esta afirmación, aunque es cierto que la guerra de Troya era también historia griega y había tenido lugar más de cuatrocientos años antes de la fundación de Roma. Resulta, además, muy interesante cómo utiliza Cicerón esta comparación cronológica para valorar la figura de Rómulo. Considera que la divinización del fundador demuestra que era un hombre de gran virtud, pues tuvo lugar en un momento en que los hombres no eran ya tan incultos e ignorantes como antaño y no aceptaban tan fácilmente las leyendas; en efecto, cuando Rómulo vivió, en Grecia ya había poetas y músicos que sólo aceptaban los mitos antiguos. El hijo de Marte y de una vestal no podía, por tanto, ser un hombre normal, tuvo que sobresalir de forma clara por encima de sus contemporáneos (2, 10, 18-19). Estas reflexiones demuestran hasta qué punto el establecimiento de una cronología modificó la forma de comprender los orígenes de Roma, que además, como veremos, sufrieron un proceso de racionalización. La juventud de Roma, o su carencia de una gran antigüedad en comparación con otras culturas, será un tema retomado por otros historiadores pero nunca como defecto sino como mérito debido a la grandeza alcanzada por esta ciudad en poco tiempo[485].

Esta preocupación cronológica de los primeros historiadores romanos que tanta repercusión tuvo en la concepción de los orígenes de la ciudad resulta ser un argumento a favor de la estructura anual de sus narraciones históricas. Parece evidente que para establecer la fecha de la fundación se basaron en algún documento oficial, ya fueran los Fastos o cualquier otro, lo que les pone en disposición de haberse servido de dicho material para completar el relato oral del pasado romano que sería excesivamente esquemático más allá del año 300 a.C. Se necesitaban estos documentos también para ofrecer el nombre de la pareja anual de cónsules, lista que difícilmente se podría haber recordado sin escritura, salvo que hubiera existido una determinación explícita por parte de los romanos de que fuera memorizado, algo de lo que no tenemos noticias. Lo que resulta sumamente interesante es la razón por la cual recurrieron a esta rígida estructura anual que reprodujeron en sus relatos, pero no sintieron ningún interés en transformarla en una herramienta útil para crear una cronología absoluta para

[482] Bardon 1952: 268.

[483] Münzer ha analizado la cronología que ofrece Cicerón en sus tratados con la conclusión de que, en gran parte, y especialmente por lo que respecta al *Brutus* y al *De Senectute*, se basaba en el *Liber annalis* de su amigo Pomponio Ático (1905: 50-100). Algo, por otro lado, muy factible pues el propio Cicerón reconoció en algún momento esta dependencia (*Brut.* 18, 72).

[484] Es interesante observar en este sentido que el relato de la evolución de la elocuencia romana que hace Cicerón en el *Bruto* es denominado por Ático *historia* (*Brut.* 85, 292).

[485] Moatti 1997: 79-80.

la historia de Roma, es decir, por qué la datación *ab urbe condita* (desde la fundación de la ciudad), fórmula abreviada en las siglas AUC, no sustituyó a la presentación del nombre de los cónsules de ese año, indicación que ciertamente no sirve para indicar cronología alguna. Es evidente que la referencia cronológica AUC debió de ser utilizada desde los primeros historiadores, a fin de cuentas estaba en la base de sus cálculos para determinar la fecha de la fundación. Sin embargo, nunca llegó a convertirse en el sistema único y universal para datar acontecimientos, ni fue utilizado de forma prolija como nosotros hacemos con la datación antes y después de Jesucristo; de hecho, han recurrido a él en mayor medida los historiadores modernos que los antiguos[486].

No obstante, es cierto que en algunos fragmentos de los historiadores republicanos se data algún acontecimiento con respecto a la fundación de la ciudad. De este modo, Gneo Gelio afirmaba que la ley Fania había sido aprobada el año 588 de la fundación de la ciudad (*A.R.* frag. 28), dicha ley fue presentada por el cónsul C. Fanio Estrabón en el 161 a.C.[487], lo que situaría la fecha de fundación para este autor en el 748 a.C., coincidente con la de Fabio Píctor. En este caso no hay duda de que la datación es de Gelio y no de Macrobio, quien la cita. Tampoco hay duda en un fragmento de Casio Hemina (*A.R.* frag. 29) en el que especificaba que el primer médico que llegó a Roma fue el peloponesio Arcagato, hijo de Lisanias, bajo el consulado de L. Emilio Paulo y M. Livio Salinator (219 a.C.)[488], en el año 535 A.U.C. –lo que nos daría una fecha de fundación del 753 a.C. como defendían Varrón y Ático. E igualmente se puede atribuir a Valerio Anciate, Varrón y Livio la opinión de que los cuartos Juegos Seculares habían tenido lugar durante el consulado de L. Marcio Censorino y M. Manilio (149 a.C.)[489], 605 años tras la fundación de la ciudad (*H.R.R.* frag. 55 de Anciate). Sin embargo, en las demás citas que tenemos no es tan claro que la fecha ofrecida estuviera en el texto original y no sea algo adjuntado por el citador, aunque muy posiblemente la primera posibilidad sea la más acertada: Casio Hemina *A.R.* frags. 23 y 42 y Gneo Gelio *A.R.* frag. 24.

Pero resulta muy elocuente que Tito Livio en su historia de Roma no utilice esta datación AUC más que en contadas ocasiones, de hecho seis en total y se trata en casi todos los casos de acontecimientos relevantes e irrepetibles: la monarquía romana duró 243 años desde la fundación (1, 60, 3), en el año 302 AUC el gobierno de la ciudad fue transferido a los decenviros (3, 33, 1), en el 310 AUC entraron en su cargo los tribunos consulares en lugar de los cónsules (4, 7, 1), en el año 400 AUC fueron cónsules Gayo Sulpicio Petico y Marco Valerio Publícola (7, 18, 1), desde la fundación hasta el consulado de Apio Claudia pasaron 488 años (31, 1, 4) y en el año 551 AUC comenzó la guerra contra el rey Filipo (31, 5, 1). Realmente es un uso anecdótico de la fórmula. Normalmente se considera que la causa evidente de este rechazo a una cronología absoluta se debía a la falta de acuerdo en la fecha de la fundación de Roma entre los distintos historiadores[490]. El no tener un punto fijo de referencia inutilizaba cualquier datación *ab urbe condita*. Esto es cierto, pero sólo en parte y no puede ser la única razón, pues, en verdad, a partir de Catón el establecimiento de la fundación de la ciudad en el segundo año de la séptima olimpiada no se ha modificado más que sensiblemente, en un año en realidad del 752 al 753 a.C., con Varrón y Ático. Existía, por tanto, casi un total acuerdo desde el siglo II a.C. y la variación en las fechas no podía ser mayor de dos años, de modo que era posible que se utilizara como referencia sin que se produjera un gran margen de error. Y, sin embargo, los romanos renunciaron a servirse de esta forma de medición temporal.

En realidad, tanto la cronología, que a nosotros nos parece un valiosísimo e insustituible instrumento de trabajo para el historiador, como el tiempo, que todo manual de investigación histórica considera una de las variables esenciales que definen la realidad histórica[491], no han tenido siempre el valor y significado intrínsecos que nosotros le concedemos. A nosotros nos parece algo de utilidad indiscutible porque entendemos la historia como un proceso del que no conocemos el fin, ni el principio, pero en el que damos un significado a cada acontecimiento por el lugar que ocupa en él, de modo que la datación a partir del nacimiento del Señor ha terminado por convertirse en un recurso del discurso cotidiano. Pero, para ello, ha hecho falta algo más que un punto fijo en una línea cronológica, ha sido necesario el cambio en la concepción de la historia que Koselleck ha situado en el siglo XVIII. Así lo comprende H. Arendt, quien llama la atención sobre el hecho de que la historia judeo-cristiana, que tanto énfasis hacía en una línea temporal con un momento de inicio en la creación, realmente seguía siendo en esencia la greco-romana. Ni siquiera el cómputo temporal a partir del nacimiento de Cristo que comenzó en el siglo VI d.C. con Dionisio el Exiguo cambió las cosas, porque no dejaba de ser un recurso erudito que

486 Bickerman 1968: 77.
487 Rotondi 1966: 287-288.
488 Broughton 1986: 236.
489 Broughton 1986: 458.

490 Bickerman 1968: 77; Samuel 1972: 249-250; Walters 1996: 79.
491 Por ejemplo, Aróstegui 1995: 165-176.

en ningún caso produjo un cambio en el concepto de historia en la sociedad en general[492].

En el caso que nos ocupa de la República romana podríamos afirmar algo parecido, si no del todo similar. Los cómputos temporales de los que se sirvieron los historiadores les llevaron a establecer una fecha de origen de la ciudad y calcularon así la duración de la monarquía o del período republicano como hacía Cicerón en la *República*, pero después no sintieron necesidad alguna de utilizar ese punto inicial para tener un sistema cronológico que aplicar a sus narraciones. Tenían poco o ningún interés en datar los acontecimientos que habían sucedido después de la expulsión de Tarquinio el Soberbio. Esta afirmación puede chocar con la idea que hemos defendido anteriormente respecto a la estructura anual del relato de los historiadores romanos. Pero lo hace sólo aparentemente. En realidad, la indicación del consulado, durante el cual habían tenido lugar los hechos, no era, como muy bien ha argumentado Walters, era referencia cronológica alguna[493]. Eso no significa que si tuviéramos cerca los Fastos y fuéramos capaces de localizar a la pareja de cónsules no pudiéramos averiguar, contando los años transcurridos hasta el presente, la antigüedad del suceso. Pero la fórmula de los cónsules no era una referencia cronológica inmediata para el lector, porque no parece verosímil ni que los romanos memorizaran por completo la lista de cónsules y pudieran recorrerla ágilmente con el pensamiento, ni que leyeran historia con una edición de los Fastos al lado para consultarla; si hubieran tenido esta necesidad de situar temporalmente los acontecimientos habrían utilizado de forma más habitual la fórmula AUC y no fue así.

De este modo, la referencia a los cónsules sólo podía ser significativa como elemento cronológico si el relato abordaba un período reciente de la historia de Roma. Un lector contemporáneo de César y de Salustio en cuyas manos cayera la *Guerra de las Galias* o la *Conjura de Catilina* podía tener alguna posibilidad de orientarse temporalmente al leer en la primera obra que fue en el consulado de M. Mesala y de M. Pisón (año 60 a.C.) cuando el helvecio Orgetorix, impulsado por la ambición de reinar, decidió organizar y fomentar una conjura de la nobleza (1, 2, 1); o en la segunda que desde el consulado de Gneo Pompeyo y Marco Craso (año 70 a.C.) la potestad tribunicia había sido restablecida (38, 1). En este caso no era difícil por la cercanía de los acontecimientos, sobre todo cuando se trataba de personajes. Sin embargo, si ese mismo lector decidiera interesarse por la vida de los grandes generales y cogiera la biografía de Aníbal de Cornelio Nepote, difícilmente podría sacar alguna referencia temporal de la siguiente afirmación: *después de la firma de la paz, él (Aníbal) siguió al frente del ejército y continuó luchando en África hasta el consulado de P. Sulpicio y C. Aurelio (año 200 a.C.)*[494] (*Han.* 7, 1). Ni sería consciente de la sutileza de la argumentación de Cornelio cuando expone las distintas teorías sobre la fecha de la muerte del general cartaginés: según Ático en el consulado de M. Claudio Marcelo y Q. Fabio Labeón (año 183 a.C.)[495], para Polibio fue, sin embargo, en el de L. Emilio Paulo y Cn. Bebio Tanfilo (año 182 a.C.)[496], y Sulpicio Blito afirmaba que tuvo lugar con P. Cornelio Cetego y M. Bebio Tanfilo (año 181 a.C.)[497] (*Han.* 13, 1). Realmente estas eran consideraciones que sólo tenían valor si alguien quería realizar una investigación erudita, pero no daban ninguna referencia temporal inmediata al lector.

Además, incluso si contáramos con unos Fastos, no sería tan sencillo localizar un acontecimiento en un consulado concreto, dado que esta magistratura se mantuvo siempre en manos de unas cuantas familias y dentro de estas existía una gran tendencia a la homonimia, es decir, que padre, hijo y abuelo podían llamarse exactamente igual[498]. Si a eso le sumamos que en más de una ocasión una pareja de cónsules repitió magistratura[499], entonces llegaremos a la conclusión de que datar hechos o personajes específicos no era tarea sencilla incluso para aquellos que estaban familiarizados con el relato histórico. Eso pone de manifiesto la correspondencia entre Cicerón y Ático en la que el primero muestra su desconcierto acerca de los miembros de una comisión que en el 146 a.C. fue enviada a Corinto y que cuyos nombres quería insertar en un diálogo político en el que estaba trabajando en el 45 a.C.[500]. En estas cartas de las que no tenemos las respuestas de Ático, Cicerón pregunta a su amigo por los nombres de los diez legados que Mumio envió, y en especial por G. Sempronio Tuditano que, según Hortensio, también participó, pero que no parece ser un dato seguro para Cicerón porque en el *Liber annalis* de Escribonio Libón alcanzó la pretura catorce años después del que Mumio fuera cónsul (*Att.* 13, 30, 32, 33, 6, 5 y 4). Finalmente, Ático le aclaró que el

---

492 Arendt 1995: 50-52; Johnson 1962: 124-145.
493 Walters 1996: 69-78.

494 Broughton 1986: 323.
495 Broughton 1986: 378.
496 Broughton 1986: 381.
497 Broughton 1986: 383.
498 Balsdon 1979: 146-160.
499 Walters recoge nueve parejas de cónsules que repitieron en el cargo y cuyos nombres eran idénticos o muy similares (1996: 72-73).
500 Badian 1969: 54-65.

Tuditano que había estado en tal legación había sido el padre y no el hijo.

Esta confusión en un acontecimiento que tenía apenas un siglo demuestra la dificultad que existía en Roma para distinguir a aquellos personajes que habían ostentado un cargo público a causa de la repetición de los tres nombres que componían el antropónimo en latín. Por lo tanto, resulta muy improbable que la fórmula de los cónsules pudiera transmitir noción alguna de ordenación cronológica, incluso para aquellos que conocían la historia de Roma. Lo importante sería, entonces, saber por qué razón la mención de los magistrados en curso y especialmente de los cónsules era un elemento recurrente de la historiografía romana. Como vimos, la interpretación tradicional vinculaba estas obras a los Anales Máximos y, por tanto, consideraba que era una herencia de estos registros que habían influido en la forma y estilo de los libros de historia escritos desde Fabio Píctor en adelante. Esta dependencia directa es claramente una consideración de Cicerón, que no tiene en cuenta ninguna de las diferencias que separaban las anotaciones de los sacerdotes de las narraciones históricas. Aunque los primeros historiadores pudieron utilizar de algún modo los anales pontificios, no estaban obligados ciertamente a imitar la estructura cronológica. Verbrugghe argumenta en la dirección correcta cuando afirmaba que a fin de cuentas el funcionamiento de la República se basaba en la anualidad de su más importante magistratura colegiada, el consulado, y que, por tanto, era lógico que un relato que contuviera su historia tuviera en consideración este ritmo político anual [501] . Parece evidente que si decidieron conservar esta estructura era porque tenía un significado para ellos, más allá de la inútil referencia cronológica.

Puede que la respuesta esté en las condiciones previas que, en opinión Pocock, son básicas para que exista una historia del pasado en cualquier cultura humana[502]. Este autor parte de la base de que, en un primer nivel elemental, el escritor de una obra histórica tiene que ser, ante todo, consciente del pasado y de la existencia de la sociedad que es su objeto de estudio. Pero esta sociedad, a su vez, conserva recuerdo de su pasado y esta conciencia de su "historia" sirve a una finalidad en el presente, asegurar la inalterabilidad y durabilidad de su forma de vida, de modo que la conciencia del pasado que tiene un grupo humano es la conciencia de su continuidad[503]. Como la estructura de una sociedad es posiblemente el elemento más evidente de su permanencia, es a menudo la continuidad de la estructura social el elemento que el recuerdo del pasado tiene como objetivo asegurar. En realidad, Pocock considera que en la práctica este funcionamiento es mucho más complejo cuando se abordan culturas concretas, dado que en cada grupo humano la conciencia de la continuidad no se limita a un único elemento de modo que en ella pueden existir tantos pasados como estructuras cuya continuidad sea una cuestión de preocupación. En la Roma republicana, como en muchas otras sociedades aristocráticas, las distintas familias y linajes de la elite tenían una fuerte conciencia de su pasado y multitud de recursos para hacer patente esta continuidad, en este caso, los funerales y todos los elementos que concurrían en ellos como las máscaras y los discursos. Es evidente que las historias escritas pueden alcanzar una mayor complejidad por sus significados. No obstante, Pocock incide acertadamente en este artículo en aquellos aspectos que después de un estudio comparativo, en el que presenta casos de la historiografía clásica, medieval, renacentista y china, pueden observarse como comunes a todas ellas o relevantes a la hora de definir y valorar una tradición de escritura de la historia en concreto.

Curiosamente Pocock dedica parte de su estudio a las historias de la Grecia clásica, pero no cita Roma más que de pasada. Sin embargo, nos parece que la estructura anual de las historias, la repetición del nombre de los cónsules, aspecto que definía en su esencia la mayor parte de las obras del siglo II a.C. no tiene más finalidad que responder precisamente a este deseo de mostrar y reafirmar la continuidad de la magistratura consular, el cargo de mayor rango y poder al que podía acceder un romano. En última instancia, los cónsules eran responsables de la defensa militar y de la supervivencia de la ciudad, y eran un símbolo al mismo tiempo del gobierno republicano porque habían sustituido a la figura del rey con poder unipersonal. Por lo tanto, su existencia y sucesión en el tiempo representaba la continuidad de la misma República. En este sentido, podríamos afirmar que la primera historiografía se acercaba, aunque desde una perspectiva diferente, al significado de los Anales Máximos. No era una escritura ritual que reflejaba la relación estable de Roma con sus dioses, ni consistía en anotaciones puntuales y periódicas, y tampoco estaba en manos de los pontífices, se trataba, por el contrario, de una narración continuada con un punto inicial en la llegada de Eneas a Italia y que finalizaba en la actualidad del historiador. No obstante, la insistencia que tenían estos historiadores en dar el nombre de los personajes que anualmente ocupaban la magistratura del consulado, algo que, no hay que olvidar, no tenía

501 Verbrugghe 1989: 221-222.
502 Pocock 1962: 211-213.
503 Shils 1958: 6.

reflejo alguno en el supuesto modelo de historiografía helenística que ellos seguían, manifestaba lo mismo que podían representar esos registros religiosos, un deseo de transmitir la antigüedad y la continuidad de la República a través de la figura de sus representantes. Por lo tanto, la primera historiografía seguía preocupada por la idea de la perduración de la República[504].

Pero esta fórmula de los cónsules no agota el significado de las primeras obras de historia, porque no eran simplemente una lista de magistraturas como los Fastos. Se trataba de relatos organizados y complejos en los que se narraban aquellos acontecimientos que los autores consideraban dignos de ser recordados y que, más allá de los hechos fundacionales, de Roma sobre todo pero también de otras ciudades en el caso de Catón, y de las cuestiones etiológicas que explicaban el presente por el pasado, se concentraban en las cuestiones políticas y en las hazañas militares en las que se ponía de relieve la actuación de los grandes generales y el valor, la *virtus*, de aquellos personajes a los que la ciudad les debía su propia supervivencia. Los fragmentos de los primeros historiadores que conservamos y que atañen a acontecimientos del gobierno republicano tienen que ver precisamente con estos dos temas. Encontramos, por ejemplo, noticias sobre las magistraturas y sobre la organización del estado: Fabio nos informa a cerca del primer plebeyo elegido cónsul (*A.R.* frag. 23), Hemina hablaba de las actividades de los decenviros (*A.R.* frag. 21) y Pisón Frugi y Sempronio Tuditano dedicaron tiempo a la creación del tribunado de la plebe (*A.R.* frag. 25 y 4). Este tipo de referencias son, sin embargo, pocas y la mayoría tratan cuestiones puramente militares. Lo interesante, más allá del tema recurrente de la guerra, es precisamente el tipo de narración sucinta y sencilla que utilizaban estos autores, según Sempronio y Cicerón. El primero de ellos aseveraba en concreto que los relatos de los *annales* se detenían exclusivamente en detallar con qué cónsul se había iniciado la guerra y con cuál había concluido y quién entró en Roma celebrando el triunfo. Para él este tipo de narraciones no era significativo, era como *contar cuentos a los niños*. Nosotros damos por supuesto que para aquellos autores que escribieron *annales* este tipo de narración sí tenía algún valor y significado por sí mismo. Por ello dedicaron su tiempo a elaborarlo.

En realidad no existe una sola forma de dar significado a los acontecimientos que narra el historiador. R. Barthes considera que dependiendo del tipo de unidades de contenido y su sucesión en el relato (signos, silogismos, etc) el discurso histórico puede adoptar un aspecto u otro; así, cuando en el texto predominan los indicios que reenvían a un significado implícito, la historia se convierte en metafórica; cuando, por el contrario, son las unidades funcionales las que dominan en el relato, la historia toma un aspecto metonímico; por último, la historia reflexiva sería la que trata de reproducir la estructura de las elecciones vividas por los protagonistas y en ella domina el razonamiento[505]. Pero, según Barthes, existe otra posibilidad y es que la historia no tenga un significado elaborado, cuando el discurso se limita a ofrecer una simple serie desestructurada de noticias. Sería el caso de las cronologías o de los anales en el sentido estricto del término. En estos ejemplos, dice él, el discurso histórico no implicaría una doble operación como en los demás: alejamiento del referente del discurso, que pasa a ser algo exterior; y la conversión del significado extraído de los hechos en verdadero referente.

El caso de la primera historiografía romana, en este sentido, se caracterizaría por un discurso histórico carente de significado más allá de los acontecimientos, razón por la que se quejaba Sempronio. La descripción de los hechos era simplemente recogida mediante la escritura y se convertía en una copia de lo sucedido en la realidad. Este mismo nos transmitía el concepto de *historia* que analizamos anteriormente. Aunque en definitiva es cierto, como afirma Barthes, que posiblemente desde una perspectiva extrema debamos decir que los acontecimientos no tienen más que una existencia lingüística. Pero este autor reconoce también que existe un significado del discurso histórico a un nivel más simple que reside de forma inmanente en la materia que es objeto de enunciación, es decir, que el historiador que decide escribir una obra con este tipo de relato considera que los hechos aislados tienen un sentido por sí mismos, de forma que pueden convertirse en lecciones políticas o morales. Precisamente este tipo de significado que se otorga a los acontecimientos individuales es el que, nos parece, daba sentido, en parte, a la primera historiografía romana, es especial por lo que respecta a su interés por los acontecimientos militares del gobierno republicano, que, sin duda, ocupaban la mayor parte del relato como puede

[504] En este sentido estamos completamente de acuerdo con la afirmación de Verbrugghe de que la idea de estructurar la narración histórica mediante el *consulibus* no tenían por qué entenderse como una influencia directa de los Anales Máximos pues, en última instancia, se trataba de la magistratura que regía la actividad pública en Roma (1989: 229-230). Recientemente Walter ha destacado que la obra de los historiadores del último siglo mantenía esta estructura porque en un momento de agitación política después de los Graco y de la dictadura de Sila, creaba la conciencia de continuidad y seguridad que se necesitaba (2003: 135-155).

[505] Barthes 1982: 18-20.

observarse en la obra de Tito Livio. El hecho de que se tratara de un relato escueto de lo sucedido tiene sentido, a nuestro entender, porque no había necesidad ninguna de interpretar los hechos, éstos eran evidentes en su sentido por sí mismos ya que se trataba siempre de ejemplos de la virtud militar de los romanos, eran *exempla* que debían ser imitados por los demás y la finalidad que tenía su conversión en una narrativa era mover a la acción. En este sentido los relatos históricos tenían el mismo valor que las *laudationes* y las máscaras funerarias, aunque en esta ocasión no estaban dirigidas a los descendientes de una familia determinada, sino que eran un referente para todos los lectores.

Los *exempla* se caracterizan precisamente por ser acciones heroicas y excepcionales que ponen de manifiesto una virtud. La actitud en sí del personaje es lo importante, de modo que no necesita ni referencia cronológica alguna, ni más información sobre el contexto histórico específico en el que se encuadra el acontecimiento [506] . Todo ello sobra porque el significado está en la acción misma y por sí sola. Lucrecia después de ser violada por el hijo del rey Tarquinio y de informar del hecho a su padre Sp. Lucrecio y a su marido Colatino se suicidó pronunciando las siguientes palabras: *y que ninguna mujer viva en el futuro como deshonesta por el ejemplo de Lucrecia* (1, 58, 10). Otra romana recordada por su pudicia fue Virginia cuyo padre decidió quitarle la vida él mismo antes de que fuera ultrajada por Apio Claudio (Liv. 3, 48, 5). No hay duda, por tanto, de que la castidad de las mujeres que aparecen en la historia de Roma es su virtud más preciada, aunque en alguna ocasión son recordadas también por su arrojo como la joven Clelia, que logró burlar la vigilancia del campamento etrusco en el que estaban retenidas como rehenes y cruzar el Tíber a nado junto a sus compañeras hasta alcanzar Roma (2, 13, 6-11). Los hombres, por su parte, destacan por su valor en la guerra, por su fidelidad a la palabra dada, el cumplimiento de sus obligaciones en cualquier circunstancia y en general por ofrecer su propia vida, si es necesario, para defender a sus conciudadanos y a la ciudad de Roma. En términos romanos se valoraba en ellos la virtud, el mantenimiento de la palabra dada, el respecto a los mayores, la resistencia física, entre otros[507]. Así, por ejemplo, se recordaba a L. Junio Bruto porque encabezó la rebelión que expulsó a los Tarquinios de Roma, acabando así con las injusticias y desmanes a que habían sometido este rey y sus hijos a los romanos (Liv. 1, 59-60). Horacio Cocles defendió en solitario el puente Sublicio ante el ejército etrusco de Porsena (Liv. 2, 10, 2). C. Mucio, que será llamado Escévola, el Zurdo, por su acto heroico, quemó su mano izquierda en el altar que tenía este rey etrusco en su campamento después de ser apresado para demostrarle que ni él ni ningún joven romano tenían miedo al dolor, ni iban a descansar hasta darle muerte (2, 13, 1-5). También dieron su vida por Roma los Decios Mus, padre e hijo; el primero, cónsul en el 340 a.C., se ofreció en sacrificio siguiendo las palabras del pontífice para asegurar la victoria frente a los latinos (Liv. 8, 9, 1-14), el segundo, cónsul en el 312 a.C., realizó la misma *devotio* en esta ocasión en batalla contra los galos y samnitas (Liv. 10, 29, 12-18).

Estos son, sin duda, algunos de los nombres más célebres, más recordados como modelos a imitar, pero los *exempla* que podía ofrecer la historia de Roma no se reducían al pasado remoto ni a los grandes personajes. En los fragmentos de los historiadores republicanos conservamos alguna noticia tangencial sobre los héroes antes nombrados[508], aunque es seguro que aparecían en sus historias, sin embargo, si tenemos muestras de otros actos de valentía destacables. Catón, por ejemplo, alababa la acción de un tribuno militar, Q. Sedicio que en Sicilia durante la Primera Guerra Púnica, decidió dar su vida junto a cuatrocientos compañeros a los que él guiaba para despistar al ejército enemigo y que el resto de soldados romanos pudieran escapar ilesos del lugar en el que habían sido cercados por los cartagineses. Las previsiones se cumplieron y todos perecieron, aunque de forma milagrosa el tribuno logró salvar la vida, a pesar de la multitud de heridas, y siguió al servicio de la República. No es menos interesante el comentario que hacía el autor de *Orígenes* sobre este acontecimiento, comparándolo con la actuación del lacedemonio Leónides en las Termópilas. El tribuno había recibido un elogio moderado por su actuación (*parva laus pro factis*), mientras que la gloria del estratega griego, siendo su hazaña del mismo rango, había sido celebrada por toda Grecia con muchos monumentos: retratos, estatuas, elogios, historias y otras cosas (*momunetis: signis, statuis, elogiis, historiis aliisque rebus*) (4, frag. 7a). Evidentemente Catón al escribir estas palabras está resarciendo, de forma consciente o inconsciente, al

[506] Jal consiera que la literatura de *exempla* se desarrolla de forma paralela a la analística y su lectura implica un conocimiento de ésta último pues los lectores deben conocer de antemano el contexto histórico de los ejemplos (1997: 32). Nosotros pensamos, sin embargo, que precisamente si algo caracteriza al *exemplum* es no necesitar contexto alguno.

[507] Litchfield ha catalogado de forma minuciosa a los personajes heroicos de la historia romana según sus virtudes (1914: 28-35).

[508] Extiste una oosible alusión al error de Mucio en el campamento etrusco en Casio Hemina (*A.R.* frag. 19) y mención la estatua de Clelia en Pisón Frugi (*A.R.* frag. 22).

tribuno por su falta de gloria eterna. Casio Hemina recordaba el valor del sacerdote que durante el asedio de los galos a la ciudad había salido del Capitolio con los objetos de culto en la mano para celebrar un sacrificio en el templo de Vesta. Los galos admirados por su valor no le quitaron la vida (*A.R.* frag. 22). Calpurnio Pisón Frugi afirmaba que el primero en recibir una corona cívica había sido A. Postumio porque gracias a su actuación, tras la victoria del Lago Regilo, los romanos se habían apoderado del campamento de los latinos (*A.R.* frag. 23). Sempronio Tuditano recordaba el suplicio de Atilio Régulo a manos de los cartagineses como prisionero en la Primera Guerra Púnica, cuando volvió de Roma cumpliendo su palabra después de que el senado se negara a un intercambio de prisioneros (*A.R.* frag. 5)[509].

La exposición de los acontecimientos heroicos de la historia de la República romana no requería mayores explicaciones, se trataba simplemente de presentar los hechos que demostraban de forma evidente la valía de los antepasados. Se comprende así el significado que podía tener una narrativa que, además de abordar los orígenes con una clara tendencia etiológica, se detenía después a detallar de forma simple los acontecimientos militares y los ubicaba bajo un consulado determinado, sin contexto ni explicación. Su finalidad no era únicamente la autoalabanza que se concedían los propios romanos a si mismos, sino que se trataba de ejemplos que debían ser imitados o tenidos como puntos de referencia para valorar el comportamiento de la sociedad presente, pero sobre todo que incitaban a la acción. Así lo aseguraba Tito Livio en la introducción a su obra donde afirmaba lo siguiente:

Praef. 10.
Lo que especialmente hay de favorable y provechoso en el conocimiento de los acontecimientos es que se contempla la demostración de todo tipo de ejemplos a través de ilustres testimonios. Ahí encontrarás qué emular en tu beneficio y en el de tu República y acciones vergonzosas de principio a fin que evitar.

En este sentido, se ha dicho de los *exempla* de la historiografía romana que tenían como protagonistas a personajes que destacaban por su autoridad y que contribuían con ello a crear un orden ideal como referente que se consideraba legítimo[510]. También se ha afirmado acertadamente que los ejemplos de los antepasados eran una especie de metáfora de la tradición, del comportamiento tradicional de la sociedad romana[511]. Pero, aunque es posible generalizar a cerca de la historia ejemplar en Roma que respondería, en última instancia, a la famosa afirmación ciceroniana de que la historia es maestra de la vida (*de Orat.* 2, 9, 36), sin embargo, habría que distinguir diferentes usos de los *exempla* y la posible evolución en la concepción de los modelos del pasado. En origen los comportamientos ejemplares no eran en modo alguno objeto de reflexión o discusión sino simplemente incentivos para actuar en busca de una gloria similar a los de los antepasados de la familia. Así lo expone Cicerón en el tratado *Sobre las obligaciones* cuando asegura que aquellos cuyos padres o antepasados sobresalieron en algún género de gloria se afanan generalmente por honrarse también con el mismo tipo de mérito (1, 32, 116). En la Roma anterior al siglo III a.C., donde prevalecía la memoria oral en solitario, los *exempla* que debía seguir el joven de una familia senatorial provenían de sus ancestros, cuyas hazañas conocía por la memoria que se perpetuaba a través de los funerales y en la casa mediante las máscaras. Salustio no podría haber expresado mejor el funcionamiento de este ejemplo familiar que como lo hizo en la introducción a la *Guerra de Jugurta.*

Jug. 4, 5-6.
A menudo he escuchado que Q. Máximo, P. Escipión y otros hombres destacados de nuestra ciudad solían decir que, cuando contemplaban las máscaras funerarias de sus antepasados, su espíritu se inflamaba de forma apasionada en favor de la virtud. Es claro que ni la cera ni las figuras tenían en sí tal fuerza, sino que era por el recuerdo de las hazañas que aquella llama crecía en el pecho de los hombres ilustres y no se aplacaba hasta que su virtud se igualaba a la fama y gloria de aquellos.

Salustio contrapone, en este párrafo de la introducción a su monografía sobre la guerra contra el númida Jugurta, el comportamiento ejemplar de los antiguos romanos a la actitud de sus contemporáneos que el considera reprobable, pues compiten con sus antepasados en riquezas y dispendios y no en honradez y diligencia, como hacían Quinto Máximo y Publio Cornelio Escipión. No hay lugar a dudas, por las palabras del historiador, que las *imagines* en Roma conservaban la memoria de los antepasados como lo hacían también las *laudationes* y que, aparte de dar prestigio social a la familia y de ser un privilegio

[509] Elió Tuberón afirmaba que los cartagineses le torturaon a su regreso: le cosieron los párpados para que no pudiera cerrar los ojos y le encerraban durante tiempo en mazmorras sin luz para luego obligarle a mirar al sol (*H.R.R.* frag. 9).
[510] Gaillard 1978: 33.

[511] David 1980: 83-86.

concedido a unos pocos por su participación en el gobierno de la ciudad, representaban el valor e interés que tenían el recuerdo del pasado para los romanos. Más allá de los hechos fundacionales que explicaban el funcionamiento de la sociedad en el presente, la memoria de los antepasados servía como elemento de competición para los jóvenes, no sólo existía rivalidad entre las grandes familias aristocráticas, sino, de algún modo, también dentro de ellas.

La primera historiografía romana era "ejemplar", creemos, en este mismo sentido. El relato de los hechos militares y de los grandes personajes no era objeto de interpretación alguna; la intención de los primeros historiadores a la hora de transcribir era simplemente contribuir a la memoria de estos acontecimientos que debían ser tomados como modelos de comportamiento de forma literal. La única diferencia evidente es que todos ellos pasaron a ser referente del pueblo romano en general y no de los miembros de una familia. Se trataba de *exempla* nacionales por decirlo de algún modo. Esta forma de concebir el pasado exclusivamente como acicate para la acción no agota el significado que estos modelos de comportamiento ideal tuvieron en Roma. En realidad, la propia escritura de la historia y el desarrollo que tuvo este género en la República tuvieron como resultado que los ejemplos del pasado se convirtieran en un elemento de reflexión con el que juzgar a determinados personajes históricos o con los que determinar lo que debería ser el comportamiento humano, más que un objeto de imitación y competición en excelencia como fueron en un primer momento. Tenemos un ejemplo en un historiador de la segunda mitad del siglo II a.C. en cuyos fragmentos se aprecia cómo un acontecimiento del pasado puede ser objeto de debate por lo que respecta a la actitud de su protagonista. Pertenece al reinado de Rómulo, no a los hechos de la República, pero en cualquier caso pone de manifiesto en qué medida el pasado se convirtió en objeto de reflexión y los *exempla* dejaron de ser evidentes e incontrovertidos en su significado. Según Fabio y Cincio, recogiendo, sin duda, el sentido tradicional que tenía el episodio de Tarpeya, afirmaban que fue la avaricia de la joven la que le llevó a pactar con los sabinos (*A.R.* frags. 10 y 7), de ahí que dicho emplazamiento en el Capitolio sirviera para despeñar a los condenados. Sin embargo, Calpurnio Pisón Frugi en su obra argumentaba que Tarpeya había tratado de hacer una acción noble, porque su intención fue poner a los sabinos, desarmados, en poder de los romanos, pero que fracasó en su intento a causa de la traición del mensajero que avisó al rey Tacio del engaño (*A.R.* frag. 7). De este modo, se reinterpretaba la acción de la joven, que de traidora pasaba a ser heroína de Roma.

La cuestión de los *exempla* en la historiografía romana se hace, de este modo, mucho más compleja y, en el último siglo de la República, el interés por los modelos históricos, lejos de disminuir, aumenta de forma evidente hasta el punto de que ciertas obras se dedicarán en exclusiva a recopilar este tipo de noticias[512]. La primera de ellas fue posiblemente los *Exempla* de Cornelio Nepote[513]. Conservamos algunos fragmentos que se pueden adscribir a esta obra con seguridad y que ponen de manifiesto el distinto cariz que tenía esta literatura ejemplar que perseguía más la reflexión sobre el comportamiento de los antepasados que presentar en estado puro la virtud romana con la que tenían que competir las nuevas generaciones. Así, por ejemplo, en una cita que aparece en las *Noches Áticas* de Aulo Gelio (6, 19, 1) Nepote valoraba la actitud de Tiberio Sempronio Graco, padre de los Graco, hacia Lucio Escipión Asiático, hermano del Africano Mayor, al que se le impuso una multa y luego una fianza. A pesar de su conocida enemistad con el Africano, Sempronio había defendido a Lucio frente al otro tribuno de la plebe (*H.R.R.* frag. 3). El acontecimiento no está del todo aclarado, ya que Valerio Anciate ofrecía otra versión de los hechos (Gel. 6, 19, 8). También en los *Exempla,* Cornelio trataba la cuestión de los prisioneros romanos que, después de la derrota de Canas, Anibal envió para negociar con el senado un intercambio de rehenes después de hacerles jurar que si fracasaban volverían al campamento cartaginés (*H.R.R.* frag. 2). En la Primera Guerra Púnica Atilio Régulo había cumplido su palabra y había sido torturado hasta la muerte a su vuelta. En esta ocasión no había unanimidad sobre el comportamiento de los prisioneros. Según Cornelio, el senado no les obligó a abandonar Roma, como algunos proponían, pero aquellos que se quedaron apelando al postliminio –derecho de libertad para los esclavos de guerra que logran escapar- fueron odiados por faltar a su palabra y terminaron por suicidarse. Acilio consideraba que fueron muchos los que se habían acogido a este derecho y que los censores los tacharon públicamente de ignominiosos (*A.R.* frag. 5). Para Cicerón, sin embargo, este episodio no era un ejemplo de comportamiento vergonzoso y reprobable porque sólo uno de los diez prisioneros permaneció en Roma, mientras que el resto volvió al campamento cartaginés (*Off.* 3, 113)[514]. Estos ejemplos que transmitía Cornelio tenían mayor complejidad que las acciones de Lucrecia o de los Decios, las cuales no requerían interpretación, ni

[512] David 1998: 9-17.
[513] Geiger 1985: 73-75.
[514] También Polibio (6, 58, 2-12) y Livio (22, 58, 1) afirman que sólo un romano de los diez enviados falto a su palabra.

contexto histórico. Ciertamente el estado fragmentario de las obras históricas de esta época impide valorar en toda su profundidad el empleo que los autores hacían de ellos. No obstante, el estudio de los *exempla* de *Desde la fundación de la ciudad* que ha realizado Chaplin puede ser orientativo en este sentido, pues esta autora ha llamado la atención sobre la flexibilidad con que los ejemplos son utilizados por Livio y la posibilidad de un cambio de significado[515].

Es evidente, por tanto, que el carácter de los ejemplos históricos se modificó radicalmente en el último siglo de la República, de forma que algunos rasgos de este tipo de literatura que vemos en los *Hechos y dichos memorables* de Valerio Máximo de época de Tiberio[516], pero que, posiblemente, estaban también presentes en los *Exempla* de Cornelio, como la organización de los hechos por categorías abstractas del tipo "la amistad" o "la crueldad", o el recurso a la historia de otros pueblos, nada tienen que ver con el espíritu de los antiguos *exempla*. También resulta del todo novedoso el utilizar este tipo de modelos como argumentación dentro del discurso filosófico como hace Cicerón en *Sobre las obligaciones* y *Sobre los fines*[517] o tenerlos como una herramienta del orador en sus discursos públicos adaptándolos a la situación política del momento[518]. Pero nosotros no vamos a abordar este desarrollo de los ejemplos históricos a fines de la República en esta ocasión, dado que nuestra intención era simplemente caracterizar el relato de los primeros historiadores en relación con los cambios que se produjeron desde fines del siglo II a.C. y que en parte ya hemos visto reflejados en los anteriores comentarios de Sempronio Aselión y Cicerón. En este sentido, lo que queríamos destacar es que calificar la historiografía romana de política, dirigida a la educación de la clase gobernante y basada en el ejemplo de los antepasados es hacer una consideración general, poco precisa y, por tanto, no muy significativa, dado que lo interesante es concretar exactamente de qué forma funcionaba en cada caso. La primera historiografía que se centraba en los hechos militares y políticos en sucesión cronológica puede ser considerada de finalidad política, ya que su intención era manifestar la continuidad institucional de la República y guardar la memoria de las grandes hazañas del pueblo romano que debían promocionar la actitud de sacrificio y lucha a favor de la ciudad. Pero también la historiografía de Salustio o el relato sobre el consulado de Cicerón tienen una intencionalidad política y pretenden servir de ejemplo. Por lo que respecta a la primera, ya vimos que debía ser identificada con los *annales* de los que se quejaba Sempronio (*A.R.* frag. 1 y 2) y una de sus críticas era que este tipo de relato no podía mover a nadie a estar más dispuesto a defender la República ni a actuar, más indolente, en su perjuicio. Esto significa que, con toda probabilidad, esta era la finalidad que los primeros autores perseguían en sus obras, sin éxito según este historiador, pero, sobre todo, lo que podemos deducir es que también Sempronio consideraba que la historia estaba encaminada a despertar en los lectores la pasión de actuar en beneficio de la República, aunque por un medio diferente. Por ello, el fenómeno de la historiografía con finalidad política y de los *exempla* no debería ser tomado de forma uniforme a la hora de considerar este tipo de escritura en Roma.

En resumen y para finalizar este apartado, podemos concluir que la primera historiografía romana perseguía establecer los orígenes remotos de la ciudad de Roma, de sus instituciones, establecer el contacto que los griegos habían tenido con los pueblos itálicos y en especial con los latinos. Por lo que respecta al pasado republicano, la estructura cronológica del relato le valió el calificativo de *annales*, pero más allá de la conciencia de la antigüedad exacta de Roma, el relato del pasado no presentaba mayor interés por la medición del tiempo y sí una preocupación por dejar patente la continuidad de las instituciones y, sobre todo, de la magistratura del consulado. Por otro lado, el contenido de la narración no requería para su interpretación de contexto histórico o cronológico, porque en su mayor parte se limitaba a presentar los hechos militares que ponían de relieve la *virtus* de los romanos, actos que tenían significado por sí mismos independientemente de su ubicación cronológica y que servía como ejemplo del sacrificio que debía hacerse en beneficio de la integridad de la República. El pasado no tenía otro significado, otra interpretación. Este modo de valorar y recordar lo sucedido en Roma ponía de manifiesto, de algún modo, la forma que tenían los propios romanos de concebir y de comprender la realidad en la que vivían. En el último siglo republicano, este tipo de relato resultó insuficiente, cambió la forma de escribir la historia, como veremos a continuación. No deja de ser significativo que, como afirma Litchfield, durante el Imperio los grandes personajes alabados por su intachable y heroico comportamiento pertenecieran todos a la época republicana[519]. Concluir de ello que la

[515] Chaplin: 2000: 32-49.
[516] Bloomer 1992: 11-16.
[517] Ferrero 1950: 221-225; Marchall 1987: 42-50; Briton 1988: 169-184.
[518] Sordi 1978-79: 155-166.

[519] Lichtfield no relaciona este fenómeno con un cambio en la forma de hacer historia sino con el hecho de que para que una persona consigua un estatus incuestionable como *exemplum*, según él, deben

virtud romana decreció con el paso del tiempo no resulta muy creíble, lo que realmente se modificó fue la forma de comprender y valorar la actitud de los grandes personajes y en definitiva la finalidad de la historia que debía transmitir su memoria. Los relatos sobre el pasado, en los que en principio no se buscaba más que el recuerdo de los hechos heroicos con los que el lector tenía que competir, comenzaron a despertar otro interés.

Los orígenes míticos y la veracidad histórica

En lo que respecta a la historiografía, el último siglo de la República se caracteriza, por la emergencia de la diversidad de obras escritas que abordaban el pasado desde distintas perspectivas. La narrativa tradicional de los *annales* que comenzaba con la llegada de Eneas a Italia y finalizaba con los hechos contemporáneos al autor siguió vigente, pero dejó de ser el formato único de aquellos que querían escribir historia y dejó paso a otro tipo de obras nuevas que por vez primera aparecen en Roma: biografías y autobiografías, monografías de acontecimientos contemporáneos, cronologías, *exempla*, genealogías, etc. En términos generales, el rasgo más importante de la evolución de historiografía en esta centuria es el progresivo desinterés por el relato de los orígenes, en claro contraste con lo que, en su momento, nosotros destacamos como el elemento novedoso e impulsor de los primeros relatos: la asimilación e integración del viaje de Eneas a Italia en la narración de los orígenes de Roma.

Las primeras en manifestar este cambio fueron las propias historias tradicionales que redujeron o simplemente dejaron de lado los acontecimientos más remotos. Los *Anales* de Claudio Cuadrigario tampoco dedicaron mucho espacio a los orígenes de la ciudad. El primer libro llegaba al menos hasta el desastre de las Horcas Caudinas (321 a.C.) (*H.R.R.* frags. 19, 20 y 21) [520] . En el libro decimotercero ya narraba acontecimientos contemporáneos, pues el fragmento 76 hacía referencia a Cecilio Metelo Numídico, cónsul en el 109 a.C.[521], el último volumen citado es el vigésimo tercero (*H.R.R.* frag. 89) y es posible que la obra tuviera un libro más y llegara a narrar los acontecimientos de los años 70 a.C.[522] Los *Anales* de su contemporáneo Valerio Anciate se demoraban algo más en los orígenes de Roma, ya que en el segundo volumen todavía trataba la monarquía romana (*H.R.R.* frag. 6). En el libro vigésimo segundo se habla de la cuestura de Tiberio Sempronio Graco y de la paz con los numantinos en el año 137 a.C. (*H.R.R.* frag. 58)[523] y, como ya comentamos, se suele aceptar que la obra tendría al menos setenta y cinco libros (*H.R.R.* frag. 62), superando con diferencia la extensión de las obras del resto de historiadores[524]. En el caso de los *Anales* de Licinio Macro resulta más difícil establecer la estructura de la obra, aunque se puede afirmar que un primer libro estaba dedicado a los orígenes, porque conservamos bastantes fragmentos que se pueden adscribir a la fundación o a la monarquía (*H.R.R.* frags. 1-8). La obra tendría al menos veintiún volúmenes (*H.R.R.* frag. 23). Por último podemos citas las *Historias* de Q. Elio Tuberón que también narraban o mencionaban acontecimientos del origen remoto de la ciudad. Conservamos un fragmento en el que se hace referencia al caballo de Troya[525] y otros en los que tiene como protagonistas a Rómulo y Remo y al rey Servio Tulio (*H.R.R* frag 2, 3 y 4). No sabemos, sin embargo, cuánto espacio dedicó a este relato, posiblemente un libro. Según Peter, pertenecen al volumen noveno las citas sobre la Primera Guerra Púnica. El último citado es el libro catorce (*H.R.R.* frag. 10).

Del resto de obras de historia de Roma que pudieron abordar el pasado de la ciudad desde su fundación no conservamos más que simples referencias. El padre de Tuberón, Lucio Elio Tuberón, hombre de cultura destacada y compañero de estudios de Cicerón (*Lig.* 21), escribió unos *Anales* en los años 60 a.C. (*Q. fr.* 1, 10), de los cuál sólo tenemos esta noticia y que posiblemente no vieron nunca la luz[526]. Quinto Hortensio Hórtalo, célebre orador y rival de

---

pasar al menos cien años (1914: 58-59). También Lind considera que los *exempla virtutis* desaparecen en época de Augusto (1979: 50-58) y Bloomer destaca la obsesión que Valerio Máximo demuestra por los personajes y hechos republicanos a la vez que omitía el período de la Guerra Civil, a su entender por tratarse de un tema delicado para sus contemporáneos (1987: 3-15).

[520] Cizek (1995: 71) y Arnaud-Lindet (2001: 111) consideran que la obra podía empezar directamente con el saqueo de los galos.

[521] Peter 1967: 232 n. 76.

[522] Badian 1966: 18.

[523] Así lo considera Peter. Recientemente Forsythe (2002: 105-106) ha defendido que esta frase podría pertenecer a un excurso del autor en su relato de la derrota de las Horcas Caudinas de forma que el libro XXII narraría todavía los acontecimientos del siglo IV a.C.

[524] Münzer consideró en un primer momento que los fragmentos 60 y 62 según el *H.R.R.* no pertenecería a los libros XLV y LXXV como estipulan los citadores sino que el número debía ser corregido por XV y XXV (1897: 469-474). Sin embargo, de forma razonable los historiadores posteriores no encuentran justificación alguna para este cambio: cfr. Badian 1966: 19; Cizek 1995: 73; Chassignet 2001:59-60.

[525] Peter 1967: 308, n. 2.

[526] Bardon 1952: 261-263. Este autor rechaza con argumentos la hipétesis de Soltau quien consideraba que todos los fragmentos atribuídos a Quinto Tuberón debía ser adscritos a su padre, Lucio, y negaba que el primero hubiera escrito historia alguna (1894: 632-633).

Cicerón en el juicio contra Verres escribió también unos *Anales* que cita en una ocasión Veleyo Patérculo a propósito de la Guerra de los Aliados (91-88 a.C.) (2, 16, 1). Nada sabemos de la extensión ni del contenido de la obra, aunque por su título lo más probable es que fuera una historia general de Roma y una monografía simplemente de dicha guerra[527]. Gayo Sulpicio Galba, abuelo del emperador Galba, escribió también una obra histórica para la cual no tenemos otra denominación que la que ofrece Suetonio, quien afirma que Galba publicó una historia voluminosa pero carente de interés (*Gal.* 3). No es seguro que este fuera el título original, porque como ya vimos el término *historia* tenía el sentido genérico de obra escrita cuyo contenido eran acontecimientos pasados. En cualquier caso, en la que escribió Galba se hacía referencia al pasado remoto, aunque fuera brevemente, pues un fragmento hacía referencia al episodio de la joven Tarpeya y el otro que conservamos tiene como protagonista a Pompeyo y pertenece a la guerra contra Sertorio en Hispania (*H.R.R.* frag. 1 y 2). Con toda probabilidad se asemejaba bastante a los anales de esta época. También el hermano de Cicerón, Quinto, escribió unos *Anales* durante el ejercicio de la pretura en Asia en el 59 a.C. (CIC *Att.* 2, 16, 4). Conservamos, además, otros nombres que pueden adscribirse a fines del siglo I a.C. y de los que sabemos, escribieron obras denominadas *anales*[528]: Tanusio Gémino elaboró unos *Anales* que según Séneca eran largos (Ep. 93, 11) y en ellos se narraba, según Suetonio, la conjura que César y Craso tramaron en el 65 a.C. para hacerse con el poder (*Iul.* 9, 2); Catulo cita los *Anales* de un tal Volusio a los que denomina *cacata charta* (36, 1), por último, Cicerón menciona a Procilio como historiador al que contrapone con Dicearco (*Att.* 2, 2, 2) y Varrón lo cita en varias ocasiones en relación con el lago Curcio y con la expresión *ad Murciae* (*L.* 5, 148; 5, 154), razón por la cual ha sido considerado un anticuario en ocasiones. Por lo tanto, es posible afirmar que el formato *anales* siguió vigente en el último siglo de la República. Se trataba de historias completas de Roma, pero en términos generales se preocupaban menos por los orígenes que los historiadores anteriores.

Más destacado es aún el hecho de que, por primera vez, los historiadores romanos creen lo suficientemente significativos los acontecimientos de la historia reciente por sí mismos como para concentrarse exclusivamente en ellos. De este modo, determinadas obras narraban exclusivamente lo sucedido en la segunda mitad del siglo II a.C. y la centuria siguiente. Así, por ejemplo, la obra de Sempronio Aselión, conocida como *Res Gestae*, se componía como máximo de catorce o quince libros (*A.R.* frags. 13 y 14) y se centraba especialmente en los acontecimientos que él había vivido. El primer fragmento fácilmente identificable hace referencia, con toda probabilidad, a Emilio Lépido Porcina, cónsul en el 137 a.C., y se encuentra ya en el libro cuarto (*A.R.* frag. 5)[529], de modo que o bien en los anteriores volúmenes Sempronio hacía un breve resumen en forma de *archeologia* antes de comenzar con su propia época al estilo de Tucídides[530] o simplemente presentaba los acontecimientos que habían preparado y que explicaban aquellos de los que él había sido testigo[531]. Cornelio Sisena, pretor en el 78 a.C., gobernador de Sicilia más tarde y partidario de Sila, escribió unas *Historias*, en las que muy posiblemente se hacía un interpretación favorable del gobierno del dictador como podemos deducir de las palabras de Salustio quien, a pesar de alabar esta obra, afirmaba que no se expresó en ella con total independencia (*Iug.* 95, 2). No obstante, tampoco parece que la obra al completo fuera un panegírico de Sila, sino más bien que pasó por alto los crímenes y proscripciones[532]. Por lo que a nosotros nos interesa, estas *Historias* hacían referencia a los orígenes remotos de Roma pues conservamos fragmentos en los que habla de Eneas y de Latino (*H.R.R.* frags. 1 y 2)[533]. Pero debieron de hacerlo muy brevemente, dado que en el segundo libro se abordaba muy probablemente ya la guerra contra los marsos, es decir, la Guerra de los Aliados del 91 al 88 a.C. (*H.R.R.* frags. 6, 7 y 8)[534]. De hecho, se suele considerar que, como Tucídides y Polibio, Sisena estaba interesado exclusivamente en los hechos contemporáneos y que escribió en los años ochenta para continuar y completar las obras históricas anteriores que no habían abordado esos años[535].

También Salustio concentró su actividad como historiador en narrar los acontecimientos más cercanos a su propia época. En sus monografías se ocupó de la

[527] Para Münzer se trataría de un poema en latín sobre la Guerra de los Aliados, basándose en un pasaje de Plutarco (*Lucull.* 1, 5) donde se afirma que en su juventud L. Licinio Lúculo apostó con Sisena y Hortensio que él escribía un poema en griego sobre esta guerra (1914: 196-213). Bardon ha rechazado la hipótesis y ha destacado acertadamente que el pasaje no implica que Sisena y Hortensio se implicaran en la apuesta (1952: 249-250).

[528] Bardon 1952: 249 y 264-265; Cizek 1995: 75.

[529] Peter 1967: 180, n.4; Chassignet 1999: 161, n.5.

[530] Cizek 1995: 54.

[531] Bardon 1952: 114.

[532] Rawson 1979: 336.

[533] El fragmento 3 donde se dice simplemente "se ahogó junto al río Númico" (*iuxtim Numicum flumen obtruncatur*), debe ponerse en relación con la muerte de Eneas y refleja una variante racional de la tradición más antigua recogida por vez primera por Hemina que narra su desaparición de la tierra y su divinización (*H.R.R.* frag 7). Cfr. Sensal 1995: 91- 102.

[534] Peter 1967: 277, n. 6-8.

[535] Badian 1964b: 430-431.

guerra contra el númida Yugurta del 112 al 109 a.C. y el intento de golpe de estado de Lucio Sergio Catilina durante el consulado de Cicerón y de Antonio Hybrida en el año 63 a.C. Al igual que Sisena escribió unas *Historias* que casi con seguridad continuaban las de este y abarcaban los doce años que iban desde la muerte de Sila en el 78 a.C. hasta el 67 a.C., por lo que se ocupaban de la guerra contra Sertorio (80-72 a.C.), de la revuelta de Espartaco (73-71 a.C.), de la guerra contra los piratas (78-67 a.C.) y el comienzo de la tercera guerra contra Mitrídates del Ponto [536]. Determinar la estructura de la obra, sin embargo, es más complicado debido a su estado fragmentario, aunque se puede deducir por las citas conservadas que en el prefacio de la obra había una reflexión sobre la lucha política en Roma y también una narración sucinta de los acontecimientos anteriores al 78 a.C.[537] También se centró en los acontecimientos contemporáneos, y en esta ocasión protagonizados por él mismo, Julio César a la hora de escribir tanto la *Guerra de las Galias*, que narra la conquista de este territorio (58-51 a.C.) como el *Guerra Civil* que cuenta su enfrentamiento con Pompeyo hasta la derrota de Farsalia en el 48 a.C. Los demás episodios de la Guerra Civil fueron escritos por personas allegadas que habían luchado bajo sus órdenes; la *Guerra de Alejandría* fue redactado muy probablemente por Hirtio y cubre los acontecimientos del 47 a.C., la *Guerra Africana*, anónimo, relata lo sucedido en África hasta el suicidio de Catón y la *Guerra Hispana* el enfrentamiento final con los hijos de Pompeyo que finalizada en la victoria de Munda del 45 a.C. También habría que sumar en este apartado las memorias de Sila que el dictador no llegó a finalizar y fueron completadas por su liberto Cornelio Epicado. Muy posiblemente llevaban por título *Res Gestae*, como las cita Aulo Gelio, seguido de su nombre, de modo que serían el precedente por su denominación del texto que Augusto hizo inscribir en su mausoleo[538]. Su contenido se centraba en los acontecimientos sucedidos entre el 106 y el 78 a.C. Gracias a la famosa carta de Cicerón a su amigo Lucio Luceyo sabemos que este escritor estaba elaborando en el 56 a.C. una obra histórica a la que Cicerón denomina *una historia sobre la Guerra Itálica y la Civil*, lo que nos hace pensar que no abordaría más allá de fines del siglo II a.C. y que había llegado ya a la época de Sila (*Fam.* 5, 12). Nada más sabemos de ella ni si accedió a la petición de Cicerón de hacer una monografía sobre su consulado. Pero posiblemente no fue así pues éste, pues en su empeño por dejar huella escrita de su actuación política, escribió unos comentarios en griego transmitidos con el nombre *Sobre su consulado* en los que abordaba los sucesos del año 63 a.C., lo que precisamente demandaba a Luceyo y que pudo concebir como los comentarios necesarios para la escritura de una historia posteriormente[539]. También escribió otra obra, llamada por sus citadores *Exposición de sus deliberaciones* (Ascon. *In Toga Candida*, 65) en la que lo más probable es que tratara también de forma prioritaria la conjura de Catilina a la que él había tenido que enfrentarse[540].

En general se observa claramente un interés prioritario sobre los asuntos más cercanos a los romanos del siglo I a.C., pero, además, se consideran significativos los acontecimientos de forma aislada, determinadas guerras de modo que, desde el punto de vista cronológico, la narración podía abarcar simplemente algunos años y reducir a mínimos o simplemente hacer desaparecer el relato sobre los orígenes. En algunos textos encontramos una declaración explícita de ello.

CIC *Leg.* 1, 3, 8.
Quinto: "Nada de eso; ya lo hemos hablado muchas veces. Pero existe entre nosotros una pequeña diferencia".
Ático: "¿Cuál?"
Quinto: "Acerca de la época con que empiece la narración. Pues yo me decido por la más remota, porque está escrita de suerte que ni se puede leer; él, en cambio, prefiere la historia contemporánea, que abarque los sucesos en que él tomó parte".
Ático: "Yo me inclino por la opinión de éste, habiendo como hay acontecimientos importantísimos en la historia de nuestro tiempo. Además podrá celebrar los méritos de nuestro gran amigo Gneo Pompeyo; se encontrará también con aquel memorable año suyo y prefiero publique estas cosas que, como suele decirse, lo de Rómulo y Remo". (trad. A. D´Ors)

Liv. *Praef.* 1-6.
No sé bien si haré algo que valga la pena relatando la historia de Roma desde los orígenes de la ciudad, y, si lo supiera, no me atrevería a decirlo, puesto que me parece que el tema es viejo y conocido, en tanto que constantemente nuevos historiadores confían en aportar a los hechos documentación más segura o aventajar con el arte de la palabra a rudeza de los antiguos. (...) Más aún la mayoría de los lectores no dudo que los primeros orígenes y los acontecimientos inmediatos a los orígenes habrán de suscitarles menos

[536] Santos-Yanguas 1997: 42-43.
[537] Bloch 1961: 59-76; La Penna 1963: 11-20.
[538] Bardon 1952: 153.
[539] Laffranque 1962: 351-358.
[540] Rawson 1982: 121-124.

interés, teniendo prisa por llegar a estos tiempos recientes en los que se agotan las fuerzas mismas de un pueblo muy poderoso desde hace tiempo. Por el contrario, yo obtendré también el premio de mi trabajo: desviar mi atención al examen de las desgracias que nuestra época ha contemplado durante tantos años, cuando menos en tanto que me aplico reflexivamente a todos aquellos acontecimientos antiguos, libre de toda preocupación que pueda inquietar el ánimo del escritor, aunque no apartarlo de la verdad. Los acontecimientos que se narran anteriores a la fundación de Roma o de que se tuviese la intención de fundarla, realzados por las leyendas poéticas más que por los documentos auténticos de las hazañas, no está en mi ánimo confirmarlos ni refutarlos. Se otorga a la antigüedad el privilegio de hacer más augustos los orígenes de las ciudades mezclando las acciones humanas con las divinas. (trad. M. Pérez González)

En el primer texto Cicerón, su hermano Quinto y Ático están hablando de la necesidad que aún existía de escribir una historia de Roma, a causa de la deficiencia de las obras que se han producido hasta ese momento de mediados del siglo I a.C. Y Ático insiste en que es Cicerón quien debería dedicarse a ello, si Quinto no quiere tomarle la delantera. Es entonces cuando éste reconoce que entre ambos hay cierta divergencia en cuanto al contenido que debería tener la obra. Esta división de opinión es seguramente representativa de la que existía entre aquellos historiadores romanos que, como hemos visto, decidieron continuar el formato anales que se remontaba al origen de Roma, y los que, por el contrario, dieron prioridad a los hechos más cercanos. Del comentario que, a continuación, hace Ático podemos deducir que estos últimos consideraban que en la memoria de su tiempo había hechos destacados suficientes como para olvidarse de lo demás, es decir, que los acontecimientos contemporáneos eran, cuando menos, tan importantes, si no más, que los más remotos. De esta misma opinión era Tito Livio (*Praef.* 1-6), quien precisamente comenzaba su extensa obra preguntándose si merecía la pena comenzarla desde el pasado más remoto pues se trataba de una cuestión vieja y conocida y que, según su opinión, no iba a ser tanto del agrado de los lectores, como los acontecimientos más cercanos en el tiempo. De todos modos, el autor reconoce que él obtendrá un premio a su esfuerzo al desviar su atención de las desgracias recientes y concentrarse, por el contrario, en los primeros tiempos, desprovisto de preocupaciones que puedan angustiar su ánimo a la hora de escribir. Estas palabras parecen indicar que, frente a la inquietud que podría producir la historia contemporánea por el compromiso que autor y lectores tenían al ser acontecimientos vividos, el pasado remoto era un lugar "neutral" lo suficientemente lejano como para no producir desasosiego.

Por lo tanto, parece evidente que, incluso para un autor de anales como fue Livio, los orígenes no tenían gran interés. De hecho, hay que recordar que no dedicó más que un libro a narrar la llegada del héroe troyano y el período monárquico. Las razones para este cambio en el significado e importancia de los distintos períodos históricos pueden responder a múltiples factores. En el primer apartado, sobre la evolución de la historiografía romana vimos que las reivindicaciones de Sempronio Aselión (*A.R.* frags, 1 y 2) y las consideraciones de Cicerón (*de Orat* 12, 15, 63) acerca de cómo debe escribirse la historia eran coincidentes en una misma dirección y ésta era la de aportar información extra que explicara en su complejidad el acontecimiento que se estaba narrando. No bastaba ya con decir qué había sucedido simplemente, era necesario presentar otra información que hasta el momento parecía estar relegada, como podían ser las leyes presentadas y los decretos del senado Había que presentar a los protagonistas y, sobre todo, dar a conocer los prolegómenos, las razones que llevaron a actuar así (*rationes*), las intenciones de los actores (*consilia*) y las consecuencias que tuvieron sus actos (*eventus*). Sólo así tenía interés el relato histórico.

Con estas condiciones, mucho más exigentes por lo que respecta a la información necesaria que las que guiaban a la escueta narración de acontecimientos bélicos anuales, es comprensible que las anteriores obras resultaran insatisfactorias para los lectores del siglo I a.C. y que les supusiera una seria dificultad a los historiadores adaptar el antiguo relato a sus nuevas preguntas, que no podían ya ser respondidas más que a partir de deducciones, suposiciones o interpretaciones muy *a posteriori*. Por el contrario, es evidente que aquellos acontecimientos del tiempo reciente, vividos en primera persona o recordados por la memoria de los padres podían ser fácilmente objeto de un análisis de ese tipo, el escritor tenía las referencias suficientes para ello. Es por esto que tradicionalmente se ha considerado que lo que distinguía al género de los *annales* frente al de las *historiae* era que este segundo abordaba la historia contemporánea, como destacaban las definiciones de los antiguos que ya analizamos[541]. Pero en realidad también los *annales* llegaban a narrar los hechos recientes durante la República y con toda probabilidad podían hacerlo desde esta nueva perspectiva. Por lo tanto, denominar a una obra

[541] No referimos a las definiciones de Aulo Gelio, Servio e Isidoro que vimos al comienzo de este capítulo, cfr. Bömer 1953: 189-209.

Historiae no implica o presupone nada en primer lugar, pues con este título conocemos los trabajos Sisena o de Salustio, pero también los volúmenes de Valerio Anciate o de Claudio Cuadrigario eran denominados así como se puede apreciar en la tabla de los títulos ya comentada (apéndice). Lo que es evidente es que las monografías históricas o aquellas obras que se concentraban en la época contemporánea encajaban tan fácilmente bajo la denominación de *annales*, porque apenas si abarcaban en el mejor de los casos algo más de dos lustros: por ejemplo, once años las *Historias* de Salustio y veintiocho años en las *Res Gestae* de Sila. En definitiva, no se caracterizaban por su estructura anual, ni era su organización según la magistratura consular el rasgo que las definía, aunque no por ello dejaban de prestar atención al orden temporal de los acontecimientos[542].

Se entiende, por tanto, que los historiadores de fines de la República podían sentirse menos atraídos por el relato de los orígenes, que ya no podían transmitirlo de forma comprensible en los mismos términos en que narraban los acontecimientos de su propia época y que, de este modo, prefirieron centrarse exclusivamente en su época que, como afirmaba Ático, tenía hechos destacables (*Leg.* 1, 3, 8). Cabría preguntarse en este punto por qué razón las historias tradicionales dejaron de ser significativas, o dicho de otro modo, por qué causa comenzó a ser insuficiente consignar simplemente por escrito lo sucedido, preferentemente hechos militares, sin dar mayor explicación. No vamos a dar respuesta aquí a esta pregunta, que no es, por otra parte, en absoluto sencilla, aunque apuntaremos que muy posiblemente en último instancia esté denotando un cambio en la forma de concebir la propia realidad política de la ciudad y que haya que ponerla en relación con la crisis de la República. En cualquier caso, nosotros no vamos a seguir esta línea argumentativa. Por el contrario, vamos a volver al anterior prólogo de la obra de Tito Livio, en el que el autor nos pone sobre la pista de otra cuestión estrechamente relacionada con esta pérdida de interés por los orígenes.

Después de afirmar que los lectores de su obra se interesarían menos por la época más remota que por los hechos contemporáneos, Tito Livio reconoce que los acontecimientos anteriores a la fundación de la ciudad han sido realzados por las leyendas poéticas antes que por testimonios fieles, pero que no se ha propuesto como meta refutarlos ni confirmarlos, es decir, reconocer si son falsos o verdaderos, pues en los orígenes de las ciudades se mezclan las acciones humanas con las divinas (*Praef.* 6). En esta declaración hay dos elementos de sumo interés; por un lado la contraposición entre *fabulae* y *monumenta*, y por otro, la diferenciación entre hechos divinos y hechos humanos. Teniendo en cuenta estas dos cuestiones, las palabras de Tito Livio ponen en duda el relato anterior a la fundación de Roma, la llegada de Eneas al Lacio, la monarquía de Alba Longa y el nacimiento de los gemelos Rómulo y Remo. La falta de veracidad de la historia de los orígenes a los ojos de los romanos de fines de la República puede ser otro de los factores que influyó en que se perdiera el interés por esos acontecimientos remotos. Sobre ellos pesaba la sospecha o directamente la certitud de no ser hechos verdaderos[543]. Esta afirmación de Livio es de sumo interés para valorar la historiografía del último siglo republicano, pues, como veremos, no se trata de una opinión aislada. Pero con el fin de analizar esta cuestión de forma ordenada, vamos a abordar en primer lugar el problema de la verdad en la narración histórica y a continuación la fiabilidad de los testimonios, en especial, de los documentos escritos.

Que los acontecimientos pasados debían narrarse según un criterio de verdad y que debían distinguirse de los hechos fabulosos o fantásticos es algo que los romanos de fines de la República reconocían explícitamente. El testimonio más importante lo encontramos en el diálogo *Sobre las leyes* de Cicerón, autor que, a pesar de no haberse dedicado personalmente a escribir historia, sí dejó, como estamos viendo, algunas reflexiones relevantes sobre la labor historiográfica como la siguiente que abre la obra.

Leg. 1, 1, 2-5.
Quinto. Quizá sea así; pero en tanto hablen las Letras Latinas, no faltará en este lugar la encina famosa de Mario, la cual, como dice Escévola del Mario de mi hermano, "encanecerá por siglos innumerables". Como si no hubiera podido tu querida Atenas conservar en su Acrópolis el olivo sempiterno, ni la que se enseña hoy fuera la misma esbelta y flexible palmera que, según dijo Homero, Ulises había visto en Delos; así otras muchas cosas, en muchos sitios, viven por la

---

542 De las monografías completas que nos han llegado de este siglo I a.C. encontramos referencias a la fórmula *consulibus* en Salustio (*Iug.* 27, 3 y 35, 2; *Cat.* 17, 1; 18, 2 y 38, 1), en César (*Gal.* 1, 2, 1; 1, 6, 4; 1, 35, 4; 4, 1, 1 y 5, 1, 1) y en el octavo libro de la *Guerra de las Galias* de Hirtio (8, 48, 10). La cercanía temporal de los acontecimientos, ya dijimos, podía hacer significativo en cierta medida el empleo del *consulibus* desde el punto de vista cronológico aunque hemos defendido que no se trata de un método de datación (Cfr. anterior apartado)

543 Esta declaración está avalada además por el propio trabajo de Tito Livio quien, como Bayet ya puso de manifiesto en su momento, trataba de evitar los elementos maravillos y fantásticos en el relato (1931-32: 282-286)

fama más de lo que pudieron durar en la realidad. Quedemos, pues, en que sea ésta la encina aquella "cargada de bellotas" de la que voló un día "la dorada mensajera de Jove, de admirable figura". Que incluso cuando las inclemencias del tiempo o la vejez acaben con ella, habrá siempre aquí una encina que llamen "la encina de Mario",
Ático. No lo dudo. Lo que te pregunto, no ya a ti, Quinto, sino al poeta aquí presente (se refiere, por supuesto a Cicerón) es si fueron tus versos los que plantaron esta encina o si es verdad que te contaron la anécdota de Mario que tú narras.
Marco. Desde luego responderé a tu pregunta, pero no sin que antes tú, Ático, me digas si es cierto que Rómulo, después de muerto, deambulando por las cercanías de tu casa, le dijo a Julio Próculo que estaba divinizado y que su nombre era Quirino, y ordenó que se le dedicara un templo en aquel sitio; asimismo, si es verdad que en Atenas, también cerca de la que fue tu antigua mansión, el viento Aquilón raptó a Oritia; así, al menos dice la tradición.
A.¿A cuento de qué y para qué preguntas esto?
M. Nada más que para que no investigues con demasiado rigor las tradiciones de esa clase.
A. Pero es que existe duda de si son inventadas o verdaderas muchas cosas del Mario algunos reclaman que digas la verdad, ya que se trata de historia reciente y de una persona de Arpino.
M. ¡Vive Dios que no quiero pasar por mentiroso! Sin embargo, estos tales, amigo Tito, no saben lo que hacen al exigirme que, en esta empresa, diga la verdad, como si fuera un testigo y no un poeta; sin duda se creen que Numa conversó con Egeria y Tarquinio fue coronado por un águila.
Q. Ya comprendo, hermano mío, que, según tú, hay que observar unas leyes en la narración histórica y otras distintas en la poesía.
M. Así es, puesto que en aquélla todo se endereza a la verdad, y en ésta todo al efecto artístico; por más que se encuentran un sin fin de fábulas tanto en Herodoto, padre de la Historia, como en Teopompo.

En este comienzo del diálogo entre Quinto, Ático y el propio Cicerón, el tema de conversación es una obra poética de juventud de este último, titulada *Mario*, y en la que se supone contaría la vida y hazañas de su compatriota Mario [544]. Quinto había comenzado su intervención alabando la labor de su hermano, pues gracias a sus versos siempre sería recordada la encina de Arpino de la que voló un día un águila, mensajera de Júpiter, que, sin duda, anunció algún presagio a Mario. Es decir, se alegraba de que el poema de Cicerón fuera a inmortalizar por siempre la vida de este general. Sin embargo, Ático se muestra reticente sobre la veracidad de la anécdota de la encina. Cicerón le contesta acto seguido que no se puede investigar la veracidad de muchos acontecimientos que han sido transmitidos a la memoria (*quae isto modo memoriae sint prodita*) y pone el ejemplo de la aparición de Rómulo, después de muerto, a Julio Próculo (Liv. 1, 16 y Ver. *Aen.* 6, 852) y del rapto de Oritia, hija de Erecteo, por el viento Aquilón (Plat. *Fed.* 229b). Se trata en ambos casos de sucesos antiguos y en los que se mezclan lo divino y sobrenatural con lo humano. Por eso Ático le contesta que esos ejemplos no son comparables a la vida de Mario que pertenece a la historia reciente (*in recenti memoria*) y que, por eso, en este caso los lectores del *Mario* exigen del autor que diga la verdad (*veritas a te postulatur*), pues, según está escrita la obra, existe duda sobre si algunos hechos son verdaderos (*vera*) y falsos (*ficta*). Se puede colegir de estas palabras que los contemporáneos de los interlocutores de este diálogo estaban de acuerdo con Tito Livio (*Praef.* 6) en que se mezclaban en el relato de los orígenes hechos reales y fabulosos, y que era mejor no indagar con demasiado detenimiento la veracidad de unos y otros[545].

Sin embargo, Cicerón seguía defendiendo su poema sobre Mario y, a pesar de ser historia reciente, consideraba que tenía derecho a presentar en él sucesos de controvertida verosimilitud porque el había actuado como poeta y no como testigo (*testis*) algo que, se entiende, había que exigirle a aquel que escribiera historia. De este modo, la conclusión a la que se llega al final es que en la historia rigen leyes diferentes que en la composición poética y que una de ellas es que mientras en la primera todo debe acomodarse a la verdad en la segunda debe hacerlo a la diversión. De este modo quedaba zanjada la cuestión [546]. Este fragmento de *Sobre las leyes* es el mejor testimonio acerca de la sospecha de falta de veracidad que recaía sobre la historia más remota de Roma. Cicerón pone en duda la aparición de Rómulo ante Próculo, el encuentro y diálogo de Numa Pompilio con Egeria, ninfa que, según Dionisio de Halicarnaso inspiraba a este rey sus

[544] Elvers 1999: 902.

[545] Pani (2001: 31) ha llamado recientemente la atención sobre un fragmento de Catón (1, 9a) que interpreta como una declaración por parte de este autor de búsqueda de la fidelidad histórica frente a la tradición mítica. Pero en realidad la afirmarción "según Catón, la fe de la historia mantiene lo siguiente: (...)", *secundum Catonem historiae hoc habet fides: (...)* con la que Servio (*ad Aen.* 1, 267) introduce el relato sobre Latino, Turno y Eneas que ha tomado de los *Orígenes* no nos permite afirmar el concepto de verdad histórica vs. mito de Catón, sino, como mucho, colegir que él defendía su versión de los hechos como verdadera.

[546] Esta afirmación de Cicerón dejaría fuera de la historia obras como los *Anales* de Enio o el *Bellum Punicum* de Nevio, aunque él mismo los cita como fuentes en alguna ocasión.

leyes religiosas (*A.R.* 2, 60) y la coronación de Tarquinio por un águila (Liv. 1, 34, 8). Las narraciones sobre los orígenes contenían hechos fantásticos que no respondían a la verdad, aunque junto a ellos podían conservarse acontecimientos verídicos. Así en la *República* (2, 4) Escipión en esta ocasión, haciendo repaso de los primeros tiempos de la ciudad, menciona el nacimiento divino de Rómulo, comenta su liderazgo al frente de un grupo de pastores y campesinos, y afirma que después conquistó la importante y poderosa ciudad de Alba Longa, momento en el que se pasa del mito a la realidad. De este modo, ponía de manifiesto Escipión que, a pesar de que hubiera elementos fantásticos en la infancia de los gemelos, este hecho no invalidaba por completo su historia, que en algunos puntos reflejaba hechos reales. En los acontecimientos pasados, por tanto, es posible distinguir entre *facta* y *fabulae*[547]; y la obligación de aquellos que se dedican a la historia era ceñirse a los primeros, pues la *veritas* era una ley del conocimiento histórico que debía respetarse[548].

Como es bien sabido en el mundo griego uno de los elementos más destacados de los primeros relatos que recibían el nombre de *historia* como el de Herodoto (1, 1-5) era la determinación de narrar exclusivamente los acontecimientos humanos. Más explicita aún era la declaración de intenciones al respecto que hizo Tucídides en su *Guerra del Peloponeso* (1, 22, 4), pues afirma que va a prescindir en su narración de todo elemento mítico, a pesar de que suele ser lo más agradable para la audiencia. Esta distinción entre sucesos humanos y divinos, y el deseo de atenerse exclusivamente a los primeros para elaborar el relato histórico es uno de los rasgos más distintivos y definitorios de la aparición de ese conocimiento específico que denominamos historia en el mundo antiguo y quedó recogido en la única obra que presentaba un estudio programático de cómo debía escribirse la historia, *Cómo escribir historia* de Luciano de Samosata[549]. De este modo, los hechos divinos y míticos quedaron en manos de poetas mientras que los historiadores debían centrarse en las acciones de los hombres. Como apunta B. Williams la clave de este cambio de perspectiva, estaba en la nueva concepción de lo que era decir la verdad sobre el pasado. Hasta ese momento el hecho de que un relato estuviera relacionado con un pasado lejano bastaba para aislarlo del tipo de criterio de verdad y del tipo de preguntas que se planteaban sobre lo que sucedía en el presente. Pero a partir de entonces los historiadores reflexionaron sobre los tiempos remotos con las mismas categorías con que se comprendían los hechos vividos; había que tratar seriamente lo que se decía sobre le pasado como verdadero o falso[550]. Es así como se genera la distinción entre hechos fabulosos y acontecimientos históricos, algo ajeno completamente a las sociedades que viven en un continuo presente mítico en el que todos los acontecimientos tienen el mismo estatus[551].

No hay duda de que en el último siglo de la República los romanos reconocían que en su pasado remoto había *fabulae* et *facta* por igual, y demostraban falta de confianza hacia las primeras, según sus criterios de verdad. Lo que no resulta tan fácil afirmar es si, como sucede en el caso griego, esta perspectiva que caracterizaba la escritura de la historia en Grecia desde un principio, era compartida también por los historiadores romanos desde Fabio Píctor. En los fragmentos que conservamos de estos autores no hay reflexión alguna al respecto. Sin embargo, algunos indicios nos permiten proponer como hipótesis que la sospecha sobre la veracidad del relato de los orígenes no fue algo patente en la primera historiografía, sino que, por el contrario, fue una toma de conciencia progresiva que tuvo sus consecuencias en el último siglo, cuando el relato de los orígenes dejó de tener interés. El primer hecho incontrovertible es que todas las historias desde fines del siglo III a.C. abordaron la cuestión de los orígenes de Roma sin excepción alguna, salvo la de Celio Antípatro que, según ya vimos, se centraba exclusivamente en la Segunda Guerra Púnica[552]. Cuando hablamos de la memoria cultural de la Roma pre-literaria defendimos que existían argumentos fehacientes para reconocer que esta se reducía a los personajes implicados en la fundación de la ciudad y a sus primeros reyes de modo que la leyenda Eneas no debía ser incluida. Esta era posiblemente una de las razones por las que las primeras historias se habían centrado de forma repetitiva e insistente en elaborar una narración histórica que recorriera el pasado de la ciudad desde los orígenes hasta el presente del autor, algo que contrastaba con la tradición griega en la que los

[547] Poucet 1987: 69-85.

[548] Según Chassignet la mayor verosimilidad de la historia frente a las narraciones en verso que tenían temas históricos derivaba del hecho de que estaban elaboradas en prosa (1998: 163).

[549] Colson 1917: 164-165; Lins Brandão 1999: 119-129.

[550] Williams 2002: 149-171. Según Williams, las consecuencias de este nuevo enfoque que se aprecia claramente ya en Tucídides serán la aparición del tiempo histórico, una estructura temporal rígida en la que debían localizarse los hechos que verdaderamente sucedieron, y el reconocimiento de la relatividad de la perspectiva al comprender que el pasado para nosotros fue el presente de otras generaciones.

[551] Hernando 2002: 91-96.

[552] Cfr. capítulo cuarto, último apartado.

historiadores solían retomar el relato en el punto cronológico en el que su antecesor lo había dejado[553].

Por lo tanto, no resulta congruente que si estos autores hubieran reflexionado de forma detenida como lo hicieron Cicerón (*Leg.* 1, 1, 2-5) y Tito Livio (*Praef.* 6) sobre la validez de ese relato de los orígenes y hubieran concluido de forma negativa sobre los hechos increíbles y fantásticos que sostenían la llegada de Eneas al Lacio o la infancia de los gemelos, le dedicaran tanta atención uno tras otro a este relato. De hecho, los textos nos indican lo contrario. Catón, por ejemplo, tituló su obra *Orígenes* con una clara intención de dar relevancia a los tiempos remotos, podemos entender, y en ella narraba no sólo los comienzos de Roma sino de otros pueblos itálicos[554]. En cuanto a la primera, es en los fragmentos de Catón en los que podemos ver, por vez primera, un desarrollo más o menos claro de la historia anterior a la fundación; con la llegada del héroe troyano, la fundación de Lavinio y Alba Longa, y el desarrollo de una dinastía real en esta ciudad hasta Rómulo[555]. De hecho, la hipótesis más aceptada supone que fueron los primeros historiadores romanos los que desarrollaron y completaron el relato de los orígenes de Roma, una vez que desde Fabio Píctor, quien fechaba la fundación en el primer año de la octava olimpiada (748/7 a.C.), se hizo patente que existía un vacío temporal entre la llegada del héroe troyano y el nacimiento de la ciudad[556]. Por lo tanto, lejos de dar por fantásticos y carentes de veracidad histórica estos acontecimientos de los orígenes, nos parece más lógico concluir que los primeros historiadores romanos no sólo no dudaron de la veracidad de los relatos que los griegos contaban sobre Eneas en el Mediterráneo occidental, ni de su propia tradición sobre la fundación, sino que la aceptación de ambas narraciones, hasta ese momento independientes, les obligó a reflexionar y a reinterpretar los elementos que estaban a su alcance para dar sentido al nuevo pasado de Roma.

De qué modo un siglo más tarde los escritores romanos se alejaron de esta perspectiva, arrojaron dudas sobre lo que consideraban hechos fantásticos y algunos prefirieron dejar de lado este relato que había captado hasta el momento la atención de todos los historiadores, es difícil de concretar. Sin duda, se trató de un proceso de larga duración y no de un cambio puntual, y no está muy desvinculado del proceso de racionalización de las divinidades del cual tenemos algún ejemplo en los fragmentos de los historiadores republicanos. Así, por ejemplo, Casio Hemina afirmaba que Saturno había tenido condición humana (*A.R.* frag. 1)[557] y Gneo Gelio presentaba al Sol, hijo de Océano, como el inventor de la medicación con metales, al modo de Evemero (*A.R.* frag. 4) y ambos autores había escrito versiones racionalizadas del relato de Hércules y Caco (*A.R.* frag. 5 y *A.R.* frag. 6 respectivamente)[558]. Según esta interpretación, aquellos personajes a los que se concedía un origen divino habían sido realmente hombres, cuyos nombres, a causa de sus maravillosos descubrimientos o inventos, habían pasado a formar parte, como afirma Cicerón, de lo fabuloso (*Tusc.* 5, 3, 8). Esta actitud hacia los acontecimientos divinos o míticos que se localizaban en el pasado era una respuesta a la toma de conciencia de que los hechos pasados debían entenderse y explicarse como los presentes[559]. Ante ese reconocimiento no quedaba más alternativa que negar por completo todo relato que no cumpliera los requisitos de comprensión actuales o bien analizar lo que ahora ellos consideran mitos y leyendas bajo el matiz de la crítica y alcanzar así alguna verdad subyacente a los cuentos que los antepasados habían transmitido [560]. Por lo tanto, estos fragmentos de Hemina y Gelio nos ponen sobre la pista de este proceso de reflexión sobre los orígenes que tendría como resultado las negativas afirmaciones de Cicerón (*Leg.* 1, 1, 2-5) y de Tito Livio (*Praef.* 6), quienes no rechazaban al completo la tradición que habían recibido, sino que apuntaban el hecho de que en ella se habían transmitido a un mismo tiempo hechos verdaderos y fábulas.

Por lo tanto, en el desinterés por los orígenes de Roma que los romanos muestran a fines de la República podemos advertir una crítica a la falta de

[553] Momigliano 1979: 50-51.
[554] Letta 1984
[555] Cfr. Schröder 1971: 91-147.
[556] Una inscripción recuperada de la biblioteca del gimnasio de Taormina afirma que Fabio Píctor narraba la llegada a Italia de Hércules, Lanoios, Eneas y Ascanio y que mucho después venían Rómulo y Remo y la fundación de Roma (*A.R.* frag. 1). Este fragmento ha sido ya analizado en el capítulo 4. Cfr. Manganaro 1974: 389-409.

[557] Tertuliano (*Apol.* 10, 7) cita a Casio Severo pero todos los editores reconocen de forma unánime que se trata de una clara confusión por parte del autor, que en realidad está haciendo referencia a Casio Hemina (Peter 1967: clxxi; Chassignet 1999: 1, n. 3; Beck/Walter 2001: 246).
[558] Se considera que desde Enio se conoce en Roma la *Historia Sagrada* de Evemero de Mesenia (IV-III a.C.) en la que presentaba a los dioses como antiguos reyes dispensadores de bienes que habían sido deificados a su muerte por el pueblo en reconociemiento (Garbarino 1973: 72-3, 133-7; 2, 289-301) pero sobre todo se ha destacado en la obra de Casio Hemina como si se tratara de un rasgo distintivo frente al resto de autores (Rawson 1991: 250 y Chassignet 1998: 333-335). Sobre Gelio ver Otis: 1993: 75-80.
[559] Williams 2002: 161-164. P. Veyne ya adelantó esta idea al afirmar que Tucídides introdujo la novedad de entender el pasado como el presente (1983: 63).
[560] Veyne 1983: 52-68.

veracidad de los acontecimientos remotos, pero además podemos detectar en los textos otro fenómeno que está estrechamente relacionado con éste; la confianza en la palabra escrita como medio más fiable de transmisión de los hechos pasados. Esta fe en los testimonios es una consecuencia directa de la propia historiografía. Con anterioridad a su aparición, cuando el recuerdo sobre el pasado tenía exclusivamente cauces orales a través de las fiestas y rituales y de la topografía urbana como vimos en el tercer capítulo, no había necesidad de asegurar la fiabilidad de la información transmitida, porque no existía sospecha sobre el pasado, ni tampoco reflexión alguna. De este modo, admitiendo como verdad la tradición que se actualizaba y revivía de forma periódica, no era posible ni que se dudara del pasado ni que se valorara la escritura como medio de transmisión[561]. Por el contrario, en los siglos II y I a.C., además de este tipo de memoria oral, que siguió evidentemente en funcionamiento, los historiadores tenían a su alcance una serie de escritos de diversa consideración que habían sido elaborados por personas de forma individual, incluidas las propias obras históricas, pero también el resto de representantes de la literatura republicana[562]. De este modo, la conservación de documentos escritos del pasado hizo surgir la conciencia del olvido, es decir, de la información perdida y de la necesidad de dejar por escrito aquello que debía ser recordado. El siguiente comentario de Cicerón en el *Bruto* es el mejor ejemplo de esta nueva percepción.

Brut. 15, 57-60.
Pero el primero del que la tradición nos ha legado testimonios ciertos de su elocuencia y de su condición de orador fue Marco Cornelio Cetego; su elocuencia la atestigua Quinto Ennio y, a mi entender, mejor que nadie porque llegó a oírle en persona y escribe cuando Cetego ya había muerto. (...) Este Cetego fue cónsul junto con Publio Tuditano durante la Segunda Guerra Púnica, y bajo este consulado, Marco Catón fue cuestor, tan sólo ciento cuarenta años antes de mi consulado[563]*. Y si este hecho no nos lo hubiera transmitido Ennio con su único testimonio, los años habrían soterrado en el olvido a este hombre, como ocurrió quizás con otros muchos.* (trad. M. Mañas Núñez)

Esta afirmación de Cicerón al comienzo de su breve historia de la elocuencia en Roma, que ocupa la parte principal de este diálogo, pone claramente de manifiesto la conciencia de pérdida de información que existía a fines de la República. Esta sensación de olvido irreparable, este reconocimiento de que han podido existir personas o suceder hechos dignos de recuerdo cuya memoria, sin embargo, se ha perdido, debido a la falta de un registro escrito, sólo puede surgir en una sociedad en la que, al menos parte de la población, ha interiorizado en cierta medida el uso de la escritura y en la que existe una reflexión sobre la transmisión de la tradición. De hecho, a lo largo del *Bruto* se hacen diversos comentarios sobre la imposibilidad de conocer la oratoria latina por carencia de documentos escritos (13, 52 y 49, 181) y sobre la falta de interés de los oradores al respecto (24, 92), de modo que el mensaje final que claramente nos transmite el diálogo es el de que éstos deberían consignar por escrito los discursos que pronuncian para que las generaciones posteriores puedan tener conocimiento de ellos, en definitiva, que es necesario conservar esa memoria por escrito[564].

De este modo, podemos afirmar que a fines de la República había una clara conciencia del valor de la escritura como medio privilegiado de la transmisión del recuerdo por encima de la memoria oral que tradicionalmente había funcionado en Roma. El documento escrito era considerado, así, superior hasta el punto de que daba fe de los acontecimientos, como explícitamente declara Cicerón en el siguiente texto.

Inv. 1, 26, 39.
En éste (el tiempo) se consideran las cosas que se hayan vuelto obsoletas o parezcan increíbles, de modo que ya se reponen en el número de las fábulas, y las que, aunque realizadas hace ya largo tiempo alejadas de nuestra memoria, sin embargo, nos dan fe de que fueron transmitidas conforme a la verdad, porque en la literatura subsisten determinados monumentos suyos. (trad. B. Reyes Coria)

En esta ocasión Cicerón está detallando los elementos que participan en la parte del discurso conocida como

---

[561] Como afirma Ong (1999: 97-102) sólo la interiorización de la escritura conlleva una valorización superior de lo escrito sobre lo dicho. Es entonces cuando surge la reflexión encaminada a verificar o cuestionar el pasado, que deja de ser exclusivamente la fuente de una conciencia renovadora de la existencia actual.

[562] Nos referimos, por ejemplo, a los poemas de Enio y Nevio o a la *Res Rustica* de Catón.

[563] El consulado de Cetego y Publio Tuditano corresponde al año 204 a.C. Cfr. Broughton 1986: 305.

[564] Gowing ha visto en este texto el reconocimiento de los discursos como medio privilegiado de la memoria de la ciudad, para él el principal pues considera que a fines de la República los discursos habían sustituido a la historia como transmisores del pasado (2000: 39-64). Narducci, por su parte, hace hincapié en que la necesidad de publicar las oraciones respondía a la demanda de modelos por parte de los jóvenes y al deseo de influenciar a la opinión pública (1997: 163-165).

confirmatio, en la que se repasaban los argumentos expuestos. Entre ellos está el determinar el momento de realización de los acontecimientos; los que han ocurrido ya, los hechos presentes, y lo que puede tener lugar en el futuro. Por lo que respecta a los primeros especifica que han de tomarse en consideración aquellos sucesos antiguos que pueden parecer, a los ojos de los actuales hombres, extraordinarios, y también aquellos que siendo remotos igualmente en el tiempo sabemos que nos ofrecen garantía de veracidad porque han sido transmitidos por documentos escritos. Así pues, según este manual de retórica latino, la escritura es un elemento que ofrece seguridad sobre la credibilidad de la información que transmite sobre el pasado, de este modo se pueden distinguir aquellos hechos antiguos que por lo inverosímil son considerados fabulosos, de otros que contaban con testimonios fidedignos.

Por tanto, la interiorización de la escritura a fines de la República llevó a los romanos a considerar de forma diferente la tradición[565]. Es evidente que el reconocimiento de que en la narración de los orígenes había hechos fabulosos que no contenían verdad histórica, la valoración del documento escrito como testimonio de veracidad y el desinterés por el relato del pasado remoto son fenómenos paralelos, que de algún modo se interrelacionan. De modo que la historiografía romana pasó de reflexionar sobre los orígenes y de elaborar un relato en el que debía encajar el pasado griego que aportaba Eneas con la leyenda de fundación de la ciudad de Roma a considerar muy negativamente de forma retrospectiva la posibilidad de conocimiento que podía existir sobre ese pasado, incluida la monarquía. Los siguientes comentarios son los más incisivos a este respecto.

Clodio H.R.R. frag. 1 (Plut. *Num.* 1, 1-3)
Cierto Clodio en su Estudio crítico de cronología (tal es el nombre del pequeño libro) afirma que los escritos antiguos desaparecieron durante el saqueo de Roma por los galos. Esos que se muestran hoy serían falsificaciones, fabricadas para halagar a ciertos personajes que querían introducirse por la fuerza entre las primeras familias y las casas más renombradas sin tener ningún derecho.

Liv. 6, 1, 1-2.
La historia de los romanos desde la fundación de la ciudad hasta la toma de la misma, primero, bajo los reyes y, después, bajo los cónsules y los dictadores, decenviros y tribunos consulares, guerras exteriores y sediciones internas, la he desarrollado en cinco libros; acontecimientos oscurecidos, en parte, por su excesiva lejanía en el tiempo, como cuando se vislumbra con dificultad algo que está muy distante en el espacio, y en parte, porque durante aquel período eran escasos los testimonios escritos, únicos guardianes fieles de los hechos históricos: por otro lado, porque, si bien algunos estaban recogidos en los Comentarios de los pontífices y en otros documentos públicos y privados, la mayoría de ellos se perdieron en el incendio de la ciudad.

Este Clodio que cita Plutarco es de difícil identificación. Si fuera Claudio Cuadrigario como quieren algunos autores habría que situarlo en la primera mitad del siglo I a.C.[566], si se tratara de otro autor independiente como quieren algunos historiadores su datación algo es más complicada, aunque en cualquier caso podría localizarse a caballo entre el siglo II y el I a.C.[567] Corresponde entonces fácilmente con el momento de cambio en la historiografía que estamos definiendo en la última centuria de la República. Este Clodio había elaborado un estudio de cronología romana y en él coincidía con Tito Livio en que los documentos existentes a fines del siglo IV a.C., momento del saqueo de los galos, habían desaparecido y por su parte afirmaba que, por ello, todo lo que los romanos de su época podían mostrar como testimonio de antigüedad debía de ser una falsificación. En su caso, es muy probable que esté haciendo referencia a los errores que se introducían de forma premeditada en las *laudationes funebres* para arrogarse unos antepasados que eran falsos[568]. Livio, por su parte, -segundo fragmento- habla en general de cualquier documento antiguo, que si ya debían de ser escasos por entonces, desaparecieron en el incendio y coincide con el anterior texto de Cicerón (*Inv.* 1, 26, 39) en que la

---

[565] Aunque a fines de la República la difusión de los textos sigue reducida a una minoría de la población se admite generalmente que las obras tenían un mayor número de lectores de un par de siglos antes o al menos eso pretendían los autores (Moatti 1997: 228).

[566] Sobre la datación de este personaje el dato más fiable es el que ofrece Veleyo Patérculo, quien afirma que Sisena, Rutilio Rufo, Claudio Cuadrigario y Valerio Antias eran contemporáneos (*aequalis Sisennae Rutilius Claudiusque Quadrigarius et Valerius Antias* (2, 9, 6). Cfr. Zimmer (1937: 1-9)

[567] Peter (1967: ccxxxviii-ix) lo sitúa en el *corpus* entre Antípatro y Sempronio Aselión y lo identifica con el Clodio que Cicerón reconoce como heredero de Antípatro junto con Aselión y Gelio (*Leg.* 1, 2, 6). Sobre esta identificación ya hablamos en el capítulo 1.

[568] De este mismo parecer eran Cicerón (*Brut.* 16, 62) y Livio (8, 40, 4-5) y, sin duda, están denunciando una práctica real de determinadas familias romanas según consideran Soltau (1971: 188-212) y Ridley (1983: 372-382). Sin negar este hecho, nosotros nos hemos centrado en valorar estos discursos como memoria oral de la República (capítulo tercero).

escritura da fe de lo sucedido, para él de forma exclusiva. Estas declaraciones han sido seguidas de cerca por los historiadores, de modo que la tendencia hipercrítica de la historiografía sobre Roma ha hecho hincapié en este hecho para desconfiar radicalmente de la tradición anterior al siglo IV a.C.[569]

En realidad, estas afirmaciones de Clodio y de Livio son suposiciones más que afirmaciones argumentadas. Resulta difícil creer que a fines de la República supieran con exactitud qué tipo de textos escritos podían manejar los romanos de aquella época lejana y menos aún que tuvieran la seguridad absoluta de que todos habían desaparecido. El primero supone que habría documentos familiares que atestiguaban la antigüedad de las familias y Livio, por su parte, cita los comentarios de los pontífices[570]. Sin embargo, se trata en ambos casos de deducciones *a posteriori*, que toman como referencia un hecho que fue magnificado por los historiadores romanos como desastre nacional[571] para, de ese modo, dar explicación a lo que consideran una información poco verídica debido a la deficiencia en la transmisión de la tradición. En verdad es imposible saber qué documentos y en qué cantidad desaparecieron durante el ataque de los galos en el 387 a.C. si es que existió tal pérdida[572]. Pero lo elocuente de estos comentarios es que ponen de manifiesto el sentimiento de sospecha sobre la veracidad de los orígenes y la conciencia de que se ha producido una pérdida irreparable de información, que dejaba el relato del pasado más remoto entre paréntesis por decirlo de algún modo. Por ello, afirmaba Livio en la introducción al primer libro de *Desde la fundación de la ciudad* que los historiadores que decidían abordar el tema de los orígenes lo hacían para aportar documentación más segura (*Praef.* 2). Hasta qué punto los escritores romanos realizaron realmente esa labor de investigación sobre los documentos que tenían a su alcance es difícil de saber, aunque hay que tener en cuenta que, si por algo se caracteriza la historiografía antigua, es por su falta de interés a la hora de declarar las fuentes de que se sirve[573]. Por lo tanto, no hay que tomar en consideración esta afirmación como la entendería un investigador en el mundo actual. En cualquier caso sí sabemos que algún autor presentó el testimonio de documentos oficiales para corregir a sus antecesores como es el caso de los *Libri Lintei* (libros de lino) de Licinio Macro. Según Livio, dicho autor presentaba a menudo en su relato estos libros de magistrados escritos en tela de lino del templo de Junio Moneta (4, 20, 8)[574] y cita algunos casos como el tratado con Ardea del 444 a.C. en el que aparecían como cónsules L. Papirio y L. Sempronio (4, 7, 12) y el consulado de C. Julio y L. Verginio del año 434 a.C.[575]. Independientemente del valor que podamos asignar a estos registros, lo interesante es destacar que los historiadores del siglo I a.C. concebían la posibilidad de aportar nuevos datos al relato tradicional, en este caso sobre los primeros años de la República, para corregir la tradición y restablecer la versión verdadera.

De este modo, si retomamos todo lo dicho sobre se puede apreciar que del siglo III al I a.C. la concepción del pasado de la ciudad pasó por diversas etapas. En la Roma pre-literaria que antecedió a Fabio Píctor y a Cincio Alimento y que analizamos en el tercer capítulo los orígenes se celebraran y se revivían en las fiestas y rituales que marcaban el calendario, eran el medio de reafirmar la identidad del grupo y de dar sentido al presente en el que habitaban. El recuerdo gentilicio de las *laudationes* y de los funerales recordaba la grandeza y la antigüedad de los hombres que habían dirigido la República y los registros pontificios, como Anales Máximos y Fastos, mantenían estable la relación positiva de los romanos con sus dioses y representaban la estabilidad y continuidad del gobierno de la ciudad. Pero, en cualquier caso, el pasado simplemente explicaba el presente y se actualizaba en cada representación ritual. Sin embargo, a fines del siglo III a.C. determinados romanos interesados por la literatura griega reconocieron la trascendencia del relato sobre la llegada de Eneas a Italia. Entonces el pasado se convirtió en un objeto de reflexión y de investigación, pues era necesario atar los cabos que unían a Eneas con Rómulo. La tradición griega sobre el héroe troyanos obligó a esos autores a realizar la enorme tarea intelectual de repensar sus propios orígenes y de preguntarse por un pasado que hasta ese momento no había presentado dificultad de comprensión alguna. Fue en este momento cuando claramente mayor atención se prestó al relato de los

---

[569] Los Fastos, por ejemplo, se han cosiderado objeto de falsificación cfr. capítulo primero.

[570] Sobre los textos religiosos en la República ver North 1998: 45-63.

[571] Wolski 1956: 24-52; Bloch 1961: 141-156.

[572] Livio (5, 41-43) y Diodoro (14, 115, 6 y 116, 8) hablan de una total destrucción de la ciudad y de su reconstrucción. Pero el testimonio arqueológico apunta en otra dirección por lo que se puede suponer que no todos los registros perecieron. Cfr.Roberts (1918: 55-65) y Frank 1927: 237)

[573] Algo en lo que incurría incluso Tucídides como ya vimos en el capítulo quinto cfr. Ligota 1982: 5.

[574] El hecho de que el templo de Junio Moneta fuera fundado en el 344 a.C. ha hecho pensar a algunos autores como Klotz que los *libri lintei* debían de ser una invención de Macro (1937: 217). Resulta más razonable, sin embargo, la hipótesis de Ogilvie, quien considera que dichos libros no se habían conservado desde el siglo V a.C., sino que eran una compilación posterior que posiblemente derivaba en última instancia de los registros pontificios (1958: 46).

[575] Broughton 1986: 52-53 y 61.

orígenes, pues es el momento de su elaboración escrita en la versión que, aunque con pequeñas discrepancias, seguirán todos los autores posteriores.

Pero de forma manifiesta en el siglo I a.C., como hemos visto en este apartado, los historiadores romanos pierden interés por la narración de los tiempos más lejanos, aunque las historias completas de Roma siguen incluyéndola. Sin embargo, ahora este período deja de ser objeto de reflexión creativa para convertirse en fuente de sospecha. Seguramente aquellos que defienden la repercusión de Polibio y de la obra de Tucídides en los autores de esta época afirmarían que se trata de una clara influencia griega. Y es posible que haya algo de ello en este fenómeno, con lo que habría que concluir que sus antecesores desconocieron o bien decidieron dejar de lado la historiografía clásica helena por alguna razón. De todos modos, no habría que rechazar como factores coadyuvantes las consecuencias de la propia escritura de la historia en Roma: el agotamiento de un tema que acaparó la atención inicial de los historiadores, el crédito de la palabra escrita sobre la palabra oral y el valor del documento que solo puede existir en una sociedad que ha utilizado de forma más usual y ha interiorizado, en parte al menos, la escritura, o el cambio en la comprensión de los hechos históricos que preconizaban Sempronio Aselión (*A.R.* frags. 1 y 2) y Cicerón (*de Orat.* 12, 15, 63) y que requería una contextualización de los acontecimientos que ya solo podía recuperarse mediante suposición por lo que respecta a los relatos más antiguos.

El interés de una historia retórica

De este modo, a fines de la República el pasado remoto se convirtió en un lugar difícil de explorar por su antigüedad y por la falta de documentos escritos de la época, a la vez que ganó más interés la historia contemporánea. Pero además existe otro fenómeno de relevancia que se puede apreciar en la historiografía de esta época y que, según nosotros vamos a defender a continuación, está en estrecha relación con el tema más debatido de la historia en Roma; la relación de estas narraciones con la retórica. Como vimos al hablar de los anales y de los ejemplos, los primeros relatos históricos hacían hincapié en la estructura anual como reflejo de la estabilidad del gobierno de Roma y mostraban los acontecimientos y hazañas ejemplares que movían a la acción a los descendientes de aquellos prohombres. De este modo, no existía otro interés en la historia que el de mantener el recuerdo de los personajes cuyas gestas había que imitar. Sin embargo, a fines de la República, los lectores de historia buscaban algo diferente en esos relatos como se observa en los siguientes textos de Cicerón.

Fin. 5, 2, 6.
Entonces Pisón dijo: Este empeño, Cicerón, es propio de personas inteligentes si tiene como finalidad imitar a los grandes hombres. Si, por el contrario, sirve sólo para conocer los vestigios del pasado, es de curiosos. Por eso todos te pedimos a ti, que posiblemente ya lo haces, que, como espero, quieras también imitar a aquellos que deseas conocer.

Fin. 5, 19, 51-52.
Y cuánto nos deleita la historia que solemos seguir hasta el fin, volviendo sobre lo que hemos pasado por alto y prosiguiendo lo comenzado. Y no ignoro que en la historia hay utilidad y no sólo deleite. Pero ¿por qué leemos con placer las narraciones fingidas, de las que ninguna utilidad puede sacarse? ¿Y qué diré de nuestro interés por conocer los nombres de quienes realizaron algo importante, sus padres, su patria y otras muchas cosas absolutamente innecesarias? Y ¿por qué hombres de ínfima condición, que no tienen esperanza alguna en tomar parte en los asuntos públicos e incluso los artesanos, se deleitan con la historia? Y, sobre todo, podemos ver que desean oír o leer relatos históricos personas que por su ancianidad, no tienen esperanza de ejercer la política. (trad. V.-J. Herrero Llorente).

Ad. Fam. 5, 12, 4-5.
Además, los sucesos que he vivido te procuraran una gran diversidad para la escritura, llena del tipo de placer que puede mantener la atención de los hombres en la lectura siendo tú el escritor. Nada hay, en efecto, más adecuado para el entretenimiento del lector que el cambio de circunstancias y las vicisitudes de la fortuna, las cuales, si bien no fueron para mí en una experiencia agradable, sin embargo son amenas en la lectura. Pues el recuerdo seguro de los sufrimientos pasados produce deleite. Así incluso la propia compasión es un placer para los demás, que no han sufrido en persona ningún mal y contemplan lo sucedido a otros sin ningún sufrimiento. ¿A quién de nosotros no le deleita con cierta misericordia aquel Epaminodas moribundo en Mantinea, quien ordenó que le fuera extraída la fecha solo después de que le dijeran que su escudo estaba a salvo? Así murió con gloria y con el espíritu tranquilo a pesar del dolor de la herida. ¿A quién no mantiene elevado el afán de lectura la huida y el regreso de Temístocles? En efecto, la simple ordenación de los sucesos anuales entretiene mediocremente, como la enumeración de los Fastos.

Pero los hechos inciertos y cambiantes de los hombres eminentes muestran sorpresa, expectación, alegría, desgracia, esperanza, temor; si terminan con un final notable, el espíritu se satisface con el agradabilísimo placer de la lectura.

Estos tres textos tienen en común el hecho de presentar una visión alternativa a la historia romana que tenía como única finalidad influir en la movilización de los jóvenes para actuar, para cumplir el papel que tenían que desempeñar en la República. El primero de ellos (*Fin.* 5, 2, 6), además, nos muestra la opinión que podía tener un romano tradicional, en este caso M. Pupio Pisón Calpurniano, sobre los intereses literarios de sus compatriotas[576]. El comienzo de la conversación ya lo conocemos: en él Ático, Cicerón y su primo Lucio Cicerón hablaban en los jardines de la Academia de los recuerdos que les sobrevenían al pasear por Atenas. El joven Lucio, el último en intervenir, afirma que le gustaba ver el lugar en el que Demóstenes practicaba su oratoria y acercase a la tumba de Pericles. Es entonces cuando Pisón le contesta que los hombre inteligentes solo se dedican al estudio de la historia para imitar a los grandes personajes y que los que lo hacen para saber del pasado -o sea por el puro placer del conocimiento, diríamos nosotros-, son simplemente curiosos, adjetivo que tiene claramente una connotación negativa en este contexto.

Este recelo al conocimiento que rompía con los esquemas tradicionales de interpretación del pasado recuerda de cerca la reticencia que siempre se ha puesto de manifiesto en Catón sobre los saberes griegos[577]. Las palabras de Pisón dejan ver que los romanos tradicionalmente no habían tenido necesidad, ni encontrado interés en, recordar el pasado más allá de la pretensión de guardar la memoria de las grandes hazañas. Para los romanos como Pisón, entonces, las *laudationes funebres* y las narraciones de estructura anual de hechos políticos y militares eran suficientes, el resto podía pasar al olvido. Sin embargo, la propia actitud de los interlocutores del tratado *Sobre los fines* que paseaban nostálgicamente por Atenas y las declaraciones de Cicerón en los otros dos textos ponen de manifiesto que, al menos ya a fines de la República, existía otra disposición de cara al pasado. En el segundo texto de *Sobre los fines* (5, 19, 51-52) se expone claramente y en pocas palabras la cuestión: si los romanos leen con placer las leyendas (*fictas fabulas*) -léase la historia de los gemelos Rómulo y Remo, por ejemplo[578]-, si les atraen detalles de escasa utilidad–podemos entender aquí, innecesarios para el concepto tradicional que propugnaba Pisón, algo propio de *curiosi-* y personas como los artesanos que nunca participarán en el gobierno, y los ancianos que ya no tienen edad para hacerlo se deleitan con la historia, es porque hay algo más en ella que impulsa a su lectura. Esta afirmación de Cicerón es en extremo reveladora de que en su época la narración ejemplar había tomado definitivamente otro rumbo. Este panorama que dibuja Cicerón se aleja sustancialmente de la narración hecha por y para el magistrado romano y que describía sin mayores explicaciones y de forma escueta las hazañas militares. Describe, más bien, una lectura de entretenimiento que hacía del pasado un lugar donde además de brillar los grandes personajes, se podía saciar la curiosidad sobre lo sucedido en otros tiempos.

El fragmento que hemos presentado de la carta a Luceyo en tercer lugar (*ad Fam.* 5, 12, 4-5) profundiza precisamente en esta línea al mostrar qué aspectos de la narración histórica eran los que podían agradar más al lector y por qué. En pocas palabras podemos resumir que los consumidores de historia que Cicerón describe se sentían atraídos por los sentimientos que podían provocar los acontecimientos narrados. Y disfrutaban con los cambios de circunstancias y de fortuna, pues podían entretenerse con su lectura sin tener que sufrirlos. De este modo, leer el relato de la batalla de Mantinea o la vida de Temístocles podía simplemente entretener a los lectores, sin mayor trascendencia para su actuación en el gobierno de ninguna ciudad, pues algunos de ellos ni siquiera estarían nunca en una situación como esa. Como veremos, esta afirmación de Cicerón ha sido tomada como un ejemplo claro de la influencia de la historiografía trágica helenística en Roma y ha tratado de justificarse considerando que en esta carta el remitente no estaba haciendo una descripción de lo que a su juicio debía ser la historia en general, sino de otro tipo de narración escrita de carácter secundario[579]. Sin embargo, tal distinción no aparece en el texto, donde por el contrario Cicerón nos informa de que Luceyo está escribiendo una historia sobre la Guerra de los

[576] Marchall (1988: 259) considera a Cicerón partícipe de esta opinión. Sin embargo, los demás comentarios de *Sobre los fines* acerca de la historia y sobre todo el texto siguiente (5, 19, 51-52) demuestran precisamente lo contrario. Cicerón esta más bien recogiendo la postura tradicional romana al respecto.

[577] García-Fernández 2001: 297-310.

[578] En la introducción de su obra , que ya vimos, Livio valoraba de forma diferente la historia antigua de Roma y la contemporánea debido al diferente nivel de satisfacción que producía en el lector (*et legentium plerisque haud dubito quin primae origines proximaque originibus minus praebitura* ***uoluptatis*** *sint*) (*Praef.* 4)

[579] Así, por ejemplo, para Reitzenstein (1963: 84-90) y Puccioni (1981: 35-45) esta descripción de Cicerón no haría referencia a la historiografía a fines de la República sino a lo que debería ser una monografía, según Paladini (1947: 339-343) se trataría no de historia sino de un encomio mientras que Leeman (1955: 191) la considera un ejemplo de lo sería la pseudo-historia dramática.

Aliados y la Guerra Civil donde quedaría incluida la conjuración de Catilina[580]. Sin embargo, su impaciencia le hace sugerir a su amigo la posibilidad simplemente de adelantar el trabajo tomando ese episodio como un capítulo independiente del conjunto de la obra, algo que no supondría cambios importantes como reconoce Cicerón: *me parece que no implica mucha diferencia por lo que respecta a mi renombre pero sí a mi paciencia el que no esperes a llegar al lugar que le corresponde y extraigas ya este episodio y su contexto en su conjunto* (*Ad Fam.* 5, 12, 2). Estas palabras nos hacen pensar que no existía ninguna diferencia entre la narración de una monografía y una historia completa. Al menos Cicerón reconoce que su prestigio sería el mismo, es decir, que recibiría las mismas alabanzas de un modo u otro. Pero además el siguiente comentario de Cornelio Nepote sobre la correspondencia entre Ático y Cicerón reincide en la misma cuestión[581].

NEP *Att.* 16, 3-4.
Aquel que la lea (la correspondencia), no tendrá mayor necesidad de una historia completa de esa época, pues en ella está registrado de forma detallada todo acerca de las ansias de los líderes, de los vicios de los jefes y de las alteraciones de la República.

Según Cornelio, por tanto, una historia general debía hacer referencia a sus protagonistas, al esfuerzo que ponían en lograr sus objetivos y a sus errores y sus defectos, lo que recuerda de cerca la definición de Cicerón que vimos en *Acerca del orador* cuando ser refería a la necesidad de hablar de los protagonistas (*de Orat.* 2, 15, 63-64). Pero además debía reflejar los cambios de las circunstancias políticas (*mutationibus rei publicae*) que se habían vivido en Roma y que podían verse reflejados en las cartas, lo que, nos parece, puede muy bien asimilarse a lo expresado por Cicerón en su misiva a Luceyo con los términos de *los cambios de circunstancias y las vicisitudes de la fortuna (temporum varietates fortunaeque vicissitudines)*. De esta forma, lo que interesaba y entretenía al lector era la descripción de los avatares de la vida política y de sus protagonistas, de sus sufrimientos y alegrías, y tal narrativa histórica era la que se apreciaba en el último siglo de la República, sin que fuera característica de ningún subgénero historiográfico como se ha sugerido. Tampoco vamos a sostener aquí la posible influencia del estilo trágico helenístico, que es tan difícil de demostrar como poco significativo para la evolución de la historia en Roma. No obstante, cabría destacar otro texto de Cicerón que no ha sido tomado en consideración cuando se hablar de la historia como entretenimiento y que, sin embargo, es significativo a este respecto.

CIC *Fin.* 3, 11, 37
¿O quién hay que, al conocer los hechos, las palabras, los consejos de nuestros antepasados o de los Africanos o de aquél bisabuelo mío que tu siempre tienes en boca y de los restantes hombres ilustres y sobresalientes en toda clase de virtudes, no experimente en su alma ningún placer?

En esta ocasión Cicerón por boca de Catón está defendiendo el principio filosófico sostenido, según él, por distintas escuelas griegas de que todo aquello que es honesto debe estar en el objetivo principal del ser humano. Es en este contexto en el que hace la anterior pregunta retórica en la que pone de manifiesto que el conocimiento del pasado es algo honesto que provoca al mismo tiempo un sentimiento positivo en el ser humano. Y en esta ocasión no se hace referencia al sufrimiento o a las alegrías de los protagonistas. Simplemente se habla de hechos, dichos y consejos de modo que podemos considerar que no se trata simplemente de una narración *trágica* lo que produce placer en el lector (o en el que escucha si entendemos que Catón el joven está apelando al recuerdo oral de la familia y no a la obra de los *Orígenes*), sino que, según lo percibe Cicerón, en la sociedad de su época en general el recuerdo del pasado conmueve[582].

En cualquier caso, e independientemente de los antecedentes que puedan rastrearse en Grecia de esta historia como entretenimiento, lo que, en principio, nos parece mucho más relevante de resaltar desde la perspectiva de la propia cultura romana es que el recuerdo del pasado que apelaba a las emociones y a los sentimientos no era una total novedad en la ciudad. La historia ejemplar que mostraba a los grandes personajes actuando a favor de los principios que sostenían Roma tocaba directamente la sensibilidad romana; el valor, el honor, la gloria…. Salustio afirmaba que cuando Escipión y Quinto Máximo veían las máscaras de sus antepasados se les encendía con gran ímpetu el ánimo a practicar la virtud (*Jug.* 4, 5-6).

[580] De Vivo (2000: 193) ha puesto de manifiesto este punto olvidado normalmente por los historiadores.
[581] Esta correspondencia salió a la luz a fines del siglo I a.C., aunque no sabemos con certeza quién se encargó de ello. Carcopino (1947: 329-400) supone que fue el propio Ático en el 34 o 33 a.C., para Ross-Taylor (1964: 679-681), sin embargo, se trataría de una decisión de Cornelio Nepote posterior a la composición de la vida de Ático, debido a que admiraba a Cicerón y valoraba positivamente estas cartas como vemos en este fragmento.

[582] En esta misma obra vuelve a aparecer esta idea, aunque en esta ocasión solo se dice, en general, que la *historiae cognitio* produce placer –*voluptatis affert*- (*Fin.* 1, 7, 25).

Por lo tanto, el aspecto emotivo del recuerdo estaba presente en la memoria tradicional de Roma; de hecho si por algo se caracterizaban las fiestas y rituales era por ser una actualización y representación de los tiempos pretéritos en los que participaba la sociedad que revivía el pasado, e igualmente sentidos eran los discursos que tenían lugar en un momento tan crítico como el funeral de un personaje destacado de la sociedad romana.

Pero además, los romanos que como Escipión se emocionaban al ver las máscaras de sus antepasados estaban destinados a ser protagonistas de hechos similares, el recuerdo del pasado les movía directamente a la acción. Por el contrario, Cicerón destaca el hecho de que los lectores de la obra histórica no tomaban parte de la acción más que a través de la lectura y nunca en primera persona. Estaban alejados de la acción por su edad, posición social y género, podríamos afirmar nosotros también pensando en las mujeres de la aristocracia. De esta forma están alejados de los acontecimientos que recuerdan. Es tentador ver en esta declaración de Cicerón sobre el placer (*voluptas*) del lector contemporáneo la diferencia establecía que P. Nora entre memoria e historia, entro lo que se vivía, celebraba y actualizaba y la mirada retrospectiva y de distanciamiento que introduce el relato escrito (cfr. introducción al capítulo sexto). Así pues mientras lo que movilizaba a Escipión y a Quinto Máximo era la memoria, lo que acercaba un pasado no vivido sino recuperado a unos lectores que en nada se parecían a los personajes cuyos relatos leían era la historia, que de este modo convertía el pasado en algo alejado del presente. Sin embargo, la escritura de la historia que había caracterizado la primera literatura romana, según Cicerón, no permitía percibir correctamente este tipo de consideraciones emocionales para el lector de su época porque se limitaba a ser una enumeración de hechos (*enumeratio fastorum*). Era necesario presentar los hechos desde otra perspectiva que tuviera en consideración la experiencia de los protagonistas y para ello había que cambiar el estilo literario que habían empleado los historiadores romanos hasta ese momento.

Este tipo de historia de entretenimiento que apelaba a la emoción de los lectores, como ya dijimos, no es algo original de Cicerón. En realidad, se atribuye en primer lugar a Duris de Samos, historiador del siglo III-II a.C. de cuya obra no conservamos más que fragmentos[583]. De forma unánime los investigadores han visto en esta declaración de la epístola a Luceyo una clara influencia de la historiografía helenística de tendencia trágica que sería la manifestación opuesta a la historia pragmática de los autores serios que trataban de ofrecer algún tipo de enseñanza y que estaría representada por Sempronio Aselión y la influencia de Polibio en Roma[584]. En términos generales, toda la carta a Luceyo ha desconcertado enormemente a los historiadores de forma que la mayor parte de la investigación sobre la historiografía republicana se ha centrado en explicar la teoría de la historia de Cicerón y en racionalizar las posibles divergencias que se observan entre las distintas obras. El problema fundamental ha sido armonizar las repetidas declaraciones de Cicerón a favor de la verdad como ley inapelable de la historia con su explícita petición a Luceyo en dicha misiva de que olvide momentáneamente las leyes de la historia (*leges historiae*), con su defensa poco después del entretenimiento como uno de los objetivos de la narración histórica a causa de su carga emotiva y finalmente con la afirmación de que la historia es un trabajo de oradores (*opus oratorium*). No es nuestra intención retomar en su totalidad este tema que ha sido objeto de innumerables trabajos por parte de los investigadores y que ha terminado prácticamente por agotarse, ya que en definitiva se sustenta en la supuesta antítesis entre retórica y verdad que han establecido los historiadores como pauta de interpretación. En cualquier caso, resultará de interés hacer un breve repaso al estado de la cuestión para valorar, según nuestra perspectiva, la defensa que hace Cicerón de la historia como trabajo del orador dentro de nuestra argumentación de los cambios sufridos por la historiografía a fines de la República.

La controvertida carta de Luceyo ha sido un campo de batalla entre los defensores de Cicerón y sus detractores. Estos últimos siguiendo la línea de interpretación negativa iniciada por Mommsen en la escuela alemana acerca de la figura del orador, concluyeron, de la petición de desatendiera las leyes de la historia (*neglere leges historiae*) a la que claramente se hace alusión, que dicho orador no consideraba la verdad histórica como valor absoluto y que, de forma hipócrita, estaba dispuesto unas veces a defenderla y

[583] Es un opinión unánime el considerar que frente a lo que había sido la historiografía griega en el período clásico, las historias helenísticas se caracterizaban por su tendencia a presentar los acontecimientos de forma trágica por influencia de la escuela de Isócrates (Ullman 1942: 25-53 y Walbank 1955: 4-14), conjungando así dos tipos de narración que el pensamiento de Aristóteles había disociado como diferentes en esencia (Giovannini 1943: 308-314; Weil 1965: 161-189 y Neschke 1999: 105-117). El exponente más destacado de esta tendencia fue Duris quien consideraba que la palabra escrita debía conservar la tensión dramática y captar la representación trágica de los hechos (Gentili-Cerri 1988: 14-23).

[584] Foucher 2000: 773-801.

otras a dejarla por completo de lado si estaba en juego su imagen pública y su propio prestigio como salvador de la República[585]. Más recientemente, Desideri ha interpretado esta carta como una muestra clara de la instrumentalización de la verdad histórica en Roma, algo que distinguiría la practica de esta disciplina en esta ciudad frente a la tradición griega[586]. Frente a esta postura, otros historiadores han tratado de comprender la actitud de Cicerón más allá de este supuesto carácter hipócrita. Así Rambaud encontró argumentos en la situación política del 54 .C., momento en que se redactó la carta, y consideraba que en ella no había que buscar regla alguna de la narración histórica, pues la monografía que estaba reclamando no era más que parte de la intensiva campaña de propaganda que Cicerón había iniciado a su regreso del exilio y con la que pretendía recuperar su imagen política[587]. Paladini, por su parte, consideraba que lo que estaba demandando a Luceyo no era una historia, sino más bien un encomio o un panegírico y que, por tanto, no tenía que estar sujeto a las mismas leyes narrativas que la verdadera obra histórica, opinión a la que se ha sumado también Balsdon[588]. La interpretación más benévola es, sin duda, la de Guillemin, quien intentaba rebajar la dureza de las palabras de Cicerón al considerar que se trataba, más bien, de una broma entre amigos, dado que esas cartas estaban destinadas a circular entre el círculo de amigos del autor[589]. Y es también la de Shimron, para el que la petición de desatender las leyes históricas no hacía referencia a la exposición de los hechos en sí, sino, por el contrario, al estilo y a la interpretación, de modo que las reglas que Luceyo debía pasar por alto eran las de la elaboración literaria y no las de la presentación de los hechos históricos que debía atenerse la estricta veracidad[590]. Esta última argumentación de Shimron es difícilmente defendible entre otras cosas porque implica una sutiliza en el análisis que no se puede sostener en la realidad: es evidente que lo que Cicerón estaba pidiendo era que su imagen quedara destacada en el relato y que para eso no hace falta decir mentiras, en el sentido de inventar hechos o transformarlos por completo, basta con dar prioridad a su persona y adornar de determinada forma el texto. Pero es que esto es también no ceñirse a las leyes de la historia porque dichas leyes no sólo impedían dar crédito a relatos fantásticos e inverosímiles como vimos anteriormente (*Leg.* 1, 1, 2-5), sino que implicaban también no dejarse llevar por el amiguismo o por la malquerencia hacia alguien a la hora de narrar los acontecimientos como afirma Antonio en *Acerca del orador* (2, 15, 62). Precisamente era esto último lo que Cicerón le estaba pidiendo a su amigo[591].

En cualquier caso, la discusión sobre la carta a Luceyo tiene difícil solución porque en gran parte se basa en una cuestión de juicio moral sobre la actitud de Cicerón. En realidad, desde el punto de vista de la investigación histórica no tiene ninguna trascendencia determinar el grado de culpabilidad o de inocencia del orador, si hablaba en broma o estaba presionado por la situación política. En definitiva, lo que importa en la carta es que nuevamente se da por sentada la existencia de unas *leges historiae* al igual que se hacía en *Acerca del orador* (2, 15, 62) y también en *Sobre las leyes* (1, 1, 2-5)[592]. Teniendo en cuenta estas tres declaraciones resulta, pues, difícil defender que en Roma no existiera la idea de verdad histórica, o dicho de otro modo, que no se considerase necesario en las narraciones históricas el atenerse a relatar los acontecimientos sin favorecer o perjudicar a los protagonistas por cuestiones personales, ni hacer alusión a hechos considerados fantásticos o imposibles, aunque es evidente que eso no implica que pudiera ser o no respetado escrupulosamente por todos los historiadores. Además, en ninguno de los tres textos Cicerón parece hacer mención de algo que no fuera aceptado por todos. No hace una defensa de ello en contra de la opinión común, por lo que no se puede interpretar como una novedad a mediados del siglo I a.C. Sin embargo, algunos autores han considerado que la inclusión de este género dentro de los tipos de narraciones retóricas (CIC *Inv.* 1, 19, 27; Part. *Or.* 31-2 y *Rhet. Her.* 1, 8) y

585 Por ejemplo, Henze 1899: 17.

586 Desideri: 1992: 42.

587 Rambaud 1953: 15-20; Marchall 1987: 56-57; De Vivo 2000: 191.

588 Paladini 1947: 335-339; Balsdon 1965: 203.

589 Guillemin 1938: 97.

590 Shimron 1974: 239-240.

591 Como muy bien ha destacado Luce el escribir sin odio ni simpatía implicaba siempre que el personaje estuviera vivo. Una vez que se relataba hechos cuyos protagonistas estaban muertos el historiador podía dar su juicio libremente (1989: 17)

592 Habría que sumar aquí el testimonio del *Brutus* (11, 42) donde Ático amonesta a Cicerón por inventar una muerte para Coriolano semejante a la de Temísticles olvidando así la verdad histórica, con las siguientes palabras: "como tu quieras, pues está permitido a los rétores faltar a la verdad histórica para poder ser más impactantes en su exposión" (*tuo vero, inquit, arbitratu, quoniam quidem concessum est rhetoribus ementeri in historiis, ut aliquid dicere possint argutius*), a lo que Cicerón responde que "a partir de ahora seré más cauto al tratar la historia mientras me escuches tú, al que puedo alabar como el historiador de Roma más escrupuloso" (*et ego cautius posthac historiam attingam te audiente, quem rerum Romanarum auctorem laudare possum religiosissimum*). Es evidente que lejos de defenderse la falta de criterio de verdad en la historia, la intervención de Ático precisamente lo refuerza aunque sea a expensas del orador Cicerón. El carácter irónico ha sido destacado ya por Hallward (1931: 229), Boyancé (1970: 139) y Marchall (1988: 243).

sobre todo el siguiente texto de *Acerca del orador* a favor de la historia como obra del orador, *opus oratorium*, no sólo apuntaba directamente en la dirección opuesta a las anteriores declaraciones de veracidad, sino que prevalecía por encima de ellas[593].

CIC *de Orat.* 2, 9, 36 y 2, 15, 62-63.
Y en cuanto a la historia, testigo de los tiempos, luz de la verdad, vida de la memoria, maestra de la vida, heraldo del pasado ¿con qué otra voz sino es con la del orador se la encomienda a la inmortalidad? Pues si hay algún otro arte que proclame su competencia en construir el discurso oral u escrito o si alguien aparte del orador asegura darle forma al discurso, darle variedad y colorearlo con adornos de la expresión y del pensamiento o si al margen de este arte oratorio se transmite algún procedimiento relacionado con los temas o los pensamientos o, en fin, con la enumeración y el orden, hay que proclamar que o bien lo que este arte de la historia proclama le es ajeno, o que lo comparte con otro arte distinto. (...) Pero volviendo a lo mío, ¿os dais cuenta hasta qué punto escribir historia es competencia del orador? Y casi diría que lo es en grado superlativo si se atiende al fluir del discurso y la variedad. Mas en parte alguna la veo tratada fuera de las reglas que dan los rétores, pues eses reglas están a la vista de todos. ¿Pues quién ignora que la primera ley de la historia en no atreverse a mentir en nada? ¿y la continuación el atreverse a decir toda la verdad? ¿y que al escribirla no haya sospecha de simpatía o animadversión? Estos son naturalmente sus cimientos (fundamenta), *que todos conocen: el armazón y construcción* (exaedificatio) *de la misma consta de lo narrado y de su expresión.* (trad. Gaos)

Esta declaración de Cicerón por boca de Antonio en la que se defiende la figura del orador como el mejor historiador por su capacidad de elaborar un discurso variado y de adornarlo ha sido considerada la demostración del carácter acientífico de esta disciplina en Roma. Así, por ejemplo, Wiseman fue el primero en afirmar de forma rotunda que si la historia era un género retórico era porque tenía por finalidad persuadir a los lectores al ofrecer paradigmas de comportamiento que debían ser tomados como ejemplo y que, por tanto, a los historiadores les estaba permitido, como a todo orador en la Roma del siglo I a.C. donde la retórica estaba ya plenamente implantada como disciplina, cambiar o manipular los hechos para que fueran más convincentes con la única imposición de que debían ser verosímiles[594]. De este modo, se desinteresaban por completo de los testimonios existentes para sostener la información que transmitían y se conformaban con hacer narraciones convincentes para el público. También Woodman recogió esta misma idea de la historia como subespecie de la retórica poco después, teniendo en cuenta nuevamente los textos de Cicerón[595]. En su argumentación pone de relieve que la verdad histórica era entendida por este autor como la exigencia de imparcialidad, pero no como la categoría opuesta a la ficción[596] y que en la división de la historia en *fundamenta* y *exaedificatio* que hacía Antonio (*de Orat.* 2, 15, 63), la segunda parte correspondía al campo de las normas retóricas, las mismas que debían seguirse en la elaboración de la narración de los discursos (*Part. Or.* 31-2), de modo que la historia se asimilaba al resto de géneros que conformaban la retórica en la Antigüedad.

En términos generales, la opinión de estos autores ha quedado en evidente minoría frente aquellos que, por el contrario, defienden que la historiografía en Roma no estaba sujeta a la capacidad de invención del orador, que, por el contrario, debía cumplir con el requisito imprescindible de veracidad como claramente ponen de manifiesto los textos de Cicerón (*de Orat.* 2, 15, 62; *Leg.* 1, 1, 5 y *ad Fam.* 5, 12, 3) y que la historia no quedaba por completo asimilada al resto de productos del género epideíctico dentro del que se la incluye[597]. De este modo, el hecho de que la escritura de la historia debía de atender a determinadas directrices retóricas no suponía directamente que fuera en contra de la veracidad o que con ello abandonara su verdadera esencia. Esta supuesta antítesis entre historia y retórica es posiblemente, como apunta Ferrill, una herencia de la mala reputación que la segunda ha tenido en el siglo XX y que ha dado como consecuencia que una historia que estuviera transmitida a través de un discurso elaborado no podía ser realmente historia[598], a

[593] En alguna ocasión se ha hablado incluso de falta de una posición historiográfica definida por parte de Cicerón (Etchegaray-Cruz 1991: 57-58).

[594] Wiseman 1979: 30-47; 1993: 129-130. Con anterioridad ya había manifiestado esta opinión Hallward (1931: 221)

[595] Woodman 1988: 70-116. Recientemente Foucher ha vuelto a retomar esta interpretación destacando nuevante la contradicción entre la carta a Luceyo y *Acerca del orador* y la libertad con la que Cicerón, como orador, interpretaba la verdad histórica (2000: 782-784).

[596] No hace referencia, sin embargo, Woodman al anterior texto del *Sobre las leyes* (1, 1, 2-5) en el que claramente se oponía la leyenda o el mito (*fabula*) al relato verdadero (cfr. apartado anterior). Cizek (1988: 21-22) también ha relativizado la exigencia de verdad en Cicerón.

[597] Laurand 1911: 26-29; Leeman 1985: 287-288; Brunt 1993: 196-200; Panni 2001: 27-43. Blockley mantiene esta opinió comparando el criterio de verdad histórica en Cicerón y un autor tardío que lo tuvo como referencia, Amiano Marcelino (2001: 14-24).

[598] Ferrill 1978: 5.

lo que habría que sumar también el comienzo de la investigación histórica que dio en llamarse científica y que se basaba en una idea del conocimiento como reflejo pasivo de la realidad[599]. Sea cual sea su origen, era necesario reconsiderar esta cuestión desde otra perspectiva para comprender cómo es posible que personajes como Cicerón defendieran a la par un criterio de verdad para la narración histórica y a la vez le impusieran la necesidad de adoptar un discurso elaborado, sin apelar a una contradicción del autor.

La respuesta posiblemente la ha ofrecido ya Ginzburg en su trabajo sobre la historia, la retórica y la prueba[600]. En esta reciente monografía, el autor italiano defiende la idea de que la supuesta incompatibilidad entre los dos primeros conceptos deriva de la siguiente asunción: la investigación del pasado requiere documentación y argumentación con pruebas, algo que es extraño por no decir totalmente contrario a la retórica. Esta consideración deriva en última instancia, según Ginzburg, del pensamiento de Nietzche y de su desconfianza en el lenguaje como forma de conocer el mundo, o dicho de otro modo, de la interpretación no referencial de la retórica que se ha impuesto desde ese momento. Pero analizando el funcionamiento de esta disciplina en sus orígenes griegos y en especial la presentación que de ella hizo Aristóteles en su *Retórica*, la conclusión que podemos extraer es que en la Antigüedad la situación era muy diferente, pues en ella se defiende como elemento central de la prueba que puede ofrecer un conocimiento verdadero, los silogismos abreviados, llamados entimemes, que eran los que utilizaban los historiadores para reconstruir el pasado[601]. De este modo, Ginzburg pone de manifiesto hasta qué punto somos a menudo víctimas de nuestros propios conceptos sobre el conocimiento y la verdad con los cuales en ocasiones no podemos tratar de comprender el pensamiento de los pueblos de la Antigüedad.

Por lo tanto, no debe extrañarnos que Cicerón o el anónimo de la *Retórica a Herenio* hagan mención de la historia en sus manuales de retórica dentro de la descripción de los distintos tipos de narración (*Inv.* 1, 19, 27 y *Rhet. Her.* 1, 8)[602], ni que se la incluya en el género retórica denominado epideíctico o demostrativo (*Orat.* 11, 37; 20, 66 y 61, 207). En estos manuales no hay discusión alguna sobre la conveniencia o no de esta clasificación, es obvio que los romanos aceptaron sin mayores dificultades la teoría que, al respecto, habían desarrollado los rétores griegos. Sin embargo, lo que debía ser más controvertido para los romanos era la necesidad de que el historiador dominara y empleara los conocimientos retóricos. Se puede colegir esto de la defensa a ultranza que Cicerón hace del orador como el personaje más capacitado para escribir historia en el anterior fragmento de *Acerca del orador* cuando por boca de Antonio pregunta: *¿acaso no veis hasta qué punto es tarea del orador la historia? Y no se si decir que lo es en el mayor grado por lo que respecta a la variedad y fluidez del discurso. Pero en ninguna parte la veo tratada por separado fuera de los preceptos de los rétores, pues los de ésta están a la vista de todos* (2, 15, 62). No hay que perder de vista, ciertamente, que todo el tratado está dedicado enteramente a la figura del orador ideal y que a lo largo de los tres libros tanto Antonio como Craso le arrogan las mayores excelencias por encima de cualquier otra figura que pueda destacar en el gobierno de una ciudad. Dicho tenor puede observarse ya en la introducción en la que Cicerón habla de forma más que exaltada de la importancia de la oratoria en la formación de las ciudades y en organización de la vida en común (1, 8, 29-35).

Teniendo esto en cuenta, no obstante, el tono de la intervención de Antonio deja ver que estaba reclamando algo cuando menos controvertido o que no era admitido de forma abierta por todos, especialmente porque con anterioridad había hecho un breve repaso a la historiografía romana desde sus orígenes en el que precisamente había puesto de manifiesto, como vimos, la simpleza de estas narraciones cercanas al estilo de los Anales Máximos, cuyos autores se habían limitado a ser narradores de acontecimientos y no los habían embellecido (*de Orat.* 2, 12, 51-54). Sólo Celio Antípatro, autor del *Bellum Punicum*, había destacado por encima de los demás como literato sin lograrlo por completo según Cicerón[603], de modo que la conclusión a la que se llega en dicho tratado es que la historia en Roma no ha sido ilustrada convenientemente por la retórica dado que todos aquellos que estudian esta última lo hacen con la finalidad de brillar como oradores exclusivamente (*de Orat.* 2, 12, 54-55). Idéntica valoración acerca de la rudeza del discurso de los anteriores historiadores puede apreciarse en *Sobre las leyes* (1, 2, 6) y nuevamente se afirma que falta en

599 Iggers 1997: 23-30.

600 Ginzburg 2000 [1999]: 13-56.

601 La argumentación de Ginzburg (2000[1999]: 43-53) se centra especialmente en la utilización por parte de Tucídides de los silogismos abreviados que podían provenir de cuatro lugares diferentes; lo verosímil (*eikos*), el ejemplo (*paradeigma*), el indicio necesario (*tekmerion*) y el indicio (*semeion*) eran considerados el elemento central de la prueba (*Rhet.* 1403a).

602 Estos textos ya fueron analizados con anterioridad al hablar del término *historia* (cfr. capítulo quinto).

603 Sabemos además por Cicerón que, seguramente en la introducción a su obra, hacía alusión al tipo de estilo literario que iba a adoptar a lo largo de su narración (*Orat.* 229-230; *A.R.* frag. 2)

la literatura latina la historia (*Leg.* 1, 2, 5), juicio que se vuelve a repetir en el *Bruto* (64, 228). Es muy posible que todas estas declaraciones estén estrechamente relacionadas con la intención que el propio Cicerón pudo tener de dedicarse a escribir una historia de Roma que superara a todas las anteriores, pues en el mismo *Sobre las leyes* es su amigo Ático quien le conmina públicamente a dedicarse a ello (1, 2, 5)[604]. Incluso si admitimos la alta estima en que Cicerón podía tenerse como posible futuro historiador, no es justificable que todos estos comentarios fueran exclusivamente un modo de hacerse propaganda[605]. Parece evidente que la simpleza de las primeras narraciones era un error según Cicerón que había que subsanar.

Pero ¿por qué era necesario que la historia fuera transmitida en un discurso retórico? Recientemente se ha puesto de manifiesto una consecuencia de todo lo dicho hasta ahora y es que la finalidad que perseguía Cicerón era que la escritura de la historia en Roma se constituyera como género literario[606], afirmación que nos obligaría a reclasificar la primera historiografía como *no literatura.* Lo que si es evidente es que tenía en mente rivalizar con los historiadores griegos a los que pone como modelo a imitar en el diálogo *De Oratore* después de denostar a los propios (de Orat. 2, 12, 54-55). Pero aparte del ansia de igualar a los historiadores helenos en dicho estudio para en palabras de Ático *que tampoco en este género tuviéramos que ceder ante Grecia* (*Leg.* 1, 2, 5), podemos deducir otra importante consecuencia de la propuesta de Cicerón, que podemos ver recogida en la elaborada obra de Salustio o de Tito Livio[607]. Se trata de la repercusión social de la historiografía latina. Ya vimos en un fragmento de *Sobre los fines* (5, 19, 51) que, según Cicerón, la historia interesaba a personas que nada tenían que ver con el gobierno de la ciudad y que, por tanto, ésta no podía tener exclusivamente como finalidad la utilidad para las jóvenes generaciones. Ponía, en concreto, el ejemplo de los artesanos y de los ancianos. Es evidentemente que es en ese contexto de la historia como entretenimiento que describía Cicerón en el que se comprende la necesidad de una narración adornada y elaborada, dirigida directamente a agradar el oído del lector. Pero lo que vamos a defender a continuación es que esta situación era una novedad en el último siglo de la República y que no correspondía con el tipo de lectura de la historia que podía existir en el siglo III o II a.C. Precisamente la defensa de Cicerón de una historia retórica iba encaminada a sacar a la historiografía romana del aislamiento y del desconocimiento en que se hallaba, debido a su escaso público, algo que contrasta claramente con los orígenes de la escritura de la historia en Grecia.

En efecto, sabemos con bastante certeza que en época de Herodoto existían las lecturas públicas y tanto la obra de este historiador como incluso la de Tucídides, a pesar de su determinación de cambiar la orientación de la historiografía hacia una disciplina más especializada, estaba destinada a un público que iba a tener acceso a la narración a través del oído y no de la vista en su mayor parte[608]. Sin embargo, tenemos indicios para considerar que no sucedió lo mismo con la primera historiografía romana, cuya total desaparición es ya una prueba de la escasa utilización que de ella se hizo en la enseñanza retórica de las escuelas romanas y también de la escasa repercusión que tuvo entre el público, al menos una vez que Tito Livio presentó su *Desde la fundación de la ciudad.* En principio porque en la Roma republicana no tenemos constancia de que existieran lecturas o recitaciones públicas como sí sucedió posteriormente durante el Imperio. El dato más relevante que tenemos al respecto

---

[604] También en la correspondencia y en otros tratados de Cicerón encontramos alusiones a estas expectativas que había creado el orador en su amigo (*Brut.* 5, 19 y *Att.* 14, 14, 5). La cuestión de por qué no llego, sin embargo, a escribir historia ha despertado interés en los investigadores sin que pueda, obviamente, resolverse por completo la cuestión: crf. Marchall 1988: 248-261. Se ha especulado incluso sobre sus características (Sinkovich 1974: 175)

[605] Al menos otro romano compartía esta opinión, pues en la obra *Sobre los historiadores latinos* de Cornelio Nepote -posiblemente en la introducción como sostiene Robinson (1940: 525)- se afirma: *debes saber que éste es el único genero literario latino que no sólo no está a nivel griego, sino que con la muerte de Cicerón ha quedado sin pulir y a medio hacer. El fue el único que pudo y debió darle a la historia una voz digna, ya que mejoró la ruda oratoria que había recibido de sus antepasados y dio forma con su discurso a la filosofía latina, inexistente antes de él. Por ello ni sé qué sufrirá más con su desaparición si la República o la historia* (*H.R.R. de illustribus viris* frag. 17)

[606] Feldherr 2003: 202-203. En esta misma línea Gaillard había afirmado ya con anterioridad que el recurso a la retórica significaba una búsqueda de la belleza literaria en el discurso historiográfico (1980: 42-43).

[607] No sabemos la opinión que Cicerón pudo tener de los historiadores contemporáneos, pues más allá de la alabanza que hace en el *Brutus* (75, 262) de los *Commentarii* de César sobre la guerra que llevó a cabo en las Galias, nada encontramos en su obra sobre autores como Claudio Quadrigario o Valerio Anciate. Sobre la adecuación de la teoría historiográfica de Cicerón a la obra de Salustio y Livio ver Rambaud 1953: 117-123)

[608] En la actulidad se han abandonado las optimistas apreciaciones acerca de un elevado número de lectores en la Grecia clásica (cfr. Turner 1952: *passim* y Harvey 1966: 585-635), en favor de la idea de una sociedad analfabeta en su mayor parte e inmersa casi por completo en una cultura oral (Havelock: 2002 pp. 38), de modo que la repercusión social que pudieron tener las *Historias* de Herodoto fue a través de las lecturas públicas (Parke 1946: 80-92; Momigliano 1978: 62-63; Pérez-Martín 2002: 128). Flory (1980: 12-28) argumenta, sin embargo, que las dimensiones de su obra impedía su lectura, dando por supuesto que debían leerse enteras.

es el que nos ofrece Séneca en sus *Controversias* (4, *praef.* 2) donde afirma que *Asinio Polión nunca declamó delante de la multitud, pero no le faltó ambición en este campo: pues fue el primero de los romanos en leer sus escritos ante un grupo de personas convocadas para tal fin.* Gracias, sobre todo, a la información que nos ofrece Plinio el Joven en sus *Epístolas* sabemos con cierto detalle cómo funcionaban estos encuentros en los que el propio autor leía su obra inédita en un Foro, principalmente de amigos y conocedores de la materia, que daban a continuación su opinión sobre el tema[609]. No tenemos testimonio alguno que nos indique que esta práctica deba hacerse remontar a tiempos de la República, aunque el siguiente comentario de Suetonio en su introducción a las biografías de los gramáticos que habían enseñado su disciplina en Roma ha hecho suponer que debía ser una práctica antigua, resultado de la helenización del siglo III a.C.[610].

Suet. *Gramm.* 1, 2 y 2, 3,
Los profesores más antiguos (...) me refiero a Livio y a Enio (...) cuando ellos mismos escribían algo en latín, lo leían en público. Con todo estos fueron imitados hasta tal punto que los poemas pocos conocidos hasta ese momento ya fueran de amigos difuntos o de aquellos cuya obra admiraban, se revisaron con diligencia y se dieron a conocer al los demás mediante la lectura y el comentario como hizo C. Octavio Lampadio con la Guerra Púnica de Nevio, la cual expuesta en un solo volumen y en una redacción continua la dividió en siete libro, o Q. Vargunteio con los Anales de Enio, que recitaba ciertos días ante una gran multitud, o como Lelio Arquelao y Vetio Filocomo con las Sátiras de Lucilio antes sus conocidos, las cuales decían haber leído Pompeyo Leno en casa de Arquelao y Valerio Cato en casa de Filocomo.

Según Suetonio, así pues, estos maestros de origen itálico y especialistas en gramática leían y comentaban las obras de autores latinos. No tenemos por qué dudar, en principio, de la información que nos presenta, posiblemente se base a fuentes anteriores más cercanas a los hechos como las biografías de Cornelio Nepote de las que hablaremos en el próximo apartado. El texto no especifica qué tipo de público asistía a esas lecturas, pero, dado que se trata de profesores de gramática, la interpretación más verosímil es que la lectura y comentario de estos textos se realizara en el contexto de la enseñanza de la gramática latina y que el público fueran los jóvenes romanos de la aristocracia[611]. Por lo tanto, estas *recitationes* no tendrían la misma finalidad que las que conocemos para época del Imperio, y sólo pueden considerarse un precedente indirecto. Así pues no hay por qué suponer que el testimonio de Suetonio contradice la afirmación de Séneca sobre la novedad de Asinio Polión, porque este último no era un maestro de gramática ni de retórica.

De todos modos, puede que con anterioridad a él, ya existiera algún tipo de recitación pública de literatura. Eso podemos advertir en los siguientes testimonios, especialmente en el de Cornelio Nepote en su biografía de Ático, en la cual afirma que en casa de este personaje, amante del conocimiento y del estudio, tenían lugar reuniones en las que se realizaban lecturas en voz alta.

NEP. *Att.* 14, 1.
Durante los banquetes no se escuchaba otra cosa que al lector, lo que nos parece sumamente agradable, y nunca se cenaba en su casa sin que tuviera lugar una lectura para agradar el espíritu de sus invitados tanto como su estómago.

CIC *Att.* 16, 2, 6 y
Te envío el De gloria. Así que guárdalo como sueles hacer, pero he escogido un par de pasajes para que los lea Salvio sólo cuando tenga un buen auditorio en un banquete. A mi me agradan bastante, espero que también a ti.

Esta modalidad de lectura en voz alta se aleja claramente de las anteriores lecciones de gramática de Livio y Enio que tenían lugar en ámbito escolar, y está más cerca de la *recitatio* imperial, aunque en este caso el lector no es el autor de la obra. No obstante, no se puede descartar la posibilidad de que en estos banquetes los escritores no presentaran también públicamente su producción literaria. En estos fragmentos, es, sin embargo, un esclavo especializado e instruido, de los que, sabemos, formaban parte del servicio doméstico en casa de Ático (NEP *Att.* 13, 3), el que realizaba una lectura durante la cena para amenizar a los comensales la reunión, que podía contar también

[609] Dupont 1997: 42-59; Valette-Cagnac 1997: 116-168.

[610] Dalzell considera en este sentido que las lecturas públicas de obras literarias debieron de existir en Roma desde el siglo III a.C. y que tendrían lugar en el Foro y en las termas. Pero se basa exclusivamente en el anterior fragmento de Suetonio (*Gramm.* 2, 4) y en el título de una obra de Varrón *De Lectionibus*, que según Ritschl (1848: 521-524), versaría sobre las recitaciones públicas (1955: 22-28).

[611] En este sentido cabe resaltar que el verbo *praelego* (leer) que utiliza Suetonio cuando habla de Livio y de Enio es precisamente el que designa la lectura y explicación de un texto por parte de un profesor a los alumnos. Sobre la *prelectio* en la enseñanza nos informan Quintiliano (*Inst.* 1, 2 ,15; 2,5, 4) y Aulo Gelio (*N.A.* 18, 5).

con otros entretenimientos como la música[612]. Uno de esto lectores de Ático era el esclavo que cita Cicerón –fragmento segundo-, llamado Salvio, y del cual sabemos también que realizaba labores de bibliotecario con los manuscritos que éste enviaba a su amigo (CIC *Att.* 13, 44). Vemos, por tanto, en esta ocasión un caso concreto de lectura, en esta ocasión filosófica, que pudo tener lugar en los banquetes de Ático. Por lo tanto, desde fines de la República sí que existía un modo de divulgación de la literatura a través de los círculos de amigos y conocidos, aunque muy posiblemente se trataba de una costumbre seguida exclusivamente por aquellos romanos más interesados por la literatura y el conocimiento como lo era Ático y en ningún caso tenía la repercusión y la magnitud que supone la *recitatio* en el Imperio, momento en el que se convirtieron en una institución cultural permanente de máxima relevancia [613]. En este sentido, puede que la interpretación más acertada acerca de la innovación de Asinio, cónsul en el año 40 a.C.[614] sea la que ofrece Quinn, quien considera que la expresión *convocados los hombres* (*advocatis hominibus*) significa que este autor organizó por vez primera lecturas con carácter público –más allá, por tanto, de los banquetes entre amigos- a las que podía asistir todo aquel que estuviese interesado en el tema y que posiblemente se celebraban en un lugar de acceso público también como eran las bibliotecas[615].

¿Se leían en algunos de estos diferentes tipos de reunión literaria obras de historia romana? Suetonio nos dice que las lecturas y comentarios de los gramáticos se hacían sobre obras en verso ya fueran los *Anales* de Enio o el *Bellum Punicum* de Nevio, escritas por autores extranjeros, u otro tipo de poemas como las *Sátiras* de Lucilio (*Gramm.* 2, 3). Se leían, por tanto, las dos obras de épica histórica que tuvo Roma hasta época de Augusto. Las preguntas retóricas de Cicerón en el pasaje del tratado *Sobre los fines* (5, 19, 51) que ya analizamos tampoco nos dan mayor información: *¿por qué hombres de ínfima condición, que no tienen esperanza alguna en tomar parte en los asuntos públicos e incluso los artesanos, se deleitan con la historia? Y, sobre todo, podemos ver que desean oír o leer relatos históricos personas que por su ancianidad, no tienen esperanza de ejercer la política.* El interés de los artesanos por la historia no implica que se debiera a su dedicación a la lectura. Resulta más sencillo entender que el término *historia* hace referencia aquí a su sentido general de "conocimiento sobre el pasado" y que, por tanto, Cicerón quería expresar así la atención que el pueblo ponía en los relatos del pasado, transmitidos oralmente[616]. En la segunda oración los protagonistas son los ancianos (entendemos aquellos nobles que han cumplido ya con sus obligaciones en el gobierno), los cuales desean leer historia o bien escucharla. Nada se nos dice sobre el contexto de la primera actividad. Podemos entender que *audire* está haciendo referencia a las *recitationes* que tenían lugar durante los banquetes como los que ofrecía Ático –cabría preguntarse si se leían historias latinas o griegas– aunque posiblemente Cicerón no está pensando en ningún lugar en específico y la oración signifique únicamente que los mayores estaban dispuestos a escuchar relatos de acontecimientos pasados. En cualquier caso, con esta referencia no podemos hacer ninguna afirmación segura acerca de la difusión de las narraciones escritas en época republicana [617]. Por lo tanto, la única posibilidad verosímil que tenemos de lecturas de historia es la que apunta a los banquetes entre amigos[618], de modo que para hablar de recitaciones de historia romana con mayor repercusión la fecha más probable es la segunda mitad del siglo I a.C., cuando Polión comenzó sus lecturas públicas y posiblemente entre ellas incluyera sus *Historias,* en las que seguía de cerca el estilo de Salustio, como nos comenta Suetonio (*Gramm.* 10, 1), y que narraban los acontecimientos sucedidos en Roma desde el años 60 a.C.[619]

Posiblemente con anterioridad a fines de la República las obras de los historiadores no fueron objeto de lectura pública, sino exclusivamente privada. Así pues, sólo se podría tener acceso a estas obras a través de las escasas bibliotecas privadas que existían en la Roma republicana, iniciadas a partir de colecciones de libros traídas de Grecia por personajes como Paulo Emilio, Sila o Lúculo [620] y mediante la copia de manuscritos con el permiso del propietario o

---

612 Balsdon 1969: 44-45; Rawson 1985a: 51. Sobre el papel del esclavo en la elaboración de las obras literarias en la Antigüedad ver Pelling 1979: 91-94).

613 Pennacini 1989: 256-257; Gallardo 2002: 53.

614 Broughton 1986b: 378.

615 Quinn 1982: 159.

616 Sobre el sentido del término *historia* ya hablamos en el capítulo quinto.

617 Wiseman (1981: 383-384) considera, sin embargo, que este testimonio de Cicerón, por ser tangencial, es la prueba definitiva de la popularidad de la historia en todos los estratos de la sociedad romana. Su medio de transmisión serían las recitaciones públicas en el Foro, las termas y el teatro que menciona Horacio (*Sat.* 1, 4. 73 y *Epist.* 1, 19, 41). Pero evidentemente este poeta hace referencia a su propia época y no tenemos por qué suponer que la situación fuera la misma para la República.

618 Laurand (1911: 11).

619 Zecchini 1982: 1281-1286. Quinn (1982: 159) considera que una de las *Odas* de Horacio (2, 1) podría hacer referencia a la lectura de su narración de la guerra civil.

620 Canfora 1988: 6-7; Fedeli 1989: 31-64. Sobre la biblioteca de Lúculo y su utilización por parte de Cicerón han trabajado Marchall (1976: 256-259) y más recientemente Keith (2000: 441-464).

propietarios que normalmente eran exclusivamente los amigos y descendientes de aquellos que habían escrito la obra[621]. De este modo, las historias de Roma tenían una escasa distribución y la lectura de estas obras era más bien trabajo de erudito, en parte porque no existía Foro alguno en el que se pudiera llevar a cabo –ya vimos que los maestros de gramática en la escuela preferían la épica-, pero además porque precisamente el tipo de narración histórica escueta y desprovista de todo adorno retórico de la que se quejaba Cicerón no estaba indicada para amenizar el banquete a los comensales ni para entretener al público. Por eso afirmaba Tito Livio (*Praef.* 2, 3) que aquellos que se dedicaban a escribir la historia remota y no contemporánea lo hacían para superar la antigua aridez del discurso mediante la retórica y Quinto reconocía su preferencia por la narración del pasado lejano como historiador porque estaba escrita de tal modo que no se podía leer (*Leg.* 1, 3, 8), es decir, que no se leía fácilmente y por lo tanto, con más dificultad podría escucharse.

De este modo, es difícil que la historia romana alcanzara gran público. Por su propia dificultad tendría un número reducido de lectores y muy probablemente recibiera menos interés que la historia griega. Podemos deducir esto de una afirmación de Cicerón en el *Bruto* (29, 112), donde se queja precisamente de que *existen los discursos y los tres libros biográficos, muy útiles, de Marco Escauro, dedicados a L. Fuficio, que nadie lee y sin embargo, leen la vida y formación de Ciro, una obra excelente, pero ni tan apropiada a nuestras circunstancias ni preferible al panegírico de Escauro.* De modo que los romanos contemporáneos de Cicerón preferían leer la *Ciropedia* de Jenofonte a las biografías de otros romanos[622]. No se especifica por qué esta preferencia, pero no es muy difícil imaginar que posiblemente se debiera, en parte, a que los libros de Escauro no resultaban tan amenos ni entretenidos de leer, a pesar de ser potencialmente más interesantes para los romanos por la cercanía del tema, como la vida del rey persa Ciro, que había inmortalizado Jenofonte.

Tanto en esta queja del orador por la falta de lectura de la literatura propia como en su empeño por conseguir que la historiografía romana fuera escrita por aquellos conocedores de la retórica, en otras palabras, por buenos escritores que dominaran el latín, creemos que se esconde el deseo de dar a conocer y sacar del anonimato la historia en esta lengua, que había pasado desapercibida con respecto a la griega a pesar de tener ya más de dos siglos de vida[623]. Y para ello, aunque desde nuestro punto de vista pueda parecer extraño, era más importante posiblemente tener en cuenta y elaborar con esmero la forma de la obra que el contenido, porque, en definitiva, su divulgación dependía exclusivamente de su calidad como obra literaria. No hay que olvidar, en este sentido, que los libros eran apreciados sobre todo a través del oído y no tanto de la vista porque la lectura en voz alta a cargo de un esclavo era más usual que la lectura en silencio en el mundo antiguo[624]. De esta forma, era imprescindible elevar el rango de la escritura de la historia en Roma con el fin de que fuera objeto de interés para más personas y no quedara así encerrada en viejos volúmenes. En la introducción a la *Conjura de Catilina*, Salustio hacía un comentario muy elocuente a este respeto, demostrando estar en sintonía con la opinión de Cicerón.

Cat. 8, 2-5.
Las hazañas de los atenienses fueron, a mi parecer, grandes y magníficas, pero no tanto como pregona la fama. Mas habiendo surgido en aquella tierra historiadores de altas dotes, los hechos de ese pueblo son celebrados como los más grandes por todo el orbe de la tierra. Así el valor de los que realizaron las cosas es estimado diversamente según pudieron ensalzarlo en sus discursos ingenios más o menos ilustres. En cambio, el pueblo romano nunca abundó en esta clase de hombres, porque los más discretos (prudentissimus) *eran al mismo tiempo los más activos* (negotiosus)*; nadie ejercía la actividad del espíritu con exclusión de la del cuerpo, y los varones mejor dotados preferían los hechos a las palabras, y antes querían ver sus*

[621] Al menos así fue durante la República como ha demostrado Starr (1987: 213-223), quien ha analizado la circulación de los libros en este período y Murphy (1998: 495-505) que ha centrado su análisis a la obra filosófica de Cicerón. Sobre la fundación de las bibliotecas imperiales con obras griegas y latinas como reflejo de la creación de una patrimonio cultural romano ver Moatti 2003a: 81-98. Sobre la relación de las bibliotecas con los archivos ver Moatti 2003b: 29-43.

[622] Como, por ejemplo, los *Commentarii* de Sila en los que justificaba sus decisiones políticas durante su gobierno (Scholz 2003: 172-195) o los de César que, en gran parte, eran autobiográficos (cfr. Bérard 1993: 85-95). El fenómeno de la biografía, como el resto de la literatura republicana, tenía precedentes en Grecia (cfr. Momigliano 1969: 77-94, 1971: *passim* y Ampolo 1990: 213-224). Para un compendio bibliográfico ver Jacob 1985: 261-265.

[623] Sobre el desconocimiento que tenían los griegos de la historia romana ya hablamos en el último apartado del capítulo cuarto.

[624] Este ha sido la intepretación defendida desde los primeros estudios sobre el tema (Hendrickson 1929: 192-196; McCartney 1948: 184-187; Di Capua 1953: 59-99; Starr 1991: 337-343). Recientemente otros trabajos han puesto de manifiesto la existencia también de la lectura en silencio en el mundo antiguo (cfr. Johnson 2000: 594-600). Valette-Cagnac, por su parte, sostiene, sin embargo, que en Roma la lectura siempre implicaba sonido, ya fuera más o menos audible y que el criterio de diferenciación de los distintos tipos de lectura estaba más bien en relación con el destinatario (1997: 29-71).

hazañas celebradas por otros que referir ellos las de los demás. (trad. Díaz y Díaz)

En este párrafo, Salustio trata, en primer lugar, de justificar su propia dedicación a la historia y da explicación, igualmente, al hecho de que con anterioridad los romanos no se hayan dedicado a esta disciplina: eran hombres activos y no reflexivos, podríamos decir. Su argumentación no está lejos de la que ofrecía Cicerón al lamentarse de que aquellos que se han dedicado a la retórica lo hacían con la finalidad de sobresalir en el Foro y en los tribunales (eran, así pues, *negotiosi* como dice Salustio) y no de emplearla en la escritura (*nemo enim studet eloquentiae nostrorum hominum, nisi ut in causis atque in Foro eluceat*) (*de Orat.* 2, 13, 55). No sabemos si los escritores anteriores hicieron algún tipo de reflexión al respecto. Catón en sus *Orígenes* había destacado, como ya vimos, la diferencia entre la forma de honrar a los héroes en Grecia y en Roma a partir del relato sobre el tribuno Q. Sedicio en la Segunda Guerra Púnica, cuya actuación había sido ejemplar pero había recibido una limitada alabanza, mientras que el griego Leónidas con igual mérito era conmemorado por retratos, estatuas, elogios, historias y otras cosas (4, frag. 7a)[625]. En este caso, la propia escritura de Catón estaba recuperando la memoria del tribuno para ponerla al nivel de la del general espartano, de modo que podemos deducir de este comentario que el Censor reclamaba así, en parte, la necesidad de dejar por escrito el pasado de la ciudad de Roma para que en el futuro reciba la gloria que se merece y que aún no tenía. Otra cita significativa es la que encontramos en la *Vida de Probo* de la *Historia Augusta* (Prob. 1, 1) en la que se afirma que *es cierto lo que los historiadores Salustio Crispo, Marco Catón y Gelio dejaron por escrito que todas las virtudes de los hombres son tan grandes como quisieron que parecieran los ingenios de aquellos que narraron sus hazañas.* La referencia a Salustio hace alusión muy posiblemente al anterior paraje de la *Conjura de Catilina* que hemos visto (8, 4) y la de Catón puede muy bien relacionarse con la historia del tribuno militar. No existe acuerdo, sin embargo, sobre la identidad del historiador Gelio[626]. En cualquier caso, se observa en este comentario, como en los anteriores, que los romanos tenían la conciencia de que está en manos de aquel que escribe el poder de ensalzar o denigrar a aquellos personajes de los que habla. El historiador es responsable, en última instancia, de la fama de que gozarán estos en el futuro.

Este tipo de comentarios sobre la escritura de la historia demuestran que a partir de fines del siglo III a.C. y como consecuencia muy probablemente del comienzo de la historiografía, los escritores especialmente comenzaron a reflexionar sobre el propio mecanismo del recuerdo a través de la palabra escrita y sobre la memoria que ellos mismos estaban creando gracias a la escritura. Pero es a fines de la República cuando con claridad se observa que, después de más de cien años de historiografía romana, los historiadores se dan cuenta de que la escritura no era suficiente para hacer perdurar la memoria de un pueblo, si la primera no estaba dotada de la excelencia necesaria para que fuera recordada eternamente. Fueron conscientes así de que la memoria escrita no dependía exclusivamente de la grandeza de los hechos sino de la capacidad del historiador para elaborar un relato que destacara por su belleza. Esta era la condición necesaria para que la obra fuera leída generación tras generación, como sucedía con las historias griegas, y no cayera en el olvido, porque en definitiva la palabra escrita lejos de conservar la memoria no hace sino enterrarla y anularla[627]. Solo la reactivación de esa memoria a través de la lectura y el comentario pueden hacerla perdurable y era esto precisamente lo que se estaba reclamando en la historia romana a fines de la República.

625 Ya vimos este pasaje con anterioridad al hablar de la historia ejemplar en Roma en el segundo apartado de este capítulo.

626 Peter atribuyó la cita a Aulo Gelio (1967: ccviii), quien había transmitido el pasaje de Catón sobre el tribuno Q. Secidio (*N. A.* 3, 7, 19). Chassignet, sin embargo, considera que se trata del historiador Gneo Gelio (*A.R.* frag . 1) y también Beck/Walter 2001 (*F.R.H.* frag. 1)

627 Assmann 1997: 62-63.

VI. EPÍLOGO

A lo largo de estos seis capítulos hemos intentado reconsiderar desde otra perspectiva teórica y metodológica el fenómeno de la historiografía romana de la República, para lo cual hemos tratado de plantear nuevas cuestiones a los textos y obras historiográficas latinas y griegas que ya han sido objeto de estudio en innumerables ocasiones. Después de este recorrido la primera constatación que nos parece evidente es que para comprender el fenómeno de la escritura de la historia en este período es imprescindible tener en cuenta la memoria oral preexistente y paralela, de la cual tenemos pocos testimonios por su propio carácter, pero los que nos han llegado son de inapreciable valor. La primera historiografía que comienza con Fabio Píctor y Cincio Alimento después de una de las peores guerras a las que se había enfrentado Roma, tiene un sentido y significado cultural ante todo en contraposición con la memoria oral de la ciudad que en ese mismo momento está funcionando y de la que los propios historiadores eran partícipes. De este modo, además de poder estudiar estas obras desde la perspectiva de una historia universal de la literatura como se ha hecho tradicionalmente, hemos podido comprobar que es posible también encontrar otros significados para este fenómeno, inmersos en la propia cultura romana.

En primer lugar, hemos podido determinar que las historias de estos autores fueron los primeros textos en Roma que tenían como única finalidad *narrar el pasado*, porque su objeto de estudio eran los acontecimientos que podían relacionarse con la ciudad de Roma y porque estos se entendían como un relato unitario desde unos remotos orígenes hasta la actualidad. En este sentido, se encontraban claramente alejados de los Anales Máximos por su forma y contenido. Los registros de los pontífices no pretendían dar una imagen del pasado sino actuar en el presente, pues se trataba de una escritura ritual vinculada a esa unión existente entre la voluntad de los dioses y el destino de la ciudad que era la esencia de la religión romana. De este modo, eran el resultado de las preocupaciones de la sociedad romana por su supervivencia. El uso del alfabeto pone de manifiesto claramente la pretensión de mantener un testimonio duradero de esa relación de Roma con sus dioses y en ese sentido se pude afirmar que tenían como intención guardar esa memoria. No obstante, su conservación y acumulación bajo la custodia de los pontífices máximos no transmitía otra idea que la de la continuidad de la ciudad, gracias al favor de los dioses. En ningún caso pueden entenderse como archivos históricos, fundados y mantenidos con esta finalidad, cuando no existía ni siquiera una narración histórica en Roma.

Así pues, las historias de Fabio y Cincio son los primeros documentos escritos que tienen por finalidad narrar los sucesos de Roma. Esta decisión de escribir historia supuso algunos cambios en la concepción que existía hasta ese momento del pasado. Entre ellos cabe destacar especialmente la inclusión de la figura de Eneas que, si bien podía ser conocida por los romanos con anterioridad no formaba parte de la memoria cultural de la ciudad y, por tanto, no era sentida como un antepasado. Fueron los historiadores los que *descubrieron* a Eneas y reelaboraron una narración sobre los orígenes en la que el punto de partida estaba en la caída de Troya. Los investigadores se refieren a este hecho normalmente como a una adaptación de un relato ya existente, sin embargo, nosotros pensamos que tiene mucha más importancia y trascendencia que eso, pues estos historiadores, por primera vez en la historia de la ciudad, reflexionaron sobre sus orígenes y el resultado de este trabajo intelectual quedó reflejado en sus libros. De este modo, los romanos no adaptaron simplemente a Eneas como resultado de una mera imitación cultural sino que lo descubrieron y lo reconocieron como antepasado, una actividad intelectual que les obligó a replantearse su propia identidad en el presente. La importancia de este hecho podemos valorarla en la insistencia con que todos los historiadores narraron el relato de los orígenes uno tras otro a lo largo de todo el siglo II a.C., algo que contrasta claramente con las historias griegas, preocupadas de forma más exclusiva por el presente. En este sentido creemos que si se puede encontrar alguna razón de ser en el inicio de la historiografía en Roma, está deber estar más vinculada con la reflexión sobre los orígenes y la necesidad de establecer un relato alternativo al de la memoria oral, que con la propaganda política que la ciudad podía necesitar ante el resto de pueblos del Mediterráneo occidental.

Pero además con el inicio de la escritura de la historia se pueden detectar otros cambios en la percepción del pasado como el interés por la cronología y en especial por la fecha de fundación de la ciudad, que permitía saber exactamente la antigüedad de Roma con relación a otros pueblos como el griego, o la reafirmación de la identidad romana a través de un relato común cuya protagonista era la ciudad. Normalmente se pone de relieve que la historiografía romana era claramente gentilicia, debido a que sus autores pertenecían a la aristocracia senatorial y su discurso trataba de favorecer a una familia u otra. En realidad esto no es más que una hipótesis, pues de los fragmentos que nos han llegado de los historiadores no se puede deducir nada. No obstante, y admitiendo que cada historiador pudo destacar las hazañas de una familia frente a las de otras, ya se tratara de la suya o no, es mucho más significativo el hecho de que sus historias fueran una narración del *pasado de Roma*, es decir, de toda la ciudad y de sus habitantes. Por eso podía afirmar Polibio que Fabio Píctor no había mentido sobre lo sucedido en la Segunda Guerra Púnica pero había actuado como un enamorado pensando que lo que habían hecho los romanos era lo más justo y adecuado siempre. Por lo tanto, desde fines del siglo II a.C. la escritura de la historia reforzaba la idea de un pasado común de todos los romanos, frente a la memoria oral y gentilicia en la que las únicas que tenían un pasado reciente que debía ser celebrado eran las familias nobles.

Del mismo modo que la historiografía romana marca un punto de ruptura de máxima importancia en la memoria de los romanos también se pueden advertir en ella continuidades que demuestran hasta qué punto estas primeras historias estaban influenciadas en su contenido y estructura por el recuerdo oral que existía en la ciudad. Dos elementos destacables hemos puesto de relieve en este sentido: la explicación etiológica y la falta de coherencia cronológica de los relatos. La primera tenía como finalidad comprender una realidad presente a través de un hecho pasado y la segunda era una característica del recuerdo oral en el que no existía una narración completa y continuada de los hechos, sino recuerdos aislados que no tenían por qué estar coordinados entre sí.

A pesar de la importancia que, sin duda, tuvo la aparición de la escritura en Roma, su existencia no desactivó la memoria oral de la ciudad, si no que más bien estableció un discurso paralelo y, en cierta medida, alternativo. Pero los historiadores no tenían la conciencia de estar haciendo otra cosa que colaborar a esa memoria de Roma, su labor no era considerada una reinterpretación del pasado como realmente lo era. En este sentido, el término *historia* está vinculado en Roma principalmente a la escritura y hace referencia así al relato escrito. Sólo de forma minoritaria el concepto comenzó a ser sinónimo de "acontecimientos pasados". Es entonces, a fines de la República, cuando Roma dejó de entender el pasado en términos de *memoria* a concebirlo como *historia*, es decir, que lo sucedido no era ya únicamente el recuerdo de los hechos que había quedado en la memoria de los hombres, algo fragmentario y de carácter secundario, sino que se había convertido en una entidad en sí misma. En este proceso el factor determinante fue, sin duda, la escritura que transformó un recuerdo desconectado y concreto en una narración continuada y "lógica" en el sentido de orientada de unos orígenes al presente.

En la última parte de este trabajo hemos intentado comprender la evolución de la historiografía romana sin recurrir para ello a su distribución en subgéneros literarios, ni a la constante influencia de los historiadores griegos, como viene siendo costumbre. En este sentido cabe estacar que a lo largo de los últimos dos siglos republicanos, la escritura de la historia se fue haciendo cada vez más compleja. No obstante, según vimos, no es posible hablar de dos tipos de historia distinta en la Roma republicana a partir de los términos *annales* e *historia*, pues en definitiva son dos palabras de origen distinto, el primero latino y el segundo griego, que venían a denominar la misma realidad: una narración sobre el pasado. El primero nos pone claramente sobre aviso acerca de la importancia que tenía la estructura anual en el discurso historiográfico, pero eso no significa que estas mismas narraciones no pudieran recibir el título de historia a un mismo tiempo. La ordenación de la narración a través de los consulados no estaba destinada a ofrecer una orientación cronológica, algo imposible si no se contabiliza el tiempo desde un punto fijo. Su significado, por el contrario, estaba más vinculado a la creación de una imagen de estabilidad política e institucional en Roma, en cierta medida cercana al carácter de los Anales Máximos.

Finalmente, hemos abordado otros dos aspectos relacionados con la escritura: por un lado, el surgimiento de la contraposición *historia* y *fabula* y, por otro, la conversión de la historia en lectura de entrenamiento. El primer fenómeno es de suma importancia porque marca otra diferencia relevante entre el origen de la historia en Grecia y en Roma.

Mientras que en el primer caso uno de los elementos clave en el que hacían hincapié los autores era su voluntad de distinguir el *mythos* del *logos*, en el caso de los historiadores republicanos los relatos comenzaban de forma invariable con el viaje de Eneas a Italia. De este modo, lejos de acortar o resumir la narración de los inicios por su falta de credibilidad como había hecho Tucídides, estos autores ampliaron dicho relato, retrocedieron en el tiempo para buscar los orígenes de Roma más allá de la fundación de la ciudad. En este sentido resulta difícil pensar que existía a fines del siglo II a.C. una reflexión seria sobre la conveniencia de distinguir la historia de la fábula. En realidad fue en el siglo I a.C., después de una centuria y media de historiografía, cuando surgió la conciencia de que el pasado más remoto estaba envuelto en las sombras de lo inverosímil, lo que llevó al casi abandono de la cuestión de los orígenes en las obras de historia.

Al mismo tiempo la historiografía comenzó a salir del pequeño círculo de dispersión en el que se encontraba. La necesidad de alcanzar a un mayor público era posiblemente la consecuencia más interesante de la propuesta que Cicerón hace de una historia retórica, algo inexistente hasta ese momento. El relato histórico se había caracterizado por la estructura consular, simple y repetitiva, y por un discurso enunciativo, bastante sintético a la vez que árido, que se centraba especialmente en las guerras exteriores. Era todo lo necesario para una minoría de nobles, lectores potenciales, aunque posiblemente solo una parte de ellos reales, que podía interesarse por las hazañas de Roma con la finalidad de imitarlas, si no superarlas, en primera persona. La escasa repercusión de esta historiografía con respecto a su homónima griega es evidente en las críticas de Cicerón y está directamente relacionada con la propuesta de Sempronio Aselión de crear un discurso histórico más comprensible, que atendiera a causas y consecuencias, lo que, en última instancia, redundaría en un discurso más legible y más entretenido. De este modo, a fines de la República la narración histórica se hace más compleja y deja de ser simplemente el recuerdo de los hechos pasados, para pasar a ser un instrumento de reflexión y de interpretación de la historia, a pesar de que sus autores, como ya hemos dicho, estén preocupados, en primer lugar, por conservar la memoria de los acontecimientos. Esta aparente contradicción no es, en modo alguno, incomprensible, como tampoco lo es el hecho de que exista una historiografía desde fines del siglo III a.C., pero que sólo se tome en consideración la figura del historiador en la última centuria. En definitiva ambas cuestiones son consecuencia del modo particular en que los romanos se enfrentaron a su pasado y al resto de elaborar una historia escrita.

Todo lo dicho hasta ahora demuestra claramente que la memoria oral en Roma y el comienzo y evolución de la escritura de la historia en esta ciudad tuvieron un camino propio frente a la experiencia griega, y que es posible, y por supuesto necesario, intentar recuperarlo. En definitiva, si no somos conscientes de la especificidad de la cultura romana en la Antigüedad, ésta seguirá entre tinieblas como un vago reflejo de Grecia. Y esto no significa negar la influencia del mundo helenístico cuando ésta pueda constarse de forma fehaciente, sino simplemente reconocer que este influyo no agota ni mucho menos el significado de lo que Roma fue, ni en el ámbito de la historia ni en el de cualquier otro aspecto del mundo intelectual romano, que en términos generales debería ser revisado en su integridad.

VII. APÉNDICE. TÍTULOS DE LAS OBRAS HISTÓRICAS REPUBLICANAS

Esta tabla está elaborada a partir de los *corpora* que recogen los fragmentos de los historiadores republicanos (especialmente *H.R.R.* y *A.R.*) y recoge también las menciones de estas obras que aparecen en la literatura republicana.

Fabio Píctor
- *Annales* 4: CIC *Div.* 1, 43; PLIN *Nat.* 10, 71; 14, 89; GEL 5, 4, 1.
- *Res Gestae* 1: NON p.834L.

Cincio Alimento
- *Historia* 1: Fulg. *serm. ant.* 8, p.114.

Catón
- *Origines* 93: CIC *Planc.* 66; Serv. *Ad Verg. Aen.* 1, 5; 1, 6; 1, 269; 1, 421; 3, 637; 4, 620; 9, 600; 11, 715; 5, 755; 5, 564; 10, 179; 10, 184; 11, 316; 11, 700; *O.G.R.* 15, 5; Serv. *Ad Verg. Georg.* 2, 159; 1, 75; Schol. Veron. *Ad Verg. Aen.* 7, 681; GELL. 3, 7, 1; Macr. *Sat.* 1, 4, 26; 1, 14, 5; 3, 5, 10; FEST. p. 128 L; p. 132L; p.160L; p. 196L; p. 198L; p. 268 L; p. 320 L; p. 400 L; Don. Ter. *Ph.* 611; Prisc. *G.L.* 4, p. 129L; 5, p.152 H; 6, 254 H; 6, p. 266L; 7, p. 293 H; 7, p. 337L; 8, p. 283 H; 9, p. 475 H; 9, p.487H; 10, p. 510 H; 10, p.537H; Prisc. *Partitiones* 12 *Vers. Aen.* 132, p. 490K; NON p.94L; p. 89L; p. 124 L; p. 276 L; p. 142 L; p. 221 L; p. 223L; p. 306L; p. 339 L; p. 576 L; GELL 1, 16, 4; 2, 19, 9; 2, 18, 4; 2, 22, 28; 5, 21, 15; 6, 3, 1;10, 1, 10; 11, 3, 2; 11, 1, 6; 13, 25, 13; 13, 25, 15; 15, 13, 5; 18, 12, 1; 17, 13 ,1; 20, 5, 13; AP.*De mund.* 321; Charis. 1, p. 91b; 1, p. 92 B; 1, p.105b; 1, p. 113 B; 1, p. 115B; 1, p. 119 B; 1, p. 128 B; 1, p. 158B; 1, p. 167 B; 1, p. 171 B; 2, p.263b; VARR. *R.R.* 1, 2, 7; 2, 3, 3; BEDA *De orth.* 7, p. 285 K; CIC *Brut.* 17, 65; 19, 75; 23, 89; *Tusc.* 1, 2; 4, 2, 3; *Sen.* 11, 38; 20, 75; *de Orat.* 1, 53, 227; *Cato.* 75.
- *Annales* 2: PLIN *Nat.* 8, 11; Liv. *Per.* 49.
- *Historiae* 1: NEP. *Cat.* 3, 3.

Postumio Albino
- *De adventu Aeneae* 2: Serv. *Aen.* 9, 707; *O.G.R.* 15, 1.
- *Annales* 1: Macr. 3, 20, 5.
- *Historia* 1: GEL. 11, 8, 2;

Acilio
- *Annales* 1: Liv. 25, 39, 11.
- *Historia* 1: CIC *Off.* 3, 32, 115.

Casio Hemina
- *Annales* 14: GEL. 17, 21, 3; NON p. 87L; p. 93L; p. 144L; p. 193L; p. 217L, p. 775L; Serv. *Aen.* 1, 56; Pric. *G.L.* 7, p. 249L; 7, p. 347H; 9, p. 482H; 10, p. 537H; 12, p. 587H; PLIN *Nat.* 13, 84.
- *Historiae* 7: NON p. 269L; p. 302L; p. 408L; p. 510L; p. 828L; Diomed. 1, p. 384K; Macr. 1, 16, 21.

Fabio Máximo Serviliano
- *Annales* 1: Serv. *Aen.* 1, 3.
- *Historiae* 1: Schol. Veron. *Ad Verg. Georg*, 3, 7.

Calpurnio Pisón Frugi
- *Annales* 12: VAR *Res. Div.* ap. LACT. *Inst. Div.* 1, 6, 9; *L.* 5, 148; 5, 165; GEL 7, 9, 1; 11, 14, 1; 15, 29, 1; PLIN *Nat.* 2, 140; 28, 14; Prisc. *G.L.* 10, p.510 H; Liv. 10, 9, 12; Censor. *de die nat.* 17, 13; CIC *Fam.* 9, 22, 2; *Brut.* 27, 106
- Ἐνιαύσιαι Ἀναγραφαί (*Annales*) 2: Dion. *A.R.* 4, 15, 5; 12, 9, 1.
- Ἐνιαύσιαι Πραγματεῖαι (*Annales*) 1: Dion. *A.R.* 4, 7, 1.
- *Commentarii*: PLIN. *Nat.* 13, 84.
- *Historiae* 1: Prisc *G.L.* 10, p. 497H.

Sempronio Tuditano
- *Ningún título.*

Gaio Fanio
- *Annales* 5: Prisc. G.L. 13, 2, p. 8H; Char. 1, p. 158B; Schol. Veron. *Aen.* 3, 707; CIC *Brut.* 21, 81; *de Orat.* 2, 67, 270.
- *Historia* 2: CIC *Att.* 12, 5b; *Brut.* 26, 101.

Venonio
- *Historia* 2: CIC *Att.* 12, 3, 1; *Att.* 12, 3, 1.

Celio Antípatro

- *Bellum Punicum* 1: CIC *Orat.* 229.
- *Annales* 10: ASC *Pis.* 3, p. 2; NON p. 431L; p. 259L; p. 98L; p. 302L; p. 137L; p. 231L; p. 42L; p. 126L; p. 818L.
- *Historia* 1: GEL. 17, 9, 15.
- *Historiae* 11: Char. 1, p. 131B; 1, p. 161B; 2, p. 264B 2, p. 264B; 2, p. 281B; Prisc. *G.L.* 3, p. 98H; GEL 10, 24, 6; Macr. 1, 4, 26; Schol. Leidens. *Ad Verg Georg.* 2, 197; Serv. *Aen.* 4, 390; FEST. p. 192L.

Gneo Gelio

- *Annales* 4: GEL 13, 32, 13; 18, 12, 1; Macr. 1, 16, 21; Serv. *Aen.* 4, 390.

Sempronio Aselión

- *Historia* 1: GEL 13, 3, 6.
- *Historiae* 6: NON. P. 285L; p. 771L; Prisc. *G.L.* 5, p. 182H; Schol. Bern. *Ad Verg. Georg.* 3, 474; Char. 2, p. 284B; Serv. *Aen.* 12, 121.
- *Res Gestae* 3: GEL 2, 13, 1; 4, 9, 12; 13, 22, 8.
- *Res Romanae* 1: Char. 2, p. 254B.

Claudia Cuadrigario

- *Annales* 67: GEL. 17, 2, 12; 7, 2, 19; 17, 2, 10; 17, 2, 24; 17, 2, 26; 17, 2, 17; 17, 2, 14; 17, 2, 13; 17, 2, 16; 9, 13, 4; 9, 11, 1; 17, 2, 4; 6, 11, 7; 2, 19, 7; 17, 2, 18; 17, 2, 21; 1, 25, 6; 17, 2, 3; 17, 2, 5; 17, 2, 9; 17, 2, 11; 17, 2, 15; 17, 2, 22; 17, 2, 23; 17, 2, 25; 9, 14, 3; 3, 7, 31; 1, 7, 9; 1, 16, 1; 5, 17, 5; 2, 2, 13; 17, 13, 6; 17, 13, 5; 13, 29, 1; 1, 7, 9; 20, 6, 11; 9, 1, 1; 10, 13, 4; 10, 13, 4; NON p. 480L; p. 508L; p. 154L; p. 359L; p. 514L; p. 517L; p. 97L; p. 508L; p. 516L; p. 76L; p. 418L; p. 472L; p. 475L; p. 267L; p. 511L; p. 478L; p. 122L; p. 510L; p. 29L; p. 90L; p. 212L; Prisc. *G.L.* 8, p. 393H; 10, p. 541H; 7, p. 347H; Serv. *Aen.* 1, 108; Macr. 1, 4, 18; Diomed. 1, p. 383K. Sen. *Ben.* 3, 23, 2;
- *Historiae* 2: Prisc. *G.L.* 6 p. 238H; Diomed. 1, p. 383K.

Valerio Antiate

- *Annales* 2: Prisc. *G.L.* 7, p. 347H; GEL 6, 9, 9.
- *Historia* 1: GEL 7, 7, 1
- *Historiae* 2: GEL. 6, 9, 12; 6, 9, 17.

Lucio Cornelio Sila

- *Res Gestae* 2: GEL. 1, 12, 16; 20, 3, 3.
- *Historia* 1: CIC *Div.* 1, 33, 72.
- Ὑπομνήματα 6: Plut. *Sull.* 6; 35; 14; 14; 17; 23.

Cornelio Sisena

- *Historia* 7: NON p. 361L; p. 58L; p. 73L; p. 92L; p. 91L; p. 91L; GEL 12, 15, 1.
- *Historiae* 99: NON p. 57L; p. 480L; p. 125L; p. 538L, p. 348L; p. 58L; p. 236L; p. 70L; p, 484L; p. 141L; p. 553L; p. 556L; p. 555L; p. 367L; p. 448L; p. 144L; p. 161L; p. 491L; 363L; p. 516L; p. 556L; p. 502L; p. 144L; p. 162L; p. 57L; p. 135L; p. 101L; p. 80L; p. 492L; p. 543L; p. 535L; 552L; p. 553L; p. 502L; p. 130L; p. 258L; p. 361L; p. 126L; p. 188L; p. 82L; p. 230L; p. 527L; p. 58L; p. 207L; p. 471L; p. 99L; p. 205L; p. 113L; p. 195L; p. 257L; p. 255L; p. 514L; p. 107L; p. 58L; p. 363L; p. 196L; p. 142L; p. 98L; p. 159; p. 274L; p. 429L; p. 222L; p. 556L; p. 556L; p. 296L; p. 113L; p. 294L; p. 264L; p. 127L; p. 258L; p. 364L; p. 555L; p. 91L; p. 162L; p. 400L; p. 289L; p. 354L; p. 277L; p. 516L; p. 356L; p. 449L; p. 449L; p. 534L; p. 534L; p. 91L; p. 40L; p. 339L; p. 107L; p. 256L; p. 495L; p. 10L; p. 145L; p. 115L; p. 161L; p. 130L; 107L; p. 449L; p. 93L; p. 468L; GEL 11, 15, 7; 12, 15, 2; 9, 14, 12; Prisc. *G.L.* 6, p. 264H; CIC *Brut.* 64, 228.

Licinio Macro

- *Annales* 4: NON p. 63L; p. 52L; Prisc. *G.L.* 6, p. 243H; 10, p. 525H
- *Historiae* 1: Macr. 1, 10, 17.
- *Res Romanae* 1: NON p. 221L.

Elio Tuberón

- *Historiae* 6: NON p. 376L; p. 481L; GEL 10, 28, 1; 7, 3, 1; 7, 4, 2; Char. 2, p. 202K.
- *Historia* 1: CIC *Q. fr.* 1, 1, 10

Procilio

- *Ningún título.*

Escribonio Libón

- *Annales* 1: CIC *Att.* 13, 30, 3.

Hortensio Hortalo

- *Annales* 1: VELL 2, 16, 1.

Tito Pomponio Ático

- *Annalis* 3: CIC *Att.* 12, 23, 2; Nep. *Ham.* 13; Asc. *Pis.* p. 12K.

Hortensio Hortalo

- *Annales* 1: VELL 2, 16, 1.

VIII. ENGLISH SUMMARY

The purpose of this book is to study the phenomenon of social memory in the Roman Republic. I will address two different issues: on the one hand, the oral recollection of the past existing in the city of Rome (chap. I to III), on the other, the beginning and development of history writing from Fabius Pictor onwards (chap. IV and V). These elements have not been examined as isolated and independent traditions. On the contrary, a different approach underlies this work: I argue that beyond their allegedly political goal, Roman histories fulfilled a cultural function and this cannot be evaluated without relating these written histories to the previous oral recall. They are both possible forms of memory that achieve the same objective of presenting an image of the past, asserting the group's identity and outlining future undertakings. On this basis, the significance of Roman histories has been placed in their relation to the unwritten memory shared by the Romans, rather than in their ability to reproduce the standards of the Hellenic historiographic genre.

From the origins to the end of the third c. B.C. the Romans did not elaborate any historical account of the city's past. The *Annales Maximi* kept by the *Pontifex Maximus*, far from being an informative chronicle recording the major events occurred throughout the year, must be regarded as a ritual form of writing that accompanied the activities of this priest.[628] As a mediator between Rome and its gods he watched over the citizens' behavior and supervised the expiation of prodigies. Writing the annual *tabula* was part of this task that assured the survival of the city. The content of the *Annales Maximi*, therefore, must be interpreted as an account of Rome's relation with the gods, not as an historical narrative.

Nevertheless it must not be concluded that an awareness of the past among the Romans did not exist. It did, and it took the form of an oral memory transmitted by the festivals marked in the calendar and by the urban topography (*mnemotopoi*). These two elements shaped the *cultural memory* of Rome, in the sense that Jan Assmann has given to this concept, the recollection of the founding past of the group. In Republican times, the main figures of that remote past were the twins Romulus and Remus, the founders of the city. The foundation was remembered every April 21st in the *Parilia*. Besides, on February 15th the race of the *luperci* around the Palatine enacted the twins' activity as shepherds when their actual identity had not yet been revealed. In addition, in the city, particularly in the Forum, several spots bore the memory of their lives. In the Palatine, the *Ficus Ruminalis* marked the place where the infants had been found by the she-wolf that inhabited a nearby cave called *Lupercal*, and a primitive hut was thought to have been the *casa Romuli*. Some other places were related to events occurred in the reign of Romulus such as the *saxum Tarpeium*, in the Capitoline, where Tarpeia betrayed the city allowing the Sabines of Titus Tacius to enter the city. Likewise other festivals related to the same period like the *Larentalia*, celebrated in December 23rd. At that date the pontiffs made a sacrifice in the Velabrum in honour of Acca Larentia, a wealthy woman who bequeathed her properties to Rome, and was identified with Faustulus's wife.

In contrast to the presence of the divine children in the city, Aeneas, the Trojan hero whom the Greek authors first related to the origins of Rome, did not enjoy any place in Roman *cultural memory*. Aeneas, founder of Lavinium, lacked any connection with the city, which was supposed to have been created afterwards. His voyage to Latium and his founding of a new dynasty who ruled over *Alba Longa* were literary events that filled the historical accounts, but were never transmitted through the traditional means of oral recollection in Rome. Besides, although identified with a previous divinity, called *Indiges*, he was never worshipped in the city. The evidence of his cult as hero founder in Lavinium (above all the alleged *heroon* of Aeneas) is not conclusive either. This is best explained as a late Republican erudite speculation, rather than the reflection of an old veneration for the son of Anchises and Venus.

In Rome the oral recall of the past was not limited to the remote origins of the city. More recent events, some of which would fall into Assmann's

[628] See A. Rodríguez-Mayorgas 2007 (forthcoming).

category of *communicative memory*, were also kept in the collective imaginary by means of the urban *mnemotopoi* and feasts. This fact seems to indicate that Roman memory did not establish a sharp distinction between remote and recent past at least in relation to the means of recollection. One example is the case of the defeat of more than 300 members of the Fabia *gens* who died in the battle of Cremera in 477 B.C. fighting against Veii. The military setback was commemorated every July 18th in the city and the date was recorded in the calendar as *dies Fabiorum*. More usually were the victories celebrated. Those generals who made a vow during the military campaign in order to obtain the intervention of the divinities in their favour, erected afterwards a temple to them such as the one dedicated to *Honos* by C. Marcellus in 222 B.C. after the capture of Siracusa, whose commemoration took place in July 17th. The victorious commanders were also willing to have a monument set up in his honour, namely statues and *columnae rostratae*, decorated with the prows taken from the enemy vessels.

The previous examples stress the achievement of a particular character from the elite and confirm that the memory of the Roman Republic targeted mostly the deeds of generals and commanders, who came from aristocratic families. These *gentes* were especially concerned about their past and displayed their prestige and antiquity at the time of the funerals of one of their members. At these events the *imagines* (masks) of the forebears were carried in procession to the Forum and a speaker delivered a *laudatio* that stressed the achievements not only of the deceased but of his ancestors, too. In addition to this public commemoration, in the houses of the Roman aristocracy there was also a permanent reminder of the successful generals and commanders: the *imagines* themselves hanged from the walls in the *atrium* as well as the spoils taken from the enemy. Finally before the third century B.C. another social gathering, the banquets, related to the aristocratic memory. In these occasions the participants intoned songs praising the deeds and virtues of illustrious Roman citizens, none of whom unfortunately has been preserved in the literary tradition. It is most likely that these reunions occurred in a private context. However it must not be inferred from that that the aristocratic memory, that is to say, the one that aimed to maintain the recollection of the accomplishments of renowned Roman personalities, only concerned the *gentes*. On the contrary, the public dimension of the *pompae funebres* clearly indicates that the entire population was involved in this kind of memory, in other words, that they belonged to the social memory of the Roman Republic.

As it has been stated above, it is this oral recollection existing among the Romans that must be taken into account in order to evaluate the significance of Roman historiography as a cultural phenomenon beyond its status of literary genre. On this view, for instance, the attention devoted to Aeneas and his descendants' deeds by Roman historians in the second c. B.C. demands an explanation. Given the absence of a conspicuous act of remembering that targeted the figure of the Trojan hero, the elaboration of this tale by the Roman authors cannot be simply accounted for as a literary tradition. Instead it must be regarded as the result of Romans' intellectual effort to comprehend their past accepting their Greek new ancestry in a newly discovered cultural context. The concern about chronology is another aspect of the early historiography that can be reinterpreted with this approach. The first authors, namely Fabius Pictor, Cincius Alimentus and Cato, showed a deep interest in dating the foundation of Rome. For that purpose the three of them resorted to Hellenic chronology (the fall of Troy and the Olympic games), although offered a different date for that event. Hitherto oral recollection in Rome had lacked any chronological reference, which situated the origins of the city in an undefined temporal relation with the present time. In fact, all those events celebrated in feasts and commemorated in monuments and *mnemotopoi* in general bore an intrinsic moral and exemplary value that disregarded chronological precision. Recent and remote facts shared the same atemporality.

Lastly, we can point out another important change in the perception of the past brought by written histories. While the Roman oral recollection stressed the merits of individual characters who belonged in the main to elite families, all the first authors set out to write a *history of Rome*. It is usually argued that Roman histories are skewed by the aristocratic background of the writers. Even accepting this point, impossible to prove satisfactorily given the fragmentary state of the works, it overlooks a significant aspect of these histories: its wide scope. Indeed their content seems to have ranged from the arrival of Aeneas to Latium to contemporary affairs. Therefore, planning a history of Rome from the origins, instead of, for example, a genealogical account of a particular *gens* —something that will be done in the Late Republic— must be valued as a meaningful statement about Rome. If hitherto only aristocratic families had enjoyed the privilege of a past, from the end of the third century B.C. onwards it is the city that became the subject of history.

From the previous examples it seems apparent that early Roman historiography cannot be exclusively approached from a literary standpoint, only interested in tracing the Greek background of Roman accomplishments in this genre. The Romans who wrote and read these histories in the second and first centuries B.C. participated in the social life of the city and therefore knew and shared the traditional means of oral memory that were current at that moment. Orally-transmitted stories then must have been considered a reference point for them. Besides, even admitting the political goal of early Roman historical writing, supposedly aimed to oppose pro-Carthaginian historiography in favor of Hannibal and to present the cultural credentials of the new ruling power in the Mediterranean, the Roman consume itself of this historical literature —evident, for example, by the fact that Fabius' and Acilius' histories were translated into Latin already during the Republic— should not pass unnoticed. It is, therefore, not only pertinent but also necessary to focus on the cultural consequences that history writing had in Republican Rome.

We have so far emphasized some of the more noticeable and fundamental changes that history writing introduced in the Roman perspectives on the past, considering the previously prevailing oral memory. Nevertheless, continuities can also be pointed out. Despite its potentially transformative power, writing could not radically subvert in the short-term a long-standing tradition of oral communication, to begin with, because only a limited group of Romans were literate enough and could devote time to read literature, and in any case because former ideas and concepts evolve only in the long term. A good example of that is the Roman use of the terms *historia* and *memoria*. Faced with the shortage of appropriate and concise words relating to the field of knowledge, the Romans freely borrowed the Greek terms. *Historia* is one of them, which clearly indicates that other expressions like *annales* and *res gestae* did not suffice to designate the new reality produced by history writing. But the Roman term *historia* must not mislead us, since it is far from our modern concept of History, which, as Koselleck argues, is actually an eighteenth century neologism that refers to a meta-narrative comprising all the diverse and local human stories. On the contrary the Roman term still clings to the idea of multiple and independent accounts, and for that reason it is frequently used in plural. In fact, the term *historia* designated an even more concrete and material reality, a book comprising past and present events (*res gestae*). Significantly, it lost the sense of "research" and "inquiry" that was fundamental in Greek, which must be explained by the fact that the Romans acquired the idea of recording past events from Hellenic written histories.

Along with the term *historia*, the Romans handled a Latin word in close connection with the notion of remembering the past: *memoria*. *Memoria* was at first a *facultas animi*, i.e. a faculty of the mind, which Ancients, unaware of the process of reinterpretation and reconstruction that any act of recollection entails, pictured as a receptacle where one can store ideas and from which these might eventually be retrieved. But moreover *memoria* means itself the recollection of events and in this sense the word prevailed over *historia* as the fundamental term in order to refer to the past in classical Latin. The main difference between them is that the latter is inextricably linked to writing, while the first one simply evokes recall regardless of the means of transmission. However, *memoria* clearly belongs to the realm of oral communication, and preceded the idea of a written discourse. Thus, it is worth pointing out that Roman historians like Sallust and Livy avoid the word *historia* when presenting the purpose of their work in the prologue (note that the latter never uses it whatsoever) and instead they bring up the notion of *memoria*. Their objective was to the record the events worthy of *memoria* or to extend the *memoria* of the people of Rome's deeds. In addition, the Romans considered that the historians' and poets' task was *res gestae memoriae prodere*. This clearly evinces that Romans still conceived the past in terms of memory, not of history, since not only did they rarely use the concept of a single and unified narrative of events —although some examples can be found—, but they also were deeply concerned by the future remembrance of Rome. In this sense it is significant that the word *monumentum* refers in Latin at the same time to what we call currently monuments as well as to written works. Tellingly enough in Rome both of them fulfilled the same function, being meant to keep simply the recollection of past events and peoples. Finally it is worth noting that, unlike the multiplicity of *historias*, i.e. of written accounts of the past, the term *memoria* is always used in singular. Thus there is just one memory, only divisible in generations (*nostra memoria* vs. *patrum memoria*).

Therefore the concept of memory, which relates to the realm of oral communication, shaped to a great extent the way the Romans perceived and understood the knowledge of the past. However, from the end of the third c. B.C. onwards they did not leave the recollection of Roman events to orality any longer. On the contrary the two last centuries of the Republic witnessed a diversification and an increase in the amount of historical writing, although clear genre distinctions do not seem to have been applied by Roman authors. Indeed their works are alternatively designated in many cases as *annales* and *historia*. The latter, as a generic term for written account, included the first one, which specifically referred to a narrative chronologically organized by years. The traditional narrative about the Roman past was the *annales*, which took the form of a simple report of events arranged according to the annual renovation of the consulship. However, the mention of the consuls was far from showing a chronological concern —in this sense the limited use of the more useful A.U.C formula is striking—. Instead, recording the annual succession of consuls was a way of underlining the stability and continuity of the major Roman magistracy, and hence of Rome. The unimportance of the historical dating in the early historiography is also evident in the significance granted to the *exempla,* everlasting models of behaviour that did not require a temporal precision to be meaningful.

Particularly since the late second c. B.C. an evolution of the idea of history writing is apparent in the sources. For authors like Sempronius Asellio or Cicero the *annales* were a flawed recording of the past, not because of their temporal arrangement, but because they disregarded other valuable information. Accordingly, they proposed a way of writing history more attentive to people's intentions (*consilium*), to the cause of events (*ratio* or *causa*) and to its consequences (*eventus*). In addition to that, historians focus on the truthfulness of their narratives for the first time and value reliable documents as sources of history, so that the veracity of the accounts on Rome's remote origins begins to be questioned. Lastly, they realize that in order to keep alive the remembrance of their city recording its past did not suffice. Equally vital was the spread of this knowledge, unattainable without an available and readable historiography, an issue that became a deep concern for Cicero. As a result of these new perspectives, the historical monograph on contemporary affairs, more able to comply with them, gained importance in the last century B.C., while the *annales*, although they did not disappear, discarded the mythical past of Rome, as it is evident in Livy's *Ab urbe condita*.

IX. BIBLIOGRAFÍA

CORPORA

-Beck. H.- Walter, U. (2001-2004): *Die frühen römischen Historiker I-II*, Wissenschaftliche Buchgesellschaft, Darmstadt. (= *F.R.H.*)

-Chassignet, M. (1996-1999): *L'annalistique romaine I-II*, Les Belles Lettres, Paris. (= *A.R.*).

-Degrassi, A. (1963): *Inscriptiones Italiae XIII, Fasti et Elogia, fasc. II Fasti anni numani et iuliani*, Libreria dello stato, Roma (= *I.I.*).

—(1965): *Inscriptiones Latinae Liberae rei publicae*, La nouva Italia, Firenze (= *I.L.L.R.P*).

- Jacoby, F. (1957): *Die Fragmente der griechischen Historiker*, E. G. Brill, Leiden (= *F.G.H.*).

- Kaibel, G.-Lebègue, A. (1890): *Inscriptiones Graecae vol. 14, Inscriptiones Italiae et Siciliae*, apud Georgium Reimerum, Berolini.

- Malcovati (1955): *Oratorum romanorum fragmenta*, Paravia, Torino. (= *O.R.F.*).

-Peter, H. (1967) [1914]: *Historicorum romanorum reliquiae I-II*, Teubner, Stuttgart. (= *H.R.R.*).

TEXTOS CLÁSICOS

Las traducciones en castellano que aparecen en la tesis son de la autora en la mayor parte de los casos, cuando no es así, está indicado entre paréntesis el traductor.

ASCONIO –*Q. Asconii Pediani Commentarii*, C. Giarratano (ed.), A. M. Hakkert, Amsterdam, 1967.

AULO GELIO –*Noches Áticas*, A. Gaos Schmidt (ed.), Universidad Autónoma de México, México, 2000.

BELLUM AFRICUM [anónimo], *C. Iuli Caesaris Commentarii*, vol. 3, A. Klotz (ed.), Teubner, Leipzig, 1927.

BELLUM ALEXANDRINUM [anónimo], *C. Iuli Caesaris Commentarii*, vol. 3, A. Klotz (ed.), Teubner, Leipzig, 1927.

BELLUM HISPANIENSE [anónimo], *C. Iuli Caesaris Commentarii*, vol. 3, A. Klotz (ed.), Leipzig, Teubner, 1927.

CÉSAR -*De Bello Gallico*, *C. Iulii Caesaris: Commentarii Rerum Gestarum*, vol. 1, O. Seel (ed.), Teubner, Leipzig, 1961.

-*Bellum Civile*, *C. Iuli Caesaris Commentarii*, vol. 2, A. Klotz (ed.), Teubner, Leipzig, 1950.

CICERÓN –*Brutus and Orator*, G. L. Hendrickson y H. M. Hubbell (eds.), Harvard University Press, Massachusetts, 1971.

-*De Oratore* vol I-II, E. V. Sutton (ed.), Harvard University Press, Massachusetts, 1959.

-*De Republica, De Legibus, Cicero in twenty-eight volumen*, vol.16, C. K. Keyes (ed.), Harvard University Press, Massachusetts, 1977.

-*De Senectute, De amicitia y De divinatione, Cicero in twenty-eight volumes*, vol. 20, W. A. Falconer (ed.), Harvard University Press, Massachusetts, 1979.

-*De natura deorum, Academica, Cicero in twenty-eight volumes* vol. 19, H. Rackham (ed.), Harvard University Press, Massachusetts, 1967.

-*Des termes extrêmes de biens et des maux*, vol. I-II, J.Martha (ed.), Les Belles Lettres, Paris, 1967.

-*De inventione, De optimo genere, Topica, Cicero in twenty-eight volumen,* vol. 2, H. M. Hubbell (ed.), Harvard University Press, Massachusetts, 1968.

-*Tusculanes,* G. Fohlen y J. Humbert (eds.), Les Belles Lettres, Paris, 1931.

-*De la partición oratoria,* B. Reyes Coria (ed.), Universidad Autonoma de México, México, 2000.

-*In Catilinam I-IV, Pro Murena, Pro Sulla, Pro Flacco. Cicero in twenty-eight volumes,* vol. 10, L. El. Lord (ed.), Harvard University Press, Massachusetts, 1967.

-*The Verrine orationes, Against Caecilius,* L.H.G. Greenwood (ed.), Harvard University Press, Massachusetts, 1959.

-*On Duties,* M.T. Griffin y E.M. Atkins (eds.), Cambridge University Press, Cambridge, 1996.

-*The letters to his brother Quintus, The lettes to Brutus, The book of electioneering, Cicero in twenty-eight volumes,* vol. 28, W.G. Williams, M. Cary y M. Henderson (eds.), Harvard University Press, Massachusetts, 1972.

-*Letters to Atticus vol I-III,* E.O Winstedt (ed.), Harvard University Press, Massachusetts, 1961.

-*Epistulae ad Familiares vol I-II,* D.R. Shackleton Bailey (ed.), Cambridge University Press, Cambridge, 1977.

CATÓN –*Caton. Les origines (fragments),* M. Chassignet (ed.), Les Belles Lettres, Paris, 1986.

CATULO –*Catullus,* trad. F.W. Cornisa, G.P. Goold (ed.), Harvard University Press, Cambridge, Massachusetts, 1988.

CORNELIO NEPOTE –*Cornelii Nepotis Vitae cum fragmentis,* P.K. Marshall (ed.), Teubner, Leipzig, 1977.

DIONISIO DE HALICARNASO –*Historia Antigua de Roma,* E. Jiménez y E. Sánchez (eds.), Editorial Gredos, Madrid, 1984.

FESTO –*Sexti Pompei Festi De verborum significatu quae supersunt cum Pauli Epitome,* W.M. Lindsay (ed.), Olms, Hildensheim, 1965.

HELÁNICO –*Helánibo de Lesbos. Fragmentos,* J.J. Caerols Pérez (ed.), Consejo Superior de Investigaciones Científicas, Madrid, 1991.

HERODOTO –*Histoires,* E. Legrand (ed.), Les Belles Lettres, Paris, 1970.

HESÍODO –*Theogony,* M.L. West (ed.), Clarendon Press, Oxford, 1966.

HORACIO –*Epitres,* F. Villeneuve (ed.), Les Belles Lettres, Paris, 1955.

LIVIO –*Livy in fourteen volumes,* B.O. Foster *et alii* (eds.), Heinemann, Oxford- London, 1958-1975.

MACROBIO -*I Saturnali,* N. Marinote (ed.), Unione tipografico-editrice torinese, Torino, 1967.

OVIDIO –*Ovid in six volumes* vol. 5, J.G. Fraser (ed.), Harvard University Press, Cambridge, Massachusetts, 1976.

PLAUTO –*Meneachmi, Mercator, Miles Gloriosus. Comédies,* vol. 4, A. Ernout (ed.), Les Belles Lettres, Paris, 1970.

-*Trinumnus, Truculentus. Comédies,* vol 7, A. Ernout (ed.), Les Belles Lettres, Paris, 1940.

PLINIO –*Historia Natural,* J. Cantó *et alii* (eds.), Cátedra, Madrid, 2002.

PLUTARCO –*Romulus. Plutarchi vitae parallelae,* vol. 1.1, K. Ziegler (ed.), Leipzig, Teubner, 1969.

POLIBIO –*Histoires,* P. Pèdech (ed.), Les Belles Lettres, Paris, 1970-77.

-*Historias* vol 1-3, M. Balasch Recort (ed.), Gredos, Madrid, 19871-83.

RHETORICA AD C. HERENNIUM [anónimo], *Rhetorica ad C. Herennium,* J.F. Alcina (ed.), Bosch, Barcelona, 1991.

SALUSTIO -*Conjuración de Catilina,* M.C. Díaz y Díaz (ed.), Gredos, Madrid, 1983.

-*Guerra de Jugurta,* J. García Alvarez (ed.), Gredos, Madrid, 1982.

-*Historiae,* P. McGushin (ed.), Oxford University Press, Oxford, 1994.

SERVIO *–In Verginii carmina commentarii,* vol I-II, H. Hagen (ed.), Olms, Hildensheim, 1961.

SUETONIO *–De grammaticis et rhetoribus,* R.A. Kaster (ed.), Clarendon Press, Oxford, 1995.

-Vies des douze Césars, vol. 1 César-Auguste, H. Ailloud (ed.), Les Belles Lettres, Paris, 1931.

TUCIDIDES *–Thucydidis Historiae,* C. Hude (ed.), Teubner, Leipzig, 1938.

VALERIO MÁXIMO *–Facta et dicta memorabilia,* J. Briscoe (ed.), Teubner, Leipzig, 1998.

VARRÓN *–Satires Ménippeés,* vol. 10, J.-P. Cèbe (ed.), Ecole française de Rome, Rome, 1994.

-De lingua latinae, M.-A. Marcos Casquero (ed.), Anthropos, Barcelona, 1990.

-M.Terenti Varronis de vita populi Romani. Fonti, esegesi, edizione critica dei frammenti, B. Riposati (ed.), Pubbli. Dell´Uni de Sacro Cuore, Milano, 1939.

BIBLIOGRAFÍA MODERNA

ADAM R. y BRIQUEL, D. (1982): "Le miroir prénestin de l´Antiquario communale de Roma et la légende des jumeaux divins en milieu latin à la fin du IVe siècle av. J.-C.", *Mélanges de l´Ecole Française de Rome. Antiquité,* 94, n.1, pp. 33-65.

ADCOCK, F. (1976): "The Character of the Roman in their History and their Literature", *Essays on Roman Culture. The Todd Memorial Lectures,* A.J. Dunston (ed.), S. Stevens, Toronto, pp. 95-117.

ALBRECHT, M. VON (1997)[1994]: *Historia de la Literatura Romana,* Herder, D.L., Barcelona.

ALFÖLDI, A. (1965): *Early Romans and Latins.* Jerome Lectures, Ser. 7, The University of Michigan Press, Ann Arbor.

—(1979)[1957]: *Die trojanischen Urahnen der Römer,* L´Erma di Bretschneider, Roma.

AMIOTTI, G. (1982): "Lico di Reggio e l´Alessandra di Licofrone", *Athenaeum,* 60, fascs. 3-4, pp. 452-460.

AMPOLO, C. (1983): "La storiografia su Roma arcaica e i documenti", *Tria Corda. Scritti in onore di Arnaldo Momigliano,* E.Gabba (ed.), Edizioni New Press, Como, pp. 9-26.

—(1990): "Inventare una biografia. Note sulla biografia greca ed i suoi precedenti alla luce di un nuovo documento epigrafico", *Quaderni Storici,* 73, pp. 213-224.

—(1992): "Enea ed Ulisse nel Lazio da Ellanico (FGrHIST 4 F 84) a Festo (432 L)", *La Parola del Passato,* 47, pp. 321-342.

ANDRÉ, J.-M. y HUS, A. (1983)[1974]: *La historia en Roma,* Siglo XXI, Madrid.

D´ANNA, G. (1975): "Alcune considerazioni sulla foturna del´Liber Annalis´ di Attico: Attico fonte di Gellio?", *Studi Urbinati di Storia, Filosofia e Letteratura,* 49, nuova serie B, n. 1, pp. 331-347.

—(1976): *Problema di lettaratura latina arcaica,* Luciano Lucarini, Roma.

—(1980): "Il mito di Enea nella documentazione letteraria", *L´epos greco in Occidente. Atti del 19 convegno di studi sulla Magna Grecia,* Instituto per la storia e l´archeologia della Magna Grecia, Taranto, pp. 231-245.

—(1996): "Alba Longa in Nevio, Ennio e nei primi annalisti", *Alba Longa. Mito, storia, archeologia,* A.Pasqualini (ed.), Istituto Italiano per la Storia Antica, Roma, pp. 101-125.

ARCE, J. (2000): *Memoria de los antepasados. Puesta en escena y desarrollo del elogio fúnebre romano,* Electa, Madrid.

ARCELLA, S. (1995): "I Fabi e la tradizione annalistica", *Richerche sulla organizzazione gentilizia romana III,* G.Franciosi (ed.), Jovene Editore, Napoli, pp. 219-254.

ARENDT, H. (1995): *De la historia a la acción,* Paidós, Barcelona.

—(1996)[1954]: *Entre el pasado y el futuro. Ocho ejercicios sobre la reflexión política,* Península, Barcelona.

ARNAUD-LINDET, M.-P. (2001): *Histoire at politique à Rome. Les historiens romains (IIIe av. J.-C. – Ve ap. J.-C.),* Breal, Paris.

ARÓSTEGUI, J. (1995): *La investigación histórica: teoría y método,* Crítica, Barcelona.

ASSMANN, J. (1995): "Collective Memory and Cultural Memory", *New German Critique*, 65, pp. 125-133.

—(1997)[1992]: *La memoria culturale. Scrittura, ricordo e identità politica nelle grandi civiltà antiche*, Einaudi, Torino.

—(2006): *Religion and Cultural Memory*, Stanford University Press, Stanford, California.

ASTIN, A.E. (1967): *Scipio Aemilianus*, Clarendon Press, Oxford.

AVERINTSEV, S. (2001): "Genre as Abstraction and Genres as Reality: The Dialectics of Closure and Openness", *Arion*, third series, 9, n. 1, pp. 13-43.

BADIAN, E. (1964): "Where was Sisenna?", *Athenaeum*, 42, fasc.1-4, 422-431.

—(1966): "The Early Historians", *Latin Historians*, T.A. Dorey (ed), Basic Books, New-York, pp. 1-38.

—(1969): "Cicero and the comission of 146 B.C.", *Hommages à Marcel Renard I,* J.Bibauw (ed.), Latomus, Bruxelles, pp. 54-65. .

BALSDON, J.P.V.D. (1953): "Some questions about historical writing in the second century B.C.", *Classical Quarterly*, 3, pp. 158-164.

—(1965): "Cicero de Man", *Cicero*, T. A. Dorey (ed.), Routledge & K. Paul, London.

—(1979): *Romans and Aliens,* Duckworth, London.

BALLAND, A. (1984): "La *casa romuli* au Palatin et au Capitole", *Revue des Etudes Latines*, 62, pp. 57-80.

BARDON, H. (1952): *La littérature latine inconnue I, L´époque républicaine*, C. Kincksieck, Paris.

—(1971): "La notion d´intellectuel à Roma", *Studii Classice ,* 13, pp. 95-107.

BAROIN, C. (1998): "La maison romaine comme image et lieu de mémoire", *Images Romaines: Actes de la table ronde organisée à l´Ecole Normale Supérière (24-26 oct.1996),* Presses de l'Ecole Normale Superieure, C.Auvray-Assayas (ed.), Paris, pp.177-191.

BARTHES, R. (1982)[1967]: "Le discours de l'histoire », *Poétique*, 49, pp. 13-21.

BASTO, R.G. (1980): *The Roman foundation legend and the fragments of the Greek historians: an inquiry into the development of the legend,* University Microfilms International, Ann Arbor.

BATES, R.L. (1983): *Memoirs and the Perception of History in the Roman Republic*, diss. Univ. of Pennsylvania.

BAUDOU, A. (1995a): "Censorinus et le saeculum pisonien", *Revue de Philologie*, 69, pp. 15-37.

—(1995b): "Tarpéia, traîtresse indo-européene, héroïne pisonienne", *Cahiers des Études Anciennes*, 29, pp. 81-89.

—(1998): "Les fragments des *Annales* de Pison tirés de l´*Origo Gentis Romanae*", *Phoenix*, 52, n. 1-2, pp. 55-82.

BAYET, J. (1931-2): "Réflexions sur la méthodologie de la plus ancienne historie classique", *Recherches philosophiques,* 1, pp. 262-297.

BEARD, M. (1985): "Writing and ritual. A study of diversity and expansion in the Arval Acta", *Papers of the British School at Rome*, 53, pp. 114-162.

—(1986): "Cicero and divination: the formation of a latin discourse", *Journal of Roman Studies*, 76, pp. 33-46.

—(1987): "A complex of times. No more sheep on Romulus´s birthday", *Proceedings of the Classical Philological Society*, 33, pp. 1-15.

—(1988): "Rituel, texte, temps: les *Parilia* romains", *Essais sur le rituel* v.I, eds.A.-J.Blondeau y K.Schipper (eds.), Peeters, Louvain-Paris, pp. 15-29.

—(1991): "*Ancient literacy* and the function of the written word in Roman religion", *Literacy in the Roman World*, Journal of Roman Archaeology, Supplementary series n. 3, M.Beard (ed.), The University of Michigan Press, Ann Arbor, pp. 35-58.

BÉRARD, F. (1993): "Les *commentaires* de César: autobiographie, mémoires ou histoire?", *L´invention de l´autobiographie d´Hésiode à Sainte Augustin*, M.-F.

Balsez, Ph. Hoffmann y L. Pernot (eds.), Presses d'École Normale Superieure, Paris, pp. 85-95.

BERMEJO, J.C. (1983): *Psicoanálisis del conocimiento histórico*. Akal, Madrid.

—(1987): *El final de la historia. Ensayos de historia téorica I,* Akal, Madrid.

BERTI, N. (1989): "La decadenza morale di Roma e i viri antiqui. Riflessioni su alcuni frammenti degli Annali di L.Calpurnio Pisone Frugi", *Prometheus*, 15, fasc.1, pp. 39-58.

BETTINI, M. (1999)[1986]: *Antropologia e cultura romana. Parentela, tiempo, immagini dell´anima,* La Nuova Italia Scientifica, Roma.

BICKERMAN, E.J. (1952a): "Religion and Politics in the Hellenistic and Roman Periods", *Classical Philology*, 47, pp. 65-81.

—(1952b): "*Origenes gentium*", *Classical Philology*, 47, n.2, pp. 65-81.

—(1968): *Chronology of the Ancient World*, Thames & Hudson, London.

—(1985): *Religion and politics in the Hellenistic and Roman periods,* E.Gabba y M.Smith (eds.), Edizioni New Press, Como pp. 529-538.

BINDER, G. (1964): *Die Aussetzung des Königskindes Kyros und Romulus*, Verlag Anton Hain, Meisenheim am Glan.

BICKEL, E. (1982)[1960] : *Historia de la Literatura Latina*, Gredos, Madrid.

BIRLEY, R. (1977): *Vindolanda. A Roman frontier post on Hadrian´s wall*, Thames & Hudson, London.

BIVILLE, F. (1989) : « Grec et latin : contact linguistique et creation lexicale. Pour un typologie des hellenismes lexicaux du latin », *Actes du Ve Colloque de Linguistique Latine*, M. Lavency y D. Longuée (eds.), Peeters, Louvain-la-Neuve.

—(1993) : « Grecs des romains, ou latin de grecs ?. Ambigüité de quelque processus neologiques dans la koiné », *La koiné grecque antique I : un langue introuvable ?*, C. Brixhe (ed.), A.D.R.A., Nancy.

BLAIVE, F. (1992) : « De Ravana à Mézence : dégradation du mythe indo-européen du Guerrier Impie à Rome », *Latomus*, 51, fasc. 1, pp. 73-78.

BLOCH, H. (1961): "The structure of Sallust´s Historiae. The evidence of the Flery manuscript", *Studia Albareda*, pp.59-76.

BLOCH, R. (1961): "La départ des Etrusques de Rome selon l´annalistique et la dédicace du temple de Jupiter Capitolin", *Revue de l´historie des Religions*, 159, pp. 141-156.

BLOCKLEY, R. (2001): "Ammianus and Cicero on truth in historiography", *The Ancient History Bulletin*, 15, n.1, pp. 14-24.

BLOOMER, W.M.S. (1987): *Valerius Maximus and the idealized Republic: a study in his representation of Roman history*, Diss. Yale Univsersity.

—(1992): *Valerius Maximus and the Rhetoric of new nobility*, University of North Carolina Press, Chapel Hill.

BOAS, H. (1938): *Aeneas´ Arrival in Latium: Observations on legends, history, religion, topography and related subjects in Vergil, Aeneid VIII, 1-36*, N.V. Noord-Hollandsche Uitgevers Maatschappij, Amsterdam.

BODEL, J. (2001): *Epigraphic evidence: ancient history from inscriptions*, Routledge, London- New York.

BOES, J. (1992): "La publication des discours par Cicéron", *Paroles Romaines*, F. Dupont (ed,), Presses Universitaires de Nancy, Nancy, pp. 93-99.

BÖMER, F. (1952): "*Naevius* und *Fabius Pictor*", *Symbolae Osloenses*, 29, 34-53.

—(1953): "Thematik und Krise der Römischen Geschichtsschreibung im 2. Jahrhundert v. Chr.", *Historia*, 2, pp. 189-209.

BONNER, S.F. (1949): *Roman Declamation in the Late Republic and Early Empire*, University of California Press, Berkeley.

BOURDIEU, P. (1997) [1985]: *Razones prácticas. Sobre la teoría de la acción*, Anagrama, Barcelona.

—(2000) [1997]: *Los usos sociales de la ciencia*, Nueva Visión, Buenos Aires.

BOWMAN, A.K. (1994): "The Roman Imperial Army", *Literacy And Power the Ancient World,* A.K. Bowman y G. Woolf (eds.), Cambridge University Press, Cambridge, pp. 109-125.

—(2003)[1994]: *Life and letters on the Roman frontier. Vindolanda and its people*, The British Museum Press, London.

BOYANCÉ, P. (1932): "La *satura* dramatique", *Revue des Etudes Anciennes*, 34, pp. 11-25.

—(1940): "Sur Cicéro et l´histoire (*Brutus* 41-43)", *Revue des Etudes Anciennes*, pp. 388-392.

—(1941): "Cum Dignitate Otium", *Revue des Études Anciennes*, 43, pp. 172-191.

—(1943) : "Les origines de la légende troyenne de Rome", *Revue des Études Anciennes*, 45, pp. 275-290.

—(1956): "La connaissance du grec à Rome", *Revue des Etudes Latines*, 34, pp. 111-131.

BRAVO, B. (1971): "Remarques sur l´érudition dans l´Antiquité", *Acta Conventus XI Eirene*, K. Kumaniecki (ed.), Ossolinskich-Wydawnictwo, Wroclaw, pp. 325-335.

BREEBAART, A.B. (1987): *Clio and Antiquity: history and historiography of the Greek Roman World*, Verloren, Hilversum.

BREMMER, J.N. (1987a): "Romulus, Remus and the foundation of Rome", *Roman Myth and Mythography*, Bulletin Supplement 52, J.N. Bremmer y N.M. Horsfall (eds.), Institute of Classical Studies, London, pp. 25-48.

—(1987b): "Myth and ritual in ancient Rome, the *Nonae Capratinae*", *Roman Myth and Mythography*, Bulletin Supplement 52, eds. J.N. Bremmer y N.M. Horsfall (eds.), Institute of Classical Studies, London, pp. 76-88.

BRIQUEL, D. (1984): *Les Pélasges en Italie. Recherches sur l´histoire de la légende*, Ecole Française de Rome, Roma.

—(1988) : "Les traditions sur l´origine de l´écriture en Italie", *Revue de Philologie*, 62, pp. 251-21.

—(1995): "Cicéron et les Etrusques", *Acta classica*, 31, 21-32.

BRINTON, A. (1988): "Cicero´s Use of Historical Example in Moral Argument", *Philosophy & Rhetoric*, 21, n.3, pp. 169-184.

BRODERSEN, K. (1997): "Cicero", *Der Neue Pauly: Enzyclopadie der Antike*, J.B. Metzler, Stuttgart, pp. 1191-1196.

BROCK, S. (1979): "Aspects of Translation Technique in Antiquity", *Greek, Roman and Byzantine Studies*, 20, pp. 69-87.

BROUGHTON, T.R.S. (1986)[1951]: *The Magistrates of the Roman Republic I 509B.C-100 B.C.*, American Philological Association, Atlanta.

—(1986b): *The Magistrates of the Roman Republic II 99 B.C – 31 B.C.*, American Philological Association, Atlanta.

BROWN, T.S. (1958): *Timaeus of Tauromenium*, University of California Press, Berkeley-Los Angeles.

BRUUN, C. (2000): "What every man in the street used to know": M.Furius Camillus, Italic legends and Roman historiography", *The Roman Middle Republic. Politics, religion and historiography c.400-133B.C.,* Papers from a conference at the Institutum Romanum Finlandiae, (sep.11-12 1998), C. Bruun (ed.), Institutum Romanum Finlandiae, Rome, pp. 41-68.

BRUNT, P.A. (1989): "Philosophy and Religion in the Late Republic", *Philosophia Togata. Essays on Philosophy and Roman Society*, M. Griffin y J. Barnes (eds.), 174-198, Clarendon Press, Oxford.

—(1997)[1993]: *Studies in Greek history and thought*, Clarendon Press, Oxford.

BURCK, E. (1964): *Die Erzählungskunst des T. Livius*, Weidman, Berlin-Zürich.

BURKE, P. (1989): "History as social memory", *Memory, History, Culture and the Mind*, T. Butler (ed.), Blackwell, Oxford-New York, pp. 97-113.

CANALI DE ROSSI, F. (1997): *Le ambascerie dal mondo greco a Roma in etá repubblicana*, Instituto Italiano per la storia antica, Roma.

CANZIK, H. (1985-86): "Rome as a sacred landscape. Varro and the End of Republican Religion in Rome", *Visible Religion. Annual for Religious Iconography*, 4-

5, pp. 250-265.

CANFORA, L. (1972): *Totalità e selezione nella storiografia classica*, Laterza, Bari.

—(1989)[1988]: "Le biblioteche ellenistiche", *Le biblioteche nel mondo antico e medievale,* G. Cavallo (ed.), Laterza, Roma, pp. 5-28.

CANTARELLI, L. (1898): "Origine degli Annales Maximi", *Rivista de filologia e di Istruzione classica*, 26, pp. 209-229.

—(1900): *La più antica cronaca dei Romani.* Disser. della Pontifica Accademia Romana di Archeologia. Ser II, 7.

CARAFA, P. (1998): *Il comizio di Roma dalle origini all´età di Augusto*, "L´Erma" DiBretschneider, Roma.

CARANDINI, A. (1997): *La nascita di Roma. Dèi, Lari, eroi e vomini all´alba di una civiltà*, Einaudi, Roma.

—(2000a): "Della fondazione di Roma. Considerazioni di un archeologo", *Roma. Romolo, Remo e la fondazione della città*, A. Carandini y R. Cappelli (eds.), Electa, Milano, pp. 9-11.

—(2000b): "Variazioni sul tema di Romolo", *Roma. Romolo, Remo e la fondazione della città*, A. Carandini y R. Cappelli (eds.), Electa, Milano, pp. 95-150.

—(2006): *Remo e Romolo: dai rioni dei Quiriti alla città dei Romani: 775/750 – 700/675 a.C. circa*, Einaudi, Torino.

CARCOPINO, J. (1947): *Les secrets de la correspondance de Cicéron II*, L'Artisan du livre, Paris.

CARDINALI, L. (1988): "Quanti libri scrisse L.Calpurnio Pisone Frugi? Congetture sull´estensione dell´opera", *Maia*, 40, fasc.1, p. 45-55.

—(1995): "Alcune note sull´annalista L.Calpurnio Pisone Frugi", *Bolletino di Studi Latini,* 25, fasc.1, pp. 426-437.

CARTLEDGE, P. (1993): *The Greeks. A portrait of Self and Others,* Oxford University Press, Oxford-New York.

CASEY, E.S. (1987): *Remembering; A Phenomonological Study*, Indiana University Press, Bloomington.

CAVALLO, G. (1991): "Gli usi della cultura scritta nel mondo romano", *Princeps Urbium. Cultura e vita sociale dell´Italia romana,* G. Pugliese (ed.), Libri Scheiwiller, Milano, pp. 171-251.

CÈBE, J.-P. (1994): *Varrón, Satires Ménippées 10*, Ecole Française de Rome, Rome.

CHAPLIN, J.D. (2000): *Livy´s explempary History*, Oxford University Press, Oxford.

CHASSIGNET, M. (1997): "L´annalistique ancienne et moyenne et la religion romaine archaïque", *Euphrosyne*, 25, pp. 85-98.

—(1998a): "Historiographie et écriture épique", *Euphrosyne*, 26, pp.155-163.

—(1998b): "La deuxième guerre punique dans l´historiographie romaine: fixation et evolution d´une tradition", *Valeurs et mémoire à Rome: Valère Maxime ou La vertu recomposée*, J.-M. David (ed.), De Boccard, Paris, pp. 55-72.

—(1998c): "Etiologie, etymologie et éponymie chez Cassius Hemina: mécanismes et fonction", *Les Etudes Classiques*, 66, fasc. 4, pp. 321-335.

—(2001): "Les Annales de Valérius Antias sont-elles une oeuvre césarienne?", *Cahiers des Études Anciennes*, 37, pp. 56-63.

—(2003)[1996]: "Introducción" en *L´annalistique romaine: les annales des pontifes, l´annalistique ancienne*, M. Chassignet (ed.), Belles Lettres, Paris.

CHAUSSERIE-LAPRÉE, J.P. (1963): "Les structures et les techniques de l´expression narrative chez les historians latins", *Revue des Etudes Latines*, 41, pp. 281-296.

CICHORIUS, C. (1894): "Annales". *Paulys Realencyclopädie der classischen Altertumswissenschaft*, Alfred Druckenmüller Verlag, Stuttgart, pp. 2248-2255.

CIZEK, E. (1988): "La poétique cicéronienne de l´histoire", *de l'Association Guillaume Budé*, 2, pp.16-25.

—(1995): *Histoire et historiens à Rome dans*

l'Antiquité, Presses Universitaires de Lyon, Lyon.

CLEMENTE, G. (1988): "Sicily and Rome: the impact of Empire on a Roman Province", *Form of control and subordination in Antiquity*, T. Yuge y M. Doi (eds.), Brill, Leiden-New York, pp. 105-120.

COARELLI, F. (1972): "Il sepolcro degli Scipioni", *Dialoghi di Archeologia*, 6, pp. 36-106.

—(1973): "Frammento di affresco dall'Esquilino con scena storica", *Roma medio reppublicana: aspetti culturali di Roma e del Lazio nei secoli IV e III a.C.*, Assessorato antichità, belle arti e problemi della cultura, Roma, pp. 200-208.

—(1977a): "Il comizio dalle origini alla fine della Repubblica. Cronologia e topografia", *La Parola del Passato*, 32, fasc. 174, pp. 166-238.

—(1977b): "Il Campo Marzio occidentale. Storia e topografia", *Melanges de l'Ecole Française de Rome. Antiquité*, 89, n. 2, pp. 807-846.

—(1992)[1983]: *Il Foro romano. Periodo arcaico*, Quasar, Roma.

—(1996): "Le fonti non annalistiche dell'annalistica", *Eutopia*, 5, fasc. 1-2, pp. 23-33.

—(1997): *Il Campo Marzio. Dalle origini alla fine della Repubblica,* Quasar, Roma.

—(2003a)[1980]: *Guida archeologica di Roma*, Laterza, Roma.

—(2003b): "Remoria", *Myth, History and cultura in Republican Rome. Studies in honour of T.P.Wiseman*, D. Braund y C. Gill (eds.), University of Exeter Press, Exeter, pp. 41-55.

CODOÑER, C. (1986): *Evolución del concepto de historiografía en Roma*, Bellaterra, Barcelona.

—(1996): "Una vez más la Historia en Cicerón y la carta a Lucceyo", *Homenaje a Jose María Blázquez III*, J. Mangas y J. Alvar (eds.), Ediciones Clásicas, Madrid, pp. 1-22.

COGROSSI, C. (1982): "Atena Iliaca e il culto degli eroi", *Politica e religione nel primo scontro tra Roma e l'Oriente*, M. Sordi (ed.), Pubblicazioni della Università Cattolica, Milano, pp. 81-98.

COLEMAN, R. (1989): "The formation of specialized vocabularies in philosophy, grammar and rhetoric: winners and losers", *Actes du Ve Colloque de Linguistique latine*, M. Lavency y D. Longuée (eds.), Peeters, Louvain-la-Neuve, pp. 77-89.

COLLINS, J.H. (1972): "Caesar as a Political Propagandist", *Auftief und Niedergang der römischen Welt*, I.1, Walter De Gruyter, Berlin-New York, pp. 922-966.

COLONNA, G. (1976a): "La diffusione della scrittura", *Civiltà del Lazio primitivo*, Multigrafica, Roma, pp. 372- 376.

—(1976b): "Scriba cum rege sedens", *L'Italie prérromaine et la Romerépublicaine I. Mélanges offerts à Jacques Heurgon*, Collection de l'école française de Rome 27, École française de Rome, Rome, pp. 187-195.

—(1980): "Appendice: le iscrizioni strumentali latine del VI e V secolo a.C." *Lapis Satricanus. Archaeological, epigraphical, linguistic and historical aspects of the new inscription from Satricum*, M. Stibbe y G. Colonna (eds.), Ministerie van Cultur, Recreatie en Maatschappelijk Werk, The Hague, pp.53-69.

—(1988): "L'écriture dans l'Italie centrale à l'époque archaïque", *Revue de la Société des élèves, anciens élèves et amis de la Section des Sciences Religieuses de l'Ecole Pratique des Hautes Etudes,* 1, pp. 22-31.

COLSON, F.H. (1917): "Some Considerations as to the Influence of Rhetoric upon History", *Proceedings of the Classical Association,* 14, pp. 149-173.

COMPERNOLLE, R. van (1959): *Étude de chronologie et d'historiographie siciliotes; recherches sur le système chronologique des sources de Thucydide concernant la fondation des colonies siciliote*, Palais des Academies, Bruxelles-Roma.

CONNERTON, P. (2006): "Cultural Memory", *Handbook of material culture*, C. Tilley, W. Keane, S. Küchler, M. Rowlands y P. Spyer (eds.), Sage, London, pp. 315-324.

COPPOLA, G. (1994): *Cultura e potere: il lavoro intellecttuale nel mondo romano*, Giuffrè, Milano.

CORNELL, T.J. (1974): "Notes on the Sources for Campanian History in the Fifth Century B.C., *Museum Helveticum*, 31, fasc.4, pp.193-208.

—(1975): "Aeneas and the twins: the development of the Roman foundation legend", *Proceedings of the Cambridge Philological Society*, 21, pp. 1-32.

—(1977): "Aeneas´arrival in Italy", *Liverpool Classical Monthly*, 2, n.4, pp. 77-83.

—(1980): "Alcune riflessioni sulla formazione della tradizione storiografica su Roma arcaica", *Roma arcaica e le recenti scoperte archeologiche. Giornate di studio in onore di U. Coli*, Gioffrè, Milano, pp. 19-34.

—(1982): "Clio´s cosmetics. Review", *Journal of Roman Studies*, 72, pp. 203-206.

—(1986a): "The formation of the historical tradition of early Rome", *Past Perspectives: studies in Greek and Roman historical writing*, I.S. Moxon, J.D. Smart y A.J. Woodman (eds.), Cambridge University Press, Cambridge, pp. 67-86.

—(1986b): "The Value of the Literary Tradition Concerning Archaic Rome", *Social Struggles in Archaic Rome. New Perspectives on the Conflict of Orders*, K.A. Raaflaub (ed.), University of California Press, Berkeley-Los Angeles, pp. 52-76.

—(1986c): "The *Annals* of Quintus Ennius", *Journal of Roman Studies*, 76, pp. 244-250.

—(1991a): "The tyranny of the evidence: a discussion of the possible uses of literacy in Etruria and Latium in the archaic age", *Literacy in the Roman World*, Journal of Roman Archaeology, Supplementary series n. 3, M.Beard (ed.), The University of Michigan Press, Ann Arbor, pp. 7-33.

—(1991b): "Rome: the History of an Anachronism", *City-States in Classical Antiquity and Medieval Italy*, A. Molho, K. Raaflaub y J. Emlen (eds.), Steiner, Stuttgart, pp. 53-69.

—(1999)[1995]: *Los orígenes de Roma c. 1000 – 264 a.C. Italia y Roma de la Edad del Bronce a las guerras púnicas*, Crítica, Barcelona.

—(2000): "La leggenda della nascita di Roma", *Roma. Romolo, Remo e la fondazione della città*, A. Carandini y R. Cappelli (eds.), Electa, Milano, pp. 45-57.

—(2003): "Coriolanus. Myth, history and performance", *Myth, History and Cultura in Republican Rome. Studies in honour of T.P.Wiseman*, D. Braund y C. Gill (eds.), University of Exeter Press, Exeter, pp. 73-97.

CORNFORD, F.M. (1907): *Thucydides Mythistoricus*, E. Arnold, London.

CRAWFORD, M. (1971): "A Roman representation of the ΚΕΡΑΜΟΣ ΤΡΩΙΚΟΣ", *Journal of Roman Studies*, 61, pp. 153-154.

—(1974): *Roman Republican Coinage I*, Cambridge University Press, New York-Cambridge-Melbourne.

CRISTOFANI, M. (1978): "Rapporto sulla diffusione della scrittura nell´Italia antica", *Scrittura e civiltà*, 2, pp. 5-33.

CUPAIUOLO, F. (1984): "Caso, fato e fortuna nel pensiero di alcuni storici latini: spunti e appunti", *Bolletino di Studi Latini*, 14, fasc. 1-2-3, pp. 3-38.

DALZELL, A. (1955): "Asinius Pollio and the Early History of Public Recitation at Rome", *Hermathena*, 86, pp. 20-28.

DANGEL, J. (1999): "Parole et écriture chez les Latins: approche stylistique", *Latomus*, 58, fasc.1, 3-29.

—(2000): "L´éloquence républicaine, "Moëlle de Suasion"", *Orateur, auditeurs, lecteurs : à propos de l'éloquence romaine à la fin de la République et au début du Principat : actes de la table ronde du 31 janvier 2000*, G. Achard y M. Ledentu (eds.), Centre d'études et de recherches sur l'Occident romain de l' Université Lyon III, Lyon, pp. 11-25.

DANTO, A.C. (1989) [1965]: *Historia y narratividad*, Paidós, Barcelona.

DAVID, J.-M. (1979): "Promotion civique et droit à la parole: L. Licinius Crassus, les accusateurs et les rhéteurs latins", *Mélanges de l´ècole française à Rome, Antiquité*, 91, pp. 135-181.

—(1983): "Les orateurs des municipes à Rome: intégration, réticences et snobismes", *Les "bourgeoisies" municipales italiennes aux IIe et Ier siècles av. J.-C."*, Éditions du Centre national de la Recherche Scientifique, Paris, pp. 309-323.

—(1998): "Les enjeux de l´exemplarité à la fin de la république romaine et au début du principat", *Valeurs et mémoire à Rome: Valère Maxime ou la vertu recomposée,* J.-M. David (ed.), De Boccard, Paris, pp. 9-17.

DENTZER, J.-M. (1967): "Les témoignages sur l'histoire de la peinture italique dans la tradition littéraire latine et le problème de la peinture murale en Italie », *Mélanges d'Archeologie et d'Histoire Ancienne*, 79, n.1, pp. 7-27.

DESBORDES, F. (1995)[1990]: *Concepciones sobre la escritura en la antigüedad romana*, Gedisa, Barcelona.

—(1996): *La Rhétorique Antique : l'art de persuader*, Hacchete, Paris.

DESCHAMPS, L. (1987): "Temps et histoire chez Varron", *Filologia e forme letterarie. Studi offerti a Francesco della Corte II, Letteratura Latina dalle origini ad Augusto,* Università degli Studi, Urbino, pp. 167-192.

—(1991): "Varron et la nation romaine", *L'imaginaire de la nation (1792-1992)*, Cl.-G. Dubois (ed.), Presses Universitaires, Bordeaux, pp. 61-71.

—(1994): "Un fragment énigmatique des Antiquités Humaines de Varron", *Kentron*, 10, fasc.1, pp. 51-56.

DESIDERI, P. (1992): "Cicerone e l'ellenizzazione della storiografia romana", *Graecia capta: de la conquista de Grecia a la helenización de Roma*, F. Gascó y E. Falque (eds.), Universidad de Huelva, Huelva, pp. 29-43.

—(2001): "Memoria storica e senso dello Stato in Cicerone", *Epigrafia e territorio Politica e Società VI*, M. Pani (ed.), Edipuglia, Bari, pp. 229-242.

DE VIVO, A. (1998a): *Costruire la memoria: ricerche sugli storici latini*, Studi Latini 31, Loffredo Editore, Napoli.

—(1998b), "La costruzione della memoria nelle forme della comunicazione di Roma antica: storiografia e codice letterario", *La parola delle Immagini e delle forme di scrittura. Modi e tecniche della Communicazione nel mondo antico*, Di.Sc.A.M., Messina, pp. 181-196.

DI CAPUA, F. (1953): "Osservaioni sulla lettura e sulla preghiera ad alta voce presso gli antichi", *Rendiconti della Accademia di Archeologia, lettere e belle arti*, n.s., 28, pp. 59-99.

DIONISOTTI, A.C. (1988): "Nepos and the Generals", *Journal of Roman Studies*, 78, pp. 35-49.

D'IPPOLITO, F.M. (1978): "L'organizzazione degli "intellettuali" nel regime cesariano", *Quaderni di Storia*, 4, n.8, pp. 245-272.

—(1998): "Fabio Pittore rivisitato", *Atene e Roma*, 43, fasc. 4-3, pp. 142-155.

DITTMAN, M. (1935): "The development of historiography among the Romans", *Classical Journal*, 30, pp. 287-296.

DIZ, T.K. (2000): "The library of Lucullus", *Athenaeum*, 88, fasc.2, pp. 441-464.

DOUGLAS, A.E. (1973): "The Intellectual Background of Cicero's Rhetorica: a study in method", *Auftieg und Niedergang der römischen Welt*, I.3, Walter De Gruyter, Berlin-New York, pp. 239-277

DRUMMOND, A. (1978): "The dictator years", *Historia*, 27, n.4, pp. 550-572.

DUBOURDIEU, A. (1989): *Les origines et le développement du culte des Pénates á Rome*, Collection de l'Ecole Française de Rome 118, École Française de Rome, Roma.

DBUIUSSON, M. (1956) : "La connaissance du grec à Rome", *Revue des Etudes Latines*, 34, pp. 111-131.

—(1981): "Problèmes du bilinguisme romain", *Les Etudes Classiques*, 49, pp. 27-45.

—(1982): "Y a-t-il eu une politique linguistique romaine?", *Ktema*, 7, pp. 187-210.

—(1991): "Lettrés et illettrés dans la Rome antique. L'importance sociale, politique et culturelle de l'écriture", *Phoinikeia grammata. Lire et écrire en Mediterranee*, Cl. Baurain, C. Bonnet y V. Krings (eds.), Société des études classiques, Namur, pp. 633-647.

DUFALLO, B. (1998): "Les spectres du passé récent dans le *Pro Sex. Roscio Amerino*", *Images romaines: actes de la table ronde organisée à l'Ecole Normale Supérière (24-26 oct.1996)*, ed. C.Auvray-Assayas, Paris, pp. 207-219.

DUMÉZIL, G. (1947) : *Tarpeia. Essais de philologie comparative indo-européenne*, Galllimard, Paris.

—(1966) : *La réligion romaine archaïque*, Payot, Paris.

—(1968) : *Mythe et épopée. L'idéologie des trois fonctions dans les épopées des peuples indo-européens*, Gallimard, Paris.

—(1969): *Idées romaines*, Gallimard, Paris.

—(1975): *Fêtes romaines d'été et d'automne*, Gallimard, Paris.

DUPONT, F. (1982): "Cicéron, sophiste romain", *Langages*, 65, pp. 23-46.

—(1987): "Les morts et la mémoire: le masque funèbre", *La mort et l'au-delà dans le monde romain*, Actes du colloque de Caen (20-22 nov. 1985), F. Hinard (ed.), Université de Caen, pp. 167-172.

—(1992)[1989]: *Daily life in ancient Rome*, Blackwell, Oxford.

—(1997): "Recitatio and the reorganization of the space on public discourse", *The Roman Cultural Revolution*, Th. Habinek y A. Schiesaro (eds.), Cambridge University Press, Cambridge, pp. 42-59.

—(2001)[1994]: *La invención de la literatura*, Debate, Madrid.

—(2003)[1985]: *L'acteur-roi. Le tréâtre dans la Rome antique*, Les Belles Lettres, Paris.

DURRY, M. (1942): "Laudatio funebris et rhétorique", *Revue de Philologie de Littérature et d'Histoire anciennes*, 16, pp. 105-114.

DURY-MOYAERS, G. (1981): *Énée et Lavinium. A propos des découvertes archéologiques récentes*, Collection Latomus 174, Latomus, Bruxelles.

EARL, D.C. (1972): "Prologue-form in Ancient Historiography", *Auftieg und Niedergang der römischen Welt*, I.2, Walter De Gruyter, Berlin-New York, pp. 842-856.

EDWARDS, C. (1996): *Writing Rome: Textual approaches to the city*, Cambridge, University Press, Cambridge.

ELDER, J.P. (1967): "Catullus I, his poetic creed and Nepos", *Harvard Studies in Classical Philology*, 71, pp. 143-149.

ELSNER, J. (1996): "Inventing imperium: texts and the propaganda of monuments in Augustan Rome", *Art and text in Roman culture*, J. Elsner (ed.), Cambridge University Press, Cambridge-New York, pp. 32-53.

ELVERS, K.-L. (1999): "Marius", *Der Neue Pauly: Enzyclopadie der Antike*, J.B. Metzler Stuttgart, pp. 902-905.

ETCHEGARAY-CRUZ, A. (1991): "Carácter e historiografia en Cicerón", *Semanas de estudios romanos VI*, pp. 45-61.

EVRARD, E. (1997): "L'émergence du narrateur principal dans l'oeuvre de Salluste", *Présence de Salluste. Actes du colloque tenu à Tours (23-24 fev.1996)*, R. Poignault (ed.), Centre de Recherches A. Piganiol, Tours, pp. 13-26.

FABIA, P. (1900): "La règle annalistique dans l'historiographie romaine", *Journal des Savants*, pp. 433-442.

FANTHAM, E. (1978): "Imitation and evolution. The discussion of rhetorical imitation in Cicero *De Oratore* 2.87-97, and some related problems of ciceronian theory", *Classical Philology*, 73, pp. 1-16.

—(1981): "The synchronistic chapter of Gellius (NA 17.21) and some aspects of roman chronology and cultural history between 60 and 50 B.C.", *Liverpool Classical Monthly*, 6, n.1, pp. 7-17.

—(1999)[1996]: *Roman Literacy Culture from Cicero to Apuleius*, Johns Hopkins University Press, Baltimore-London.

FARRELL, J.A. (1997): "The phenomenology of memory in Roman culture", *Classical Journal*, 92, n.4, pp. 373-383.

FEDELI, P. (1989)[1988]: "Biblioteche private e pubbliche a Roma nel mondo romano", *Le biblioteche nel mondo antico e medievale* ed. G.Cavallo, Laterza, Bari, pp. 31-64.

FEENEY, D.C. (1993): "Towards an Account of the Ancient World's Concepts of Fictive Belief", *Lies and Fiction in the Ancient World*, C. Gill y T.P. Wiseman (eds.), University of Exeter Press, Exeter, pp. 230-244.

—(1995): "Criticism ancient and modern", *Ethics and Rhetoric: Classical Essays for Donald Russell on his*

Seventy-Fifth Birthday, D. Innes, H. Hime y C. Pelling (eds.), Clarendon Press, Oxford, pp. 301-312.

—(1999)[1988]: *Literature and religion at Rome. Cultures, contexts, and beliefs,* Cambridge University Press, Cambridge.

FELDHERR, A. (2003): "Cicero and the Invention of Literary History", *Formen römischer Geschichtsschreibung von den Anfängen bis Livius*, U. Eigler, U. Gotter, N. Luraghi y U. Walter (eds.), Wissenschaftliche Buchgesellschaft, Darmstadt, pp, 196-212.

FERRERO, L. (1950): "Osservazione sugli interessi storici ciceroniani", *Giornale Italiano di Filologia*, 3, n. 3, pp.219-237.

—(1962): *Rerum scriptor. Saggi sulla storiografia romana*, "L'Erma" di Bretschneider, Roma.

FERRILL, A. (1978): "History in Roman schools", *The Ancient World*, 1, n.1, pp. 1-5.

FINETTE, L. (1995): "*Marcus Valérius Corvinus* ou l´histoire d´un surnom: à propos du fragment 12 (Peter) de *Claudius Quadrigarius*", *Cahiers des Études Anciennes*, 29, pp. 103-108.

FINLEY, M. I. (1965): "Myth, memory and history", *History and Theory,* 4, n.3, pp. 281-302.

FITZGERALD, W. (2000): "The case for Rome", *Classical Philology*, 95, n.2, pp. 207-219.

FLECK, M. (1993): *Cicero als Historiker*, Beiträge zur Altertumskunde39, Stuttgart.

FLORY, S. (1980): "Who Read Herodotus *Histories*?", *American Journal of Philology*, 101, pp. 193-208.

FLOWER, H.I. (1995): "*Fabulae Praetexta* in Context: When Were Plays on Contemporary Subjects Performed in Republican Rome?, *Classical Quarterly*, 45, n.1, pp. 170-190.

—(1999)[1996]: *Ancestor masks and aristocratic power in Roman culture*, Clarendon Press, Oxford.

—(2002): "Were Women ever "Ancestors" in Republican Rome?", *Images of ancestors,* J.M. Hojte (ed.), Aarhus University Press, Aarhus-Oxford, pp. 159-184.

—(2003): Memories of Marcellus. History and Memory in Roman Republican Culture", *Formen römischer Geschichtsschreibung von den Anfängen bis Livius*, U. Eigler, U. Gotter, N. Luraghi y U. Walter (eds.), Wissenscharftliche Buchgesellschaft, Darmstadt, pp. 39-52.

FONTANELLA, F. (1997): "Introduzione al *De legibus* di Cicerone I", *Athenaeum*, 85, pp. 487-530.

—(1998): "Introduzione al *De legibus* di Cicerone II", *Athenaeum*, 86, pp. 179-208.

FORNARA, C.W. (1983): *The Nature of History in Ancient Greece and Rome*, University of California Press, Berkeley.

FORSYTHE, G. (1990): "Some notes on the History of Cassius Hemina", *Phoenix*, 44, pp. 326-344.

—(1994): *The historian L. Calpurnius Piso Frugi and the Roman annalistic tradition*, University Press of America, Lanham-London.

—(2002): "Dating and arranging the Roman history of Valerius Antias", *Oikistes. Studies in Constitutions, Colonies and Military Power in the Ancient World offerd in honour of A. J. Graham*, V.B. Gorman y E.H. Robinson (eds.), Brill, Leiden-Boston-Köln, pp. 99-112.

FOUCAULT, M. (1969): *L´archéologie du savoir.* Paris, Gallimard.
(1997): *Il faut défendre la societé. Cours au Collège de France, 1976*, Seuil-Gallimard, Paris.

FOUCHER, A. (2000): "Nature et formes de l´"histoire tragique" à Rome", *Latomus*, 59, fasc. 4, pp. 773-801.

FRACCARO, P. (1911): "Scauriana", *Rendiconti della Accademia dei Lincei*, 20, pp. 169-196 (=*Opuscula II*, pp. 125-147).

—(1952): "La storia romana arcaica", *Rendiconti dell´Istituto Lombardo*, 85, pp. 85-118 (=*Opuscula I*, pp. 1-23).

—(1956): *Opuscula I. Scritti di caratere generale. Studi catoniani. I processi degli Scipioni*, Presso la rivista "Athenaeum", Pavia.

—(1957a): "The history of Rome in the regal period", *Journal of Roman Studies*, 47, pp. 59-65.

—(1957b): *Opuscula II. Studi sull´età della rivoluzione romana. Scritti di diritto pubblico. Militaria*, Presso la rivista "Athenaeum", Pavia.

FRANK, T. (1927): "Roman historiography before Caesar", *American Historical Review,* 32, pp. 233-240.

—(1961)[1930]: *Vida y literatura en la República romana*, Eudeba, Buenos Aires.

FRANZOI, A. (1997): "Ancora sulla funzione dei prologhi nelle monografie di Sallustio", *Lexis*, 15, pp.189-196.

FRASER, P.M. (1972): *Ptolemaic Alexandria*, v. 1, Clarendon Press, Oxford.

FREE, T. (1990): "Written and Living Culture", *Journal of the Anthropological Society of Oxford*, 21.1, pp. 51-65.

FRIER, B.W. (2002)[1979]: *Libri Annales Pontificum Maximorum. The Origins of the Annalistic Tradition,* Papers and Monographs of the American Academy in Rome 27 The University of Michigan Press, Ann Arbor.

FRUYT, M. (2000): "La création lexicale: généralités appliquées au domaine latin", *La création lexicale en latin*, Lingua Latina 6, M. Fruyt (ed.), Presses de l´Université de Paris-Sorbonne, Paris, pp. 11-48.

GABBA, E. (1953): "Politica e cultura in Roma agli inizi del I secolo a,C.", *Athenaeum*, 31, pp. 259-277.

—(1960): "Studi su Diogini da Alicarnasso, I. La costituzioni de Romolo", *Athenaeum*, 38, fasc. 3-4, pp. 175-225.

—(1963): "Il latino como dialetto greco", *Miscellanea di studi alessandrini in memoria di Augusto Rostagni*, Bottega d´Erasmo, Torino, pp. 188-194.

—(1967): "Considerazioni sulla tradizione letteraria sulle origini della repubblica", *Les origines de la République romaine*, Entretiens sur l´Antiquité Classique 13, Foundation Hardt, Genève, pp. 135-169.

—(1976a): "Sulla valorizzazione politica della leggenda delle origini troiane di Roma fra III e II secolo a.C.", *I canali della propaganda nel mondo antico*, M. Sordi (ed.), Università Cattolica del Sacro Cuore, Milano, pp. 84-101.

—(1990)[1984]: "The Historians and Augustus", *Caesar Augustus: Seven Aspects,* F. Millar y E. Segal (eds.), Clarendon Press, Oxford, pp. 61-88.

—(1993): "Problemi di metodo per la storia di Roma arcaica", *Bilancio critico su Roma arcaica fra monarchia e repubblica: in memoria di Ferdinando Castagnoli*, Accademia Nazionale dei Linzei, Roma, pp. 13-24.

—(1996): "Origine e carattere della più antica storiografia romana", *Eutopia*, fasc. 1-2, pp. 3-11.

GADAMER, H.-G. (2001)[1993]: *El problema de la conciencia histórica*, Technos, Madrid.

GAILLARD, J. (1978): "*Auctoritas exempli*: pratique rhétorique et idéologie au 1er s. av. J.C.", *Revue des Études Latines*, 56, pp. 30-34.

—(1980): "La notion cicéronienne d´historia ornata", *Caesarodunum*, 15bis, pp. 37-45.

GALÁN, J.-M. (2004): "El paso del tiempo y el recuerdo del pasado en el antiguo Egipcio", *Revista de dialectología y tradiciones populares*, 59, n. 1, pp. 37-55.

GALINSKY, K. (1969a): *Aeneas, Sicily and Rome*, Princeton University Press, Princeton, New-Jersey.

—(1969b): "*Troiae qui primus ab oris* ...(*Aen.* I, 1)", *Latomus*, 28, pp. 3-18.

—(1974): "The tomb of Aeneas at Lavinium", *Vergilius*, 20, pp. 2-11.

—(1996): *Augustan Culture. An interpretative introduction*, Princeton University Press, Princeton, New Jersey.

GALLARDO, C. (2002): "Lectores y lecturas en la Roma antigua", *Estudios Clásicos,* 44, n. 121, pp. 43-61.

GANTZ, T.N. (1974): "Lapis Niger: the tomb of Romulus", *La Parola del Passato*, 29, pp. 350-361.

GANSINIEC, Z. (1949): *Tarpeia. The Making of a Myth*, Societastis Archaeologicae Polonorum, Wratislaviae.

GARBARINO, G. (1973): *Roma e la filosofia greca*

dalle origini alla fine del II secolo A.D., Paravia, Torino.

GARCÍA-FERNÁNDEZ, E. (2001): "*Doctrina transmarina*: la recepción de la filosofía griega en la Roma republicana", *Del pensar y su memoria. Ensayos en Homenaje al profesor Emilio Lledó*, L. Vega Reñón, E. Rada García y S. Mas Torres, (eds.), Universidad Nacional de Educación a Distancia, Madrid, pp. 297-310.

GARCÍA-FUENTES, MªC. (1972): "Eneas, Ascanio y los reyes de Alba", *Hispania Antiqua*, 2, pp. 21-34.

GEIGER, J. (1985): *Cornelius Nepos and Ancient Political Biography*, Steiner, Wiesbaden.

—(1985a): "Cicero and Nepos", *Latomus*, 44, pp. 261-270.

GELZER, M. (1933): "Römiche Politik bei Fabius Pictor", *Hermes*, 68, pp. 129-166.

—(1934): "Der Anfang römicher Geschichtschreibung", *Hermes*, 69, pp. 46-55.

—(1954): "Nochmals über den Anfang der römischen Geschichtsschreibung", *Hermes*, 82, pp. 342-348.

—(1964): *Kleine Schriften III*, Steiner, Wiesbaden.

GENTILI, B. (1975): "La cronaca pontificale", *La teorie del discorso storico nel pensiero greco e la storiografia romana arcaica*, B. Gentili y G. Cerri (eds.), Edizioni dell'Ateneo, Roma, pp. 79-91.

GENTILI, B. y CERRI, G. (1979): "La tradizione storiografica greca e la nascente storia romana", *La storiografia greca: guida storica e critica*, D. Musti (ed.), Laterza, Bari-Roma, pp. 151-157.

—(1988)[1983]: *History and biography in anciente thought,* J.C. Gieben, Amsterdam.

GILDENHARD, I. (2003): "The "Annalist" Before the Annalists. Ennius and his *Annales*", *Formen römischer Geschichtsschreibung von den Anfängen bis Livius,* U. Eigler, U. Gotter, N. Luraghi y U. Walter (eds.), Wissenschaftiche Buchgesellschaft, Darmstadt, pp. 93-114.

GINZBURG, C. (2000)[1999]: *Rapport de force. Histoire, rhétorique, preuve*, Gallimard, Paris.

GIOVANNINI, G. (1943): "The connection between tragedy and history in ancient criticism", *Philological Quarterly,* 22, n.1, pp. 308-314.

GIULIANI, C.F. y SOMMELLA, P. (1977): "Lavinium. Compendio dei documenti archeologici", *La Parola del Passato*, 32, pp. 356-372.

GJERSTAD, E. (1967): "Discussion concerning Early Rome, 3", *Historia*, 16, heft 3, pp. 257-278.

—(1973): *Early Rome V. The Written Sources*, Acta Instituti Romani Regni Sueciae series 4, n. 17, Svenska Institutet I Rom, Lund.

GIGLIOLI, G.Q. (1929): "L´oinochoe de Tragliatella", *Studi Etruschi*, 3, pp. 111-125.

GÓMEZ-RAMOS, A. (1999): "Del pasado a la historia", *Éndoxa*, 11, pp. 227-252.

—(2003): *Reivindicación del centauro. Actualidad de la filosofía de la historia*, Akal, Madrid.

—(2004): "Introducción. Koselleck y la Begriffsgeschichte. Cuando el lenguaje se corta con la historia", *historia/Historia,* R. Koselleck, Trotta, Madrid.

GOWING, A. (2000): "Memory and silence in Cicero´s Brutus", *Eranos*, 98, fasc.1-2, pp. 39-64.

—(2005): *Empire and Memory. The representation of the Roman Republicin imperial culture*, Cambridge University Press, Cambridge.

GOODY, J. (1968): "Time. Social Organization", *International Encyclopedia of Social Sciences,* vol.16, Macmillan, New York, pp. 30-42.

—(1985)[1977]: *La domesticación del pensamiento salvaje*, Akal, Madrid.

GOODY, J y WATT, I. (1996)[1968]: "Las consecuencias de la cultura escrita", *Cultura escrita en sociedades tradicionales*, comp. J.Goody, Gedisa, Barcelona, pp. 39-82.

GORDON, R. (1990): "From Republic to Principate: priesthood, religion and ideology", *Pagan Priests. Religion and Power in the Ancient World,* M. Beard y J. North (eds.), Cornell University Press, Ithaca, New York, pp. 177-198.

GRAFTON, A.T. y SWERDLOW, N.M. (1985): "Technical Chronology and Astrological History in Varro", *Classical Quarterly*, 35, n.1, pp. 454-465.

—(1988): "Calendar dates and ominous days in ancient historiography", *Journal of the Warburg and Courtlaud Institutes*, 51, pp. 14-42.

GRANDAZZI, A. (1988) : "La roi Latinus : analyse d´une figure légendaire", *Comptes rendues. Académie des inscriptiones et belles-lettres*, pp. 481-497.

—(1991): *La fondation de Rome. Réflexion sur l´histoire*, Les Belles Lettres, Paris.

GRANT, M. (1995):*Greek and Roman Historians. Information and misinformation*, Routledge, London-New York.

GRILLI, A. (1996): "L´educazione in Cicerone", *Bolletario di Studi Latini*, 26, n.2, pp. 353-364.

—(1996): "L´educazione in Cicerone", *Rendiconti dell´Istituto Lombardo*, 130, pp. 353-364.

GRILLO, A. (1998): "Poesia epica e ideologia a Roma. Alcuni riferimenti testuali e considerazioni", *La parola delle immagini e delle forme di scrittura. Modi e tecniche della communicazione nel mondo antico*, Di.Sc.A.M., Messina.

GRIMAL, P. (1975): *Le siècle des Scipions. Rome et l´hellénisme au temps des guerres puniques*, Aubier, Paris.

GRUEN, E.S. (1992): *Culture and National Identity in Republic Rome*, Cornell Universtiy Press, Ithaca, NewYork.

—(1995): *The Last Generation of the Roman Republic*, California University Press, Berkeley.

—(1996): *Studies in Greek culture and Roman policy*, California University Press, Berkeley.

GUARDUCCI, M. (1956-8): "Cippo latino arcaico con dedica ad Enea", *Bolletino della Commissione Archeologica Comunale in Roma*, 76, pp. 3-45.

—(1971): "Enea e Vesta", *Mitteilungen des Deutschen Archäologischen Instituts. Römische Abteilung*, 78, fasc. 2, pp. 73-118.

—(1974): *Epigrafia greca III*, Istituto poligrafico dello stato, Roma.

GUILLEMIN, A.M. (1938): "La lettre de Cicéron à Lucceius", *Revue des Études Latines*, 16, pp. 96-103.

HABINEK, T. (1992): "Grecian wonders and Roman woe: The Romantic Rejection Rome and its Consequences for the Study of Latin Literature", *The Interpretation of Roman Poetry: Empiricism or Hermeneutics?*, K. Galinsky (ed.), P. Lang, Frankfurt am Main-New York, pp. 227-242.

—(1998): *The politics of Latin Literature: Writing, Identity, and Empire in Ancient Rome*, Princeton University Press, Princeton, New Yersey.

HALBWACHS, M. (1971) : *La topographie légendaire des évangiles en Terre Sainte,* Presses Universitaires de France, Paris.

—(1994)[1925]: *Les cadres sociaux de la mémoire*, Albin Michel, Paris.

—(1997)[1950]: *La mémoire collective*, Albin Michel, Paris.

HALL, J. (1994): "Persuasive design in Cicero´s *De Oratore*", *Phoenix*, 48, n.3, pp. 210-225.

HALLWARD, B.L. (1931): "Cicero Historicus", *Cambridge Historical Journal*, 3, n.3, pp. 221-237.

HANELL, K. (1956): "Zur Problematik der älteren römischen Geschichtsschreibung", *Les origines de la République romaine*, Entretiens sur l´Antiquité classique 13, Fondation Hardt, Gèneve, pp. 177-191.

HARGIS, D.E. (1951): "Memory in rhetoric", *SSCJ*, 17, pp. 114-124.

HARRIS, W.V. (1991)[1989]: *Ancient Literacy*, Harvard University Press, Massachusetts-London.

HARMON, D.P. (1978): "The public festivals of Rome", *Aufstieg und Niedergang der Römischen Welt*, II. 16. 2, Walter De Gruyter, Berlin-New York, pp. 1440-1468.

HARTOG, F. (1990): "Ecritures, généalogies, archives, histoire en Grèce ancienne", *Mélanges Pierre Lévêque: Anthropologie et société*. v.5, M.-M. Mactoux y E. Geny (eds.), Les Belles Lettres, Paris, pp.177-188.

HARVEY, F.D. (1966) : "Literacy in Athenian Democracy", *Revue des études grecques,* 79, pp. 58-635.

HAVAS, L. (1983): "La conception organique de l'histoire sous l'empire romain et sus origines", *Acta Classica Univ Scien Decebr,* 19, pp. 99-106.

HAVELOCK, E.A. (1982): *The literate Revolution in Greece and its cultural consequences*, Princeton University Press, Princeton, New Jersey.

—(1996)[1986]: *La musa aprende a escribir. Reflexiones sobre oralidad y escritura desde la Antigüedad hasta el presente*, Paidós, Barcelona-Buenos Aires.

—(2002)[1963]: *Prefacio a Platón*, Visor, Madrid.

HENDERSON, J. (1990a): "Livy and the invention of history", *History as text: the writing of Ancient history*, A. Cameron (ed.), University of North Carolina Press, Chapel Hill, pp. 64-85.

—(1990b): "Livy and the invention of history (periocha)", *Liverpool classical monthly*, 15, pp. 120-121.

—(1998): *Fighting for Rome: poets and caesars, history and civil war*, Cambridge University Press, Cambridge.

HENDRICKON, G.L. (1906): "Literary sources in Cicero's Brutus and the technique of citation in dialogue", *American Journal of Philology*, 27, pp. 184-199.

—(1929): "Ancient reading", *Classical Journal*, 25, pp. 192-196.

HENIGE, D. (1982): *Oral historiography,* Longman, Longman, London-NewYork.

HENRICHS, A. (1995): "*Graecia capta*: Roman views of Greek culture", *Harvard Studies Classical Philology*, 17, pp. 243-261.

HENZE, H. (1899): *Quomodo Cicero de historia eiuque auctoribus iudicauerit*, Diss. Jena.

HEURGON, J. (1964): "L.Cincius et la loi du *clauus annalis*", *Athenaeum*, 42, fasc.1, pp. 432-437.

—(1969a) : *Rome et la Méditerranée occidentale jusqu'aux guerre puniques*, Presses Universitaires de France, Paris.

—(1969b): "La Magna Grecia e i santuari del Lazio", *Atti del VIII Convegno di studi sulla Magna Grecia*, Naples, pp. 9-31.

—(1971): "L'interpretation historique de l'historiographie latine de la République", *Bulletin de l'association Guillaume Budé*, 2, pp. 224-225

—(1973)[1969]: *The Rise of Rome to 264 B.C.*, Berkeley-Los Angeles.

HILD, J.A. (1882): "La légend d'Enée avant Virgile", *Revue de l'Histoire des Religions*, 6, pp. 41-79.

HÖLKESKAMP, K.-J. (1993): "Conquest: competition and concensus: Roman expansion in Italy and the rise of the *nobilitas*", *Historia*, 42, n.1, pp. 12-39.

HOLLIDAY, P.J. (2002): *The origins of Roman historical commemoration in the visual arts,* Cambridge University Press, Cambridge.

HOLLOWAY, R.R. (1994): *The archaeology of Early Rome and Latium*, Routledge, London-New York.

HÖLSCHER, T. (1994): *Momumenti statali e pubblico*, "L'Erma" di Bretschneider, Roma.

HORNBLOWER, J. (1981): *Hieronymus of Cardia,* Oxford University Press, Oxford.

HORSFALL, N. (1972): "Varro and Caesar: three chronological problems", *Bulletin of the Institute of Classical Studies*, 19, pp.120-128.

—(1979a): "*Doctus sermones utriusque linguae*?", *Echos du monde classique*, 22, pp. 79-95.

—(1979b): "Some problems in the Aeneas legend", *The Classical Quarterly*, 29, pp. 372-390.

—(1979c): "Stesichorus at *Bovillae*?", *Journal of Hellenic Studies*, 99, pp. 26-48.

—(1981): "Some problems of Titulatare in Roman Literary History", *BIGS*, 28,103-124.

—(1987a): "Myth and Mythgraphy at Rome", *Roman Myth and Mythography*, J.N. Bremmer y N.M. Horsfall (eds.), Institute of Classical Studies, London, pp. 1-11.

—(1987b): “The Aeneas-legend from Homer to Virgil”, *Roman Myth and Mythography*, J.N. Bremmer y N.M. Horsfall (eds.), Institute of Classical Studies, London, pp. 12-24.

—(1987c): “The letter of Cornelia: yet more problems”, *Athenaeum*, 65, fasc.1-2, pp. 231-234.

—(1989): *Cornelius Nepos. A selection, including lives of Cato and Atticus,* Clarendon Press, Oxford.

—(1993): "Roma", *Lo spazio letterario della Grecia antica, I. La produzione e la circolazione del testo, II. L´ellenismo*, G. Cambiano, L. Canfora y D. Lanza (eds.), Salerno Editrice, Roma, pp. 791-822.

HOWARD, A.A. (1906): “Valerius Antias and Livy”, *Harvard Studies in Classical Philology*, 17, pp. 161-182.

HUTCHINSON, G.O. (1998): *Cicero´s correspondence. A literary study*, Clarendon Press, Oxford.

IGGERS, G.G. (1997) [1993]: *Historiography in the Twentieth Century. From Scientific Objectivity to the Postmodern Challege*, Wesleyan University Press, Hannover-London.

JACOB, Ch. (1985): “Biographie et histoire ancienne”, *Sources. Travaux Historiques*, n.3-4, pp. 261-265.

JACOBY, F. (1949): *Atthis. The Local Chronicles of Ancient Athens*, Clarendon Press, Oxford.

JAL, P. (1990): “Tite-Live et le métier d´historien dans la Rome d´Auguste”, *Bulletin de l'Association Guillaume Budé*, 1, pp. 32-47.

—(1997): “Historiographie annalistique et historiographie thématique dans l´antiquité classique: quelques remarques”, *Revue des Études Latines*, 75, pp. 27-37.

JENKINSON, E.M. (1967): “Nepos, an introduction to Latin Biography”, *Latin Biography*, T.A. Dorey (ed.), Routledge & K. Paul, London.

—(1973): “Cornelius Nepos and Biography at Rome”, *Auftieg und Niedergang der römischen Welt*, I.3, Walter De Gruyter, Berlin-New York, pp. 703-719.

JIMÉNEZ-CALVENTE, T. (1998): “Sobre los significados de *memoria* en latín. Breve estudio estructural”, *Estudios de Lingüística latina 2*, B. García-Hernández (ed.), Ediciones Clásicas, Madrid, pp. 905-914.

JOCELYN, H.D. (1972): “The Poems of Quintus Ennius”, *Aufstieg und Niedergang der römischen Welt,* I, 2, Walter De Gruyter, Berlin-New York, pp. 987-1026.

—(1976-77): “The ruling class of the Roman republic and Greek philosophers”, *Bulletin of the John Rylands University of Mancherter*, 59, pp. 323-366.

—(1996): “C.Licinius Macer Calvus, fr. 18 Büchner”, *Eikasmos*, 7, pp. 243-254.

JOHNSON, J.W. (1962): “Chronological writing: its concepts and development”, *History and Theory*, 2, n.2, pp. 124-145.

JOHNSON, W.A. (2000): “Toward a sociology of reading in classical antiquity”, *American Journal of Philology*, 121, 4, pp. 593-627.

JONKER, G. (1995): *The topography of remembrance. The dead, tradition and collective memory in Mesopotamia*, Brill, Leiden-New York-Köln.

JUMEAU, R. (1964): “Un aspect significatif de l´exposé livien dans les livres XXI y XXII”, *Hommages à J. Bayet*, M. Renard y R. Schilling (eds.), Latomus, Bruxelles, pp. 309-333.

KAIMIO, J. (1979): *The Romans ans the Greek language*, Commentationes Humanarum Littetarum 64, Societas Scientiarum Fennica, Helsinki.

KELLY, A.P. (1968): *Historiography in Cicero*, Dissertation, Univ. of Pensilvania.

KENNEDY, G. (1963): *The art of persuasion in Greece*, Princeton University Press, Princeton, New Jersey.

—(1972): *The art of rhetoric in the Roman World. 300 B.C-A.D. 300*, Princeton University Press, Princeton, New Jersey.

KENNY, E.J. (1982): “Books and Readers in the Roman World”, *The Cambridge History of Classical Literature II, Latin Literature*, E.J. Kenney (ed.), Cambridge Univesity Press, Cambridge, pp. 3-32.

KENYON, F.G. (1932): *Books and readers in Ancient*

Greece and Rome, Clarendon Press, Oxford.

KEYSER, P.T. (1997): "Sallust´s *Historiae*, Dioskorides and the sites of the Korykos captured by P.Servilius Vatia", *Historia*, 46, fasc. 1, pp. 64-79.

KIENAST, D. (1979): *Cato der Zensor. Seine presönlichkeit und seine Zeit*, Wissenschaftliche Buchgesellschaft, Darmstadt.

KIRSOPP, M.A. (1967): *The calendar of the Roman Republic*, Princeton University Press, Princeton, New Yersey.

KNAPP, C. (1924-25): "The annalistic method in Roman historians", *Classical World*, 18, pp. 128-141.

KOLBE, H.-G. (1970): "Lare Ainia?", *Mitteilungen des Deutschen Archäologischen Instituts. Römische Abteilung*, 77, pp. 1-9.

KORNEMANN, E. (1911): "Die älteste Form der Pontifikalannalen", *Klio*, 11, pp. 245-257.

KOSELLECK, R. (1993) [1979]: *El pasado futuro. Una semántica de los tiempos históricos*, Paidos, Barcelona.

—(2001)[2000]: *Los estratos del tiempo: estudios sobre la historia*, Paidós, Barcelona.

—(2004)[1975]: *historia/Historia*, Trotta, Madrid.

KOSELLECK, R. y GADAMER, H.-G. (1997): *Historia y hermenéutica*, Paidós, Barcelona.

KRAUP, P. (1974): "Quelques remarques sur l´originalité de Cicéron dans ses ouvres politiques", *Mélanges de Philosophie, de littérature et d´histoire ancienne offert à Pierre Boyancé*, Collection de l´école française de Rome 22, Paris-Rome, pp. 455-460.

KRETSCHMER, P. (1909): "Remus and Romulus", *Glotta*, 1, pp. 288-303.

LA ROCCA, E. (1984): "Fabio o Fannio. L´affresco medio-repubblicano dell´Esquilino come riflesso dell´arte rappresentativa e come expressione di mobilitá sociale", *Dialoghi di Archeologia*, 3ª serie, 2, n.1, pp. 31-53.

LA PENNA, A. (1963): "Per la riconstruzione delle *Historiae* di Sallustio", *Studi Italiani di Filologia Classica*, 35, pp. 5-68.

—(1968): *Sallustio e la "rivoluzione" romana*, Feltrinelli Editore, Milano.

—(1976): "Alcuni concetti base di Varrone sulla storia romana", *Atti Congresso Internazionale di Studi Varroniani*, v. 2, Centro di Studi Varroniani, Rieti, pp. 398-405.

—(1978): *Aspetti del pensiero storico latino. Politica e cultura in Roma antica e nella tradizione classica moderna*, Einaudi, Torino.

—(1986): *La cultura letteraria a Roma*, Laterza, Roma-Bari.

—(1991): "La storiografia", *La prosa latina. Forme, autori, problemi*, F. Montanari (ed.), La Nuova Italia Scientifica, Roma, pp. 13-93.

LAFFRANQUE, M. (1962): "A propos des mémoires de Cicéron sur l´histoire de son consulat", *Revue Philosophique*, 152, pp. 351-358.

LAHUSEN, G. (1989): *Die Bildnismünzen der römischen Republik*, Hirmer, Münschen.

LAROCHE, R.A. (1983): "Early Roman Chronology: its Schematic Nature", *Studies in Latin Literature and Roman History, 3,* Latomus, Bruxelles, pp. 5-25.

LATTE, K. (1960): "Der Historiker L. Calpurnius Piso Frugi", *Sitzungsberichte der deutschen Akademie der Wissenschaft in Berlin*, 7, pp. 1-22.

LAURAND, L. (1911): "L´histoire dans les discours de Cicéron", *Musée Belge. Revue de philologie classique,* 15, pp. 5-34.

LAURENCE, R. y SMITH, C. (1995-6): "Ritual, time and power in ancient Rome", *Accordia Research Papers*, 6, pp .133-151.

LEEMAN, A.D. (1955): "Le genre et le style historique à Rome", *Revue des Étude Latines*, 33, pp. 183-198.

—(1963): *Orationis ratio. The stylistic theories and practise of the Roman orators historians and philosophers*, A. M. Hakkert, Amsterdam.

—(1985): "L´historiographie dans le *De Oratore* de Cicéron", *Bulletin de l´Association Guillaume Budé,* n.3, pp. 280-288.

LE GLAY, M. (2001)[1990]: *Grandeza y decadencia de la República romana*, Cátedra, Madrid.

LEHMANN, A. (1997): "Varron lecteur d´Ennius", *Les Études Classiques*, 65, n.1, pp. 3-24.

LEHMANN, Y. (1992a): "La place de Naevius dans les écrits philologiques de Varron", *Ktèma*, 17, pp. 263-272.

—(1992b): "Varron sociologue dans le De vita populi Romani", *Ktèma*, 17, pp. 273-279.

—(1997): *Varron théologien et philosophie romain*, Latomus, Bruxelles.

LETTA, C. (1984): "L´"Italia dei mores romani" nelle *Origines* di Catone", *Athenaeum*, 72, fasc. I y II, pp. 3-30 y fasc. III y IV, pp. 416-439.

—(1988): "La tradizione storiogafica sull´età regia: origine e valore", *Alle origini di Roma*, E. Campanile (ed.), Giardini editori, Pisa, pp. 61-75.

LEVENE, D.S. (1992): "Sallust´s Jurgurtha: an "historical fragment"", *Journal of Roman Studies,* 82, pp. 53-70.

LÉVY, C. (1995): "Le mythe de la naissance de la civilization chez Cicéron", *Mathesis e philia: studi in onore di Marcello Gigante*, S. Cerasulo (ed.), Università degli Studi di Napoli Federico II, Napoli, pp. 155-168.

LEWIS, R.G. (1993): "Imperial Autobiography, Augustus to Hadrian", *Aufstieg und Niedergang der römischen Welt*, II.34.1, Walter De Gruyter, Berlin-New York, pp. 629-706.

LIGOTA, C.R. (1982): "This story in not True: Fact and Fiction in Antiquity", *Journal of the Warburg and Courtlaud Institutes*, 45, pp. 1-13.

LIND, L.R. (1979): "The Tradition of Roman Moral Conservatism", *Studies in Latin Literature and Roman History, 1*, C. Deroux (ed.), Latomus, Bruxelles, pp. 7-58.

—(1994): "Thought, life, and literature at Rome: the consolidation of culture", *Studies in Latin literature and Roman History,* 7, C. Deroux (ed.), Latomus, Bruxelles, pp. 5-71.

LINS BRANDÂO, J. (1999): "Histoire et fiction chez Lucien de Samosate", *Philosophes et Historiens anciens face aux mythes*, D. Bouvier y C. Calame (eds.), Les Belles Lettres, Paris, pp. 119-129.

LINTOTT, A.W. (1972): "Imperial Expansion and Moral Decline in the Roman Republic", *Historia*, 21, heft 4, pp. 626-638.

LITCHFIELD, H.W. (1914): "National *Exempla Virtutis* in Roman Literature", *Harvard Studies in Classical Philology*, 25, pp. 1-71.

LÓPEZ-BARJA, P. (2003): "El ritual de los *Cerialia* y la fundación de Lavinio", *Studia Historica*, 21, pp 75-85.

LÓPEZ-BARJA, P. y LOMAS-SALMONTE, F.J. (2004): *Historia de Roma*, Akal, Madrid.

LÓPEZ-LÓPEZ, M. (1991): *La historiografia en Grecia y Roma: conceptos y autores*, Universitat de Barcelona, Lleida.

—(1995): "Sempronio Aselión y su lugar en la historiografía romana: revisión del problema", *Myrtia*, 10, pp.177-186.

LORD, L.E. (1927): "The biographical interests of Nepos", *Classical Journal*, 22, n.7, pp. 498-503.

LUCE, T.J. (1977): *Livy: the composition of this history*, Princeton University Press, Princeton, New Jersey.

—(1989): "Ancient Views on the Causes of Bias in Historical Writing", *Classical Philology*, 84, n.1, pp. 16-31.

MALKIN, I. (1998): *The Returns of Odysseus. Colonization and ethnicity*, California Universty Press, Berkeley.

MANGANARO, G. (1972): "Per una storia della Sicilia romana", *Aufstieg und Niedergang der römischen Welt*, I. 1, Walter De Gruyter, Berlin-New York, pp. 442-461.

—(1974): "Una biblioteca storica nel ginnasio di Tauromenion e il P.OXY. 1241", *La Parola del Passato*, 29, pp.389-409.

MANNI, E. (1963): "La fondazione di Roma secondo Antioco, Alcimo e Callia", *Kokalos*, 9, pp. 253-269.

MARCHAL, L. (1987): "L'histoire pour Cicéron", *Les Etudes Classiques*, 55, pp. 41-64.

—(1988): "L'histoire pour Cicéron", *Les Etudes Classiques*, 56, pp. 241-264.

MARINCOLA, J. (1997): *Authority and tradition in ancient historiography*, Cambridge University Press, Cambridge.

—(1999): "Genre, convention and innovation in Greco-Roman historiography", *The limits of historiography: genre and narrative in ancient historical texts,* C. Shuttleworth Kraus (ed.), Brill, Leiden-Boston-Köln, pp. 281-324.

MARSHALL, P.K. (1977): *The manuscript tradition of Cornelius Nepos*, Institute of Classical Studies, London.

MARTÍNEZ-PINNA, J. (1989): "Aspectos de cronología romana arcaica. A propósito de la lista real", *Latomus*, 48, fasc. 4, pp. 798-816.

—(1995): "Nota a Helánico, FGH 4F84: Eneas y Odiseo en el Lacio", *Arqueólogos, historiadores y filólogos. Homenaje a F. Gascó II*, A.J. de Miguel Zabala, F.E. Álvarez Solano y J. San Bernardino Coronil (eds.), Kolaios, Sevilla, pp. 669-683.

—(1996): "Helánico y el motivo del incencio de los barcos: un hecho troyano", *Giornale Italiano de Filologia*, 48, n.1, pp. 21-53.

—(1997): "Rómulo y los héroes latinos", *Héroes y antihéroes en la Antigüedad clásica*, J.-Mª. Blázquez y J. Alvar (eds.), Cátedra, Madrid, pp. 95-136.

—(2001): "El *saeculum* etrusco y el final de la historia", *El Milenarismo. La percepción del tiempo en las culturas antiguas*, J. Mangas y S. Montero (eds.), Editorial Complutense, Madrid, pp. 83-102.

—(2002): *La prehistoria mítica de Roma. Introducción a la etnogénesis latina*, Gerión, Anejos VI, Madrid.

—(2004a): "La etnogénesis como adaptación de un modelo griego: la península itálica", *Vivir en tierra extraña: emigración e integración cultural en el mundo antiguo*, M. Simón, P. Polo y R. Rodríguez (eds.), Universidad de Barcelona, Barcelona, pp. 29-45.

—(2004b): "La fundación de Roma en los fragmentos históricos sicilianos (siglos IV-III a.C.)", *Revista de Historiografía,* 1, pp, 20-37.

—(en prensa a): "La fundación de Roma en los fragmentos históricos griegos", *Kokalos*.

—(en prensa b): "Latino o la decadencia del héroe", *Revue Belge de Philologie et d'Histoire*.

—(en prensa c): "La dinastía mítica del Lacio", *Studi e Materiali di Storia della Religioni*.

MAS-TORRES, S. (2006): *Pensamiento romano. Una historia de la filosofía en Roma*, Tirant Lo Blanch, Valencia.

MASTROCINQUE, A. (1993): *Romolo. La fondazione di Roma tra storia e leggenda*, Librería editrice Zielo, Padova.

—(2000): "Romolo alla luce delle nuove scoperte", *Roma. Romolo,Remo e la fondazione della città*, A. Carandini y R. Cappelli (eds.), Electa, Milano, pp. 51-57.

MATTINGLY, H.B. (1976): "Fabius Pictor, father of the Roman history", *Liverpool Classical Monthly,* 1, pp. 3-7.

—(1982): "Polybios's use of Fabius Pictor", *Liverpool Classical Monthly*, 7, p. 20-43.

MAZZA, M. (1965): "Sulla tematica della storiografia di epoca silana" *Siculorum Gymnasium*, N.S a.18, n.1, pp. 144-163.

—(1967): *Storia e ideologia in Livio*, Bonanno editore, Catania.

MAZZARINO, A. (1988): "Sul proemio delle *Historiae* di Sempronio Asellione", *Helikon*, 28, pp. 145-168.

MAZZARINO, S. (1983) [1965]: *Il pensiero storico classico II*, Laterza, Roma-Bari.

MCCARTNEY, B.M.W. (1948): "Notes on Reading and Praying Audibly", *Classical Philology*, 43, pp. 184-187.

MCCARTY, T.G. (1974): "The Content of Cornelius Nepos' De viris illustribus", *Classical World*, 67, pp. 386-391.

MCDONALD, A.H. (1957): "The Style of Livy", *The*

Journal of Roman Studies, 47, pp. 155-172.
(1968): "The Roman historians", *Fifty years (and twelve) of classical scholarship*, Blackwell, Oxford, pp. 465-493.

MEIER, Ch. (1973): "Die Entstehung der Historie", *Geschichte: Ereignis und Erzählung, Poetik und Hermeneutik 5*, R. Koselleck y W.-D. Stempel (eds.), Wilheln Fink Verlag, München, pp. 251-305.

—(1987): "Historical answers to historical questions: the origins of history in ancient Greece", *Arethusa*, 20, pp. 41-57.

—(1991): *Il mondo della storia*, Il Mulino, Bologna.

MEURANT, A. (2000): "Romolo e Remo, gemelli primordiali: aspetti di un tratto leggendario di grande rilevanza", *Roma. Romolo, Remo e la fondazione della città*, A. Carandini y R. Cappelli (eds.), Electa, Milano, pp. 33-44.

MEYER, E. (1924): *Kleine Schriften II*, M. Niemeyer, Halle (Saale).

MEYER, J.Ch. (1983): *Pre-Republican Rome. An analysis of the cultural and chronological relations 1000-500 B.C.*, Odense University Press, Odense.

MIDDLETON, D. y EDWARDS, D. (1990): *Collective Remembering*, Sage, London.

MILES, G.B. (1986): "The cycle of Roman history in Livy´s first pentad", *American Journal of Philology*, 107, n. 1, pp. 1-33.

—(1988): "*Maiores, conditores*, and Livy´s perspective on the past", *Transactions of the American Philological Association*, 118, pp. 185-208.

—(1995): *Livy: Reconstracting early Rome*, Cornell University Press, Ithaca, New York.

MINEO, B. (1997): "Philosophie de l´histoire chez Salluste et Tite-Live", *Présence de Salluste, Actes du colloque tenu à Tours (23-24 fev.1996)*, R. Poignault (ed.), Centre de Recherches A. Piganiol, Tours, pp. 45-60.

MOATTI, C. (1988): "Tradition et raison chez Ciceron: l´émergence de la rationalité politique à la fin de la République", *Mélanges de l´école française à Rome, Antiquité*, 100, pp. 385-440.

—(1991): "La crise de la tradition á la fin de la République romaine à travers la littérature juridique et la science des antiquaires", *Continuità e trasformazione fra Repubblica e Principato*, M. Pani (ed.), Edipuglia, Bari, pp. 31-46.

—(1997): *La raison de Rome. Naissance de l´esprit critique à la fin de la République*, Seuil, Paris.

—(2000) : "Le sens de l'histoire dans l'interpretation juridique romaine", *Droits. Revue française de théorie, de philosophie et de culture juridiques*, 30, pp. 3-14.

—(2003a): "La construction du patrimoine culturel à Rome aux Ier siècle avant et Ier siècle aprés J.-C.", *Memoria e Identità. La cultura romana costruire la sua immagine, M. Citroni* (ed.), Università degli Studi di Firenze, Firenze, pp. 81-98.

—(2003b): "Les archives romaines. Réflexions méthodologiques", *L'uso dei documenti nella storiografia antica*, A.M. Biraschi *et alii* (eds.), Edizioni Scientifiche Italiane, Napoli, pp. 29-43.

—(2003c) : "Experts, mémoire et pouvoir à Rome, à la fin de la République", *Revue Historique*, 309, n.2, pp. 303-325.

MOMIGLIANO, A. (1957): "Perizonius, Niebuhr and the character of early Roman tradition", *Journal of Roman Studies*, 47, pp. 104-114.

—(1958): "Some Observations on the *Origo Gentis Romanae*", *Journal of Roman Studies*, 48, pp. 56-73.

—(1959): "Atene nel III seculo A.C. e la scoperta di Roma nelle storie di Timeo di Tauromenio", *Rivista Storica Italiana*, 71, pp. 529-556.

—(1960a): *Studies in Historiography*, Weidenfeld and Nicolson, London.

—(1960b): "Linee per una valutazione di Fabio Pittore", *Rendiconti dell´Accademia dei Lincei*, 15, pp. 310-320.

—(1966): "Time in Ancient Historiography", *History and Theory*, 5, beiheft 6, pp. 1-23.

—(1969): "Problems of ancient biography", *Quarto contributo alla storia degli studi classici e del mondo antico*, Edizioni di storia e letteratura, Roma, pp. 77-94.

—(1971): *The Development of Greek Biography*,

Harvard University Press, Cambridge, Massachusetts.

—(1977): *Essays in Ancient and Modern Historiography*, Blackwell, Oxford.

—(1978): "The Historians of the classical world and their audiencies: some suggestions", *Annali della Scuola Normale Superiore de Pisa Classe di Lettere e Filosofia,* Ser.3, 8, 1, pp. 59-75.

—(1979): *"Tradizione e trasformazioni negli storici antichi",La storiografia greca. Guida storica e critica,* D. Musti (ed.), Laterza, Roma-Bari, pp. 49-59.

—(1981): "History and Biography", *The Legacy of Greece. A new appraisal,* M.I. Finley (ed.), Clarendon Press, Oxford, pp. 155-184.

—(1983): *Problèmes d'historiographie ancienne et moderne*, Gallimard, Paris.

—(1984a):"The place of ancient historiography in modern historiography", *Settimo contributo alla storia degli studi classici e del mondo antico,* Storia e letteratura, Roma, pp. 13-36.

—(1984b): "The rhetorici of history and the history of rhetoric: on Hayden White´s tropes", *Settimo contributo alla storia degli Studi classici e del mondo antico,* Storia e letteratura, Roma, pp. 49-59.

—(1984c): "The Origin of Rome", *Settimo constributo alla storia degli studi classici e del mondo antico,* Storia e letteratura, Roma, pp. 379-436.

—(1984d): "How to reconcile Greeks and Trojans", *Settimo constributo alla storia degli studi classici e del mondo antico*, Roma, Storia e letteratura, Roma, pp. 437-462.

—(1985): *Tra storia e storicismo*, Nistri-Lischi, Pisa.

—(1990): *The Classical Foundations of Modern Historiography*, University of California Press, Berkeley-Los Angeles-London.

MOMMSEN, T. (1858): *Die römische Chronologie bis auf Caesar,* Weidmann, Berlin.

MONTANARI, E. (1988): "Mito e storia nella annalistica delle origini", *Studi e materiali di storia delle religioni*, 54, n.12, fasc.1, pp. 5-39.

—(1991): "L´idea giuridica e politica di Roma nell´opera di Fabio Pittore", *Idea giuridica e politica de Roma e personalità storiche I,* P. Catalano y P. Siniscalco (eds.), Roma, pp. 11-23.

MORANDI, A. (1982): *Epigrafia Italica*, L´Erma di Bretschneider, Roma.

MORLEY, N. (2002)[1999]: *Writing Ancient History*, Duckworth, London.

MOSSHAMMER, A.A. (1979): *The Chronicle of Eusebius and Greek Chronographic Tradition*, Associated University Press, New Jersey.

MÜNZER, F. (1897): "Zu den Fragmenten des Valerius Antias", *Hermes*, 33, pp. 469-474.

—(1905): "Atticus als Geschichtschreiber", *Hermes*, 40, pp. 50-100.

—(1914): "Hortensius und Cicero bei historischen Studien", *Hermes*, 49, pp. 196-213.

MURPHEY, T. (1998): "Cicero´s first readers: epistolary evidence for the dissemination of his work", *Classical Quarterly*, 48, 2, pp. 492-505.

MURRAY, O. (1987): "Herodotus and Oral History", *Achaemenid History 2: The Greek Sources*, H. Sancisci-Weerdenburg y A. Kuhrt (eds.), The Netherlands Institute for the Near East, Leiden, pp. 93-115.

MUSTI, D. (1970): "Tendenze nelle storiografia romana e greca su Roma arcaica: studi su Livio e Diogini d´Alicarnasso", *Quaderni Urbinati di Cultura Classica*, 10, pp. 6-158.

—(1973): "Polibio e la storiografia romana", *Polybe: neuf exposés suivis de discussions*, O. Reverdin (ed.), Foundation Hardt, Genève, pp. 105-139.

—(1989): "Il pensiero historico romano", *Lo spazio letterario di Roma antica I, La produzione del testo,* G. Cavallo, P. Fedeli y A. Giardina (dirs.), Salerno Editrice, Roma, pp. 177-240.

NARDUCCI, E. (1990): "Pratiche letterarie e crisi della società. Oratoria, storiografia e filosofia nell´ultimo seculo della repubblica", *Storia di Roma, 2. L´impero mediterraneo, I La repubblica imperiale,* G. Clemente, F. Coarelli y E. Gabba (eds.), Giulio Einaudi, Torino, pp. 885-921.

NEISSER, U. (1982): *Memory Observed: remembering in natural contexts*, W.H. Freeman, San Francisco.

NEISSER, U y WINOGRAD, E. (eds.) (1988): *Remembering Reconsidered: Ecological and Traditional Approaches to the Study of Memory*, Cambridge University Press, Cambridge.

NESCHKE, A. (1999): "Mythe et histoire d´après Aristote (*Poetique*, 9): contribution à une histoire des concepts", *Philosophes et historiens anciens face aux myhtes*, D. Bouvier y C. Calame (eds.), Les Belles Lettres, Paris, pp. 105-117.

NICOLAS. Ch. (1991): "À propos du lexique philosophique de Cicéron", *Les Grecs, les Romains et nous. L'Antiquité est-elle moderne ?. Actes du 2ème Forum le Monde-le Mans*, Le Monde, Paris, pp.300-306.

—(1994) : « Le procedé du calque sémantique », *Cahiers de Lexicologie*, 65, 2, pp. 75-101.

—(1996) : *Utraque lingua. La calque sémantique : domaine greco-latin*, Peeters, Louvain-Paris.

NIEBUHR, B.G. (1873-74)[1832]: *Römische Geschichte II*, S. Galvary & co., Berlin.

NIELSEN, M. (2002): ""...stemmate quod Tusco ramum millesime ducis..." (Persius Sat. 3.28: Family Tombs and Genealogical Memory among the Etruscans", *Images of ancestors,* J.M. Hojte (ed.), Aarhus University Press, Aarhus-Oxford, pp. 89-126,.

NORA, P. (1977): "Mémoire de l'historien, memoire de l'histoire", entretien avec JB Pontalies, *Nouvelle Revue de psychologie*, 15, pp. 221-232.

—(1984): "Entre mémoire et histoire", *Les lieux de mémoire, I: La République*, P.Nora (dir.), Paris, Gallimard, pp. xvii-xlii.

NORTH, J.A. (1998): "The books of the *pontifices*", *La mémoire perdue. Recherches sur l´administration romaine*, Collection de l´école française de Rome 243, Paris-Roma, pp. 45-63.

NORTHWOOD, S.J. (2000): "Livy and the early annalists", *Studies in Latin Literature and Roman history. 10*, C. Deroux (ed.), Latomus, Bruxelles pp. 45-55.

OGILVIE, R.M. (1958): "Livy, Licinius Macer and the Libri Lintei", *Journal of Roman Studies*, 48, pp. 40-46.

—(1965): *A commentary on Livy, books 1-5*, Clarendon Press, Oxford.

—(1976): *Early Rome and the Etruscans*, Harvester Press, London.

OLBRICHT, T.H. (1997): "Delivery and memory", *Handbook od classical rhetoric in the Hellenistic period 330 B.C.-A.D. 400*, S.E. Porter (ed.), Brill, Leiden-NewYork-Köln.

OLICK, J.K. y ROBBINS, J. (1998): "Social Memory Studies: from "collective memory" to the historical sociology of mnemonic practices", *Annual Review of Sociology*, 24, pp. 105-140.

O´NEAL, W. (1988): "Ennius as an historical source", *The Classical Bulletin*, 64, pp.35-39.

ONG, W.J. (1996)[1982]: *Oralidad y escritura. Tecnologías de la palabra*, Fondo de Cultura Económica, México.

OTIS, L. (1995): "La légende de *Cacus* dans le fragment 7 de *Gellius*", *Cahiers des Études Ancienne*, 29, pp. 75-80.

PAIS, E. (1901): "I fragmenti all´autobiografia di M.Emilio Scauro e la lex varia de maiestate", *Rendiconti dell´Accademia dei Lincei*, pp. 50-60.

—(1908): "L´autobiografia ed il processo *repetundarum* di P.Rutilio Rufo", *Studi storici per l´Antichità classica*, 1, pp 58-122.

—(1926)[1898-9]: *Storia di Roma. Dalle origini all´inizio delle guerre puniche I. Le fonti. L´età mitica*, Optima, Roma.

PALADINI, V. (1947): "Sul pensiero storiografico di Cicerone", *Latomus*, 6, fasc.4, pp. 329-344.

PALMER, R.E.A. (1974): "*Roman Religion and Roman Empire, Fives Essays*, University of Pennsylvania Press, Philadelphia.

PANI, M. (2001): *La ragioni de la storiografia in Grecia e a Roma. Una introduzione*, Edipuglia, Bari.

PARATORE, E. (1989): "Le jugement de Quintilien sur l´éloquence et la rhétorique de Cicéron", *Ktema*, 14, pp. 197-199.

PARKE, H.W. (1949): "Citation and Recitation: a convention in Early Greek Historians", *Hermathena,* 67, pp. 80-92.

PÉDECH, P. (1964) : *La méthode historique de Polybe*, Les Belles Lettres, Paris.

PELLING, C. (1979): "Plutach´s Method of Work in the Roman Lives", *Journal of Hellenistic Studies*, 99, pp 74-96.

PENA, M.J. (1974): "El santuario y la tumba de Eneas", *Estudios Clásicos*, 18, n.71, pp. 1-26.

PENNACINI, A. (1989): "L´arte della parola", *Lo spazio letterario di Roma antica II, La circolazione del testo*, G. Cavallo, P. Fedeli y A. Giardina (eds.), Salermo Editrice, Roma, pp. 215-267.

PÉREZ-MARTÍN, I. (2002): "Lectores y público de la historiografía griega", *Estudios Clásicos*, 44, n. 121, pp. 125-147.

PERRET, J. (1942): *Les origines de la légende troyenne de Rome (281-31)*, Les Belles Lettres, Paris.

—(1946): "A propos du second discours de Crassus (*de oratore* I, 45-73)", *Revue des Etudes Latines*, 24, pp. 169-189.

—(1971): "Rome et les Troyens", *Revue des Etudes Latines*, 49, pp. 39-52.

—(1976) : "Athènes et les légendes troyennes d´Occidente", *L´Italie prérromaine et la Rome républicaine I. Mélanges offerts à Jacques Heurgon*, Collection de l´école française de Rome 27, Rome, pp. 791-803.

PERUZZI, E. (1993): "La poesia conviviale di Roma arcaica", *La Parola del Passato*, 48, fasc. 5, pp. 332-373.

PETZOLD, K.E. (1972): "Cicero und Historie", *Chiron*, 2, pp. 353-376.

PIÉRART, M. (1983): "L´historien ancien face aux mythes et aux légendes", *Les Etudes Classiques*, 51, pp. 47-62.

—(1989) : "Les dates de la chute de Troie et de la fondation de Rome : comput par génération ou compte à rebours?", *Historia Testis. Mélanges d´épigraphie, d´histoire ancienne et de philologie offerts à T.Zawadzki*, M. Piérart y O. Curty (ds.), Editions Universitaires, Fribourg, pp. 1-20.

PINA-POLO, F. (2004): "Die nützliche Erinnerung: Geschichtsschreibung, mos maiorum und die römische Identität", *Historia*, 53, heft 2, pp. 147-172.

PISENT, J. (1964): "Cincius, Fabius and the Otacilii", *Phoenix*, 18, n.1, pp. 18-29.

PISANI, P y QUILICI, S (1987-88): "A proposito della Tomba dei Corneli", *Bulletino della commissione archeologica communale di Roma,* 92, n. 2, pp. 247-264.

POCOCK, J.G.A. (1962): "The origins of study of past: a comparative approach", *Comparative Studies in Society and History*, 4, n. 2, pp. 209-246.

POLLIT, J.J. (1978): "The Impact of Greek Art on Rome", *Transanction of the American Philological Association*, 108, pp. 155-174.

POMA, G. (1990):"Considerazioni sul processo di formazione della tradizione annalistica il caso della sedizione militare del 342 a.C.", *Staat und Staatlichkeit in der früher römischen Republik, Akten eines Symposiums (Berlin12-15 jul.1988)*, E. Walter (ed.), Steiner, Stuttgart, pp. 139-157.

PORCIANI, L. (1994): "Oralitá, scrittura, storiografia", *Istorie: studi offerti dagli allievi a Giuseppe Nenci in occasione del suo settentesimo compleanno,* S. Alessandri (ed.), Galatina, Lecce, pp. 377-397.

POUCET, J. (1976): "Fabius Pictor et Denys d´Halicarnasse: les enfances de Romulus et de Rémus", *Historia*, 25, n. 2, pp. 201-216.

—(1979): "Le Latium protohistorique et archaïque à la lumière des découvertes archéologiques récentes", *L´Antiquité Classique*, 48, pp. 177-220.

—(1981-82): "L´amplification narrative dans l´évolution de la geste de Romulus", *Acta Classica Univ. Scient. Debrecen.* 17-18, pp. 175-187.

—(1985): *Les origines de Rome. Tradition et Histoire,* Publications des Facultés universitaires Saint-Louis, Bruxelles.

—(1987): "Temps mythique et temps historique. Les origines et les premiers siècles de Rome", *Gerión*, 5, pp. 69-85.

—(1989a): "Réflexions sur l´ecrit et l´écriture dans la Rome des premiers siècles", *Latomus*, 48, fasc.2, pp. 285-311.

—(1989b): "La diffusion de la légende d´Énée en Italie centrale et sus rapports avec celle de Romulus", *Les Etudes Classiques*, 57, pp. 227-254.

—(1992): "Les préoccupations étiologiques dans la tradition "historique" sur les origines et le rois de Rome", *Latomus*, 51, pp. 281-314.

—(1994): "Le rois de Rome: autopsie d´un récit historico-légendaire", *Bulletin de la classe des lettres et des sicencies morales et politiques de l´Accademie royales de Belgique,* Sér.6, 5, pp. 159-184.

—(1994a) : "La foundation de Rome : croyants et agnostiques", *Latomus*, 53, pp. 95-104.

PRESS, G.A. (1982): *The Development of the Idea of History in Antiquity*, MacGill-Queen's University Press, Kingston, Montréal.

PUCCIONI, G. (1961): "Il Brutus ciceroniano come fonte biografica e storico-letteraria", *Atti I Congresso Internazionale di Studi Ciceroniani. I,* G. Pacitti (ed.), Centro di studi ciceroniani, Roma, pp. 245-251.

—(1981): *Il problema della monografia storica latina*, Edizioni e Saggi Universitari di Filologia Classica, Bologna.

PUHVEL, J. (1975): "Remus et frater", *History of religion*, 15, pp. 146-157.

—(1987): *Comparative mythology*, The Johns Hopkins University Press, Baltimore-London.

PURCELL, N. (1989): "Rediscovering the Roman Forum", *Journal of American Archaeology*, 2, pp. 156-166.

—(2003): "Becoming Historical. The Roman Case", *Myth, History and Culture in Republican Rome. Studies in honour of T.P. Wiseman,* D. Braund y Ch.Gill (eds.), Exeter University Press, Exeter, pp.12-40.

QUINN, K. (1982): "The Poet and his Audience in the Augustan Age", *Aufstieg und Niedergang der römischen Welt II, 30.1*, Walter De Gruyter, Berlin-New York, pp. 75-180.

RADITSA, L. (1973): "Julius Caesar and his Writings", *Aufstieg und Niedergang der römischen Welt*, I. 3, Walter De Gruyter, Berlin-New York, pp. 417-456.

RAAFLAUB, K.A. (1991): "The conflicts of order", *Social Struggles in Archaic Rome. New Perspectives on the Conflict of Orders*, K.A. Raaflaub (eds.), California University Press, Berkeley-Los Angeles-London, pp. 1-51.

RAMBAUD, M. (1953): Cicéron et l´histoire romaine, Les Belles Lettres, Paris.

—(1966): *L´art de la déformation historique dans les commentaires de César*, Les Belles Lettres, Paris.

RAWSON, E. (1971): "Prodigy Lists and the Use of the Annales Maximi", *Classical Quarterly*, 21, pp. 159-169.

—(1973): "The Interpretation of Cicero´s *De Legibus*", *Aufstieg und Niedergang der römischen Welt, I*, Walter der Gruyter, Berlin-New York, pp. 334-56.

—(1976): "The first Roman Annalist", *Latomus*, 35, pp. 698-717.

—(1979): "L.Cornelius Sisenna and the Early First Century B.C.", *The Classical Quarterly,* 29, n. 2, pp. 327-346.

—(1982): "History, Historiography, and Cicero´s *Expositio Consiliorum Suorum*", *Liverpool Classical Monthly*, 7/8, pp. 121-124.

—(1985a): *Intellectual Life in the Late Roman Republic*, Duckworth, London-Baltimore.

—(1989a): "Roman Tradition and the Greek World", *Cambridge Ancient History* 2, VIII, Cambridge University Press, Cambridge, pp. 422-476.

—(1990): "The antiquarian tradition: spoils and representations of foreign armour", *Staat und Staatlichkeit in der früher römischen Republik. Akten eines Symposiums (Berlin 12-15 jul.1988)*, E. Walter (ed.), Steinter, Sttutgart, pp. 158-173.

—(1991): *Roman Culture and Society. Collected Papers*, Clarendon Press, Oxford.

REDFORD, D. (1986): *Pharaonic King-Lists, Annals*

and Day-Books: a contribution of the study of the Egyptians sense of History, Benben Publications, Mississauga, Ontario.

REITZENSTEIN, R. (1963)[1907]: *Hellenistische Wundererzählungen,* Teubner, Stuttgart.

RIBBECK, O. (1875): *Die römische Tragödie im Zeitalter der Republik*, Teubner, Leipzig.

—(1968): *Die römische Tragödi im Zeitalter der Republik,* G. Olms, Hildesheim.

RICCIO-COLETTI, M.L. (2004): *La retorica a Roma*, Jouvence, Roma.

RICH, J. (1997): "Structuring Roman History: the Consular Year and the Roman Historical Tradition", *Histos*, 1, pp. 1-30.

RICHARD, J.-C. (1989a): "Licinius Macer (Histo. 17) et l´épisode du Crémère", *Revue de Philologie*, 63, fasc. 1, pp. 75-84.

—(1989b): "L´affaire du Crémère. Recherches sur l´évolution et le sens de la tradition", *Latomus*, 48, fasc. 2, pp. 312-325.

—(1990): "Historiographie et histoire: l´expédition des Fabii à la Crémère", *Staat und Staatlichkeit in der früher römischen Republik. Akten eines Symposiums (Berlin* 12-15 jul.1988), E. Walter (ed.), Steiner, Stuttgart, pp. 174-199.

RICOEUR, P. (1987): *Tiempo y narración I. Configuraión del tiempo en el relato histórico*, Ediciones Cristiandad, Madrid.

—(1999): *Historia y narratividad,* Pensamiento contemporáneo 56, Paidós, Barcelona.

RIDLEY, R.T. (1983): "*Falsi triumphi, plures consulatus*", *Latomus*, 42, fasc. 2, pp. 372-382.

RITSCHL, F. (1848):"Die Schriftstellerei des M. Terentius Varro", *Rheiniches Museum für Philologie*, 6, pp.481-560.

ROBERTS, L.G. (1918): "The Gallic Fire and Roman Archives", *Memoirs of the American Academy in Rome*, 2, pp. 55-65.

ROBINSON, E.A. (1940): "Cornelius Nepos and the date of Cicero´s De Legibus", Transactions of the American Philological Association, 71, pp. 524-531.

RODRÍGUEZ-MAYORGAS, A. (2003): "El descubrimiento de la teoría en Roma. Nuevas perspectivas sobre la helenización de la República romana", *Gallaecia*, 22, pp. 507-529.

—(2004): "El concepto de artes liberales a fines de la República romana", *Estudios Clásicos*, 46, n.125, pp. 45- 64.

—(2006): "El recuerdo gentilicio y los orígenes de la historiografía romana", *Ideología, estrategias de definición y formas de relación social en el mundo antiguo. Actas del V Encuentro de Jóvenes Investigares*, Mª Y. Montes Miralles y F. Echeverría Rey (eds.), Universidad Complutense de Madrid, Madrid, pp. 33-44.

—(2007): "Antes de la historia: Anales Máximos, escritura y memoria en la Roma republicana", *Gerión*, 25 (en prensa).

ROSENMEYER, T.G. (1985): "Ancient Literary Genres: A Mirage?", *Yearbook of Comparative and General Literature*, n.34, pp. 74-84.

ROSS-TAYLOR, L. (1934): "Varro´s *De gente populi romani*", *Classical Philology*, 29, n.3, pp. 221-229.

—(1964): "Cornelius Nepos and Cicero´s letters to Atticus", *Hommages à J.Bayet*, M. Renard y R. Schilling, Latomus, Bruxelles, pp. 678-681.

ROTONDI, G. (1966): *Leges publicae populi Romani*, G. Olms, Hildesheim.

RUCH, M. (1948): "Verité historique, veracité de la tradition, vraisemblance de la mise en scène dans les dialogues de Cicéron", *Revue des Études Latines*, 26, pp. 61-63.

—(1972): "Le thème de la croissance organique dans la pensée historique des Romains, de Caton à Florus", *Aufstieg und Niedergang der römischen Welt, I, 2*, Walter der Gruyter, Berlin-New York, pp. 827-841.

RÜPKE, J. (1995): "Fasti: Quellen oder Produkte römischer Geschichtsschreibung?", *Klio*, 77, pp. 184-202.

RÜSEN, J. (1996): "Some theoretical approaches to intercultural comparative historiography", *History and Theory*, 35, n. 4, pp. 5-22.

SARDUSKA, A. (1964): *Les Tables Iliaques*, Centre d´Archéologie Mediterréenne de l´Academie Polonaise des Sciences, Warszawa.

SAGE, M.M. (1979): "The *elogia* of the Augustan Forum and the *de viris illustribus*", *Historia,* 28, n.2, pp. 192-210.

—(1980): "The *De viris illustribus*: Authorship and Date", *Hermes*, 108, 1, pp. 83-100.

SALLER, R. (1991): "Progress in early Roman Historiography", *Journal of Roman Studies*, 81, pp. 157-163.

SALLES, C. (1981): "*Assem para et accipe auream fabulam*: Quelques remarques sur la littérature populaire et le répertoire des conteurs publics dans le monde romain", *Latomus*, 40, fasc 1, pp. 3-20.

SALVO L. di (1983): "Studi sulle *Historiae* di Sallustio (1969-1982)", *Bolletino di Studi Latini*, 13, fasc. 1-2-3, pp. 40-58.

SAMUEL, A.E. (1972): *Greek and Roman Chronology. Calendars and years in classical antiquity,* Beck, München.

SANTI, C. (1993): "La funzione del mito nella storiografia delle origini di Roma", *Quaderni Urbinati di Cultura Classica*, 45, n. 3, pp. 141-144.

SANTINI, C. (1995): *I fragmenti di L.Cassio Emina: introduzione, testo, traduzione e commento,* ETS, Pisa.

SANTOS-YANGUAS, N. (1997): *La concepción de la historia en Salustio*, Universidad de Oviedo, Oviedo.

SCHAUENBURG, K. (1960): "Aeneas und Rom", *Gymnasium*, 68, pp. 176-191.

SCHWARTZ, E. (1903): "Diokles von Peparethos", *Real Encyclöpedie*, vol. I, p. 797.

SCHETTINO, M.T. (1987): "Aulo Gellio e l´annalistica", *Latomus*, 46, fasc. 1, pp. 123-145.

SCHMITZ, P.L. (2001): "Sallustius", *Der Neue Pauly, Der Neue Pauly: Enzyclopadie der Antike*, J.B. Metzler Stuttgart, pp. 1254-1258.

SCHOFIELD, M. (1986): "Cicero for and against divination", *Journal of Roman Studies*, 76, pp. 47-65.

SCHOLZ, P. (2003): "Sullas *commentarii* – eine literarische Rechtfertigung", *Formen römischer Geschichtsschreibung von den Anfängen bis Livius*, U. Eigler, U.Gotter, N. Luraghi y U. Walter (eds.), Wissenschaftliche Buchgesellschaft, Darmstadt, pp. 172-286.

SCHRÖDER, W.A. (1971): *M. Portius Cato. Das Erste Buch der Origines*, Verlag Anton Hain, Meisenheim am Glan.

SCOBIE, A. (1979): "Storytellers, storytelling, and the novel in Graeco-Roman Antiquity", *Rheinisches Museum*, 122, pp 229-259.

SCULLARD, H.H. (1981): *Festivals and ceremonies of the Roman Republic*, Cornell University Press, Ithaca, New York.

—(1982)[1959]: *From the Gracchi to Nero. A history of Rome from 133 B.C. to A.D. 68,* Routledge, London-New York.

SEAGER, R. (1994): "Sulla", *The Cambridge Ancient History v. IX*, Cambridge University Press, Cambridge, pp. 197-207.

SENSAL, C. (1995): "La mort d´Enée dans le fragment 3 P de *L. Cornelius Sisenna*", *Cahiers de Études Anciennes*, 29, pp. 91-102.

SHILS, E. (1958): "The intellectuals and the powers", *Comparative Studies in Society and History*, 1, n. 1, pp. 12-43.

—(1968): "Intellectuals", *International Encyclopedia of Social Sciences* vol.7, Macmillan, New York, pp. 399-415.

SHIMRON, B. (1974): "Ciceronian historiography", *Latomus*, 33, pp. 232-244.

—(1978-80): "Polybius on Rome. A reexamination of the evidence", *Studia Classica Israelica*, 5, pp. 94-117.

SHIPLEY, G. (2000): *The Greek World after Alexander 323-30 B.C.*, Routledge, London-New York.

SICKLE, J. VAN (1988): "The first hellenistic epigrams at Rome", *Vir bonus discendi peritus. Studies in celebration of Otto Skutsch's eightieth birthday*, N. Horsfall (ed.), Institute of Classical Studies, London, pp. 143-156.

SINKOVICH, K.A. (1974): "Cicero historicus", *Rivista di studi classici*, 22, pp. 164-175.

SKUTSCH, O. (1985): *The Annals of Quintus Ennius*, Clarendon Press, Oxford.

SMALL, J.P. (1995): "Artificial memory and the writing habits of the literate", *Helios*, 22, n.2, pp. 159-166.

SMITH, R.E. (1976): "The Aristocratic Epoch in Latin Literature", *Essays on Roman Culture. The Todd Memorial Lectures*, A.J. Dunston (ed.), S. Stevens, Saratosa, Florida, pp. 95-117.

SOLMSEN, F. (1986): "Aeneas Founded Rome with Odysseus", *Harvard Studies in Classical Philology*, 90, pp. 93-110.

SOLTAU, W. (1894): "Der Annalist Tubero", *Hermes*, 29, pp. 631-633.

—(1971)[1909]: *Die Anfänge der römischen Geschichtschreibung*, "L´Erma" di Bretschneider, Roma.

SOMMELLA, P. (1971-2): "Heroon di Enea a Lavinium. Recenti scavi a Pratica di Mare", *Rendiconti. Atti della Pontificia Accademia Romana di Archeologia*, 44, pp. 47-74.

SORDI, M. (1978-79): "Cultura e politica nella storiografia romana", *Atti. Centro ricerche e documentazione sull´antichità classica*, 10, pp. 155-166.

—(1982): "Lavinio, Roma e il Palladio", *Politica e religione nel primo scontro tra Roma e l´Oriente*, M. Sordi (ed.), Pubblicazioni della Università Cattolica, Milano.

STADTER, P.A. (1972); "The structure of Livy´s History", *Historia*, 21, pp. 287-307.

—(1992): "Thinking about historians", *American Journal of Philology*, 113, pp. 81-85.

STARR, R.J. (1981): "The Scope and Genre of Velleius´ History", *Classical Quarterly*, 31, n. 1, pp. 162-174.

—(1987): "The circulation of literary texts in the Roman world", *Classical Quarterly*, 37, pp. 213-223.

—(1991): "Reading aloud: *lectores* and Roman reading", *Classical Journal*, 86, n.4, pp. 337-343.

STENUIT, B. (1977) : « La tombe d´Énée », *Les Études Classiques*, 45, pp. 375-376.

STERCKX, C. (1992): "Les sept rois de Rome et la sociogonie indo-européenne », *Latomus*, 51, fasc. 1, pp. 52-72.

STOREY, G.R. (1999): "Archaeology and Roman Society: Integrating Textual and Archeaological Data", *Journal of Archaeological Research*, 7, n.3, pp. 203-248.

STRASBURGER, H. (1968): *Zur Sage von der Gründung Roms,* Sitzungsberichte der Heidelberger Akademie der Wissenschaften. Philosophisch-historische Klasse. Abhandlungen, Heidelberg.

SYME, R. (1964): *Sallust*, University of California Press, Berkeley-Los Angeles.

—(1989)[1939]: *La revolución romana*, Taurus, Madrid.

THOMAS, R. (1992): *Literacy and orality in Ancient Greece*, Cambridge University Press, Cambridge.

TIFFOU, E. (1974): *Essai sur la pensée morale de Salluste à la lumiére de ses prologues*, Klincksieck, Montreal.

TIMPE, D. (1970-1): "Le *Origini* di Catone e la storiografia latina", *Atti e memorie dell´accademia patavina di scienze, lettere ed arti*, 83, parte 3, pp. 5-33.

—(1972): "Fabius Pictor und die Anfänge der römischen Historiographie", *Aufstieg und Niedergang der römschen Welt*, I.2, Walter der Gruyter, Berlin-New York, pp. 928-969.

—(1988): "Mündlicher und Schriftlichkeit als Basis der frührömischen Überlieferung", *Vergangenheit in mündlicher Überlieferung*, J. Ungern-Sternberg y H. Reinau (eds.), Teubner, Stuttgart, pp. 266-286.

TOHER, M. (1990): "Augustus and the Evolution of Roman Historiography", *Between Republic and Empire. Interpretations of Augustus and his Principate,* K.A. Raaflaub y M. Toher (eds.), University of California Press, Berkeley, pp. 139-154.

TORELLI, M. (1977): "Statuetta votiva raffigurante Enea ed Anchise", *Roma medio-repubblicana. Aspetti culturali di Roma e del Lazio nei secoli IV e III a.C.*, "L´Erma" di Bretschneider, Roma, pp. 335-336.

—(1973): "Recensión de *Il deposito votivo di Campetti a Veio de L. Vagnetti*, Sansón Editore, Firenze, 1971", *Dialoghi di Archeologia*, 7, n.2-3, pp. 397-407.

—(1984): *Lavinio e Roma. Riti iniziatici e matrimonio tra archeologia e storia*, Quasar, Roma.

—(1996): "Riflessioni sulle registrazioni storiche in Etruria", *Eutopia*, 5, fasc. 1-2, pp. 13-22.

—(2001): "*Lares, maiores, summi viri* percorsi dell´immagine eroica a Roma e nell´Italia antica", *L´invention des grands hommes de la Rome Antique,* M. Coudry y Th. Späth (eds.), De Boccard, Paris, pp. 310-319.

TORREGARAY, E. (1998): *La elaboración de la tradición sobre los Cornelii Scipiones: pasado histórico y conformación simbólica*, Fundación "Fernando el Católico", Zaragoza.

—(2002): "Contribución al estudio de la memoria como instrumento en Historia Antigua. La transmisión de la memoria de los *Cornelii Scipiones*", *Latomus*, 61, fasc.2, pp. 295-311.

TRAINA, G. (1993): "Roma e Italia: tradizioni locali e letteratura antiquaria (II A.C.-D.C.)", *Rendiconti dell´Accademia dei Lincei*, s. 9, v. 4, pp. 585-636.

TRIEBER, C. (1888): "Die Romulussage", *Rheinisches Museum für Philologie*, 43, pp. 569-582.

TUPLIN, C. (2000): "Nepos and the origins of political biography", *Studies in Latin Literature and Roman history. 10*, C. Deroux (ed.), Latomus, Bruxelles, pp. 124-161.

ULLMAN, B.L. (1942):"History and Tragedy", *Transactions and Proceedings of the American Philological Association*, 73, pp. 25-53.

UNGERN-STERNBERG, J. von (1988): "Überlegungen zur frühen römischen Überlieferung im Lichte der Oral-Tradition-Forschung", *Vergangenheit in mündlicher Überlieferung,* J.von Ungern-Sternberg y H. Reinau (eds.), Teubner, Stuttgart, pp. 237-265.

VALETTE-CAGNAC, E. (1992): "La *recitatio*, écriture orale", *Paroles Romaines*, F. Dupont (ed.), Presses Universitaires de Nancy, Nancy, pp. 9-23.
—(1997): *La lecture à Rome. Rites et practiques*, Belin, Paris.

VANSINA, J. (1985): *Oral tradition as History*, James Curry, London.

VATTUONE, R. (1991): *Sapienza d´Occidente. Il pensiero storico di Timeo di Tauromenio*, Pàtron Editore, Bologna.

VELLAY, C. (1957): *Les légendes du cycle troyen*, Imprimerie Nationale, Monaco.

VERBRUGGHE, G.P. (1972): "Sicily 210-70 B.C.: Livy, Cicero and Diodorus, *Transactions and Proceedins of the American Philological Association*, 103, pp. 535-559.

—(1974): "Slave Rebellion or Sicily in Revolt?, *Kokalos*, 20, pp. 46-60.

—-(1980): "Three notes of *Fabius Pictor* and his *Historia*", *Philias Charin. Miscellanea di Studi Classici in onore di E. Manni VI,* G. Bretschneider, Roma, pp. 2165-2173.

—(1982): "*L.Cincius Alimentus.* His place in Roman historiography", *Philologus,* 126, pp. 316-323.

—(1989): "On the meaning of *Annales*, on the meaning of annalist", *Philologus*,133, pp.192-230.

VERNUS, P. (1995): *Essai sur la conscience de l´histoire dans l´Egypte pharaonique*, H. Champion, Paris.

VESSBERG, O. (1941): *Studien zur Kunstsgeschichte der römischen Republik*, C. W. K. Gleerup, Lund-Leipzig.

VEYNE, P. (1972)[1971]: *Cómo se escribe la historia. Ensayo de Epistemología*, Fragua, Madrid.

—(1974): "L´histoire conceptualisante", *Faire de l´histoire I. Nouveaux problèmes*, J. Le Goff y P. Nora, Gallimard, Paris, pp. 62-9.

—(1979): "L´hellénisation de Rome et la problématique des acculturations", *Diogène*, 106, pp. 3-29.

—(1983): *Les Grecs ont-ils cru à leurs mythes?. Essai sur l´imagination constituante*, Seuil, Paris.

VITUCCI, G. (1966): "Ancora su Fabio Pittore", *Helikon*, 6, n.3-4, pp. 401-410.

VOLLMER, F. (1892): *De funere publico Romanorum*, Teubner, Leipzig.

WACHTEL, N. (1986): "Introduction. Between Memory and History", *History and Anthropogy*, 2, n.2, pp. 207-224.

WALBANK, F.W. (1945): "Polybius, Philinus and the First Punic War", *Classical Quarterly*, 39, n.1-2, pp. 1-18 (=*SP*, pp. 77-89).

—(1955): "Tragic History: a reconsideration", *Bulletin of the Institute of Classical Studies*, 2, pp. 4-14.

—(1957): *A historical commentary on Polybius II*, Clarendon Press, Oxford.

—(1960): "History and Tragedy", *Historia*, 9, pp. 216-234 (=*SP*, pp. 224-241).

—(1966): "Polybius", *Latin Historians*, T.A. Dorey (ed.), Routledge & K. Paul, London, pp. 39-63.

—(1974): "Polybius between Greece and Rome", *Polybius*, Entretiens Hardt, Genève, pp. 1-31 (=*SP*, pp. 280-297).

—(1985): *Selected Papers: Studies in Greek and Roman History and Historiography*, Cambridge University Press, Cambridge.

WALLACE, R.W. (1990): "Hellenization and Roman Society in the Late Fourth Century B.C. A methodological critique", *Staat und Staatlichkeit in der Frühen römischen Republik, Akten eines Symposiums (Berlin12-15 jul.1988)*, E. Walter (ed.), Steiner, Stuttgart, pp. 278-292.

WALLACE-HADRILL, A. (1987): "Time for Augustus: Ovid, Augustus and the *fasti*", *Homo Viator: classical essays for John Bramble*, M. Whitby, P. Hardie y M. Whitby (eds.), Bristol Classical Press, Bristol, pp.

—(1997) "Mutatio morum: the idea of a cultural revolution", The Roman Cultural Revolution, Th. Habinek y A. Schiesaro (eds.), Cambridge University Press, Cambridge, pp. 3-22.

WALSH, P.G. (1961): *Livy. His historical aims and methods*, Cambridge University Press, Cambridge.

WALT, S. (1997): *Der Historiker C. Licinius Macer: Einleitung, Fragmente, Kommertar*, Teubner, Sttutgart.

WALTER, U. (2003): "Opfer ihrer Ungleichzeitigkeit. Die Gesamtgeschichten im ersten Jahrhundert v. Chr. und die fortdauernde Attraktivität des annalistischen Schemas", *Formen römischer Geschichtsschreibung von den Anfängen bis Livis*, U. Eigler, U. Gotter, N. Luraghi y U. Walter (eds.), Wissenschaftliche Buchgesellschaft, Darmstadt, pp. 135-156.

—(2004): *Memoria und res publica. Zur Geschichtskultur im republikanischen Rom*, Verlag Antike, Frankfurt am Main.

WALTERS, K.R. (1996): "Time and Paradigm in the Roman Republic", *Syllecta classica*, 7, pp. 69-97.

WEIL, R. (1965): "Philosophie et histoire. La vision de l'histoire chez Aristote", *La Politique d´Aristote*, Fondation Hardt, Genève, pp. 161-189.

WHEELDON, M.J. (1989): "True Stories: the reception of historiography in antiquity", *History as Text. The Writing of Ancient* History, A. Cameron (ed.), University of North Carolina Press, Chapel Hill, pp. 33-63.

WHEELER, E.L. (1988): "*Sapiens* and Stratagems: the negleted meaning of a *cognomen*", *Historia*, 27, n.2, pp. 166-195.

WHITE, H. (1987): *The Content of the Form: Narrative Discourse and Historical Representation*, The Johns Hopkins University Press, Baltimore.

—(2003): *El texto histórico como artefacto literario,* Paidós, Barcelona.

WHITROW, G.P. (1990)[1988]: *El tiempo en la Historia. La evolución de nuestro sentido del tiempo y de la perspectiva temporal,* Crítica, Barcelona.

WILL, W. (1997): "Caesar", *Der Neue Pauly: Enzyclopadie der Antike*, J.B. Metzler Stuttgart, pp. 908-909.

WILLIAM-RASMUSSEN, S. (2003): *Public Portents in Republican Rome*, "L´Erma" di Bretschneider, Rome.

WILLIAMS, B. (2002): *On Truth and Truthfulness. An essay in genealogy*, Cambridge University Press, Cambridge.

WILLIAMSON, C. (1987): "Monuments of Bronze: Roman Legal Documents on Bronze Tablets", *Classical Antiquity*, 6, pp. 160-183.

WISEMAN, T.P. (1974): "Legendary genealogies in late-Republican Rome", *Greece and Rome*, 21, pp. 153-164 (=*RSLH*, pp. 207-218).

—(1978): "Flavians on the Capitol", *American Journal of Ancient History*, 3, n.2, pp. 163-178.

—(1979): *Clio´s Cosmetics: three studies in Greco-Roman Literature*, Leicester Universit Press, Leicester.

—(1981): "Practice and Theory in Roman Historiography", *History*, 66, n.218, pp. 375-393, (=*RSLH*, pp. 244-262).

—(1983a):"The Credibility of the Roman Annalists", *Liverpool Classical Monthly*, 8, n.2, pp. 20-22, (=*RSLH*, 293-296).

—(1983c): "The wife and children of Romulus", *Classical Quarterly*, 33, n. 2, pp. 445-452.

—(1986): "Monuments and the Roman annalists", *Past Perspectives: studies in Greek and Roman historical writing*, I.S. Moxon, J.D. Smart y A.J. Woodman (eds.), Cambridge University Press, Cambridge, pp. 87-100 (=*HI*, 37-48).

—(1987b): *Roman Studies, Literary and Historical*, Wolfeboro, Liverpool (=*RSLH*).

—(1989): "Roman legend and oral tradition", *Journal of Roman Studies*, 79, pp. 193-220 (=*HI*, pp. 23-36).

—(1991): "Democracy and myth: the life and death of Remus", *Liverpool Classical Monthly*, 16.8, pp. 115-124.

—(1993): "Lying Historians: Seven Types of Mendacity", *Lies and Fiction in the Ancient World*, C. Gill y T.P. Wiseman (eds.), Exeter University Press, Exeter, pp. 122-146.

—(1994): *Historiography and Imagination: eight essays on Roman culture*, Exeter University Press, Exeter (=*HI*).

—(1996): "Valerio Anziate e il palinsesto della storia", *Eutopia*, 5, fasc. 1-2, pp. 117-141.

—(1996a): "What do we know about early Rome", *Journal of Roman Archeology*, 9, pp. 310-315.

—(1998): *Roman drama and Roman history*, Exeter University Press, Exeter.

—(1999)[1995]: *Remus a Roman myth*, Cambridge University Press, Cambridge.

WOLSKI, I. (1956): "La prise de Rome par les Celtes et la formation de l´annalistique Romaine", *Historia*, 5, pp. 24-52.

WOODMAN, A.J. (1988): *Rhetoric in Classical Historiography: four studies*, Croom Helm Ltd, London-Sydney.

WOOLF, G. (1994): "Power and the spread of writing in the West", *Literacy And Power the Ancient World,* A.K. Bowman y G. Woolf (eds.), Cambridge University Press, Cambridge, pp. 84-98.

—(1996): "Monumental writing and the expansion of Roman society inthe Early Empire", *Journal of Roman Studies*, 86, pp. 22-39.

YATES, F. (1975)[1966]: *L´art de la mémoire*, Gallimard, Paris.

YAVETZ, Z. (1990)[1984]: "The *Res Gestae* and Augustus´ public image", *Caesar Augustus: seven aspects*, F. Millar y E. Segal (eds.), Clarendon Press, Oxford, pp. 1-36.

ZANKER, P. (1992)[1987]: *Augusto y el poder de las imágenes*, Alianza Forma, Madrid.

ZECHINNI, G. (1982): "Asinio Pollione: dall´attività politica alla riflessione storiografica", *Aufstieg und Niedergang der römischen Welt 11, 30. 2*, Walter der Gruyter, Berlin-New York, pp. 1265-1296.

ZEHNACKER, H. (1997): "Les ouvres antiques peuvent-elles se passer de titre?. L´exemple de l´historiographie romaine", *Titres et articulations du texte dans les oeuvres antiques. Actes du Colloque International de Chantilly (13-15 déc.1994)*, J.Cl. Fredouille (ed.), Institut d'Études Augustiniennes, Paris, pp 209-221.

ZETZEL, J.E.G. (1972): "Cicero and the scipionic circle", *Harvard Studies in Classical Philology*, 76, pp. 173-179.

ZEVI, F. (1970): "Considerazioni sull´elogio di Scipione Barbato", *Studi Miscellanie*,15, pp. 63-74.

—(1980): "Il mito di Enea nella documentazione archeologica: nuovi considerazioni", *L´epos greco in Occidente. Atti del 19 convegno di studi sulla Magna Grecia,* Instituto per la storia e l´archeologia della Magna Grecia, Taranto, pp. 247-290.

ZIMMER, M. (1937): *Der Annalist Qu. (sic) Claudius Quadrigarius,* Dissertation, Munich.

ZORZETTI, N. (1980): *La pretesta e il teatro arcaico,* Liguori, Naples.

—(1990): "The *Carmina Convivalia*", *Sympotica: a symposium on the Symposion,* O. Murray (ed.), Clarendon Press, Oxford. pp. 289-307.

—(1991): "Poetry and the Ancient City: the case of Rome", *Classical Journal*, 86, n.4, pp. 311-329.

www.ingramcontent.com/pod-product-compliance
Lightning Source LLC
LaVergne TN
LVHW070939230826
846093LV00015B/524

9781407300641